Corrupção e Administração Pública no Brasil

Corrupção e Administração Pública no Brasil

COMBATE ADMINISTRATIVO E A LEI Nº 12.846/2013

(LEI ANTICORRUPÇÃO)

2020

Clóvis Alberto Bertolini de Pinho

CORRUPÇÃO E ADMINISTRAÇÃO PÚBLICA NO BRASIL
COMBATE ADMINISTRATIVO E A LEI Nº 12.846/2013 (LEI ANTICORRUPÇÃO)
© Almedina, 2020

AUTOR: Clóvis Alberto Bertolini de Pinho
DIAGRAMAÇÃO: Mariana Silva
DESIGN DE CAPA: FBA
ISBN: 9788584935789

Dados Internacionais de Catalogação na Publicação (CIP)
(Câmara Brasileira do Livro, SP, Brasil)

Pinho, Clóvis Alberto Bertolini de
Corrupção e administração pública no Brasil :
combate administrativo e a Lei nº 12.846/2013 (Lei
Anticorrupção) / Clóvis Alberto Bertolini de Pinho.
-- São Paulo : Almedina, 2020.

Bibliografia.
ISBN 978-85-8493-578-9

1. Administração pública - Brasil 2. Anticorrupção
- Leis e legislação 3. Corrupção - Combate 4. Direito
administrativo 5. Responsabilidade administrativa I. Título.

19-31661   CDU-35(81)(094)

Índices para catálogo sistemático:

1. Brasil : Leis : Anticorrupção : Direito administrativo 35(81)(094)

Maria Paula C. Riyuzo - Bibliotecária - CRB-8/7639

Este livro segue as regras do novo Acordo Ortográfico da Língua Portuguesa (1990).

Todos os direitos reservados. Nenhuma parte deste livro, protegido por copyright, pode ser reproduzida, armazenada ou transmitida de alguma forma ou por algum meio, seja eletrônico ou mecânico, inclusive fotocópia, gravação ou qualquer sistema de armazenagem de informações, sem a permissão expressa e por escrito da editora.

Abril, 2020

EDITORA: Almedina Brasil
Rua José Maria Lisboa, 860, Conj.131 e 132, Jardim Paulista | 01423-001 São Paulo | Brasil
editora@almedina.com.br
www.almedina.com.br

Música Submersa

*Não quero ser o grande rio caudaloso
Que figura nos mapas.
Quero ser o cristalino fio d'água
Que canta e murmura
Na mata silenciosa.*

(Helena Kolody, 1945, *Música Submersa*)

Aos meus pais Clóvis e Mariângela por terem me permitido chegar até aqui.
À minha irmã Giovanna por todo o apoio empreendido.
À Beatriz por todo amor e compreensão cultivados durante nossa jornada juntos.
Ao meu afilhado Heitor, que possamos construir um país melhor.

AGRADECIMENTOS

A confecção do presente livro é fruto de minha dissertação de mestrado, apresentada ao Programa de Pós-Graduação em Direito da Universidade de São Paulo, que contou com o auxílio de muitas pessoas importantes durante três anos de aulas, estudos e a confecção do trabalho propriamente dito.

Em primeiro lugar, agradeço ao Professor Doutor Sebastião Botto de Barros Tojal por ter aceitado a orientação desse trabalho. Como orientador, soube ser paciente e exigente quando preciso. Além disso, compreendeu as minhas dificuldades existentes no trajeto Curitiba-São Paulo. Os eventuais erros do presente trabalho são exclusivamente imputáveis a mim, e não à sua orientação.

Agradeço também à Professora Associada Doutora Maria Paula Dallari Bucci. Foi em suas aulas de *Direito e Políticas Públicas* que compreendi a importância da metodologia para a presente pesquisa, bem como a necessidade de sua melhor compreensão para o estudo do Direito Público em geral. Ademais, a sua participação na banca de qualificação de minha dissertação de mestrado, em conjunto com o Professor Titular Doutor Fernando Dias Menezes de Almeida, foi imprescindível para que eu pudesse incorporar melhorias, críticas e preciosos apontamentos. Meu mais sincero obrigado a ambos os professores pelo auxílio empreendido!

No mesmo sentido, agradeço as considerações, ponderações e críticas dos membros da banca avaliadora de minha dissertação de mestrado, especialmente os Professores Jacintho Arruda Câmara, Romeu Felipe Bacellar Filho e Fernando Dias Menezes de Almeida.

Também não posso deixar de reconhecer aos demais docentes que participaram, ainda que indiretamente da confecção da presente obra, por meio de suas respectivas disciplinas, nomeadamente os Professores Doutores Conrado Hübner Mendes, Vitor Rhein Schirato, Floriano de Azevedo Marques Neto, Marçal Justen Filho e Carlos Ari Sundfeld, cujo aprendizado será eternizado em toda minha vida acadêmica e profissional.

Menciono ainda meu singelo agradecimento aos Professores Egon Bockmann Moreira, Betina Treiger Grupenmacher e Marcia Carla Pereira Ribeiro, da Faculdade de Direito da Universidade Federal do Paraná, que nunca deixaram de estar presentes em minha caminhada acadêmica, permitindo me participar de suas disciplinas na Graduação e na Pós-Graduação da UFPR, auxiliando-me na construção e consolidação de algumas ideias que conduziram a confecção desta obra.

A companhia de meus grandes amigos Antonio Eduardo Reichmann Seixas e Bruno Polonio Renzetti, durante a semana de aulas em São Paulo, tornou minhas tarefas muito mais tranquila e serena. A hospedagem e a generosidade com a qual o Bruno me recebeu em sua casa em São Paulo foi fundamental para que eu atingisse meus objetivos em São Paulo. Muito obrigado!

Aos colegas do Departamento de Direito Administrativo do Vernalha Guimarães & Pereira Advogados, meu mais sincero reconhecimento por todo o apoio fornecido, especialmente pelas vezes que tive que me ausentar de minhas atividades profissionais ou mesmo me deslocar até São Paulo, para que eu pudesse finalizar esse projeto. Agradeço na pessoa de Luiz Fernando Casagrande Pereira, Fernando Vernalha Guimarães, Mariana Costa Guimarães, Thiago Lima Breus, Andrezza Oikawa, Kamai Arruda, Pedro Henrique Braz de Vita, Daniel Pacheco Ribas Beatriz, Murilo Cesar Taborda Ribas, Vitor Beux Martins, Helen Marcante, Natália Bortoluzzi Balzan, Bruna Lícia Pereira Marchesi, Caio César Bueno Schinemann, Kainan Iwassaki e Rodrigo Pavan de Valões.

Agradeço à minha família por todo o apoio, especialmente aos meus pais Clóvis Alberto de Pinho e Mariângela Bertolini de Pinho, à minha irmã Giovanna Bertolini de Pinho, às minhas avós Elena Pinho e Dalva Macedo Bertolini, ao meu avô Ildefonso Bertolini (*in memoriam*), às tias Maria Lúcia Macedo Bertolini, Maria Cristina Bertolini Paim, Maria Amélia Bertolini Ennes, Janete Pinho e Elenice Pinho, ao tio Maurício Macedo Bertolini e aos primos, que souberam me apoiar e compreender minhas ausências do ambiente familiar para que eu pudesse concluir esse propósito.

À Beatriz Bertoldi Renaux, por todo amor e companheirismo, que soube me apoiar e trazer mais serenidade na condução do presente trabalho. Por consequência, a presença da família Bertoldi-Renaux também me auxiliou na conclusão desse trabalho. Agradeço aos seus familiares por todo o apoio dado, especialmente, Márcia Pinheiro Bertoldi, Elias Azrak Júnior, Paulo Renaux, Norberto Renaux, Sigrid Renaux, Douglas Renaux e Fabiana Pottker.

Por fim, menciono o papel relevante de meus amigos Paulo Liebl Fernandes (que fez leitura isenta e paciente das versões preliminares de minha dissertação de mestrado e me criticou quando preciso), Amanda Laffitte, Fernando Almeida Struecker, Daniel Conrado Müller Ulrich, entre outros, para que eu pudesse concluir o presente trabalho. Ou seja, agradeço a todos aqueles que contribuíram direta ou indiretamente com a conclusão desta etapa!

APRESENTAÇÃO

O livro que ora tenho a satisfação de apresentar, de autoria de Clóvis Alberto Bertolini de Pinho, traz uma contribuição de grande relevância para a compreensão de um fenômeno que (lamentavelmente) justifica cada vez mais a atenção dos juristas e, a bem dizer, de toda a sociedade brasileira contemporânea.

Com efeito, o problema da corrupção, em matéria da ação da administração pública no Brasil, em que pese nada tenha de novo – como notoriamente dão testemunhos os sermões do Padre Antônio Vieira –, atualmente tem despertado um renovado interesse.

Vislumbrando-se a questão por um plano prático, isso ocorre pela inédita dimensão e pela sofisticação de meios com que tem se realizado a corrupção e, simultaneamente, com que ela tem sido revelada e combatida.

Ao mesmo tempo, o enfoque da questão por um plano da teoria destaca as novas abordagens e os desafios impostos ao cientista do direito que queira adequadamente compreender essa realidade, atentando para as premissas fundamentais e inafastáveis em que o sistema jurídico deve operar, a partir da decisão constituinte de definir o Brasil como um estado de direito.

Uma particular preocupação, aliás, que merece a atenção do pensamento jurídico atual é a tendência de dar-se tratamento com caráter administrativo a sanções que tradicionalmente caberiam no campo penal ou civil, de modo a excluí-las, em um primeiro momento, da ação da função jurisdicional. De fato, a progressiva tendência de "administrativização" das sanções que normalmente envolveriam processo jurisdicional é um dos principais desafios quando se busca aprimorar a defesa do interesse coletivo, mediante combate à corrupção, sem renunciar às conquistas civilizatórias do constitucionalismo.

Atento a ambos os aspectos – da teoria e da prática – e imbuído da visão finalística harmônica com o estado democrático de direito constitucionalmente definido, Clóvis, com esta obra de grande precisão, equilíbrio e lucidez, oferece uma análise aprofundada do fenômeno contemporâneo da corrupção, em sua interface com a administração pública.

Nesse sentido, inicia por discutir a noção de corrupção e o modo como afeta a administração pública e o próprio regime democrático no Brasil. Nesta parte inicial, igualmente apresenta, em perspectiva comparativa, mecanismos de combate à corrupção presentes no âmbito da ONU, da OCDE e dos Estados Unidos da América.

Passa então, com ampla compreensão sobre mecanismos próprios do exercício da função administrativa, a apresentar uma visão sistêmica sobre o combate à corrupção, cobrindo estruturas administrativas ligadas aos três Poderes estatais.

Especial atenção é, por fim, dedicada ao estudo detalhado da Lei n. 12.846/13, investigando-se sua compatibilidade com os demais instrumentos do sistema jurídico-administrativo de combate à corrupção.

Tenho a convicção de que esta obra, originalmente apresentada como dissertação de mestrado ao Programa de Pós-Graduação da Faculdade de Direito da Universidade de São Paulo, e aprovada por banca composta pelos professores Sebastião Botto de Barros Tojal (orientador), Romeu Felipe Bacellar Filho, Jacintho de Arruda Câmara e por mim, constitui leitura indispensável para o entendimento da corrupção pela óptica jurídica e para o aprimoramento da administração pública brasileira.

Fernando Menezes de Almeida
Professor Titular da Faculdade de Direito da USP

PREFÁCIO

O fenômeno da corrupção no Brasil, exposto em dimensões colossais nestes últimos anos, trouxe para os operadores do Direito novas demandas e, especialmente, passou a exigir desses mesmos atores novas posturas. É que exigências de resultados concretos e imediatos passaram a ser formuladas por uma sociedade que se descobriu vítima de um processo de espoliação com o qual, aparentemente, tolerava o próprio aparelho repressor do Estado. Nesse processo, exigências garantistas, até mesmo abrigadas no texto constitucional, foram colocadas no segundo plano, pois o que se impunha era o pronto atendimento dos reclamos sociais, profundamente insatisfeitos com o status quo que se desnudara.

Nesse ambiente de profunda conflituosidade, a racionalidade procedimental deixou de ser o grande vetor de legitimação do processo decisório das instituições estatais, processo este que passou a adotar novas variáveis, essencialmente de caráter substantivo, material.

Inequivocamente que os riscos assumidos foram enormes.

Valores caros à modernidade de algum modo têm sido negligenciados ante à necessidade de uma concreta responsividade do sistema. Assim, por exemplo, previsibilidade, calculabilidade, segurança deixam de orientar o processo decisório, nas suas diferentes instâncias, para serem substituídos por outras diretrizes, como o ativismo, efetividade e prontidão.

Vendo em perspectiva, esse processo, que, no limite, diz com a legitimidade do próprio Estado, não autoriza a crença saudosista de que se possa resgatar o passado, mas, ao mesmo tempo, não parece fazer crer que necessariamente as coisas se conduzirão na direção de uma revolução científica, com a substituição pura e simples por novos paradigmas.

O processo político haverá de encontrar seu ponto ótimo, representado pela necessidade de os procedimentos terem sua utilidade aferida pela capacidade que possam demonstrar de eficácia no papel para o qual foram forjados.

Nessa medida, para voltarmos ao fenômeno da corrupção, conhecer na essência o sistema de controle da integridade do erário é etapa essencial se se pretende aperfeiçoá-lo, conferindo-se uma real e concreta efetividade.

O presente trabalho, que ora se apresenta ao público especializado, intitulado *Corrupção e Administração Pública no Brasil*, na sua origem a dissertação de mestrado apresentada pelo seu autor (originalmente denominada *Há um sistema brasileiro administrativo de combate à corrupção?*), Clóvis Alberto Bertolini Pinho, à Faculdade de Direito da Universidade de São Paulo e com a qual obteve o título de Mestre em Direito do Estado, em muito contribuirá para essa tarefa, qual seja, o conhecimento e desenvolvimento da tutela do bem público no Brasil.

Com efeito, partindo da constatação que o tema da corrupção se revelou sistêmico, envolvendo valores que nada têm de marginais, a obra de Clóvis Alberto Bertolini Pinho tem por grande alvo averiguar o estado da arte, isto é, como se apresentam as diferentes instâncias da Administração Pública incumbidas de promover o controle da corrupção, descortinando seus pontos de eficiência e seus gargalos.

Como afirma o autor, "o trabalho de pesquisa corrobora uma investigação eminentemente descritiva, descartando a proposição de um sistema administrativo de combate à corrupção."

Isso não quer dizer, no entanto, que a contribuição de Clóvis Alberto Bertolini Pinho fique circunscrita a um verdadeiro retrato da realidade institucional. Sua análise descritiva, para usar seus próprios termos, além de, por óbvio, permitir conhecer e melhor o sistema atual, disponibiliza elementos de enorme valia se pensarmos na perspectiva de aprimoramento do modelo vigente.

Vejam-se, por exemplo, a partir do exame do ordenamento jurídico nacional, notadamente da Lei nº 12.846/2013, empreendido pelo autor, as diferentes contribuições que são alinhavas, mesmo que implicitamente, no sentido do desenvolvimento de um programa de leniência no país, capaz de conferir real efetividade ao processo reparatório do erário.

Em suma, é amplamente meritória e de todo oportuna a contribuição de Clóvis Alberto Bertolini Pinho. A leitura de sua dissertação de Mestrado, agora em edição comercial, *Corrupção e Administração Pública no Brasil* traz a possibilidade de o discurso competente no trato do tema da corrupção poder conferir um nível de racionalidade absolutamente fundamental no debate sobre a temática da corrupção.

Sebastião Botto de Barros Tojal
Professor da Faculdade de Direito da USP
Advogado

LISTA DE TABELAS E FIGURAS

Tabela 1 – Tipos de corrupção
Tabela 2 – Tempo de tramitação da Lei nº 12.846/2013
Figura 1 – Tempo total de tramitação da Lei nº 12.846/2013 (em dias)

LISTA DE ABREVIATUAS E SIGLAS

ACP – Ação Civil Pública
ADI – Ação Direta de Inconstitucionalidade
AGU – Advocacia-Geral da União
ANTAQ - Agência Nacional de Transportes Aquaviários
BCB – Banco Central do Brasil
BIRD - Banco Interamericano para Reconstrução e Desenvolvimento
CEIS – Cadastro Nacional de Empresas Inidôneas e Suspensas
CGU – Ministério da Transparência e Controladoria-Geral da União
CNEP – Cadastro Nacional de Empresas Punidas
CNJ - Conselho Nacional de Justiça
CNMP - Conselho Nacional do Ministério Público
CPC – Código de Processo Civil
DASP – Departamento Administrativo do Serviço Público
DJe – Diário de Justiça Eletrônico
DOJ - United States Department of Justice
DOU – Diário Oficial da União
FCPA – Foreign Corrupt Practices Act
IBGE - Instituto Brasileiro de Geografia e Estatística
LACP – Lei de Ação Civil Pública

LGL – Lei Geral de Licitações
LINDB – Lei de Introdução às Normas do Direito brasileiro
LOMAN – Lei Orgânica da Magistratura Nacional
MDB – Movimento Democrático Brasileiro
MPF – Ministério Público Federal
OAB – Ordem dos Advogados do Brasil
OCDE – Organização para a Cooperação e Desenvolvimento Econômico
ONU – Organização das Nações Unidas
PAD – Processo Administrativo Disciplinar
PAERD – Processo Administrativo Específico de Reparação de Danos
PAR – Processo Administrativo de Responsabilização
PEC – Proposta de Emenda Constitucional
PGR – Procurador-Geral da República
PPPs – Parcerias Público-Privadas
PT – Partido dos Trabalhadores
RDA – Revista de Direito Administrativo
RDC – Regime Diferenciado de Contratações
RDDA – Revista Digital de Direito Administrativo
RDPE – Revista de Direito Público da Economia
RI – Regimento Interno
RIL – Revista de Informação Legislativa
SBDC - Sistema Brasileiro de Defesa da Concorrência
SICAF – Sistema de Cadastramento Unificado de Fornecedores
STF – Supremo Tribunal Federal
STJ – Superior Tribunal de Justiça
TCs – Tribunais de Contas
TCU – Tribunal de Contas da União
TI – Transparência Internacional
TRF – Tribunal Regional Federal
TSE – Tribunal Superior Eleitoral
UE – União Europeia

SUMÁRIO

Apresentação   13
Prefácio   15
listas de tabelas e figuras; abreviaturas e siglas   19
introdução   29

CAPÍTULO 1: A CORRUPÇÃO E A ADMINISTRAÇÃO PÚBLICA   33

1.1 A Corrupção como Problema Exclusivo da Administração Pública   35
1.2 Conceito, Estrutura e Formas de Manifestação da Corrupção   40
1.3. Corrupção Política e Democracia   46
1.4 Efeitos Negativos da Corrupção e suas Consequências   53
    1.4.1 Consequências dos Efeitos Negativos da Corrupção
    nas Relações Comerciais   54
    1.4.2 Consequências dos Efeitos Negativos da Corrupção
    nas Relações Culturais   56
    1.4.3 Efeitos Negativos da Corrupção nas Relações Econômicas Globais   63
1.5 Mecanismos Internacionais de Combate à Corrupção   65
    1.5.1 O Combate à Corrupção nos Estados Unidos   65
    1.5.2 O Combate à Corrupção pela Organização para a
    Cooperação e Desenvolvimento Econômico (OCDE)   68
    1.5.3 O Combate à Corrupção pela Organização das Nações Unidas   70
    1.5.4 O Combate à Corrupção com os Mecanismos de Soft-Law   72
1.6 As Diferentes Visões e Perspectivas da Organização do Estado
como Mecanismo de Controle à Corrupção   73
    1.6.1 Visão Antiprivilégios   74
    1.6.2 Visão Progressista   75
    1.6.3 Visão Científica   77
    1.6.4 Visão Panóptica   78

1.7 Organização do Estado e as Visões de Combate à Corrupção no Brasil 79 79
1.8 Corrupção e Necessidade de Reformas na Estrutura do Estado 86
1.9 Conclusões Parciais 91

CAPÍTULO 2: MECANISMOS ADMINISTRATIVOS SANCIONATÓRIOS E A (IN)EXISTÊNCIA DE UM SISTEMA ADMINISTRATIVO DE COMBATE À CORRUPÇÃO 95
2.1 Pressupostos de Análise e Metodologia de Avaliação 96
2.2 Fundamentos para se Analisar um Eventual Sistema Normativo Administrativo Sancionador de Combate à Corrupção 98
2.3 Hipóteses e Regimes de Responsabilização no Combate à Corrupção no Brasil 107
    2.3.1 Responsabilidade Penal 107
    2.3.2 Responsabilidade Cível 112
    2.3.3 Responsabilidade Administrativa 115
        2.3.3.1 Sanções Administrativas e Combate à Corrupção 117
2.4 Breves Considerações sobre o Controle da Administração Pública Brasileira 120
    2.4.1 Espécies de Controle da Administração Pública 122
    2.4.2 Controle Interno 123
    2.4.3 Controle Externo 126
2.5 Corrupção como um Elemento Organizador de um Possível Sistema 126
2.6 Mecanismos e Normas Comuns à toda Administração Pública 129
    2.6.1 Processo Administrativo Disciplinar (PAD) 129
        2.6.1.1 Autoridade Responsável para Instauração e Responsabilização 130
        2.6.1.2 Infrações e Sanções Aplicáveis 131
        2.6.1.3 Autoridade Responsável para Instauração e Responsabilização 132
        2.6.1.4 Processo Administrativo 133
        2.6.1.5 Regime de Responsabilização 135
        2.6.1.6 Contributo para o Combate à Corrupção 135
        2.6.1.7 Visão de Combate à Corrupção 137
2.7 Sanções Administrativas em Licitações e Contratos 137
    2.7.1 Autoridade Responsável para Instauração e Responsabilização 138
    2.7.2 Infrações e Sanções Aplicáveis 139
    2.7.3 Processo Administrativo 140
    2.7.4 Regime de Responsabilização 141

SUMÁRIO

2.7.5 Visão de Combate à Corrupção	141
2.7.6 Contributo para o Combate à Corrupção	142
2.8 Institucionalidade dos Órgãos de Combate à Corrupção	144
2.9 Poder Executivo	146
2.9.1 Controladoria-Geral da União (CGU)	147
2.9.1.1 Autoridade Responsável para Instauração e Responsabilização	150
2.9.1.2 Infrações e sanções aplicáveis	151
2.9.1.3 Processo Administrativo	152
2.9.1.4 Regime de Responsabilização	152
2.9.1.5 Contributo para o Combate à Corrupção	152
2.9.1.6 Visão de Combate à Corrupção	153
2.10 Poder Judiciário	153
2.10.1 Conselho Nacional de Justiça	155
2.10.2 Lei Orgânica da Magistratura Nacional	158
2.10.2.1 Autoridade Responsável para Instauração e Responsabilização	158
2.10.2.2 Infrações e Sanções Aplicáveis	159
2.10.2.3 Processo Administrativo	159
2.10.2.4 Regime de Responsabilização	160
2.10.2.5 Contributo para o combate à corrupção	161
2.10.2.6 Visão de Combate à Corrupção	162
2.11 Poder Legislativo	163
2.11.1 Controle do Tribunal de Contas da União	163
2.11.1.1 Autoridade Responsável para Instauração e Responsabilização	166
2.11.1.2 Infrações e Sanções Aplicáveis	167
2.11.1.3 Processo Administrativo	170
2.11.1.4 Regime de Responsabilização	171
2.11.1.5 Visão de Combate à Corrupção	172
2.11.1.6 Contributo para o Combate à Corrupção	172
2.12 Conclusões Parciais - Existência ou não de um Sistema Administrativo de Combate à Corrupção?	175
CAPÍTULO 3: A LEI ANTICORRUPÇÃO E O SEU REGIME JURÍDICO SANCIONATÓRIO	179
3.1 Histórico, Origens e Influências	180
3.1.1 Tratados Internacionais de Combate à corrupção a Lei nº 12.846/2013	181
3.1.2 Os Protestos de Julho de 2013 e a Rápida Resposta do Congresso Nacional	183

3.2 Por que a Denominação Lei Anticorrupção? 186
3.3 Instituições Responsáveis por sua Aplicação 187
    3.3.1 Poder Executivo 187
        3.3.1.1 Controladoria-Geral da União 188
    3.3.2 Empresas Estatais 189
    3.3.3 Poder Legislativo 193
    3.3.4 Poder Judiciário 194
    3.3.5 Ministério Público e Tribunal de Contas 195
3.4 Regime de Direito Administrativo Sancionador x Regime Penal 196
3.5 A Responsabilidade Objetiva da Pessoa Jurídica e os demais Mecanismos de Controle e Combate à Corrupção 198
    3.5.1 Atos Próprios e de Terceiros 202
3.6 Infrações Administrativas 204
    3.6.1 Prometer, Oferecer ou Dar Vantagem Indevida a Agente Público 205
    3.6.2 Comprovadamente, Financiar, Custear, Patrocinar ou Subvencionar a Prática de Atos Ilícitos Previstos na Lei Anticorrupção 207
    3.6.3 Comprovadamente, Utilizar-se de Interposta Pessoa Física ou Jurídica para Ocultar ou Dissimular seus Reais Interesses ou a Identidade dos Beneficiários dos Atos Praticados 208
    3.6.4 Infrações em Licitações e Contratos 209
        3.6.4.1 Frustrar ou Fraudar, Mediante Ajuste, Combinação ou Qualquer Outro Expediente, o Caráter Competitivo de Procedimento Licitatório Público 209
        3.6.4.2 Impedir, Perturbar ou Fraudar a Realização de Qualquer Ato de Procedimento Licitatório Público 210
        3.6.4.3 Afastar ou Procurar Afastar Licitante, por meio de fraude ou oferecimento de vantagem de qualquer tipo 212
        3.6.4.4 Fraudar Licitação Pública ou Contrato dela Decorrente 213
        3.6.4.5 Criar, de Modo Fraudulento ou Irregular, Pessoa Jurídica para Participar de Licitação Pública ou Celebrar Contrato Administrativo 214
        3.6.4.6 Obter Vantagem ou Benefício Indevido, de Modo Fraudulento, de Modificações ou Prorrogações de Contratos Celebrados com a Administração Pública, sem Autorização em Lei, no Ato Convocatório da Licitação Pública ou nos Respectivos Instrumentos Contratuais 216
        3.6.4.7 Manipular ou Fraudar o Equilíbrio Econômico-Financeiro dos Contratos Celebrados com a Administração Pública 219

3.6.5 Dificultar Atividade de Investigação ou Fiscalização de
Órgãos, Entidades ou Agentes Públicos, ou Intervir em sua Atuação,
Inclusive no Âmbito das Agências Reguladoras e dos
Órgãos de Fiscalização do Sistema Financeiro Nacional 222
3.7 Processo Administrativo de Responsabilização (PAR) 223
    3.7.1 Defesa Administrativa 223
    3.7.2 Comissão Processante 225
    3.7.3 Recurso Administrativo 226
3.8 Sanções Administrativas 229
    3.8.1 Multas 229
    3.8.2 Processo Administrativo Específico de Reparação de danos (PAERD) 230
    3.8.3 Publicação Extraordinária da Decisão Condenatória 231
    3.8.4 Desconsideração da Personalidade Jurídica 233
3.9 Sanções Judiciais 234
    3.9.1 Rito da Ação Civil Pública 234
    3.9.2 Perdimento de Bens, Direitos ou Valores Decorrentes
do Proveito da Infração 236
    3.9.3 Suspensão ou Interdição das Atividades 239
    3.9.4 Dissolução Compulsória da Pessoa Jurídica 240
    3.9.5 Proibição de Receber Incentivos do Poder Público 244
3.10 Conclusões Parciais 246

CAPÍTULO 4: COMPATIBILIDADE E LIMITES DO REGIME JURÍDICO SANCIONATÓRIO DA LEI ANTICORRUPÇÃO COM OS DEMAIS MECANISMOS JURÍDICO-ADMINISTRATIVOS DE COMBATE À CORRUPÇÃO 249

4.1 A Observância da Ampla Defesa e do Contraditório 250
    4.1.1 Denúncia Anônima 251
    4.1.2 Quebra de Sigilo Telemático, Telefônico, Bancário ou
Fiscal ou Buscas e Apreensões 253
4.2 O Princípio do *non bis in idem* 254
    4.2.1 Cumulação de Aplicação de Sanções Judiciais ou Administrativas 256
        4.2.1.1 Sanções da Lei nº 8.666/1993 257
    4.2.2 Sanções Judiciais e Conflitos com a
Lei de Improbidade Administrativa 258
        4.2.2.1 Sanções da Lei Orgânica do TCU 260
4.3 Atenuadores e Limites da Responsabilidade Objetiva da Pessoa Jurídica 261

4.3.1 Reinterpretação da Responsabilidade Objetiva na Lei Anticorrupção 262
4.3.2 Possibilidades de Acordos de Leniência 264
    4.3.2.1 Participação dos Órgãos de Controle 268
    4.3.2.2 A Medida Provisória nº 703/2015 273
4.3.3 Programas de *Compliance* e Integridade Empresarial 275
    4.3.3.1 Os Critérios do Decreto Presidencial nº 8.420/2015 277
4.4 Sentença Penal e Repercussões para o PAR 279
4.5 Prescrição 281
    4.5.1 (Im)prescritibilidade do Pedido Ressarcitório Fundamentado em Dano ao Erário 282
4.6 Vigência e não Aplicação Retroativa 285
4.7 Conclusões Parciais 287

CONCLUSÕES 293
REFERÊNCIAS 297

INTRODUÇÃO

A corrupção é um dos temas mais impactantes na vida cotidiana. Gera inúmeras discussões nomeadamente no atual momento vivido pela sociedade brasileira. Todos têm, ou parecem ter, uma visão própria a respeito da corrupção, e mesmo que os indivíduos possam discordar sobre quais atos podem ser considerados como corruptos, inexistem dúvidas que a corrupção afeta o sistema democrático brasileiro, sobretudo o regular funcionamento da própria Administração Pública.

No Brasil, segundo dados trazidos por Diogo de Figueiredo Moreira Neto e Rafael Véras de Freitas[1] amparados em estudo da Federação das Indústrias de São Paulo (FIESP), o custo médio da corrupção varia de 1,38% a 2,3% do Produto Interno Bruto (PIB). Os valores ultrapassam a marca de cento e cinquenta (150) bilhões de reais por ano, anotando que o PIB brasileiro, em 2016, foi de aproximadamente seis (6) trilhões de reais, de acordo com o Instituto Brasileiro de Geografia e Estatística (IBGE)[2].

Em dados fornecidos pela Transparência Internacional (TI), em 2016 o Brasil ocupava o septuagésimo nono (79º) lugar no índice de percepção da corrupção entre 176 países pesquisados pela entidade.[3]

---

[1] MOREIRA NETO, Diogo de Figueiredo; FREITAS, Rafael Véras de. A juridicidade da lei anticorrupção: reflexões e interpretações prospectivas. *Revista Fórum Administrativo* [eletrônica]. v. 14. Belo Horizonte: Fórum, fev., 2014, p. 2.

[2] A referida pesquisa expõe a seguinte situação: "Este estudo conclui que o custo médio da corrupção no Brasil é estimado entre 1,38% a 2,3% do PIB, isto é, de R$ 41,5 bilhões a R$ 69,1 bilhões (em reais de 2008)". FEDERAÇÃO DAS INDÚSTRIAS DO ESTADO DE SÃO PAULO - FIESP. *Relatório corrupção:* custos econômicos e proposta de combate. Disponível em: <http://www.fiesp.com.br/arquivo-download/?id=2021>). Acesso em 10 fev. de 2017.

[3] TRANSPARÊNCIA INTERNACIONAL. *Corruption Perceptions Index 2016.* Disponível em:

Contudo, a partir de 2017, informações na imprensa escrita e falada já alertavam a piora da posição brasileira no ranking da Transparência Internacional, em que pese o pais se mantivesse entre as maiores economias mundiais, abrindo espaço para o entendimento de que a corrupção continuou assolando a Administração Pública e, como consequência, a própria economia brasileira.

A justificativa, para o estudo do combate a corrupção, está, ainda, no fato de que, independentemente de sua natureza pública ou privada, ela causa prejuízos incomensuráveis à população que depende das providências fornecidas pelo Estado.

Objeto da Presente Obra

O objeto da presente obra é *analisar a configuração jurídica dos mecanismos administrativos que, direta ou indiretamente, destinam-se a combater a corrupção para melhor compreender a compatibilidade/dissonância dos instrumentos punitivos previstos no regime jurídico sancionatório da Lei n. 12.846/2013 – Lei Anticorrupção. Isso tudo em conjunto com as demais ferramentas administrativo-sancionatórias previstas no ordenamento jurídico brasileiro, visto que esta Lei destoa em demasia dos demais mecanismos administrativos de combate à corrupção.*

A potencialidade deste escrito está em explorar como os mecanismos brasileiros de controle e combate à corrupção podem contribuir/dificultar na sua manifestação, pois o atual sistema de controle da corrupção é de difícil compreensão até mesmo para quem, cotidianamente, lida com as ferramentas jurídicas para o seu combate. A profusão de mecanismos de controle e combate à corrupção, muitas vezes, mais do que auxiliar, queda por dificultar o controle, ao invés de facilitar o combate ao danoso tema.

A contribuição da obra está em oferecer uma oportunidade para melhor compreender como o funcionamento dos atuais mecanismos de enfrentamento à corrupção pode auxiliar (ou dificultar) aquilo que se denomina de "projeto de combate à corrupção" e como as diferentes visões sobre

---

<https://www.transparency.org/news/feature/corruption_perceptions_index_2016#table>. Acesso em 10 fev. de 2017. No ano de 2016, o PIB brasileiro foi de aproximadamente 6 trilhões de reais, segundo dados do Instituto Brasileiro de Estatística e Geografia. BRASIL. *Instituto Brasileiro de Geografia e Estatística (IBGE)*. Contas nacionais: renda nacional disponível bruta - 2011/2016. Disponível em: <https://goo.gl/ECpknr>. Acesso em 01 mar. de 2017.

o tema, no Brasil, acabaram por influenciar até mesmo a formação dos mecanismos burocráticos e de controle da Administração Pública. Para isso, analisam-se de maneira mais detida, em um primeiro momento, os mecanismos administrativos existentes de combate à corrupção no Brasil, para, em um segundo momento, compreender como a edição da Lei Anticorrupção pode impactar no cenário mais amplo de combate à corrupção.

Logo, no andamento deste estudo não se pretende formular, ou propor, como deveria, ou deve ser o funcionamento do sistema administrativo de combate à corrupção, mas, somente expor, em um primeiro momento, os mecanismos administrativos atualmente destinados ao combate à corrupção para, em um segundo momento, averiguar as compatibilidades e/ou as dissonâncias destes mecanismos com os instrumentos adotados pela Lei Anticorrupção.

Delimitação do Tema
Como forma de melhor delimitar o tema da obra, o livro terá como foco tão somente os mecanismos administrativos que buscam combater a corrupção e não aspectos de natureza penal. Dessa maneira, o livro se debruça sobre o regime jurídico aplicável às sanções administrativas que se destinam a combater a corrupção.

Ou seja, serão analisados apenas os mecanismos administrativos de combate à corrupção, extraindo do foco da pesquisa os demais mecanismos de combate à corrupção existentes na Administração Pública, como, por exemplo, os mecanismos penais ou cíveis que se destinam a combater a corrupção nesta esfera de administração. A escolha das sanções administrativas visa manter a coerência e racionalidade do estudo.

Portanto, a obra centra-se exclusivamente no estudo das sanções administrativas como forma de combate à corrupção, tendo em vista que o conjunto normativo da Lei nº 12.846/2013 as utiliza como forma de combater a corrupção, especialmente no que tange à matéria de licitações e contratos públicos.

A metodologia do trabalho funda-se, inicialmente, na leitura interdisciplinar de documentos/publicações sobre corrupção, que considerem e examinem criticamente a legislação a respeito do seu combate, com especial destaque para a edição da Lei nº 12.846/2013. Assim, a revisão bibliográfica a ser realizada para a elaboração do trabalho levará em consideração os textos ligados à economia, ciências sociais e ciência política, ciências sociais e ciência politica, pois há a escassez de obras jurídicas que tratam de maneira abrangente e específica o tema em pauta.

No caminho assim traçado, o trabalho de pesquisa corrobora uma investigação eminentemente descritiva, descartando a proposição de um sistema administrativo de combate à corrupção. A pesquisa descarta a elaboração de uma análise prescritiva do sistema administrativo de combate à corrupção limitando-se à análise descritiva dos mecanismos administrativos de combate à corrupção.

Colocar esta investigação sobre a possibilidade de organização dos mecanismos administrativos de combate à corrupção partindo de uma perspectiva sistêmica se faz apenas para a melhor compreensão dos elementos fundamentais de qualquer sistema normativo (unidade e ordenação).

Consequentemente, a análise dos mecanismos administrativos de combate à corrupção será feita a partir de cinco (5) perspectivas comuns: 1) autoridade responsável para instauração e responsabilização; 2) infrações e sanções aplicáveis; 3) processo administrativo; 4) regime de responsabilização; 5) visão de combate à corrupção.

A relevância do exame está na compreensão de eventuais e possíveis desarmonias existentes entre o regime jurídico dos demais mecanismos administrativos de combate à corrupção e aquele previsto na Lei Anticorrupção.

A hipótese de que os mecanismos administrativos de combate à corrupção não estão organizados de forma a integrar um sistema normativo capaz de combatê-la de maneira eficiente, organizada e harmônica, sustenta a pesquisa teórica, com direta repercussão para a aplicação da Lei Anticorrupção.

O regime jurídico sancionatório (que estabelece um regime de responsabilização de pessoas jurídicas bastante distinto do normalmente aplicado às pessoas físicas e jurídicas que venham a cometer atos de corrupção) da Lei Anticorrupção acaba por apresentar graves distorções na sua aplicação, especialmente no que tange à investigação administrativa e judicial das infrações administrativas previstas no art. 5º da referida Lei Anticorrupção.

Quanto ao material utilizado, a pesquisa teórica se restringiu à observação dos mecanismos administrativos à disposição da Administração Pública Federal brasileira (União Federal) e à análise exclusiva da estrutura do Poder Público Federal, especialmente em razão da sua abrangência nacional e para manter a coerência analítica. Ou seja, o livro não analisa questões atinentes à estrutura dos Estados, Municípios ou Distrito Federal, embora isso não signifique que as remissões à estrutura dos demais entes federativos brasileiros não possam ser realizadas quando necessárias ou imprescindíveis.

No que diz respeito à utilização de precedentes judiciais, o trabalho de pesquisa se vale somente de precedentes do Supremo Tribunal Federal (STF), Superior Tribunal de Justiça (STJ), Tribunal de Contas da União (TCU) e/ou Tribunais Regionais Federais (TRF), tendo em vista a abrangência das decisões dessas Cortes para todo o país.

Estrutura do Livro
O livro está estruturado em duas partes das quais constam quatro capítulos. Na parte I, o primeiro capítulo trata sobre compreender as relações entre a corrupção e a Administração Pública: investiga-se o que se deve entender por corrupção, qual a sua estrutura, as suas principais formas de manifestação, bem como o próprio conceito de corrupção adotado pelo trabalho e os seus impactos no âmbito da Administração Pública; também se procura demonstrar os efeitos negativos trazidos pela corrupção a partir de três dimensões – (*a*) econômica; (*b*) cultural; (*c*) global –. Identificam-se concisamente as diferentes perspectivas de combate à corrupção por meio da apresentação das diferentes visões de mundo a respeito da corrupção no Brasil e como estas perspectivas de vista acabaram por influenciar a própria formação da estrutura administrativa e burocrática do Estado brasileiro.

No segundo capítulo disserta-se sobre os mecanismos administrativos atualmente existentes que buscam combater, direta ou indiretamente, a corrupção no Brasil. É feita uma apreciação sobre os possíveis requisitos para a descrição de um possível sistema normativo integrado e unitário administrativo de combate à corrupção, visando analisar os mecanismos administrativos sancionatórios que se destinam a punir atos que poderiam ser avaliados como corruptos; também traz luz sobre o regime de responsabilização administrativa utilizado, sobretudo, por meio das sanções administrativas, pelas mais diferentes formas e técnicas de controle interno e externo do Poder Público.

Na parte II, o terceiro capítulo apresenta o regime jurídico sancionatório trazido pela Lei Anticorrupção destacando a responsabilidade objetiva da pessoa jurídica que comete atos de corrupção como uma das principais formas de responsabilização pelos malfeitos que acometem a estrutura do Poder Público. A partir disso, são realizadas conexões com o apresentado no segundo capítulo, examinando se os mecanismos administrativos e judiciais de responsabilização da pessoa jurídica impostos pela Lei Anticorrupção estão adequados e em conformidade com as técnicas de controle e combate à corrupção atualmente existentes no Brasil.

No quarto capítulo destacam-se as principais garantias necessárias à aplicação da responsabilização objetiva da pessoa jurídica, bem como as eventuais incompatibilidades do mecanismo de responsabilização objetiva da pessoa jurídica com a totalidade do sistema normativo brasileiro de combate à corrupção que, em sua maioria, é de ordem subjetiva. A obra segue a verificação da substância do preceito do *ne bis in idem* para aplicação da Lei Anticorrupção e com direta elação aos demais instrumentos administrativos para o combate à corrupção, incluindo a análise das muitas dificuldades de aplicação da Lei Anticorrupção em relação aos principais mecanismos administrativos de combate à corrupção também referidos no capítulo 2, bem como outras ferramentas que se destinam, direta ou indiretamente, a combater a corrupção, tal como a Lei de Improbidade Administrativa (Lei nº 8.429/1992), e os principais instrumentos de contenção da responsabilidade administrativa e judicial objetiva da Lei Anticorrupção, como a possibilidade de celebração de acordos de leniência, implementação de programas de integridade e *compliance*, entre outros.

Capítulo 1
A Corrupção e a Administração Pública

A corrupção é, sem sombra de dúvida, um dentre os maiores problemas que afetam o regular funcionamento da Administração Pública, nacional ou internacionalmente. Nos últimos anos, ela tem sido apontada pela população brasileira com uma das maiores causas de desconfiança e descrédito nas instituições públicas.

Tendo em vista a importância da corrupção no dia-a-dia dos cidadãos brasileiros, este primeiro momento na sustentação teórica do estudo em andamento possibilitará compreender a aparente exclusividade da ocorrência da corrupção na Administração Pública, o conceito de corrupção, a sua relação com a democracia, os efeitos negativos, os mecanismos internacionais de combate, as diferentes visões e perspectivas da organização e reformas do Estado para o combate à corrupção. Esses fatores são importantes para que se possa dissertar com maior propriedade, em um segundo momento, sobre os mecanismos administrativos sancionatórios a disposição do Poder Público brasileiro e a (in)existência de um sistema administrativo de combate à corrupção.

Levantamento promovido pelo Instituto Data Folha, em 2015, mostrou, pela primeira vez, a corrupção como o principal problema do país, conforme opinião exposta por trinta e quatro por cento (34%) dos entrevistados. A corrupção passou a ser um problema muito mais relevante que muitos fatores que afetam o dia-a-dia da sociedade brasileira como a saúde, a educação, a segurança e o desemprego, demonstrando cada vez mais o interesse dessa sociedade com a constante revelação dos mais diversos escândalos de corrupção que estampam a capa dos jornais e dos portais de notícias.

Há que se considerar a importância do tema no dia-a-dia dos cidadãos brasileiros, pois a corrupção, no Brasil, parece não conhecer limites, sobretudo com os desdobramentos de diversas operações policiais no seu combate no seio do Estado brasileiro.[4]

Conforme explica Lucas Rocha Furtado, a corrupção é descrita por boa parte da doutrina como um fenômeno tão próximo da Administração Pública, que se chega a descrevê-la como um conceito inexoravelmente ligado à estrutura do Estado.[5]

Ou seja, a burocracia que demanda da utilização e da alocação dos recursos públicos pela Administração Pública, faz pressupor que a sua estrutura está instintivamente associada à ineficiência e à má gestão administrativa, como se estes fatores estivessem implacavelmente ligados ou conectados somente com a estrutura do Poder Público, o que parece mostrar que a manifestação da corrupção estaria restrita ao âmbito deste Poder.

A sustentação teórica do estudo em andamento possibilitará compreender o que é a corrupção no âmbito da Administração Pública. Mas, antes de se adentrar no conceito, estrutura e tipos de corrupção, de conhecer seu relacionamento com a democracia, os efeitos negativos por ela causados, os mecanismos internacionais de combate, as diferentes visões e perspectivas da organização e reformas do Estado para tanto, devem ser analisados os motivos pelos quais a Administração Pública estaria mais propensa a ser vítima de eventos e de atos decorrupção,[6] como será examinado a seguir.

---

[4] Lucas Rocha Furtado em obra a respeito da corrupção no Brasil apresenta diversos casos de corrupção que assolaram a Administração Pública brasileira nos últimos anos e que não tiveram a devida apuração por parte dos órgãos de controle, como a fraude na Previdência Social na década de 90, o escândalo dos "Anões do Orçamento", o caso de corrupção na Superintendência para o Desenvolvimento da Amazônia (SUDAM), o escândalo envolvendo o ex-Presidente Fernando Collor, Operação Curupira, o escândalo do Banco Marka e FonteCindam, o escândalo dos precatórios, o caso de desvios de verbas públicas envolvendo a construção do Fórum Trabalhista de São Paulo e o escândalo do Mensalão (FURTADO, Lucas Rocha. As raízes da corrupção no Brasil. Belo Horizonte: Fórum, 2015, passim).
[5] FURTADO, Lucas Rocha. As raízes da corrupção...., p.55.
[7] Deve-se observar que a corrupção também pode ser concebida no âmbito privado. A respeito do tema, Olaf Meyer chega a defender que os mecanismos privados poderiam ser muito mais

1.1 A Corrupção como Problema Exclusivo da Administração Pública

Por que a corrupção estaria mais próxima da Administração Pública do que das empresas privadas? O Poder Público, diferentemente de uma empresa, ou mesmo do ambiente de negociação privada, enfrenta muito mais obstáculos na tentativa de controlar a corrupção, como consequência da grande dificuldade de centralização dos mecanismos de controle sobre os mais diversos atos de gestão.

A grande dificuldade de centralização dos mecanismos de controle da Administração Pública poderia ser descrita como um dos principais motivos pelos quais a corrupção estaria mais propensa a ocorrer no âmbito da Administração Pública, que se fragmenta em diversas entidades e órgãos específicos.[7]

Diversos estudiosos, como Edward Banfield, chegam a considerar a corrupção como um elemento integrante e identificador da própria organização da Administração Pública, sobretudo pela extensão e difusão do controle do Poder Público, o que permite a sua ampliação e oportunidades para que a corrupção possa se manifestar de uma maneira mais evidente.[8]

Como observa ainda Banfield: "Quaisquer que sejam suas causas, toda a extensão da autoridade governamental tem criado novas oportunidades e incentivos para a corrupção. Em longo prazo, isso tem ajudado a corrupção a parecer mais normal, tolerável e ainda louvável.[9]

---

eficientes do que o direito penal, a partir da utilização de meios de aplicação privada dos interesses públicos no combate à corrupção. (*private enforcement of public interests*). MEYER, Olaf. Korruption aus privatrechlicher Perspektive. In: GRAEFF, Peter; GRIEGER, Jürgen (orgs). *Was ist Korruption?*. Baden-Baden: Nomos, p.68. Nesse mesmo sentido, ROSE-ACKERMAN, Susan; PALIFKA, Bonnie. *Corruption and government*: causes, consequences and reform. 2 ed. Cambridge: Cambridge Univ. Press, 2016, p. 121.

[7] Embora Edward Banfield realize suas teorizações no âmbito da Administração Pública norte-americana, entende-se que a organização administrativa apresentada pelo autor pode ser válida para compreender o modelo brasileiro. O autor considera que existam entidades independentes do Chefe do Poder Executivo, reforçando a ideia da fragmentação do controle da Administração Pública (BANFIELD, Edward. Corruption as a feature of governmental organization. *The Journal of Law & Economics*, Chicago, vol. 18, n. 3, 1975, p. 598).

[8] BANFIELD, Edward. Corruption as a feature..., p.596.

[9] Ressalta-se a inexistência de "gratuidade" no funcionamento da Administração Pública. Mesmo que se considere a existência de direitos postuláveis e exigíveis perante o Estado, sem a necessidade de contraprestação pecuniária direta, em nada adiantará a existência de previsão normativa de direitos sem a sua devida concretização pelo próprio Estado. (HOLMES,

Quatro pontos podem ser destacados quanto à fragmentação. Primeiro: a divisão das diferentes esferas de governo – União, Estados, Municípios – promove e incentiva a formação de uma atividade enérgica de pressão sob o Poder Público,[10] fato que reforça a ideia de que a atividade pública não é, em sua maioria, *precificável*, ou não poderia ter o seu custo ou valor precisamente quantificado a cada usuário.[11]

Mesmo assim, caso aferível, os preços poderiam ser considerados como baixos ou subsidiados, o que aumenta os estímulos para que agentes externos à Administração Pública procurem influenciar ou oferecer propinas para obter esses benefícios providos pelo Estado.

Segundo: Susan Rose-Ackerman e Bonnie J. Palifka observam que os Estados controlam a distribuição de valores importantes, mediante a imposição de custos e benefícios para a obtenção destes recursos escassos. Assim, os indivíduos estariam dispostos a promover pagamentos por fora para a obtenção destes recursos escassos ou a preços menores.[12]

Diferentemente das empresas que almejam primordialmente o lucro, a Administração Pública (ou mesmo os seus integrantes) não é motivada ou conduzida pelos mesmos motivos das pessoas privadas. Isso poderia ser vislumbrado na figura dos dividendos ou lucros, que podem ser facilmente aferíveis por meio de balanços e podem ser delimitados de maneira coerente com os resultados e balanços contábeis de uma empresa. Além disso, a motivação dos integrantes ou dos servidores da Administração Pública estaria antes na obtenção de seus salários e na manutenção da sua própria subsistência, ou em alguma medida, em certa convicção de

---

Stephen; SUNSTEIN, Cass. *The Cost of Rights*: Why Liberty Depends on Taxes. Nova York: W.W. Norton & Company, 1999, p. 43).

[10] ROSE-ACKERMAN, Susan; PALIFKA, Bonnie. *Corruption and government*: causes, consequences, and reform. 2ed. Cambridge: Cambridge University Press, 2016, p.51.

[11] Anthony Downs observa que o Estado não é uma entidade separada dos seus integrantes, que possuiria seus próprios fins fechado em si mesmo, desvinculada com os fins dos indivíduos. O autor destaca que muitas vezes o Estado possui uma função de maximizar o bem-estar social dos indivíduos, mas a partir de um modelo que não acentuasse a visão superindividualista da sociedade (DOWNS, Anthony. *Uma teoria econômica da democracia*. Tradução de Sandra Vasconcelos. São Paulo: EdUSP, 2013, p. 38). Ressalva-se a possibilidade do exercício das atividades empresariais pelo Estado, nos casos permitidos pela Constituição e regulamentados pela Lei nº 13.303/2016.

[12] ROSE-ACKERMAN, Susan; PALIFKA, Bonnie. *Corruption and government*..., p.51.

ordem pessoal, como a sensação interna de servir a um bem maior ou ao bem comum.[13]

Terceiro: o próprio controle da Administração Pública está nas mãos de muitas pessoas, diferente do que ocorre dentro de uma empresa privada, cuja figura de controle é um Diretor-Presidente ou um *Compliance Officer*. Já no caso da Administração Pública, como destacado nos casos norte-americano e brasileiro (cada um com suas especificidades), são diversas entidades independentes quanto ao controle e à indicação de seus componentes, confirmando a fragmentação do controle do Poder Público.[14]

Quarto: os responsáveis pela Administração Pública não podem ignorar que os seus servidores e funcionários devem respeitar um regulamento específico, como a existência de uma carreira civil, um verdadeiro "engessamento" no processo de demissão de servidor flagrado na prática de ato(s) de corrupção.[15] Ou seja, o conhecimento de que determinado servidor público pode estar envolvido em ato(s) de corrupção não define sua demissão; é preciso que se faça um julgamento específico mediante dilação probatória e oportunidade de plenadefesa administrativa[16].

---

[13] BANFIELD, Edward. Corruption as a feature..., p.596.

[14] BANFIELD, Edward. Corruption as a feature..., p.596. Como exemplo, no Brasil, pode se tomar o caso das Agências Reguladoras Independentes ou Autarquias Especiais (Banco Central do Brasil, Conselho Administrativo de Defesa Econômica). Alexandre Santos de Aragão anota a inexistência de agências executivas, como no caso de Autarquias com regime jurídico especial: "É, contudo, necessário observar que a mera criação de autarquia ou de qualquer outra espécie de ente da Administração Indireta, sem que possua um grau de razoável autonomia para desenvolver suas atribuições, não torna o seu desempenho mais ágil e eficiente, não as caracterizando como entidades descentralizadas em sentido material, ou seja, efetivo, verdadeiro, constituindo, outrossim, entidades apenas formalmente descentralizadas"(ARAGÃO, Alexandre Santos de. Agências reguladoras e agências executivas. *RDA*, n. 228, abr./jun., 2002, p. 111.).

[15] BANFIELD, Edward. Corruption as a feature...., p. 597.

[16] No Brasil, mesmo os servidores públicos ou funcionários regidos pela Consolidação das Leis do Trabalho (CLT) têm direito a um procedimento administrativo específico em caso de faltas ou omissões no exercício de suas funções, para a apuração dos exatos termos do ilícito, que lhes serão garantidos todos os direitos inerentes ao contraditório e à ampla defesa. No caso dos servidores públicos regidos por Estatuto, como no caso da 8.112/1990 (Estatuto dos Servidores Públicos da União), conforme prevê o art. 143 da mencionada Lei Federal. A respeito da necessidade de processo administrativo para apuração de funcionários públicos celetistas, cf. BRASIL. *Supremo Tribunal Federal*. RE 589998, Relator: Min. RICARDO LEWANDOWSKI, Tribunal Pleno, julgado em 20/03/2013, ACÓRDÃO ELETRÔNICO REPERCUSSÃO GERAL

Nesta fragmentação do poder, devida à divisão entre as diversas autoridades, os espaços abertos para a ocorrência de atos de corrupção podem ser reforçados com arranjos informais, como, por exemplo, a utilização de expedientes implícitos de oferecimento de empregos na Administração Pública a apoiadores, apadrinhados políticos ou parentes.[17]

Há que se considerar, contudo, que o cidadão, diferente de um acionista ou sócio de uma sociedade empresarial, não poderá se dissociar tão facilmente de uma entidade pública corrupta. Para isso, o cidadão terá que mudar de sua localidade, o que favorece a falta de interesse em promover esforços na redução da corrupção ou na proteção da "coisa pública". Ademais, os benefícios em combater a corrupção, em tese, irão beneficiar tanto os aproveitadores (*free-riders*), como os demais indivíduos, havendo um verdadeiro desestímulo dos cidadãos em promover o combate à corrupção.[18]

No decorrer do século XX, a concepção do Estado deixou de ser considerada como um fim em si mesmo[19] e passa a ser um meio para a concre-

---

- MÉRITO DJe-179. É preciso observar que a própria Lei nº 8.112/1990 possui mecanismos específicos como o afastamento preventivo do servidor público (art. 142), sem significar em automática demissão, como forma de se afastar o servidor para o aprofundamento das investigações. A respeito das diferenciações entre o regime celetista e estatutário, cf. ARAÚJO, Edmir Netto de. *O ilícito administrativo e seu processo*. São Paulo: Editora RT, 1994, p. 100.

[17] BANFIELD, Edward. Corruption as a feature...., p. 598. No Brasil, a Súmula Vinculante nº 13, do Supremo Tribunal Federal, que veda o nepotismo na Administração Pública, poderia ser um demonstrativo da realização de tais expedientes informais no âmbito do serviço público. Porém, a edição da Súmula Vinculante não foi capaz de deter o *nepotismo cruzado*, pelo qual um servidor público com faculdade de nomear um servidor para um cargo de provimento em comissão troca favores com outro servidor público, com a mesma faculdade, havendo uma barganha de favores para a nomeação *cruzada* de cada um dos seus apadrinhados sem despertar a desconfiança das esferas de controle. A respeito do tema, o Supremo Tribunal Federal já teve oportunidade de se manifestar sobre o nepotismo cruzado, ampliar em BRASIL. *Supremo Tribunal Federal*. MS 24020, Relator Ministro JOAQUIM BARBOSA, Segunda Turma, julgado em 06/03/2012, publicado em 13/06/2012.

[18] BANFIELD, Edward. Corruption as a feature..., p.599

[19] A doutrina de Georg Jellinek demonstra, justamente, que a busca pelos fins do Estado acaba por ser meramente especulativa, sendo irrelevante compreender quais fins levariam a toda e qualquer ação da entidade pública. Jellinek observa que se deve prescindir da fixação de um fim permanente do Estado, mas se deve compreender que os indivíduos e a comunidade necessitam das instituições do Estado para seus fins particulares, a partir do momento em que as ações humanas, independentemente da diversidade dos motivos que lhe servem de

tização dos direitos fundamentais.[20] O volume de recursos geridos pelo Poder Público cresce demasiadamente e cria inúmeras oportunidades para a ocorrência de atos de corrupção o que aumenta a própria dimensão econômica da corrupção no âmbito da Administração Pública.[21]

Em outras palavras, mesmo que a corrupção não seja um desígnio exclusivo da Administração Pública, já que se concebe cada vez mais a corrupção no âmbito privado, a organização administrativa do Poder Público é muito mais profusa e dispersa. Isso faz com que a estrutura pública possua um controle muito mais complexo e difícil, o que poderia ser considerado até mesmo como um elemento facilitador para a ocorrência da corrupção.

Compreende-se que a própria estrutura adotada pela Administração Pública poderia ser considerada como um estímulo à ocorrência de atos de corrupção, por conta da pulverização de sua esfera de controle, a grande quantidade de recursos atualmente movimentada pelo Poder Público e a própria estrutura burocrática do Estado (que em certas ocasiões poderá estimular a corrupção).

Por outro lado, mesmo que se admita a possibilidade de ocorrência de atos de corrupção no âmbito privado, é inegável que a Administração Pública parece estar associada inegavelmente à estrutura do Estado. Assim, feitas essas considerações sobre o porquê de a corrupção parecer exclusividade da Administração Pública, há que se rever o conceito de corrupção, sua estrutura e as formas de manifestação.

---

pretexto, devem levar em consideração a necessidade de conservação da existência individual e de felicidade dos indivíduos, cf. JELLINEK, Georg. *Teoría general del Estado*. Tradução de Fernando de los Ríos. Cidade do México: Fondo de Cultura Econômica, 2012, p. 236. Sobre a concepção da teoria geral do estado na obra de Jellinek, cf. TOJAL, Sebastião Botto de Barros. *Teoria geral do estado*. Rio de Janeiro: Forense, 1997, p. 49.

[20] Conforme observa Marçal Justen Filho a função administrativa, ou seja, o plexo de poderes à disposição da Administração Pública, deve servir à satisfação dos direitos fundamentais: "A função administrativa é o conjunto de poderes jurídicos destinados a promover a satisfação de interesses essenciais, relacionados com a promoção de direitos fundamentais, cujo desempenho exige uma organização estável e permanente, exercitados sob o regime jurídico infralegal e que se exteriorizam em decisões destituídas de natureza jurisdicionais" (JUSTEN FILHO, Marçal. *Curso de Direito Administrativo*. São Paulo: Editora RT, 2013, p. 121).

[21] FURTADO, Lucas Rocha. *As raízes da corrupção...*, p.56.

1.2 Conceito, Estrutura e Formas de Manifestação da Corrupção

A corrupção, do latim *corruprem*, traz a ideia de corromper alguém, ou que algo está degradado ou em decomposição.[22]

A própria origem da palavra corrupção nos países ibéricos remonta à ideia de apodrecimento do corpo ou da natureza, sentido que prevaleceu até o séc. XVIII, quando a associação entre a palavra corrupção e o poder político começou a ser objeto de diversas sátiras e de tratadistas políticos na Península Ibérica.[23]

De todo modo, o conceito de corrupção aqui adotado baseia-se amplamente nas teorizações de Susan Rose-Ackerman e Bonnie Palifka, que definem a corrupção como o "abuso de um poder confiado [ou confiança] para o ganho privado".[24]

A chave do conceito adotado pelas autoras está no conceito de um *poder confiado* ou na própria *confiança*, que pode se referir às expectativas a serem desempenhadas em diversas situações, seja no âmbito público ou no privado, ou ainda, pode ser atribuído a um empregador, empregado, dirigente empresarial, servidor público ou líder governamental. Se há abuso deste

---

[22] ROMEIRO, Adriana. *Corrupção e poder no Brasil*: uma história, séculos XVI a XVIII. Belo Horizonte: Autêntica, 2017, p. 20; CASTILHO, Ricardo. Apontamentos à improbidade administrativa. In: SUNDFELD, Carlos Ari; DI PIETRO, Maria Sylvia Zanella. *Doutrinas essenciais do direito administrativo*. V. VII. São Paulo: RT, 2012, p. 1082.

[23] Conforme observa Adriana Romeiro, a ideia de corrupção como associada nos dias de hoje era totalmente distinta, levando em consideração a ausência de uma separação estrita entre o ambiente público e privado: "Se a noção de corrupção, no sentido de desvio moral ou político, não estranha ao imaginário político da Época Moderna, é de se notar, porém, que ao contrário do uso atual da palavra, que recobra as práticas, confundindo-se com elas, as práticas não eram consideradas em si corruptas: elas desencadeavam o processo de corrupção da República. É a partir do final do século XVIII que a palavra sofre um crescente deslizamento semântico, tornando, aos poucos, sinônimo de práticas corruptoras" (ROMEIRO, Adriana. *Corrupção e poder* ..., p. 25).

[24] Tradução livre de "the abuse of an entrusted power for private gain" (ROSE-ACKERMAN, Susan; PALIFKA, Bonnie. *Corruption and government*:..., p. 9). O mesmo conceito tem sido adotado por diversas entidades internacionais, como a Transparência Internacional (TI) e o Banco Mundial (BM). As variações na adoção de um conceito internacional de corrupção estão centradas na exigência de um agente estatal para a sua compreensão. O BM amplia o conceito para instituições e agentes privados, enquanto a TI adota uma perspectiva restritiva de agente público (HOLMES, Leslie. *Corruption*: a very short introduction. Oxford: Oxford University Press, 2015, p.2). Ampliar em FISMAN, Ray; GOLDEN, Miriam. *Corruption*: what everyone needs to know. Oxford: Oxford University Press, 2017, p. 25.

poder, as regras serão quebradas e as expectativas naquele em se que confia certo comando serão frustradas.[25]

Por esse motivo, a utilização de um conceito abrangente de corrupção é mais conveniente para abarcar as variadas situações, pois a sua ocorrência não se restringe ao fenômeno público afetando, também, o âmbito privado da negociação. Para uma melhor compreensão do fenômeno da corrupção no âmbito da Administração Pública, demonstra-se a seguir o esquema básico de manifestação da corrupção.

A estrutura básica da corrupção tem como origem a utilização do modelo do agente: esqueleto de funcionamento da corrupção, independentemente do seu âmbito de manifestação (público ou privado), compreendido como a pessoa que aceitou o encargo (*delegado*) de uma pessoa dirigente, líder ou principal (*delegante*) que pode ser uma entidade organizacional privada ou pública, para atuar em seu nome.[26] O primeiro precisa atuar com certo grau de liberdade, pois quanto mais amplo o seu espectro de atuação (medido em termos de efeitos sobre os interesses do segundo), mais extensa será a sua liberdade de trabalho.[27]

O modelo do agente é o esquema mais utilizado pelos estudiosos do tema para a descrição do fenômeno da corrupção. Robert Klitgaard considera que o agente agirá de maneira corrupta quando os benefícios líquidos da corrupção superarem os seus custos para agir de uma maneira corrupta ou torpe.[28]

Klitgaard observa, ainda, que seu esquema conceitual se aproxima do modelo apresentado por Edward Banfield, ao transfomar a corrupção em algo mais sério no Poder Público do que em uma empresa privada.[29]

---

[25] ROSE-ACKERMAN, Susan; PALIFKA, Bonnie. *Corruption and government...*, p. 9.

[26] Observa-se que o autor se vale do termo em inglês "*principal*", que traria a ideia de regente ou condutor, ou ainda a pessoa mais importante em uma organização em grupo, ou o chefe de uma escola, universidade ou instituição educacional (OXFORD LIVING DICTIONARIES. *Definition of principal in English*. Disponível em: <https://en.oxforddictionaries.com/definition/principal>. Acesso em 01 de jun. de 2017).

[27] BANFIELD, Edward. Corruption as a feature of governmental organization. *The Journal of Law & Economics*, Chicago, vol. 18, n. 3, 1975, p. 587. A compreensão da corrupção a partir do modelo do agente também é apresentada em NAGEL, Volker; BECK, Lotte. Korruption aus ökonomischer Perspektive. In: GRAEFF, Peter; GRIEGER, Jürgen. (coords). *Was ist Korruption?* Baden-Baden: Nomos, 2012, p. 34.

[28] KLITGAARD, Robert. *A corrupção sob controle*. Tradução de Octavio Alves Velho. Rio de Janeiro: Zahar, 1994, p. 39.

[29] KLITGAARD, Robert. *A corrupção sob controle...*, p. 86. O mesmo modelo é apresentado

Para disciplinar estas relações, as regras administrativas, sociais e/ou legais desempenham papel fundamental, juntamente com as regras de conduta, cuja violação cria a possibilidade de imposição de penalidades e custos àqueles que as violam.[30]

É preciso esclarecer que o *delegado* será entendido como pessoalmente corrupto se deliberadamente violar ou sacrificar os interesses do *delegante* em proveito dos seus únicos e exclusivos interesses. Mas ele será oficialmente corrupto se, servindo aos interesses do *delegante*, violar de maneira consciente as regras, agindo de maneira ilegal ou antiética em prol dos interesses deste.[31]

Diante dessa anotação, a presença de um *delegante* que recorre aos serviços de um *delegado* caracteriza uma "relação de agência"; a simples existência desta relação de agência entre *um e outro* gera os "custos de agência", que decorrem das divergências entre os interesses dos *delegantes* e dos *delegados*.[32] É por isso que a corrupção pode ser enquadrada como um dos efeitos decorrentes destes conflitos de agência e sujeita a estes custos de controle, contudo, independente da sua estrutura, para minimizar a corrupção é a imposição de restrições aos agentes.[33]

Embora possa se manifestar das mais variadas formas, a corrupção é o desígnio que se aplica às mais variadas reciprocidades que os indivíduos realizam em determinados lugares para a satisfação de seus interesses privados. A palavra *corrupção* não significa que uma determinada conduta taxada como "corrupta" possa ser considerada automaticamente como ilegal; mas, será suficiente para que esse comportamento torpe seja relacionado a algo imoral ou antiético.[34]

em ROSE-ACKERMAN, Susan. The Economics of Corruption. *Journal of Public Economics*, Londres, v.4, 1975, p. 187 e BONELL, Michael Joachim; MEYER, Olaf. The Impact of Corruption on International Commercial Contracts. General Report. In: BONELL, Michael Joachim; MEYER, Olaf (coords). *The Impact of Corruption on International Commercial Contracts*. New York: Springer, 2015, p. 5-6.

[30] BANFIELD, Edward. Corruption as a feature of governmental organization..., p. 587.

[31] BANFIELD, Edward. Corruption as a feature of governmental organization..., p.588. Classificação similar é apresentada em GINGERICH, Daniel W. *Political institutions and party-directed corruption in South America*. Cambridge: Cambridge University Press, 2015, p. 10, que divide a corrupção em termos pessoais (*personal corruption*) e a corrupção que ocorre para benefícios e fins políticos (*political corruption*).

[32] MACKAAY, Ejan; ROUSSEAU, Stéphane. *Análise econômica do direito*. Tradução de Rachel Sztajn. 2. ed. São Paulo: Atlas, 2015, p. 532.

[33] ROSE-ACKERMAN, Susan; PALIFKA, Bonnie. *Corruption and government*..., p.126.

[34] ANECHIARICO, Frank; JACOBS, James. *The pursuit of absolute corruption*: how corruption

Edward Banfield comenta, ainda, que o controle dos custos de agência gerados das "relações de agência" oportunistas poderá tornar extremamente custoso o desenvolvimento da atividade empresarial: "É evidente que os custos de eliminar ou de controlar a corrupção podem ser maiores do que os ganhos de praticar a corrupção. Seria inimaginável uma empresa gastar tudo que possui até a sua falência, para acabar com a corrupção, ou mesmo um sindicato sacrificando a sua posição de monopólio para empregar um agente honesto, mas incompetente em termos econômicos".[35]

Nesse mesmo sentido, Susan Rose-Ackerman defende que nem sempre a corrupção poderá ser considerada como desumana ou ineficiente. Para exemplificar, a autora explana que a propina poderá beneficiar alguém a escapar de um regime ditatorial, como na vigência do regime nazista na Alemanha, ou mesmo como forma de alocar recursos àquelas empresas que seriam mais eficientes, ainda que pela utilização de formas de atuação espúrias ou desleais.[36]

Diante do exposto, entende-se que a propina deve ser considerada sempre como a segunda opção, ou mesmo, como o último recurso, já que, em sistemas em prepondera a corrupção, há um inegável incremento dos pagamentos extra-oficiais, incentivando os oficiais públicos a serem mais burocráticos e/ou corruptos.

Estabelecidas algumas premissas a respeito do conceito de corrupção adotado neste trabalho e a sua estrutura básica de manifestação, Rose-Ackerman e Palifka buscam descrever de maneira exemplificativa os múltiplos tipos de corrupção. Para analisar as suas formas de manifestações mais comuns com imediata repercussão para sua compreensão no âmbito do Poder Público, expostas na Tabela 1, transmitindo a ideia de que o conceito de corrupção cabe tanto no âmbito público como privado.[37]

---

control makes government ineffective. Chicago: Chicago University Press, 1996, p. 3.

[35] Tradução livre de: "It is evident that the costs of eliminating, or controlling, corruption may on occasion be greater than the gains from doing so. One can imagine a firm's spending itself into bankruptcy in an effort to end corruption or a labor union's sacrificing the advantage of its monopoly position by employing an honest but incompetent business agent". (BANFIELD, Edward. Corruption as a feature..., p 590).

[36] ROSE-ACKERMAN, Susan. The Law and Economics of Bribery and Extortion. *Annual Review of Law and Social Science,* vol. 6, ago., 2010, p. 220.

[37] A tabela é uma adaptação e tradução livre do autor para o esquema elaborado por Susan Rose-Ackerman e Bonnie Palifka. em ROSE-ACKERMAN, Susan; PALIFKA, Bonnie. *Cor-*

Tabela 1 – Tipos de corrupção

tipo de corrupção	Descrição
Propina	Troca explícita de dinheiro, presentes de qualquer gênero, ou favores, para quebrar as regras ou como pagamento para benefícios que deveriam ser menos eficientes/custosos; inclui a propina para agentes oficiais ou agentes privados;
Extorsão	Demandar propina ou um favor a um oficial como condição *sine qua non* para fazer seu dever ou para quebrar uma regra;
Troca de favores	Troca de uma regra quebrada por outra;
Nepotismo	Contratar um membro da família ou alguém de seu círculo social, ao invés do mais qualificado e relacionado como competidor de uma vaga profissional;
Favoritismo [38]	Preferência por membros de um grupo social, étnico, racial, político, religioso, ou social sobre membros de outros grupos relacionados em decisões de trabalho;
Fraude judicial	Uma decisão baseada nos atos descritos acima, ou ameaças aos juízes, ao invés de verdadeira análise dos méritos do caso judicial;
Fraude contábil	Intencionalmente fraudar vendas ou lucros (normalmente, com o intuito de aumentar os preços de estoque);
Fraude eleitoral	Manipulação dos resultados de uma eleição, por meio de compra de votos ou ameaças ao eleitorado, ou pela falsificação ou destruição de votos;
Fraude de serviço público	Qualquer atividade que diminui os requerimentos da entrega do serviço público, mesmo que nenhuma propina seja paga;
Apropriação indébita	Roubo do empregador (empresa, governo, organização não governamental) por parte do empregado;
Cleptocracia	Um estado autocrático no qual são manejados recursos para maximizar a riqueza dos líderes/comandantes;
Tráfico de influência	Usar a influência de alguém no governo para extrair propinas ou favores para partes interessadas; e,
Conflito de interesses	Ter um interesse pessoal nos efeitos de uma política tomada.

Fonte: Adaptado de Rose-Ackerman e Palifka [38]

ruption and government..., p.8.
[38] Tradução livre do autor do francês *favoritisme* ou do inglês *cronyism*.

Observe-se que muitas condutas mencionadas na Tabela 1 são positivadas como ilícitos penais ou mesmo consideradas como infrações administrativas. Elas demonstram que a corrupção não está adstrita aos tipos penais, ou mesmo àquilo que é prescrito como uma infração administrativa, dependendo mais de um juízo ético-moral de quem realiza a tipificação de uma determinada conduta como ilícita ou corrupta.[39]

Ainda assim, a corrupção no âmbito da Administração Pública, a partir do demonstrado na Tabela 1, pressupõe o desvio da função pública, relacionando-o com uma conduta que afeta o regular e bom funcionamento da Administração Pública.[40]

Normalmente, a atuação corrupta do servidor público pode vir a beneficiar o cidadão, como na obtenção de qualquer vantagem indevida, ou mesmo a prejudicá-lo, como no caso da exigência do pagamento de propinas para que este agente público venha a agir como normalmente deveria.[41]

A propina é a forma fundamental de ocorrência e manifestação da corrupção no Brasil e o seu conceito fundamenta-se na relação de dirigente e agente. Conquanto o Código Penal brasileiro descarte punição explícita para a propina, é de se notar que o conceito de corrupção, ativa ou passiva, abrange, obviamente, esta forma de corrupção, ou seja, a propina é compreendida como uma gorjeta, uma pequena importância que excede o pagamento ajustado ou previsto, de um serviço.[42]

---

[39] Nelson Hungria esclarece que a distinção entre ilícitos penais e administrativos está somente em razões de conveniência política: "A punição de certos ilícitos na esfera do direito administrativo, invés de o ser na órbita do direito penal comum, não obedece, como já frisado, senão a razões de conveniência política: para o direito penal comum é transportado apenas o ilícito administrativo de maior gravidade objetiva ou que afeta mais diretamente o interesse público, passando, assim, a ilícito penal. O ilícito administrativo de menor entidade não reclama a severidade da pena criminal, nem o vexatório *streptus judicii*" (HUNGRIA, Nelson. Ilícito administrativo e ilícito penal. *RDA*. Rio de Janeiro, v. 1, n., 1, 1945, p. 27).

[40] FURTADO, Lucas Rocha. *As raízes da corrupção...*, p.57.

[41] FURTADO, Lucas Rocha. *As raízes da corrupção...* p. 58.

[42] Um interessante conceito trazido pela doutrina francesa e americana para compreensão da propina é o da *retrocomissão*, uma forma mais adequada de descrever a propina, que possui direta repercussão nos escândalos de corrupção recentemente descobertos no Brasil. O conceito provém do vocábulo em inglês *kickback* ou do francês *rétrocomission*, que transmite a ideia de exigir o pagamento de uma vantagem imediata com a expectativa de que este pagamento será abatido pelas benesses ou pagamentos que o Estado irá realizar. Segundo a doutrina francesa, a *retrocomissão* "pode ser definida como uma prática ilegal, consistente, para o vendedor, a

Independente da forma de manifestação da corrupção, ela pressupõe também outras formas de ilicitude, as quais, em determinadas circunstâncias, podem (ou não) ser consideradas como corrupção, o que dependerá, também, de aspectos culturais e econômicos (como se radicará nos tópicos a respeito das relações entre a corrupção, a cultura e a economia). Atente-se que as formas de manifestação de corrupção na Administração Pública possuem direta relação com a ideia de democracia, como se aprofundará a seguir.

1.3. Corrupção Política e Democracia

O fundamento democrático do Estado coloca em evidência o seguinte ques-

oferecer uma série de comissões mais do que necessária, para, em seguida, recuperar nos seus negócios, por parte do intermediador, ou uma das partes engajadas pelo Estado". Tradução livre de: "Une rétro-commission peut se définir comme une pratique illégale, consistant, pour le vendeur, à offrir plus de commissions que nécessaire, pour ensuite récupérer à son profit, de la parte de l'intermédiaire, une partie des sommes engagées par l'État" (LATOUR, Daphné; ROBERT, Pierre-Edouard Gondran de. *La lutte contre la corruption en France*. Paris: Emerit Publishing, 2014, p. 25). Por exemplo, ao se exigir uma determinada propina, as perspectivas daquele que a oferece são de que este "investimento" espúrio será abatido com os benefícios da celebração de um contrato com a Administração Pública possa trazer aos seus negócios, abatendo-se os gastos da propina ao longo da execução contratual. Muito embora a figura (ainda que traduzida pelo autor de maneira livre) da retrocomissão aparentemente não possua ressonância na doutrina jurídica brasileira, percebe-se que o esquema de corrupção descrito nas recentes operações de combate à corrupção no Brasil, sobretudo no âmbito da Operação Lava-Jato, se dava por meio do pagamento de retrocomissões. Em que pese as vicissitudes da Operação Lava-Jato, entende-se que o movimento promovido pelo Ministério Público Federal brasileiro não foi capaz, ainda, de trazer virtuosidade à política ou mesmo às atividades político-partidárias brasileiras. Isso aconteceu, em certa medida, com a Operação Mãos-Limpas na Itália, conforme observa Stefano Rodotà: "Mãos Limpas foi um despertar grosseiro, que não conseguiu iniciar um ciclo virtuoso. A política sofreu nesse caso, mas não queria tirar os abismos certos. Assim que a tese de um golpe judicial foi creditada, o fundo da iniciativa da magistratura foi perdido: o retorno à legalidade. E assim, no abrigo desta distorção histórica, retornaram os velhos costumes e os novos saqueadores de recursos públicos, novas e miseráveis gerações de desenfreados vieram à tona. É a história recente e não concluída". Tradução livre de: "Mani Pulite fu un brusco risveglio, ma non fu in grado di avviare un ciclo virtuoso. La politica subì quella vicenda, ma non volle trarne le giuste cinseguenze. Via via che si acreditava la tesi di um golpe giudiziario, si perdeva la sostanza dell'iniziativa della magistratura: il retorno alla legalità. E così, al riparo di questa deformazione della storia, tornarono gli usati costumi e venero alla ribalta vecchi e nuovi saccheggiatori di risorse pubbliche, nouve e miserabli generazioni di rampante. È la storia recente, e non conclusa" (RODOTÀ, Stefano. *Elogio del moralismo*. 2. ed.. Bari: Laterza, 2011, p. 31).

tionamento: as democracias são menos corruptas que as outras formas de governo?

A proteção das liberdades civis, com a ideia de discurso livre, faz emergir a possibilidade de um governo buscar ser transparente.[43] Embora seja praticamente impossível fazer uma conexão automática entre a existência de estruturas democráticas e baixos índices de corrupção, a democracia influencia inegavelmente a qualidade com a qual promove o seu combate.[44]

Há que se observar que em Estados autocráticos ou onde o controle seja realizado por uma única classe (Estado monoclasse),[45] a corrupção também pode se manifestar de uma maneira ainda mais fluída ou facilitada do que em Estados nos quais o controle da Administração se encontre mais pulverizado ou fragmentado. No entanto, ainda que por conta do controle rígido, as chances de que a corrupção seja encoberta aumentam consideravelmente.[46]

Nas palavras de Susan Rose-Ackerman: "A democracia não é uma cura para a corrupção, mas as estruturas democráticas podem proporcionar as condições necessárias para que as políticas anticorrupção sejam bem-sucedidas".[47]

---

[43] ROSE-ACKERMAN, Susan. Political corruption and democracy. *Connecticut Journal of International Law*, Hartford, v. 14, n. 2, 1999, p. 363.

[44] ACKERMAN, Susan; PALIFKA, Bonnie. *Corruption and government...*, p.275.

[45] Denominação conferida por Massimo Severo Giannini, na qual o Estado Monoclasse poderia ser considerado como um Estado mais limitado possível, no qual os interesses de uma única classe seriam mais evidentes; quase nenhuma atividade humana encontraria correspondência na atividade da Administração Pública, mas isso se modifica com a instalação do Estado Pluriclasse e com a democratização da gestão pública no séc. XX (Ampliar em GIANNINI, Massimo Severo. *Diritto Amministrativo*, v. I. Milão: Giuffrè Editore, 1970, p. 47).

[46] Fernando Henrique Cardoso destaca, a partir de regimes autocráticos, como o Regime Militar brasileiro nas décadas de 60, 70 e 80, que a estrutura estatal poderia ser usada para o atendimento de interesses eminentemente privados, por meio do qual o setor privado encontrar-se-ia politicamente para influir nas decisões do Estado, o que é denominado pelo autor como "*anéis burocráticos*". Essa figura demonstraria o enlace dos interesses privados pela burocracia estatal. Além disso, as classes não se organizariam politicamente para a defesa dos interesses do país, mas para a garantia de seus interesses, pela cooptação de integrantes da burocracia estatal (CARDOSO, Fernando Henrique. *Autoritarismo e democratização*. Rio de Janeiro: Paz e Terra, 1975, p. 206-209). Mais recentemente e em analogia com a figura dos "anéis burocráticos", o sociólogo qualificou o regime brasileiro como um presidencialismo de cooptação, cf. CARDOSO, Fernando Henrique. *Crise e reinvenção da política no Brasil*. São Paulo: Companhias das Letras, 2018, p. 47-57.

[47] Tradução livre de: "Democracy is not a cure for corruption, but democratic structures can

Todavia, mesmo que as democracias propiciem um ambiente favorável ao combate à corrupção e ao desenvolvimento das atividades econômicas, elas também abrem espaço para que os políticos atuem buscando se perpetuar no poder, condição que, na visão de Susan Rose-Ackerman, gera o "paradoxo da estabilidade", já que a sensação de segurança pode melhorar e aprimorar arranjos políticos corruptos. [48]

Por tudo isso, são analisados brevemente os aspectos políticos da corrupção política no Brasil, de maneira que se possa compreender como a corrupção influencia as decisões administrativas no campo político.

Sobre os aspectos políticos da corrupção, não se pode negar que tanto a agenda como o discurso de combate à corrupção parecem se localizar no âmbito político. A compreensão da própria agenda anticorrupção acontece no cenário político. [49]

Contudo, parece não existir um método mais adequado ou uma teoria uniforme para a compreensão da corrupção no campo político.

Os estudos que buscam compreender a corrupção à luz da política mostram estar centrados em três vertentes: *(i)* estudos teóricos-conceituais da corrupção, que analisam teoricamente o conceito da corrupção e as suas formas no âmbito político; *(ii)* estudos qualitativos, que parecem ser os preferidos da doutrina em geral, já que utilizam a representatividade de um importante sistema político tanto por meio de estudos e análise de documentos, como pela utilização da opinião de especialistas sobre o tema; e, *(iii)* estudos quantitativos, que promovem análise com dados concretos, como a utilização dos dados do índice de percepção da corrupção da Transparência Internacional

Reiterando, como já destacado acima, ao mesmo tempo que a democracia traz as condições ideais para que haja estabilidade em uma sociedade, os integrantes do sistema político buscam a reeleição visando aprimorar arranjos políticos corruptos.

Ou seja, o incentivo para a corrupção parece estar na forma de organização do sistema eleitoral e de possibilidade do exercício da democracia

---

provide the conditions needed for anticorruption policies to succeed" (ROSE-ACKERMAN, Susan. Political corruption and democracy..., p. 378).

[48] ROSE-ACKERMAN, Susan. Political corruption and democracy..., p. 363.

[49] WOLF, Sebastian. Politikwissenschftliche Korruptionsforschung. In: GRAEFF, Peter; GRIEGER, Jürgen (orgs). *Was ist Korruption?*. Baden-Baden: Nomos, p. 116.

representativa, pois a primeira pode, também, afetar o bom desenvolvimento da segunda, de modo que o sistema político traz a possibilidade de que determinadas políticas e a distribuição de recursos aconteça nas áreas de maior representatividade para os políticos eleitos[50].

Nesse sentido, a corrupção pode trazer as ferramentas para que partidos políticos possam estabelecer meios e conexões entre as agremiações políticas e os eleitores. Assim que estabilizada as relações entre os partidos políticos e os eleitores, a utilização da bandeira ideológica passa a ser o principal componente para que os partidos políticos façam suas alianças políticas.[51]

Ademais, a estruturação e a distribuição de recursos públicos também podem ser estruturadas para atender interesses de grupos de influência antagônicos. Um político pode dar suporte a um projeto que beneficie seus eleitores e exigir pagamentos escusos para que possa votar a favor de um determinado projeto de interesse de um grupo de interesse que comumente não representa seus interesses ou a sua base de atuação eleitoral.[52]

O problema da corrupção no âmbito político pode ser identificado em três vertentes de condutas: (*a*) a "receptividade" dos representantes populares para aceitar propinas ou vir a obter benefícios indevidos; (*b*) a habilidade de grupos endinheirados para que possam obter benefícios ilegais, a partir da utilização da corrupção política; e, (*c*) a celebração de acordos políticos com tendência para gerar estabilidade, já que a instabilidade pode surgir da competição e das disputas pelo poder, o que se agrava em uma sociedade dividida e sem uma unicidade eleitoral. Os políticos podem se preocupar em perder seus mandatos, mas também podem acreditar que a reeleição é possível.[53]

Nessa linha de raciocínio, Sebastian Wolf destaca que: "A corrupção política, muitas vezes, visa prejudicar a igualdade política de oportunidades para uma vantagem particular, por exemplo, influenciando indevidamente a concorrência (do partido) ou questionando o princípio da igualdade, que está intimamente ligado ao principio da legalidade na implementação de normas jurídica".[54]

---

[50] ROSE-ACKERMAN, Susan. Political corruption and democracy..., p. 364.
[51] GINGERICH, Daniel W. *Political institutions and party-directed corruption in South America*. Cambridge: Cambridge University Press, 2015, p. 13.
[52] ROSE-ACKERMAN, Susan. Political corruption and democracy...p. 365.
[53] ROSE-ACKERMAN, Susan. Political corruption and democracy... p. 367.
[54] Tradução de livre: "Politische Korruption zielt häufig auf die Störung politischer Chancengleichheit zum partikularen Vorteil, indembeispielsweise der (Parteien -) Wettwerb unzu-

Susan Rose-Ackerman ainda destaca que o financiamento de campanhas eleitorais é uma das chaves para a compreensão da corrupção política no processo democrático. Mesmo em países que não tenham a manifestação da corrupção no âmbito do Poder Público, verifica-se a ocorrência da corrupção como parte do processo eleitoral. Continua ainda a autora: "Os sistemas políticos democráticos devem encontrar uma maneira de financiar campanhas políticas sem incentivar a venda de políticos a contribuintes. Os governos estabeleceram a linha entre ofertas legais e ilegais de maneiras bastante diferentes, e os quadros legais variam muito nos limites que eles colocam em ofertas de *quid pro quo* a políticos". [55]

Feitas as considerações sobre como a corrupção política e como ela afeta os mecanismos de representação política e o regular exercício da democracia, se faz necessário investigar, também de maneira breve, como a corrupção política influencia o regular o funcionamento da democracia no Brasil.

Para tanto é preciso destacar, primeiro, que a situação política brasileira se agrava consideravelmente no que tange a corrupção política, especialmente por conta da existência de uma grande pluralidade de partidos políticos. Em uma sociedade extremamente marcada pela desigualdade, a existência de trinta e cinco partidos políticos parece coadunar com a ideia de que a corrupção política, anteriormente descrita, demonstra o amplo quadro de fragmentação da política partidária brasileira. [56]

A conjuntura dos partidos políticos no Brasil, nas palavras de Marcelo Figueiredo, contribui para que a corrupção faça parte do sistema político: "O excesso irracional de partidos políticos serve apenas para gerar instabilidade no sistema político-eleitoral, prejudicando as opções legí-

---

lässig beeinflusst oder mit dem Rechtsstaasprinzip eng verknüpfte Gleichheitsgrundsatz bei der Implementierung von Regelungen in Frage gestellt wird" (WOLF, Sebastian. Politikwissenschftliche Korruptionsforschung... p. 119).

[55] Tradução livre de: "Democratic political systems must find a way to finance political campaigns without encouraging the sale of politicians to contributors. Governments have drawn the line between legal and illegal gifts in quite different ways, and legal frameworks vary greatly in the limits they place on quid pro quo deals by politicians" (ROSE-ACKERMAN, Susan. Political corruption and... p. 368).

[56] BRASIL. *Tribunal Superior Eleitoral*. Partidos políticos registrados no TSE. Disponível em: <https://goo.gl/2DnLQV>. Acesso em: 19 de mar. de 2018.

timas do eleitorado e, ao final, a própria governabilidade. Não há como costurar um acordo com pelo menos 20 bancadas de diferentes partidos políticos no sistema brasileiro".[57]

Por sua vez, Sérgio Abranches considera que não somente a alta fragmentação política, com a proliferação de partidos políticos, prejudica a qualidade da democracia no Brasil, mas também o excesso de concentração de recursos pela União e Presidência da República aliada à distribuição na formulação do orçamento.[58]

Além disso, a dificuldade de formulação de gastos orçamentários destinados ao atendimento das necessidades da população brasileira, "a inércia político-burocrática desencoraja a definição de visões concorrentes para o país e sua oferta ao eleitorado por partidos de correntes opostas de pensamento".[59]

Em recente e detalhada análise sobre a qualidade das doações eleitorais nas recentes eleições brasileiras (outubro de 2018), Bruno Carazza observou que, até a proibição de doações para as campanhas eleitorais por pessoas jurídicas, definida pelo STF em 2015[60], doavam a partidos políticos aqueles que tinham um nítido interesse no Estado, especialmente os setores da construção civil, alimentação, bebidas, financeiro, siderúrgicas e farmacêutico.[61]

Corrobora com este procedimento os altos números e casos que foram detectados sobre pagamento de vantagens ilícitas a agentes públicos nos últimos anos, demonstrando, em certa medida, que a corrupção está entranhada no sistema político brasileiro; mesmo que se possa atribuir a corrupção ao modelo do sistema político-eleitoral nacional, sobretudo ao modo como era

---

[57] FIGUEIREDO, Marcelo. Os mais relevantes problemas político-eleitorais no Brasil (o sistema proporcional) e a luta contra a corrupção: do Mensalão à Operação Lava-Jato. *RDA*, v. 277, n. 1, jan./abr., 2018, p. 406.

[58] ABRANCHES, Sérgio. *Presidencialismo de coalizão*: raízes e evolução do modelo político brasileiro. São Paulo: Companhias das Letras, 2018, p. 358.

[59] BRANCHES, Sérgio. *Presidencialismo de coalizão....*, p. 360.

[60] Assim decidiu o STF: "Ação direta de inconstitucionalidade julgada parcialmente procedente para assentar apenas e tão somente a inconstitucionalidade parcial sem redução de texto do art. 31 da Lei nº 9.096/95, na parte em que autoriza, a *contrario sensu*, a realização de doações por pessoas jurídicas a partidos políticos, e pela declaração de inconstitucionalidade das expressões 'ou pessoa jurídica', constante no art. 38, inciso III, e "e jurídicas", inserta no art. 39, caput e § 5º, todos os preceitos da Lei nº 9.096/95" (STF, ADI 4650, Relator: Min. LUIZ FUX, Tribunal Pleno, julgado em 17/09/2015, publicado em 24/02/2016).

[61] CARAZZA, Bruno. *Dinheiro, eleições e poder*: as engrenagens do sistema político brasileiro. São Paulo: Companhia das Letras, 2018, p. 56.

realizado o financiamento de campanhas no país (destacando que muito da corrupção política no Brasil relacionava-se diretamente com o modelo de financiamento das campanhas eleitorais). O mero impedimento de doação por parte de empresas, tal como feito pelo STF, não significará, seguramente, a absoluta impossibilidade de ocorrência de corrupção política no Brasil.

Como ressalta Bruno Carazza, a mera proibição do financiamento de campanhas políticas por parte de pessoas jurídicas estimulará o aumento de doações individuais de grande monta, tais como grandes empresários-diretores de companhias com interesses diretos na Administração Pública, ou estimular o ingresso de pessoas com patrimônio considerável que permite investir grande volume pessoal de recursos, ou ainda, o crescimento de doação de pessoas milionárias ligadas a grandes grupos empresariais.[62]

A ampliação do financiamento público de campanha muito provavelmente trará mudanças no próprio quadro político brasileiro, aumentando a importância na utilização das redes sociais e aplicativos de comunicação em detrimento dos meios de mídia e comunicação mais tradicionais, como a televisão ou o rádio, mudando consideravelmente a maneira de se fazer política no país.

Também o quadro de ampla difusão político-partidária deve seguir uma tendência de redução, tendo em vista a imposição da cláusula de barreira, instituída pela Emenda Constitucional nº 97/2017, que começou a vigorar a partir das eleições de 2018, com a limitação do acesso aos recursos do fundo partidário e à utilização da propaganda eleitoral em rádio e televisão àquelas siglas que elegessem um número determinado de Deputados Federais[63].

---

[62] CARAZZA, Bruno. *Dinheiro, eleições e poder...*, p. 225. Para isso, cite-se o exemplo do candidato do Movimento Democrático Brasileiro (MDB) à Presidência da República no ano de 2018, que investiu cerca de 45 milhões de reais de seu patrimônio pessoal na sua campanha a Presidente, tornando-se o maior doador individual da história recente das eleições presidenciais brasileiras, cf. GOULART, Josette. Ele é maior doador eleitoral desde 2002. *Folha de S. Paulo*, São Paulo, 23 de set., de 2018. Disponível em: <https://goo.gl/K9vmzQ>. Acesso em 16 de out. de 2018.

[63] Assim dispôs a Emenda Constitucional nº 97/2017 ao alterar o art. 17, da Constituição Federal: "Art. 17. [...] § 1º É assegurada aos partidos políticos autonomia para definir sua estrutura interna e estabelecer regras sobre escolha, formação e duração de seus órgãos permanentes e provisórios e sobre sua organização e funcionamento e para adotar os critérios de escolha e o regime de suas coligações nas eleições majoritárias, vedada a sua celebração nas eleições proporcionais, sem obrigatoriedade de vinculação entre as candidaturas em âmbito nacional,

Em que pese a análise pormenorizada do sistema eleitoral brasileiro não constituir um dos objetivos desta obra, é inegável que a corrupção política no Brasil provém, em certa medida, do modelo de financiamento de campanha, bem como da relação político-partidária com os interesses dos mais diversos setores produtivos da sociedade. A corrupção política compromete a qualidade da democracia brasileira, a crença nas instituições e na capacidade da política ser o instrumento promotor das mudanças almejadas pelos cidadãos brasileiros.

Tecidas essas considerações sobre as relações entre corrupção e democracia, o passo subsequente é analisar os efeitos negativos por elas gerados e as suas consequências especificamente quanto às relações comerciais, as perspectivas culturais e as relações econômicas globalizadas.

1.4 Efeitos Negativos da Corrupção e suas Consequências

A corrupção traz consideráveis efeitos negativos, independentemente da perspectiva a ser analisada. Além de causar efeitos negativos ao funcionamento da Administração Pública, a corrupção macula a crença de que as instituições de um determinado país funcionam de maneira eficiente.

A existência da corrupção significa que algo está errado na condução do Estado, que as instituições públicas são ineficazes e até mesmo que as relações entre os indivíduos e o Estado não são/estão saudáveis. Rose-Ackerman e Palifka entendem que, na presença da corrupção, as instituições são usadas mais para o enriquecimento pessoal e para benefício próprio do que para os fins aos quais se propõem, ou seja, "a existência de um grande grupo de oportunistas demonstra que o ambiente institucional é uma chave nos riscos da corrupção".[64]

---

estadual, distrital ou municipal, devendo seus estatutos estabelecer normas de disciplina e fidelidade partidária. [...] § 3º Somente terão direito a recursos do fundo partidário e acesso gratuito ao rádio e à televisão, na forma da lei, os partidos políticos que alternativamente: I - obtiverem, nas eleições para a Câmara dos Deputados, no mínimo, 3% (três por cento) dos votos válidos, distribuídos em pelo menos um terço das unidades da Federação, com um mínimo de 2% (dois por cento) dos votos válidos em cada uma delas; ou, II - tiverem elegido pelo menos quinze Deputados Federais distribuídos em pelo menos um terço das unidades da Federação.".

[64] A ideia é tradução livre de: "The existence of a large group of opportunists implies that the institutional environment is a key determinant of corruption risks" (ROSE-ACKERMAN, Susan; PALIFKA, Bonnie. *Corruption and government...*, p. 52).

Um Estado manifestamente corrupto tende a perpetuar este *status quo* por meio de práticas que podem ter continuidade com consequências nas relações (*a*) comerciais, (*b*) culturais; e, (*c*) econômicas globalizadas, cujas manifestações são agora analisadas.

1.4.1 Consequências dos Efeitos Negativos da Corrupção nas Relações Comerciais

O principal efeito negativo da corrupção está nas repercussões observadas nas relações comerciais. Independentemente da forma governamental adotada pelos diversos países, a distribuição de benefícios e custos está sob as mãos dos agentes governamentais que detém o poder discricionário para realizar a repartição destes recursos.[65]

Empresas e indivíduos parecem sempre dispostos a pagar para obter estes benefícios distribuídos pelos governos. Deste modo, o pagamento de propinas surge como artifício usado para beneficiar as empresas, indivíduos e/ou autoridades que estariam dispostos a corromper/serem corrompidos para obter ilicitamente estes recursos, à custa do Poder Público.[66]

A relação entre a corrupção e a economia de um determinado país atem-se diretamente às condições de acesso a determinados produtos com preços abaixo de custo, explicam Ackerman e Palifka: existem dois preços disponíveis no mercado, o preço subsidiado pelo Estado e o preço de mercado, por isso as empresas pagariam para ter acesso a esses itens abaixo dos preços estabelecidos pelo mercado.[67]

Por exemplo, se a oferta de crédito e a taxa de juros são controladas pelo Estado, propinas podem ser pagas para que os agentes econômicos possam ter acesso a juros mais baixos do que aqueles oferecidos pelo mercado[68]. Ademais, o pagamento de propinas e/ou outras espécies de corrup-

---

[65] ROSE-ACKERMAN, Susan; PALIFKA, Bonnie. *Corruption and government...*, p. 51.
[66] ROSE-ACKERMAN, Susan; PALIFKA, Bonnie. *Corruption and government...*, p. 52.
[67] ROSE-ACKERMAN, Susan; PALIFKA, Bonnie. *Corruption and government...*, p. 54.
[68] O pagamento de propinas, por parte de empresas privada, era comum no período de transição entre a União das Repúblicas Soviéticas (URSS) e a formação da Comunidade dos Estados Independentes (CEI), na década de 90, como forma de obtenção de crédito mais barato à custa do Estado (ROSE-ACKERMAN, Susan; PALIFKA, Bonnie. *Corruption and government...*, p. 55). No Brasil, há notícias da descoberta de um complexo esquema de pagamentos de propinas para a obtenção de empréstimos junto ao Banco Nacional de Desenvolvimento Econômico e Social – BNDES, a juros mais baixos do que aqueles praticados pelo mercado, cf. NEUMANN,

ção depende dos estímulos concedidos aos agentes econômicos para que estes venham a corromper agentes públicos com vistas a obter vantagens subsidiadas à custa dos recursos públicos.

Reiterando, a corrupção é o sintoma que indica má gestão do Estado, o que gera imensuráveis prejuízos à economia: "O mecanismo de preços, tão utilizado como uma das fontes da eficiência e de contribuição para o crescimento, pode, na forma da propina, diminuir a legitimidade e a efetividade do governo. Instituições governamentais mal desenhadas podem levar economias à estagnação e a persistir na desigualdade". [69]

Benoit Lapointe[70] elenca algumas das graves consequências que a corrupção traz para o funcionamento do mercado e para o Estado (sob um viés à luz da economia global): *a)* diminui as possibilidades de negócios àquelas empresas que jogam dentro do "jogo da corrupção", com a adoção de práticas anticoncorrenciais que resultam em aumento considerável de preços, que não seriam adotados se as empresas atuassem em um mercado livre e verdadeiramente competitivo; *b)* traz desconfiança aos potenciais investidores estrangeiros, que incluem sempre a corrupção entre os riscos políticos para a avaliação dos investimentos em um determinado país, abalando, inegavelmente, o investimento estrangeiro no país, afetando a candidatura das empresas nacionais à concessão de empréstimos ou investimento estrangeiros; *c)* torna mais lento o desenvolvimento tecnológico, pois as empresas

---

Denise. JBS pagou US$ 200 milhões em propinas ligadas a operações com o BNDES. *Valor Econômico*, São Paulo/Rio de Janeiro, 21 de mai. de 2017. Disponível em: <https://goo.gl/cE-14TW >. Acesso em 21 de mai. de 2017.

[69] Tradução livre de: "The price mechanism, so often a source of economic efficiency and a contributor to growth, can, in the form of bribery, undermine the legitimacy and effectiveness of government. Poorly designed government institutions cause economies to stagnate and inequalities to persist" (ROSE-ACKERMAN, Susan; PALIFKA, Bonnie. Corruption and government..., p. 51).

[70] LAPOINTE, Benoît. *Corruption et fiscalité*: l'enterprise face à ses pratiques internationals. Paris: Berger-Levrault, 2015, p. 38. Sobre o tema cf. TOJAL, Sebastião Botto de Barros. Se existe cartel, é a Petrobras a responsável por sua coordenação. *Consultor Jurídico*, São Paulo, 19 de jan. de 2015. Disponível em: <http://www.conjur.com.br/2015-jan-19/sebastiao-tojal--existe-clube-petrobras-coordena>. Acesso em 06 de mai. de 2017). A respeito da importância do *compliance* no âmbito concorrencial, ampliar em SCHAPIRO, Mario Gomes; MARINHO, Sarah Morgana Matos. *Compliance* concorrencial: cooperação regulatória na defesa da concorrência? *Revista de Informação Legislativa*, Brasília: Senado Federal, 2016, n. 211, jul./set., 2016, pp. 278-283.

vinculadas à corrupção, normalmente, não possuem as tecnologias mais modernas de modo que os serviços prestados/produtos fornecidos ao Estado são de qualidade inferior ou duvidosa, para aumentar os lucros próprios.

Observe-se, anotadas estas considerações, que a corrupção traz muitos prejuízos à economia do país, por não estimular as empresas mais eficientes e com as melhores tecnologias a celebrar contratos de bens e serviços com o Estado levando à criação de um mercado circunscrito, restrito, sem competitividade, com preços cada vez mais caros à população em geral.

"A corrupção afeta, todavia, o comércio internacional e cria problemas sérios de quebra de competividade entre as empresas transnacionais, fato que torna inafastável a intervenção de organismos internacionais com forte atuação no âmbito comercial".[71]

A seguir analisam-se os problemas da corrupção a partir da perspectiva cultural, de modo a compreender o papel da cultura em geral para a contenção da corrupção.

1.4.2 Consequências dos Efeitos Negativos da Corrupção nas Relações Culturais

Para diversos autores, a cultura de uma localidade é fator relevante para a ocorrência da corrupção, embora seja preciso ponderar que a cultura difere de país para país, significando que o sentido da corrupção varia de lugar para lugar.[72]

Clifford Geertz define que "a cultura consiste em estruturas de significados socialmente estabelecidas, nos termos dos quais as pessoas fazem certas coisas como sinais de conspiração e se aliam ou percebem os insultos e correspondem a eles".[73] Assim, é incontestável a sua direta relação com as práticas culturais de um país, pois o *background* cultural tem papel no desempenho das atitudes dos indivíduos, especialmente naquilo que envolve a troca de presentes, favores e o tratamento particular dos indivíduos.[74]

---

[71] FURTADO, Lucas Rocha. *As raízes...*, p. 51.
[72] ROSE-ACKERMAN, Susan; PALIFKA, Bonnie. *Corruption and government...*, p. 233.
[73] GEERTZ, Clifford. *A interpretação das culturas*. Tradução de Gilberto Velho. Rio de Janeiro: LTC, 1989, p. 23.
[74] TANZI, Vito. Corruption and the economy. *Filozofija I dustvo*, Belgrado, v.24, 2013, p. 36. Disponível em: <https://goo.gl/gn24nA>. Acesso em 01 de mai. de 2017.

Diversos fatores culturais podem ser destacados como de relevância para a compreensão da corrupção. Como primeiro fator cultural a ser destacado estão os aspectos religiosos. A título especulativo, partindo de um pensamento simplista, países de tradição católica podem ser vistos como mais corruptos do que países de tradição ortodoxa enquanto países de matiz islâmica podem ser considerados como mais corruptos que estes últimos, contudo diversas relações imaginativas como estas podem ser realizadas. A utilização de tais expedientes torna a pesquisa científica mera especulação, o que não se coaduna com os objetivos deste trabalho.[75]

Por outro lado, como segundo fator cultural no combate à corrupção está o pressuposto que a corrupção pertence muito mais ao ambiente político e econômico. Por concentrar esforços para mudanças normativas, especialmente a partir da transformação das atitudes das classes políticas dominantes, a estrutura do arcabouço jurídico de uma determinada comunidade pode influenciar que a corrupção ocorra com mais intensidade, ou seja, de mais fácil manifestação.[76]

Como um terceiro fator cultural está a relação que muitos autores acreditam existir entre o problema atual da corrupção no Brasil com o sistema colonial brasileiro e a influência da colonização portuguesa como a origem da corrupção no Brasil.

Raymundo Faoro pode ser considerado um dos pioneiros ao identificar na origem colonial portuguesa um dos fatores para a existência de um patrimonialismo, ou mesmo de um clientelismo, no Brasil. Em seus estudos Faoro desenvolve a ideia de que a formação do Estado português centralizou em um estamento burocrático cujo "quadro administrativo e estado-maior de domínio, configura o governo de uma minoria. Poucos dirigem, controlam e infundem seus padrões de conduta a muitos. [...] É a própria soberania que enquista, impenetrável e superior, numa camada restrita".[77]

Na produção de Faoro identifica-se que a formação da dominação burocrático-estamental não impediu o avanço de um capitalismo de ordem monárquica, com o estrito propósito de servir à Sua Majestade, autônomoà

---

[75] HOLMES, Leslie. *Corruption...*, p.61.
[76] ROSE-ACKERMAN, Susan; PALIFKA, Bonnie. *Corruption and government...*, p. 233.
[77] FAORO, Raymundo. *Os donos de poder*: formação do patronato político brasileiro. 5 ed. São Paulo: Globo, 2012, p. 107.

própria nação portuguesa,[78] influenciando, inclusive, o próprio modelo de colonização no Brasil, no exato sentido que a colonização se dava por meio de concessões da Coroa portuguesa, de forma a manter a hegemonia do estamento burocrático em torno dos interesses do Monarca português.[79]

Acredita-se que as heranças culturais são de considerável importância na análise do contexto de inserção da corrupção no aspecto sociocultural e econômico brasileiro. No entanto, como observa Lucas Rocha Furtado, a mera atribuição de culpa à herança cultural portuguesa, bem como às deficiências em nossa formação cultural como a principal causa da corrupção interessa "apenas àqueles que se beneficiam das fraudes e dos desvios dos fundos públicos – entre os quais certamente não mais se incluem a monarquia ou a aristocracia portuguesas".[80]

É inegável que a herança da colonização portuguesa pode ter ligações diretas com a corrupção que grassa no país, mas há que se levar em conta que o Brasil se tornou um país independente desde 1822, somando-se aos mais de 100 anos de tradição republicana brasileira. Pressupor, simplesmente, que a herança colonial portuguesa é fator preponderante para a ocorrência da corrupção no Brasil é, também, supor que este problema não poderá nunca ser superado ou mesmo esquecido.[81]

Lilia Schwarcz e Heloisa Starling, em obra sobre a história brasileira, também estabelecem que a corrupção não pode ser descrita como um problema exclusivamente brasileiro e tampouco é possível naturalizar a visão de que a corrupção seria mais propensa a acontecer no Brasil por conta dos aspectos culturais.[82]

---

[78] CARDOSO, Fernando Henrique. *Pensadores que inventaram o Brasil*. São Paulo: Companhia das Letras, 2013, p. 230.
[79] Albert-Alain Bourdoun, em obra a respeito da história de Portugal, confirma que o empreendimento colonial português se aprimora em 1530 com a concessão do direito de distribuir terras a Martim Afonso de Souza e alega, ainda, que isso contribui para que se formasse no Brasil uma economia estritamente agrícola, baseada no escravagismo, situação que perdura até 1888 (BOURDON, Alain-Albert. *Histoire du Portugal*. 2.ed. Paris: PUF, 1977, p. 39).
[80] FURTADO, Lucas Rocha. *As raízes da corrupção no Brasil*. Belo Horizonte: Fórum, 2015, p. 19.
[81] FURTADO, Lucas Rocha. *As raízes da corrupção no Brasil*. Belo Horizonte: Fórum, 2015, p. 19.
[82] "A corrupção não é um fenômeno exclusivo no Brasil – ela ocorre na grande maioria dos países. Entre nós, ela sempre existiu, de um modo ou de outro, tanto que, frequentemente, costuma ser associada à própria identidade do brasileiro, como se esse fosse um destino inevitável; quase uma questão endêmica. Nessa visão, o Brasil seria forçosa e definitivamente corrupto devido a certas práticas e comportamentos – o 'jeitinho', a malandragem, o político

Corroborando o exposto pelas autoras supracitadas, a corrupção não deve ser natural em nenhum lugar do mundo, seja no Brasil, na Europa ou em qualquer lugar do planeta. Ela é o demonstrativo de que o Estado não é gerido de maneira saudável, que as instituições não funcionam e de que há sérios desvios de conduta e ética por boa parte dos seus cidadãos.

Robert Klitgaard observa que na maioria das culturas ocidentais os mais diversos tipos de corrupção não são considerados como práticas legais ou estimuláveis, acrescentando que compreende que a utilização de contextos culturais para a explicação da corrupção pode ser uma prática exagerada ou até mesmo simplista.[83]

De outro bordo, não se pode negar que alguns comportamentos, como o oferecimento de "presentes" a funcionários públicos são regidos ou influenciados pelas normas culturais. Propinas, presentes e gorjetas representam diferentes tipos de reciprocidades, diferenciando-se especialmente pela conotação trazida por cada atitude, ou mesmo por parte da interpretação conferida pelo sistema normativo.

Diversos autores destacam que a confiança existente em uma sociedade implica na análise entre a corrupção e as relações culturais: "A confiança facilita as transações porque poupa os custos de monitoramento e verificação; trata-se de um lubrificante especial que mantém engraxadas as engrenagens do sistema econômico".[84]

Nesse mesmo sentido, Edward Banfield, em *The Moral Basis of a Backward Society* (1958), descreve sua experiência em uma pequena comunidade no sul da Itália: os aldeões da região não conseguiam trabalhar juntos para o bem comum da própria região por não confiarem em ninguém que não integrasse os seus círculos familiares devido a um familismo amoral

---

ladrão – desde sempre presentes em na nossa história os quais fazem parte de um suposto caráter do brasileiro, criando uma espécie de 'cultura da corrupção, uma abordagem que, além de preconceituosa, naturaliza a corrupção no país, simplifica e congela sua compreensão, assim como impede o combate a um fenômeno de alta complexidade – além de desvalorizar as atitudes e os movimentos de opinião pública que expressam a revolta dos brasileiros contra essa prática". (SCWARCZ, Lilia; STARLING, Heloisa. *Brasil*: uma biografia. São Paulo: Companhia das Letras, 2015, p. 504).

[83] KLITGAARD, Robert. *A corrupção* ..., p.80.

[84] ZINGALES, Luigi. *Um capitalismo para o povo*. Tradução de Augusto Pacheco Calil. São Paulo: BEĨ, 2015, p. 147.

(*amoral familism*)⁸⁵ que impedia a cooperação entre os indivíduos. Apesar da defesa intransigente dos seus descendentes mais imediatos, a desconfiança imperava e atrapalhava a cooperação entre os aldeões para o desenvolvimento de suas terras, logo, da região.⁸⁶

Leslie Holmes também observa que o *familismo* possui relevância para a análise da corrupção, pois ao invés de realizar negócios com outros agentes econômicos ou com o próprio Estado, os indivíduos preferem fazer transações com pessoas de círculos próximos. Em locais onde predomina uma maior confiança no Estado ou em suas instituições, a corrupção parece se manifestar de maneira menos aparente, já que os cidadãos irão confiar obviamente em oficiais que podem ser vistos como honestos.⁸⁷

Rose-Ackerman e Palifka destacam que a confiança depende do contexto cultural no qual se insere uma determinada sociedade, mas destacam que nem sempre a confiança estará associada com a boa governança, já que os pagamentos de corrupção dependem, também, da confiança entre os agentes corruptos, para a execução dos serviços espúrios, ou mesmo, a confiança existente na impunidade.⁸⁸

Já Donatella Della Porta e Alberto Vannucci ressaltam que um político corrupto estará diretamente conectado com a sua rede de poder dentro da Administração Pública. Conquanto a extensão e a estabilidade desse poder não possam ser estimadas, o adquirente dos serviços corruptos necessitará

---

⁸⁵ Paulo Luiz Moreaux Lavigne Esteves estabelece um interessante comparativo entre o conceito de familismo amoral de Banfield e o *ethos* da origem colonial Brasil, a partir da obra de Sérgio Buarque de Holanda (Raízes do Brasil): "*Raízes do Brasil* e *The moral basis of a backward society* operam, em um mesmo movimento, a duplicação de suas respectivas narrativas: de um lado, produzem uma etnografia de sociedades atrasadas; de outro, constroem modelos de desenvolvimento cujos elementos não encontram correspondência naquelas sociedades observadas. Assim, em Sérgio Buarque, a afirmação da cordialidade como característica da cultura política brasileira sublinha a ausência de civilidade; homologamente, em Banfield, o familismo amoral ressalta a falta de solidariedade no interior da sociedade montegranesi. Neste duplo movimento de construção e simulação de modelos, ambas as narrativas irão, portanto, afirmar a decalagem do caso estudado em relação ao modelo proposto" (ESTEVES, Paulo Luiz Moreaux Lavigne. Cordialidade e familismo amoral: os dilemas da modernização. *Revista Brasileira de Ciências Sociais*, São Paulo, v.13, n.36, fev 1998, *versão eletrônica*. Disponível em: <https://goo.gl/GFmvbe>. Acesso em: 20 de abr. de 2017).

⁸⁶ BANFIELD, E. *The Moral Basis of a Backward Society*. Chicago: The Free Press Glecoe, 1958. p.7.

⁸⁷ HOLMES, Leslie. *Corruption*, p. 62.

⁸⁸ ROSE-ACKERMAN, Susan; PALIFKA, Bonnie. *Corruption and government...*, p. 248-249.

de confiança para que a sua *"compra"* seja executada com maestria: "Isso é uma questão de confiança, mas no mundo da corrupção até mesmo a confiança é uma *commodity* escassa".[89]

Por fim quarto fator, a confiança tem papel fundamental na solidificação das instituições e na conferência de segurança jurídica. Em uma sociedade com baixo grau de confiança, a corrupção tende a aparecer como uma forma de persuasão da descrença das demais pessoas.[90]

Não há como negar que a corrupção pode ser afetada pela cultura, assim como a cultura pode encorajar ou deter a corrupção. Se políticas anticorrupção e outros métodos de combate são vistos pelos indivíduos como ineficientes, haverá uma maior desconfiança no governo. Assim sendo, a confiança passa ser o elemento fundamental de compreensão da corrupção, pois a reputação da corrupção poderá crescer com a estabilização dos arranjos corruptos.[91]

Inegavelmente, há uma evidente relação entre a confiança nas instituições públicas e os esforços anticorrupção, pois ela é fundamental, em um governo eficiente e imparcial, para os esforços anticorrupção –, a descrença no governo é inversamente proporcional ao aumento da corrupção, o que gera um verdadeiro ciclo vicioso no combate à corrupção.[92]

As relações entre a cultura e a corrupção podem ajudar a manter certos padrões culturais, como a utilização da corrupção e a forma de sustentação de uma determinada classe dominante sobre as demais. Por isso, a cultura deve auxilia as instituições e as estruturas governamentais a se adaptar às novas realidades.[93]

A proliferação da corrupção também contribui com a desconfiança geral na falta de honestidade e no funcionamento dos mecanismos de controle social. Se as leis forem consideradas como meras sugestões, ao invés de obrigações, os meios desonestos passarão a ser considerados como os legítimos, resultando em uma cultura em que todas as reivindicações serão questionáveis. Isso gera a necessidade de investimentos cada vez maiores em órgãos

---

[89] Tradução livre: "This a matter of trust, but in the world of corruption even trust is a scarce commodity" (PORTA, Donatella Della; VANNUCCI, Alberto. The resources of corruption: some reflections from the Italian Case. *Crime Law & Social Change*, v.27, 1997, p. 245).
[90] ROSE-ACKERMAN, Susan; PALIFKA, Bonnie. *Corruption and government...*, p. 249.
[91] ROSE-ACKERMAN, Susan; PALIFKA, Bonnie. *Corruption and government...*, p. 256.
[92] ROSE-ACKERMAN, Susan; PALIFKA, Bonnie. *Corruption and government...*, p. 257.
[93] ROSE-ACKERMAN, Susan; PALIFKA, Bonnie. *Corruption and government...*, p. 257.

de controle do Estado para verificar/manter a qualidade e evitar eventual sobre-preço na prestação de serviços/execução de contratos públicos.[94]

Em algumas nações, a corrupção pode ser sentida até nos meios acadêmicos ou educacionais, nos quais a conduta considerada como manifestamente corrupta pode ser apreciada como a correta e até estimulada como "exemplo" da sociedade. A título exemplificativo, em Botswana, estudos a respeito da corrupção nos meios acadêmicos levantaram que vinte por cento (20%) das estudantes entrevistadas relatou que seus professores já as assediaram para que tivessem "sucesso" em seus estudos, demonstrando que práticas abomináveis acabam por ser perpetuadas no próprio ambiente educacional.[95]

Difícil negar que, se indivíduos manifestamente "corruptos" são considerados como os modelos de uma determinada sociedade, estes acabam por perpetuar uma "cultura" da corrupção por meio de práticas que desestimulam os méritos ou as aptidões de cada cidadão.

Esses ciclos podem permanecer por gerações, e é assim que os pais naturalizam estes comportamentos e os repassam aos seus filhos, reforçando as tendências corruptas ao longo do tempo.[96] Mesmo que a definição e o âmbito daquilo que pode ser considerado como corrupção, a exemplo da propina, demande análise dos padrões culturais, a cultura é dinâmica e pode ser mudada ao longo do tempo.

A importância da observação dos efeitos da corrupção e suas relações diretas com a cultura está no fato de que, ao mesmo tempo ela pode auxiliar na propagação na sua propagação, a cultura pode funcionar como um auxílio em sua contenção. Portanto, é preciso deixar claro que a cultura nem sempre pode ser considerada como o fator exclusivo ou determinístico para a ocorrência da corrupção. É interessante notar que a presença de práticas culturais deve estar em direta conexão com práticas menos destrutivas, como

---

[94] ROSE-ACKERMAN, Susan; PALIFKA, Bonnie. *Corruption and government.*, p.259, corroborando com o seguinte exemplo: o orçamento do TCU, órgão auxiliar de fiscalização do Congresso Nacional, nos exercícios financeiros de 2014 e 2015, correspondeu, respectivamente, a mais de um bilhão e seiscentos milhões de reais (R$ 1.618.711.662,00) e um bilhão e oitocentos milhões (R$ 1.823.516.700,00), cf. BRASIL. *Orçamento da União*. Disponível em: <https://goo.gl/CyqQ6B>. Acesso em 25 de abr. de 2017.
[95] ROSE-ACKERMAN, Susan; PALIFKA, Bonnie. *Corruption and government...*, p.259.
[96] ROSE-ACKERMAN, Susan; PALIFKA, Bonnie. *Corruption and government...*, p. 259.

as tentativas de moldar as instituições a valores que as pessoas não estariam acostumadas, ou mesmo transformar as próprias normas sociais.[97]

Feitos esses esclarecimentos a respeito da relação entre a corrupção e as perspectivas culturais, passa-se a meditar sobre os efeitos negativos da corrupção nas relações econômicas globais e como tais efeitos estimularam a criação de mecanismos internacionais para a contenção de sua manifestação.

1.4.3 Efeitos Negativos da Corrupção nas Relações Econômicas Globais

Como já mencionado ao se dissertar sobre os efeitos negativos da corrupção nas relações comerciais, são consideráveis os prejuízos que estes trazem ao pleno desenvolvimento das relações econômicas globais, por dificultar as transações entre diversos países e, até mesmo, à concretização de políticas internacionais de desenvolvimento em longo prazo.

Consequentemente, a preocupação global com a corrupção aumentou especialmente a partir da década de 1970, com a revelação de diversos escândalos envolvendo multinacionais norte-americanas e europeias em países emergentes ou em desenvolvimento, como no Brasil, por exemplo.

Tal situação exigiu uma atuação mais globalizada no controle da corrupção, em particular a partir da edição do *Foreign Corrupt Practices Act* (FCPA), nos Estados Unidos, visando a punição de empresas norte-americanas envolvidas com casos de corrupção fora do território norte-americano, que será visto com maior destaque no tempo apropriado.

Lucas Rocha Furtado esclarece que os elevados índices de corrupção no campo internacional não foram objeto de muito interesse da comunidade jurídica internacional. A existência de sistemas jurídicos frágeis gerava a oportunidade para que empresas multinacionais pudessem concretizar negócios ilegítimos trazendo inúmeros benefícios para suas operações, mediante a oferta de propinas e/ou outros meios ilícitos para a obtenção de vantagens em procedimentos licitatórios. Isso aconteceu em alguns países, até mesmo com a possibilidade da concessão de dedução fiscal dos valores pagos a título de suborno, o que demonstra que a corrupção era, praticamente, um assunto da política interna de cada país.[98]

---

[97] ROSE-ACKERMAN, Susan; PALIFKA, Bonnie. *Corruption and government...*, p. 269.
[98] FURTADO, Lucas Rocha. *As* raízes..., p.382. Em vários países europeus, como a França e Alemanha, era possível que empresas nacionais deduzissem de seus impostos de renda os

A partir das constatações dos muitos casos de corrupção ocorridos internacionalmente, a preocupação com o seu combate deixou de ser um assunto doméstico, exclusivo de cada país, e passou a ser um tema de preocupação global.

Destaque-se, dentre os casos que ficaram mais conhecidos, o da empresa norte-americana Lockheed-Martin, fornecedora de aviões de combate, que ofereceu propinas a diversos agentes públicos no exterior para se sagrar vencedora de diversos processos licitatórios vultuosos de compra de equipamentos militares, gerou embaraços para as demais empresas multinacionais norte-americanas e mesmo ao próprio mercado do país, cujas operações no exterior passaram a ser vistas como corruptas.

No contexto desse escândalo de corrupção, o Ministro da Defesa da República Federal da Alemanha (à época Alemanha Ocidental), Franz Josef Strauß, na década de 1960, teria supostamente recebido valores em propinas de aproximadamente US$ dez milhões de dólares e teve diversas viagens luxuosas aos Estados Unidos para convencer o Governo alemão a adquirir os equipamentos militares oferecidos. [99]

Como o fenômeno global da corrupção traz em seu bojo infindáveis prejuízos às transações comerciais tanto nacionais como internacionais, tornando as relações indivíduos-empresas cada vez mais custosas. Os documentos internacionais passaram a ser preocupação constante e relevantes, como os acordos, os pactos públicos e/ou privados, os tratados internacionais de combate à corrupção, especialmente a partir da década de 1990, discutidos na continuidade do estudo.

gastos com a corrupção no exterior. Em 1996, a OCDE expediu recomendação para que seus países-membros retirassem de seus respectivos ordenamentos jurídicos a possibilidade de dedução de impostos por pagamentos de corrupção (OCDE. *Recommendation of the Council on the Tax Deductibility of Bribes to Foreign Public Officials*. Paris: OCDE, 1996. Disponível em: <https://goo.gl/K57qng>. Acesso em 01 de jun. de 2017). Esses países só suprimiram essa possibilidade de dedução fiscal de seus ordenamentos jurídicos em 1997 e 1999, respectivamente. Ampliar em OCDE. *Update on tax legislation on the tax treatment of bribes to Foregin Public Officials in Coutries Parties to the OECD Antibribery Convention*. Paris: OCDE, 2011. Disponível em: < https://goo.gl/4BZFAP >. Acesso em 01 de jun. de 2017.

[99] Para maiores detalhes, ampliar em. reportagem do jornal alemão *Der Spiegel* (05 de nov. de 1979), que descreve os detalhes dos encontros entre os representantes da Lockhead e Franz Josef Strauß, que resultou em uma investigação penal, mas que não culminou na sua condenação pela ausência de elementos probatórios. Disponível em: <https://goo.gl/uWX5gb>. Acesso em 09 de. mai. de 2017.

1.5 Mecanismos Internacionais de Combate à Corrupção

A partir da compreensão da corrupção como um fenômeno global, diversos organismos internacionais – TI, ICC, OCDE, ONU, entre outros – mobilizam esforços no sentido da conscientizar sobre a importância do combate à corrupção elaborando mecanismos internacionais para contê-la. Severas críticas por parte da literatura interacional refutam o que parecer ser apenas a mera implantação de modelos de combate aos desvios "prontos" ou impostos por atores internacionais, os quais têm pouca ou nenhuma proximidade com as populações dos países que buscam programar novas práticas de combate à corrupção.[100]

É essencial anotar, contudo, que o atual quadro internacional de combate à corrupção está concretizado em diversos documentos internacionais, sobretudo tratados internacionais que congregam esforços com vistas a combater os efeitos negativos da corrupção e algumas dessas experiências internacionais de combate à corrupção são apresentadas em seguida.

1.5.1 O Combate à Corrupção nos Estados Unidos

A primeira experiência significativa de combate à corrupção, que se tornou referência para os mais diversos atos normativos de combate à corrupção mundo afora, foi o *Foreign Corrupt Practices Act ou* FCPA.

Foi no rastro dos escândalos de corrupção protagonizados por empresas norte-americanas fora dos Estados Unidos que as autoridades foram chamadas a tomar providências para combater os efeitos negativos das ações lesivas dessas empresas multinacionais, sobretudo, a partir do clamor público nacional e internacional – veiculados a partir dos negócios escusos da *Lockheed Aircraft Corporation* (referido na descrição dos efeitos negativos da corrupção

---

[100] Com a mesma posição, Ha-Joon Chang critica a postura adotada por muitos organismos financeiros internacionais, como o Banco Mundial e o Fundo Monetário Internacional, que condicionam a realização de empréstimos e investimentos aos países em desenvolvimento à concretização de estruturas existentes em países desenvolvidos, como a estruturação de um Banco Central independente, ou mesmo condições de livre manifestação e livre comércio. Todavia, o autor demonstra que os países hoje considerados desenvolvidos, sobretudo no séc. XIX, não adotaram estas políticas de livre mercado, realizando práticas protecionistas de mercado e indústria a fim de concretizar o seu desenvolvimento econômico (CHANG, Ha--Joon. *Chutando a escada*: a estratégia do desenvolvimento em perspectiva histórica. Tradução de Luiz Antônio Oliveira de Araújo. São Paulo: UNESP, 2004, p. 127).

nas relações econômicas globalizadas) e dosescândalos de *Watergate*[101] que culminaram com a renúncia do Presidente Richard Nixon em 1974 – entre as décadas de 1950 a 1970.[102]

Assim, conforme afirma o manual do FCPA do Departamento de Justiça dos Estados Unidos, "o Congresso americano editou o FCPA em 1977 após a revelação da amplitude da corrupção em nível global, após o choque do escândalo político de Watergate".[103]

Essa dispersão de empresas que operam em nível mundial, não apenas do ponto de vista operacional, mas também do jurídico, agrava ainda mais o quadro que leva à hegemonia de um seleto grupo delas nas relações internacionais. Essa prática prejudica as demais, em termos concorrenciais absolutos, em um processo criminoso que contribui para a instabilidade política mundial e a permanência de níveis de subdesenvolvimento social e econômico dos países que acolhem essas práticas.

As muitas críticas em relação ao cumprimento da legislação anticorrupção nos Estados Unidos, sobretudo a partir da edição do FCPA – em um momento em que praticamente nenhum país condenava atos de corrupção de suas empresas no exterior – partiam da crença que a adoção de políticas anticorrupção prejudicaria as empresas americanas no exterior, que perderiam negócios para empresas estrangeiras que adotassem meios comerciais ilícitos, ensinam Rose-Ackerman e Palifka.[104]

---

[101] Watergate faz referência a um conjunto de edifícios localizados em Washington, DC, Estados Unidos, onde se localizava a sede de campanha do Partido Democrata para a eleição de 1972. Descobriu-se que a campanha do Presidente Nixon havia ordenado a instalação de uma série de gravadores na sede do Partido Democrata. Com a revelação deste escândalo, o Presidente Nixon buscou realizar a obstrução da investigação, por meio da demissão do *Attorney General* especialmente designado para a investigação do caso.

[102] CARVALHOSA, Modesto. *Cosiderações sobre a lei anticorrupção das pessoas jurídicas*. São Paulo: RT, 2015, p.107.

[103] "Congress enacted the FCPA in 1977 after revelations of widespread global corruption in the wake of the Watergate political scandal" (ESTADOS UNIDOS. *A Resource Guide to the U.S. Foreign Corrupt Practices Act*. Washington: Justice and the U.S. Securities Exchange Commision, 2015, p.3. Disponível em: <https://www.justice.gov/sites/default/files/criminal-fraud/legacy/2015/01/16/guide.pdf>. Acesso em 10 de mai. de 2017). Nesse mesmo sentido, cf. CLEVELAND, Margot; et al. Trends in the International Fight Against Bribery and Corruption. *Journal of Business Ethics*, v. 90, n. 2, 2009, p.203.

[104] ROSE-ACKERMAN, Susan; PALIFKA, Bonnie. *Corruption and government...*, p. 477.

Contudo, essas mesmas autoras ponderam que os efeitos negativos da adoção de políticas anticorrupção não seriam tão prejudiciais assim caso uma empresa americana perdesse um contrato para um competidor corrupto. Primeiro, a empresa poderá realizar outros negócios, movendo seus esforços na obtenção de outra contratação, em qualquer outro lugar. Segundo, mesmo se o contrato perdido, por exemplo, envolver a extração de algum mineral, a exportação deste produto poderá entrar no mercado internacional e poderá ser adquirido de qualquer forma por um consumidor americano. Assim, mesmo que negócios sejam perdidos, os benefícios aos Estados Unidos podem ser maiores, pois a criação de um ambiente de negócios mais saudável parece ser um objetivo mais importante.[105]

Para atenuar o regime severo de responsabilização das pessoas jurídicas norte-americanas que viessem a cometer atos de corrupção no exterior, o Congresso Americano, em 1988, acabou por abrir, ainda que de maneira parcial, a possibilidade de oferecimento de despesas promocionais de boa-fé, mas que fossem permitidas e legais nos países em que as empresas americanas viessem a promover essas expensas.[106]

Em 1998, uma emenda foi adicionada ao FCPA para abranger as empresas estrangeiras que cometessem atos de corrupção contra oficiais da Administração Pública norte-americana, introduzindo cinco elementos fundamentais para que uma violação da FCPA se concretize: (*i*) comprovação de que a pessoa realizando negócios ilícitos pode ser uma pessoa jurídica ou uma pessoa física, o que inclui pessoas, oficiais, diretores e empregados; (*ii*) demonstração da intenção da pessoa acusada de corromper, de forma a incentivar a quebra de regras; (*iii*) pagamento feito mediante oferta ou promessa, o que não inclui somente pagamentos em dinheiro; (*iv*) o receptor deve ser um agente oficial, um partido político ou um candidato a cargo político (todos estes devem ser estrangeiros); e, (*v*) é preciso que haja um propósito de que a propina tenha sido oferecida com vistas a obter melhor condições de negócio.[107]

---

[105] ROSE-ACKERMAN, Susan; PALIFKA, Bonnie. *Corruption and government...*, p. 477.
106 MILLER, Geoffrey Parsons. *The law of governance, risk management and compliance*. Nova York: Wolters Kluwer, 2014, p. 443.
[107] ZESKI, Brittany; AKERS, Michael. The foreign Corrupt Practices Act: an examination of cases and enforcement actions. *The FCPA Journal*, Nova York, fev., 2012, p.60.

Tanto é verdade que a FCPA se aplica também às empresas estrangeiras que possuem ações listadas no mercado de ações norte-americano, exigindo que as empresas sediadas no exterior também se adaptassem em busca de maior integridade e conformidade nas relações comerciais.[108]

Ademais, a mero título exemplificativo, a maior condenação já aplicada em toda a história de vigência da FCPA pelo Departamento de Justiça dos EUA, envolveu o esquema de pagamento de propinas de um conglomerado de empresas brasileiras, o que reforça a força da referida norma norte-americana no combate à corrupção, ainda que por vias indiretas.[109]

Em síntese, observa-se que o principal diploma legislativo nacional, que acabou influenciando a edição de outros atos internacionais de combate à corrupção, foi a FCPA. A postura tomada pelos EUA quedou por influenciar a formulação/modelo de outros mecanismos internacionais de combate à corrupção atualmente em vigor, sobretudo a Convenção sobre o Combate da Corrupção de Funcionários Públicos Estrangeiros em Transações Comerciais, por parte da OCDE, por exemplo.

1.5.2 O Combate à Corrupção pela Organização para a Cooperação e Desenvolvimento Econômico (OCDE)

A OCDE foi uma das primeiras organizações internacionais a se preocupar com a corrupção em escala global, editando, em 1996, a *Convenção Sobre o Combate à Corrupção de Funcionários Estrangeiros eem Transações Comerciais Internacionais*. Esse documento é um dos primeiros instrumentos do Direito Internacional Público a exigir uma postura proativa da comunidade internacional em relação ao combate à corrupção: busca promover o combate à corrupção a partir da definição do suborno a agente públicos e o compromisso dos países signatários em criminalizar a sua prática, o forneci-

---

[108] ROSE-ACKERMAN, Susan; PALIFKA, Bonnie. *Corruption and government...*, p.478.

[109] Os grupos Odebrecht e Braskem concordaram em pagar 3,5 bilhões de dólares às autoridades norte-americanas, brasileiras e suíças, de forma a promover o reconhecimento no que foi denominado pelo Departamento de Justiça dos Estados Unidos como o maior caso de pagamento internacional de propinas da história de aplicação de toda a FCPA, ao longo de 40 anos. Para maiores informações, cf. ESTADOS UNIDOS. *Odebrecht and Braskem Plead Guilty and Agree to Pay at Least $3.5 Billion in Global Penalties to Resolve Largest Foreign Bribery Case in History*. Washington: Departament of Justice, 2016. Disponível em: <https://www.justice.gov/opa/pr/odebrecht-and-braskem-plead-guilty-and-agree-pay-least-35-billion-global-penalties-resolve>. Acesso em 10 de mai. de 2017.

mento de orientação para a aplicação das respectivas sanções, a fixação de parâmetros para os sistemas de auditoria e contabilidade, a proibição do benefício tributário ao pagamento de suborno, entre outros.

O principal interessado na realização dos esforços da OCDE foram os Estados Unidos, como já dissertado, pois as empresas/empresários norte-americanos sentiam-se em certa desvantagem no comércio internacional. Uma vez que a maioria dos países não punia empresas que corrompessem funcionários públicos no exterior, uma posição inovadora ao exigir que as empresas americanas fossem mais diligentes internacionalmente que as deixou em uma situação de desvantagem frente ao mercado internacional "já que os demais Estados não adotavam a mesma medida".[110]

A FCPA revela sua importância no entendimento de Modesto Carvalhosa que chega a mencioná-la como origem da maioria dos tratados internacionais que tratam da corrupção, advertindo que seria imprescindível que a maioria dos Estados adotasse tal política anticorrupção, fato que colocaria as empresas norte-americanas em situação de competição no mercado internacional: "o OCDE foi o escolhido para ao exercício dessa pressão norte-americana, já no início dos anos 1990, do que resultou, auspiciosamente, em 1994, o primeiro Tratado Internacional Anticorrupção, denominado Convenção sobre o Combate à Corrupção de Funcionários Públicos Estrangeiros em Transações Comerciais Internacionais".[111]

Ainda que o Brasil não seja integrante da OCDE, o país aderiu voluntariamente à Convenção em 2000, juntamente com países latino-americanos não-membros da OCDE como a Argentina e o Chile.

Lucas Rocha Furtado, em exame pormenorizado da efetividade da Convenção da OCDE no ordenamento jurídico brasileiro, observa que o Brasil segue as determinações legais do documento, especialmente com as mudanças realizadas no Código Penal de 2001. Porém, encontra dificuldade no fato de que a estrutura da Administração Pública, a partir da divisão em diferentes entes federativos, contrapõe à existência de uma unicidade no tratamento ou na eficácia da concretização dos mecanismos da OCDE[112].

---

[110] JAPIASSÚ, Carlos Eduardo Adriano. A corrupção em uma perspectiva internacional. *Revista Brasileira de Ciências Criminais*, São Paulo: Editora RT, v.64, jan./fev. 2007, p. 41.
[111] CARVOLHOSA, Modesto. *Considerações sobre a Lei Anticorrupção das Pessoas Jurídicas*. São Paulo: Editora RT, 2015, p. 107.
[112] FURTADO, Lucas Rocha. *As raízes ...*, p.219.

Desta forma, a Convenção da OCDE pode ser considerada como o primeiro diploma internacional que se propôs a combater a corrupção no âmbito da Administração Pública, a partir do compromisso dos países signatários de criminalizar a prática do suborno em seus respectivos ordenamentos jurídicos.

Além disso, a Convenção da OCDE também promoveu a discussão do combate à corrupção a níveis antes não atingidos, especialmente nas relações de comércio internacional. Foi relevante para a formulação do mais importante documento internacional de combate à corrupção, a Convenção de Combate à Corrupção (ONU).

1.5.3 O Combate à Corrupção pela Organização das Nações Unidas

O Tratado Internacional de Combate à Corrupção gerado na Convenção de Mérida, no México, em 2003, editado pelas Nações Unidas, é o mais importante documento internacional de combate à corrupção atualmente existente para atender à economia globalizada. O Tratado foi recepcionado pelo ordenamento jurídico brasileiro sob o Decreto nº 5.687/2006 e prevê que os países signatários têm o condão de introduzir em seus ordenamentos jurídicos a responsabilidade da pessoa jurídica, seja ela de ordem administrativa, cível ou penal.[113]

A Convenção Combate à Corrupção da ONU prevê uma série de medidas legislativas que os seus signatários devem implantar, relativas à existência de (*i*) órgãos específicos de prevenção da corrupção; (*ii*) legislação específica para pessoal civil e servidores públicos, (*iii*) critérios específico para o provimento de vagas no serviço público, com processos seletivos transparentes; (*iv*) legislação específica para os procedimentos licitatórios e de contratação

---

[113] Estabelece o referido documento em seu art. 26 - Responsabilidade das pessoas jurídicas (...)- 1.Cada Estado Parte adotará as medidas que sejam necessárias, em consonância com seus princípios jurídicos, a fim de estabelecer a responsabilidade de pessoas jurídicas por sua participação nos delitos qualificados de acordo com a presente Convenção; 2.Sujeito aos princípios jurídicos do Estado Parte, a responsabilidade das pessoas jurídicas poderá ser de índole penal, civil ou administrativa; 3.Tal responsabilidade existirá sem prejuízo à responsabilidade penal que incumba às pessoas físicas que tenham cometido os delitos; 4.Cada Estado Parte velará em particular para que se imponham sanções penais ou não-penais eficazes, proporcionadas e dissuasivas, incluídas sanções monetárias, às pessoas jurídicas consideradas responsáveis de acordo com o presente Artigo.

pública, mediante concorrências transparentes; (v) prestação de contas a respeito da execução do orçamento; (vi) punição da lavagem de ativos e branqueamento de capitais (lavagem de dinheiro); e, (vi) realização de esforços para a cooperação jurídica internacional e recuperação de ativos. [114]

Na visão de Furtado, a Convenção de Mérida é um documento de vital importância para o combate à corrupção já assinado pelo Brasil, pois a inexistência de mecanismos periódicos de avaliação das políticas de corrupção é desabonador e preocupante para o panorama jurídico brasileiro: "É de se lamentar, todavia, a inexistência de mecanismos que definem formas de avaliação das legislações dos diversos países-membros no sentido de verificar se estão adequados ao texto da Convenção". [115]

O Brasil ainda não adotou todas as providências exigidas pela ONU em especial a adoção de práticas de avaliação periódicas das medidas de combate à corrupção (art. 5º). Somente quanto à OCDE o país criou um Grupo de Trabalho buscando analisar os impactos da assinatura da Convenção da OCDE de corrupção, o que ainda não foi realizado em relação à Convenção da ONU. [116]

O Supremo Tribunal Federal já admitiu a aplicação da referida Convenção, por incidir plenamente no ordenamento jurídico brasileiro, em processo de extradição de cidadão norte-americano, demonstrando a sua viabilidade de aplicação direta, autonomamente da internalização de seus mecanismos por parte do Estado brasileiro. [117]

A existência desses mecanismos internacionais de combate à corrupção tornou obrigatória a implementação de mecanismos de criminalização da corrupção e do suborno, estimulando a sua discussão no âmbito do comércio internacional, evidenciando que está diretamente relacionada com a concretização de mecanismos mais efetivos de com-

---

[114] FURTADO, Lucas Rocha. *As raízes*..., p.178.
[115] FURTADO, Lucas Rocha. *As raízes*..., p.179.
[116] FURTADO, Lucas Rocha. *As raízes*..., p.203.
[117] "Crime de lavagem de dinheiro. Ausência no rol taxativo do Tratado de Extradição celebrado entre o Brasil e os Estados Unidos da América. Entendimento, do Pleno (HC n. 92.598, j. em 13/7/07), de que esse crime foi inserido automaticamente no Tratado específico. *Isso por fazer parte da lista de delitos da Convenção da Organização das Nações Unidas contra a Corrupção (Convenção de Palermo), da qual o Brasil e os Estados Unidos da América são signatários* (...). Extradição deferida". [grifos nossos]. BRASIL. *Supremo Tribunal Federal*. Ext 1103, Relator: Min. EROS GRAU, Tribunal Pleno, julgado em 13/03/2008.

bate a nível mundial bem como das recomendações de boas práticas de combate à corrupção, os mecanismos de *soft-law*.

1.5.4 O Combate à Corrupção com os Mecanismos de Soft-Law

Além dos mecanismos de combate à corrupção trazidos por diversas instituições internacionais, é preciso mencionar os esforços internacionais de combate à corrupção emitidos por meio de diretivas, orientações e iniciativas de organizações não governamentais. A doutrina estrangeira elenca que as organizações internacionais de combate à corrupção funcionam como típicos mecanismos de *soft-law* no que tange às fontes da disciplina internacional de combate à corrupção.

A Transparência Internacional (TI), sediada em Berlim, foi criada em 1993 com o objetivo de lutar internacionalmente no combate à corrupção, promove interessantes debates e publicações buscando a internacionalização do combate à corrupção. É a instituição internacional mais relevante no combate à corrupção em todo mundo e sua importância está no fato de que ela promove estudos comparativos, bem como oportuniza que os respectivos países possam visualizar como a comunidade internacional avalia e prestigia as suas iniciativas internas de combate à corrupção.[118]

Todos os anos a TI divulga o seu Índice de Percepção da Corrupção, no qual analisa a percepção geral da população a respeito da corrupção ao redor do mundo.[119]

É preciso dar também destaque ao papel de organizações não governamentais como o Fórum Econômico Mundial e a Câmara de Comércio Internacional no combate à corrupção e a divulgação de diversos regulamentos de boas práticas. Essas entidades acaba, por influenciar empresas e organizações governamentais na adoção destes modelos, mesmo que estes não possuam força normativa vinculante, mas podem ser considerados como uma das fontes do direito.[120]

---

[118] A TI busca a promoção de uma Administração Pública livre da corrupção, por meio do incentivo à criação de convenções internacionais de combate à corrupção, divulgação e estimulo à persecução de líderes corruptos, estímulo a eleições limpas e que as companhias possuam comportamento compatível, seja em âmbito nacional ou internacional. TRANSPARÊNCIA INTERNACIONAL. *Who are we?*. Disponível em: <https://goo.gl/ffQEkl>. Acesso em: 04 de mai. de 2017.

[119] CLEVELAND, Margot et al.; Trends in ..., p.207.

[120] HESPANHA, António Manuel. *O caleidoscópio do direito*: o direito e a justiça nos dias e no

Esses diversos esforços não estatais demonstram como simples proposições de mudanças e de boas práticas em matéria de combate à corrupção e internalização de normas jurídicas podem estimular mudanças institucionais indispensáveis, que não se restringem, necessariamente, a atos legislativos e normativos.[121]

Os mecanismos internacionais, a partir de instituições internacionais como a OCDE ou a ONU, ou de instituições não-governamentais de combate à corrupção são praticamente essenciais para a forma de combate à corrupção. Com o suporte da exigência de internalização de instrumentos de contenção de criminalização da corrupção e do suborno, a existência de expedientes internacionais de combate à corrupção estimula o pensamento de como a própria organização do Estado influencia diretamente na sua limitação.

O tópico seguinte destina-se a identificar concisamente as diversas perspectivas de combate à corrupção por meio da apresentação das diferentes visões de mundo a respeito da corrupção no Brasil.

1.6 As Diferentes Visões e Perspectivas da Organização do Estado como Mecanismo de Controle à Corrupção

A acepção "combate à corrupção" no Brasil ainda é um termo que ganha contornos de novidade na academia jurídica, mas nos Estados Unidos muitos autores descrevem o fenômeno da corrupção como inerente à formação e sedimentação da própria concepção de Administração Pública.

Frank Anechiarico e James Jacobs dividem em quatro períodos ou "visões de mundo" (*weltanschauung*) as técnicas de combate à corrupção no campo da Administração Pública norte-americana; e, em que pese essa colocação possa refletir a realidade norte-americana, ainda assim tais estudos auxiliam a compreender as diferentes visões sobre a corrupção percebidas no próprio seio burocrático, o que se buscará compatibilizar com o cenário brasileiro[122]: (*i*) visão antiprivilégios; (*ii*) visão progressista; (*iii*) visão científica; e, (*iv*) visão panóptica.

---

mundo de hoje. 2. ed. Coimbra: Almedina, 2014, p. 571.
[121] ROSE-ACKERMAN, Susan; PALIFKA, Bonnie. *Corruption and government...*, p. 472.
[122] ANECHIARICO, Frank; JACOBS, James B. Visions of Corruption Control and the Evolution of American Públic Administration. *Public Administration Review*, Washington, v.54, n.5, set./oct. 1994, p. 466.

A divisão ajuda a compreender como os mecanismos de controle e combate à corrupção mantêm um relacionamento direto com o processo de organização do Estado e da Administração Pública. Para isso, passa-se a descrever cada uma das divisões trazidas pelos autores para, em tempo apropriado, proceder à análise de pertinência da classificação para o processo de organização da Administração Pública e sua influência no combate à corrupção no Brasil.

1.6.1 Visão Antiprivilégios

Este primeiro momento descrito pelos autores poderia ser denominado de *"antipatronage"* ou, traduzido para a língua portuguesa, *"antiprivilégios*, no período entre 1870-1900, logo após a Guerra de Secessão, quando o sistema de benesses ou mesmo de recompensas e prêmios, como a concessão de espólios ou patrocínios específicos, seria a marca do sistema dos partidos políticos.[123]

O sistema de privilégios era fundamental para a definição e articulação do apoio eleitoral. Os reformistas acreditavam que a substituição deste sistema de privilégios por pessoas a serem eleitas, que fossem moralmente exemplares, poderia revitalizar a democracia. Com a instalação e revitalização do sistema, o serviço civil de méritos seria caracterizado pela neutralidade, com o recrutamento e apontamentos por treinamentos e exames competitivos.

O desejo era transformar o governo por meio de uma reforma de pessoal, a partir da crença geral de que profissionais civis qualificados poderiam garantir a integridade e a competência no serviço público.[124]

A moralização da Administração Pública norte-americana se tornou uma necessidade, visando a criação de um serviço civil como um imperativo moral.

Os reformistas do séc. XIX acreditavam que o governo poderia se transformar em honesto com a simples substituição dos agentes desonestos por

---

[123] A ideia do *pork-barell* poderia ser concebida como uma das principais expressões destas concessões do período pós-guerra civil norte-americana. O *pork-bareel* seria compreendido como a concessão de projetos de financiamento para uma localidade específica, beneficiando um distrito em especial, mas onerando o orçamento do governo norte-americano como um todo. A respeito do fenômeno, cf. CAREY, John; SHUGART, Matthew. Incentives to Cultivate a Personal Vote: a rank ordering of electoral formulas. *Electoral studies*, v. 14, n. 4, 1995, p. 419. A respeito da contextualização, rejeição e adequação do conceito no Brasil, ampliar em FIGUEIREDO, Argelina Cheibub; LIMONGI, Fernando. Incentivos eleitorais, partidos e política orçamentária. *Dados*, Rio de Janeiro, v. 45, n. 2, 2002, p. 309-311.

[124] ANECHIARICO, Frank; JACOBS, James B. Visions of Corruption ...p.467.

oficiais motivados por razões de interesse público ou de interesse coletivo. A ideia fundamental do serviço público era definida como: "o bom cidadão, que amasse as liberdades, entretanto, preferindo o bem-estar coletivo ao invés de seu próprio bem-estar. Ele colocaria as políticas públicas acima da política e seria virtuoso e sereno, mantendo a sua independência. Ele amaria seu país, desejaria a segurança e se contentaria com um salário modesto, desde que o mérito trouxesse progressos".[125]

A corrupção ou a desonestidade nesse período, segundo os reformistas, corresponderia à dominação dos partidos políticos na estrutura da Administração Pública. O serviço público deveria ser considerado como um "chamado" maior, o qual a ideia de "interesse público" deveria prevalecer sobre os interesses privados, conferindo um sentido maior à nação.

Deste modo, o foco da visão antiprivilégios estaria no fato de que a existência de uma carreira específica seria a característica fundamental da visão antiprivilégios de combate à corrupção, vertente que é própria da consolidação da burocracia estatal no séc. XIX e a formação de um estamento de trabalhadores públicos que possuíssem as qualidades técnicas e morais para o desempenho das funções públicas.

1.6.2 Visão Progressista

A segunda visão a respeito do controle da corrupção poderia ser definida como progressista. Para os integrantes dessa vertente de pensamento, que encontra assento na doutrina do ex-Presidente norte-americano Woodrow Wilson, o combate à corrupção poderia se dar a partir da separação do que pertence ao à Administração Pública daquilo que pertence ao universo político.[126]

---

[125] Tradução Livre de: "According to civil reformers, the ideal public servant 'was a good citizen, loving liberty but preferring the public welfare to his private well-being. He put policy above party, and where virtue was at stake, maintained his independence... He loved his country, desired security, and was content with a modest salary, since merit brought advancement'" (TRUMAN, David. *The governmental process*: political interests and public opinion, Westport: Greenwood Press, 1981, cf. ANECHIARICO, Frank; JACOBS, James. *The pursuit of absolute corruption*: how corruption control makes government ineffective. Chicago: Chicago University Press, 1996, p. 20).

[126] O autor chegava a defender a ideia de uma *"Ciência da Administração"*: "A ideia do Estado e o decorrente ideal de seus deveres estão passando por transformações dignas de nota; e 'a ideia do Estado é a consciência da Administração'. Vendo-se cada dia novas coisas que o Estado

Jacques Chevalier observa que a construção de uma visão científica da Administração Pública, consolidada em boa parte por Woodrow Wilson, foi fundamental para a sedimentação da própria organização administrativa norte-americana, que passou, no final do séc. XIX, de um país essencialmente agrícola, para uma economia industrial. A falta de uma visão séria da Administração Pública foi um impeditivo para a consolidação econômica americana, que normalmente era vinculada às questões políticas, crescendo a necessidade de se conceber uma visão progressista do Poder Público.[127]

O resultado desta visão progressista da Administração Pública seria uma máquina administrativa honesta, democrática e eficiente,[128] ou seja, ao se buscar uma distinção entre o político e o pertencente à Administração Pública, procurar-se-ia uma independência entre o que seria eminentemente político daquilo que seria de interesse exclusivamente à coletividade.

O controle da corrupção seria necessário para a eficiência governamental e a *accountability* da democracia. Ou seja, a integridade seria o primeiro princípio de funcionamento da Administração Pública, a partir da separação da política das funções administrativa e pela centralização do governo, o que permitiria a uniformização de procedimentos e regras de conduta.[129]

Afinal, as práticas corruptas da Administração Pública seriam ligadas ao funcionamento da máquina política, como a disciplina dos contratos públicos ou o controle político das delegacias policiais.[130]

Entretanto, a visão progressiva não conduziu a uma agenda totalmente profissionalizante da Administração Pública, como aconteceu com a estruturação das carreiras da medicina ou da área jurídica.

De todo modo, a visão progressista de combate à corrupção identifica a separação entre funções políticas e administrativas, desde uma uniformização de regras de conduta e procedimentos administrativos, com signifi-

---

deve fazer, cabe-nos ver em seguida claramente como deve ele fazê-las. Esta é a razão pela qual deve haver uma Ciência da Administração que procure retificar as trilhas do Governo, tornar as suas opiniões mais eficientes, fortalecer e purificar sua organização e incutir em seus deveres a devoção. Esta é uma razão por que há tal Ciência" (WILSON, Woodrow. O estudo da Administração. Reprodução da tradução brasileira de 1946. *Revista do Serviço Público*, Brasília, n. 56, jul./set., 2005, p. 352-358.

[127] CHEVALLIER, Jacques. *Science administrative*. 5. ed. Paris: PUF, 2013, p. 17-18.
[128] ANECHIARICO, Frank; JACOBS, James. *The pursuit of absolute corruption*..., p. 21.
[129] ANECHIARICO, Frank; JACOBS, James B. Visions of Corruption Control... p. 467.
[130] ANECHIARICO, Frank; JACOBS, James. *The pursuit of absolute corruption*..., p. 21.

cativa centralização da burocracia estatal, visão a ser identificada como o principal movimento em direção à ideia de uma burocracia administrativa totalmente desvinculada da política.

1.6.3 Visão Científica
Mesmo com o avanço da visão progressista de combate à corrupção, as reformas empreendidas não ocasionaram a total eliminação da corrupção. Muito mais do que a visão que se preocupava com o controle político da Administração Pública, a preocupação passa a ser com o comportamento dos agentes públicos, mediante a imposição de princípios de eficiência e economia na gestão de recursos públicos.[131]

A forma de organização das estruturas passa a ser de suma importância para o controle das falhas no âmbito da Administração Pública, amplamente baseada nos preceitos de Taylor.[132]

Esta visão da Administração Pública considera as estratégias progressistas de combate à corrupção ultrapassadas e insuficientes para atender aos problemas da era industrializada e do mundo urbanizado, e mais do que um problema de profissionalização da Administração, uma visão de combate à corrupção que procura compreender o problema mais como um problema de design na estruturação das organizações do que como um problema de honestidade ou falha ética[133].

Neste contexto, cresce com alguma força a ideia de um governo livre da corrupção, a partir de uma (*i*) considerável expansão dos mecanismos de controle; (*ii*) perfeição da hierarquia; e, (*iii*) novas técnicas de auditoria e *accountability*.[134]

Assim, a premissa básica da visão científica de combate à corrupção seria a de que os arranjos da autoridade administrativa realizariam a prevenção da corrupção; ou mesmo a sua diminuição e sua essência estaria

---

[131] ANECHIARICO, Frank; JACOBS, James. *The pursuit of absolute corruption*:...,p. 22; Jacques Chevallier esclarece que a gestão científica pressupõe a adoção dos princípios da organização dos meios de produção, com a estrita divisão entre concepção e execução, com a respectiva especialização dos modos de produção (CHEVALIER, Jacques. *Science administrative*. 5ed. Paris: PUF, 2013, p. 23).
[132] WAHRLICH, Beatriz M. de Souza. Uma análise das teorias de organização. *Cadernos de Administração Pública*, 42, 2ed. Rio de Janeiro: Fundação Getúlio Vargas, 1969, p. 24.
[133] ANECHIARICO, Frank; JACOBS, James. *The pursuit of absolute corruption*..., p.23.
[134] ANECHIARICO, Frank; JACOBS, James B. Visions of Corruption Control..., p. 467.

na crença de que a integridade governamental poderia ser atingida por meio do controle administrativo, extremamente relevante para as reformas administrativas brasileiras das décadas de 1960 e 1970.[135]

1.6.4 Visão Panóptica

Por fim, a visão *panóptica*, que tem início a partir da década de 1970 [136] e, como destacam Frank Anechiarico e James Jacobs: "Essa visão assume que os oficiais vão sucumbir às oportunidades de corrupção, defendendo uma fiscalização (*surveillance*), investigação e estratégias de endurecimento do alvo. Ela é construída sob cem anos de ideologia, regras, técnicas de aplicação das normas jurídicas e ideias reformistas".[137]

Esta visão é compreendida por um sistema de arranjos de investigação, que promove constantes ameaças, sanções, prisões e penas, conduzindo à expansão do sistema anticorrupção, por meio de estratégias que promovessem autoridade para as unidades anticorrupção e seu pessoal.[138]

A corrupção na visão panóptica não é vista como um problema decorrente da incompetência, absenteísmo, preguiça, influência político-partidária, regras ou controles inadequados. Em outras palavras, a importância não está mais nos mecanismos de controle governamental ou de *accountability*, mas na visão de que os oficiais públicos, políticos e administradores

---

[135] ANECHIARICO, Frank; JACOBS, James. *The pursuit of absolute corruption*:..., p.23.

[136] A utilização do termo *"panóptico"* faz referência à concepção de prisão concebida pelo filósofo Jeremy Bentham, que compreendia que o modelo ideal de prisão consistia em celas separadas, em formato circular, que permitisse que o guarda tivesse o controle de várias celas ao mesmo tempo com o menor número de recursos possível: "Não apenas isso, mas quanto maior for a probabilidade de que uma determinada pessoa, em um determinado momento, esteja realmente sob inspeção, mais forte será a persuasão – mais intenso, se assim posso dizer, o sentimento que ele tem de estar sendo inspecionado. Apesar da pouca disposição, de todas as formas, que a maior parte das pessoas assim situadas possa ter para ficar imaginando coisas, dificilmente poderá se evitar que alguma forma tosca de imaginação possa, sob essas circunstâncias, se insinuar na mais rude das mentes" (BENTHAM, Jeremy. *O panóptico*. Tradução de Guacira Lopes Louro et al. 2. ed. Belo Horizonte: Autêntica, 2008, p. 29-30).

137 Tradução livre de: "This vision assumes that officials will succumb to corrupt opportunities and advocates comprehensive surveillance, investigation, and 'target-hardening' strategies. It is built on one hundred years of ideology, rules, law-enforcement techniques, and reformist ideas" (ANECHIARICO, Frank; JACOBS, James. *The pursuit of absolute corruption*:..., p.23).

[138] ANECHIARICO, Frank; JACOBS, James. *The pursuit of absolute corruption*:..., p.24.

públicos desejam tão somente oportunidades para a corrupção, bem como na concepção de que a máquina pública é o mecanismo fundamental de proliferação da corrupção, e pode ser esperada de qualquer lugar e todos os agentes públicos são suspeitos.[139]

Nesse sentido, observa-se a ampliação dos mecanismos de controle e investigações internos, sendo que as prioridades investigativas determinam como a estrutura de mudanças deve ser motivada. Isso não significa afirmar a impossibilidade de ocorrência de reformas administrativas, todavia, o propósito das reformas administrativas é deter a corrupção, com o estabelecimento de um sistema de observação rigorosa e eficiente dos administradores públicos.[140]

Em que pese a classificação proposta, a partir de as quatro visões distintas de combate à corrupção ter sido formulada no campo da doutrina norte-americana, as características de cada uma delas oferecem a possibilidade de analisar, ainda que com cautela, a estrutura organizativa do Estado brasileiro. A existência de diferentes períodos de organização burocrática-administrativa estabelece, de certa forma, as perspectivas das diferentes visões de combate à corrupção no próprio Poder Público brasileiro, como será apresentado a seguir.

1.7 Organização do Estado e as Visões de Combate à Corrupção no Brasil

Muito embora as visões de combate agora apresentadas serem concebidas junto à Administração Pública norte-americana, entende-se que é possível realizar uma conexão com as visões de combate à corrupção no Brasil, sobretudo quando se analisa a própria formação e estruturação da Administração Pública brasileira, amplamente influenciada pela organização administrativa norte-americana.

Fernando Filgueras e Ana Luiza Melo Aranha destacam que os esquemas de combate à corrupção formulados no sistema anglo-saxão devem ser transpostos com certa dose de cautela para o contexto brasileiro, pois o Brasil teria formado a sua estrutura burocrática a partir de um sistema patrimonialista (conforme já se referiu no tópico 1.4.2.), logo, seria preciso

---

[139] ANECHIARICO, Frank; JACOBS, James. Visions of corruption control..., p.468.
[140] ANECHIARICO, Frank; JACOBS, James. Visions of corruption control..., p.468.

se afastar de sua história e influencia ibérica, buscando promover uma visão impessoal e racional entre o Estado e a sociedade[141].

Quanto à primeira visão de combate à corrupção, antiprivilégios, pode ser relacionada ao período da República Velha (1889-1930), mesmo como uma tentativa de adaptação e abolição dos privilégios normalmente concedidos à coroa brasileira, sobretudo no período de implantação do regime republicano. Porém, não se nega que o discurso da República não era devidamente colocado em prática, já que o voto no país ainda era censitário e os esquemas de dominação do patriarcado político, sobretudo com o "coronelismo", quedaram por manchar o projeto *antiprivilégios* propagado pela República Velha.[142]

No entanto, não se pode negar que "com a difusão lenta do espírito republicano no Brasil, houve uma transformação nessa noção, que foi sendo modificada a partir da industrialização do País, após o término da República Velha".[143] Assim, há uma evidente tentativa de abolição, ao menos em relação ao discurso, dos privilégios concedidos às classes ligadas à Monarquia e às concessões reais.

Desde o início do séc. XX, sobretudo com o advento da República em 1889, o Brasil tem buscado constantemente o aprimoramento de suas instituições de combate à corrupção, por meio do incremento das técnicas de gestão pública mais eficientes e a modernização da estrutura do Estado. Acreditava-se que a corrupção seria um pressuposto da estrutura administrativa brasileira, a ser combatida se o passado patrimonialista e estamental (à luz da concepção de Raymundo Faoro) fosse diametralmente rompido.[144]

---

[141] FILGUEIRAS, Fernando; ARANHA, Ana Luiza Melo. Controle da corrupção e burocracia da linha de frente: regras, discricionariedade e reformas no Brasil. *Dados, Revista de Ciências Sociais*, Rio de Janeiro, v. 54, n. 2, 2011, p. 358.

[142] É preciso alertar que o ideário republicano no Brasil demorou a se consolidar no país. José Murilo de Carvalho cita que a República Velha adotou o ideário individualista de pacto social, evitando a ampla participação popular na implementação do Governo Federal, cf. CARVALHO, José Murilo de. *A formação das almas*: o imaginário da República no Brasil. 2. ed. São Paulo: Companhias das Letras, 2017, p. 25-30. Sobre o exercício da cidadania no período, ampliar em CARVALHO, José Murilo de. *Os bestializados*: o Rio de Janeiro e a República que não foi. São Paulo: Companhias das Letras, 1987, p. 64.

[143] NOHARA, Irene Patrícia. *Reforma Administrativa e Burocracia*. São Paulo: Atlas, 2012, p. 16.

[144] FILGUEIRAS, Fernando; ARANHA, Ana Luiza Melo. Controle da corrupção e burocracia..., p. 359.

A primeira tentativa de destaque de estruturação de uma burocracia estatal destinada a combater a corrupção se deu com a criação do Departamento Administrativo do Serviço (DASP), em 1938, por parte do Governo de Getúlio Vargas no Estado Novo. Sua criação fundamentou-se na reforma do sistema de pessoal, aprimorando a eficiência do serviço público, a partir de uma carreira de burocratas qualificados para o preenchimento das vagas destinadas ao serviço público.[145]

Conforme observa Carlos Ari Sundfeld, a década de 30 é marcada pela implantação das bases da Administração Pública moderna brasileira: "Mais importante é que, nesse período, com o aparecimento do Departamento Administrativo do Serviço Público/DASP, começam a ser implantadas as bases de um Administração Pública moderna, com a formação das carreiras públicas".[146]

O modelo adotado pela reforma da Administração Pública brasileira empreendida nos anos 30 seguia a tendência exposta nos países desenvolvidos, que foi amplamente inspirada nos modelos de administração do Estado disponível à época: "Era, em suma, uma 'reforma modernizadora', inspirada nas melhores fontes disponíveis à época, ou seja, num modelo *taylorista/fayoliano/weberiano*".[147]

Além da tentativa de centralização da burocracia brasileira, a institucionalização da burocracia estatal contribuiu com o maior controle e, consequentemente, o aumento da patronagem, ao se conceder mais empregos aos aliados políticos e concentrar maior poder nas mãos do Presidente da República: "O crescimento das novas instituições políticas em nível federal tinha, portanto, duas finalidades: era parte do processo de unificação administrativa do vasto país; e ajudava o presidente a articular uma rede nacional de alianças políticas".[148]

A tentativa de construção de uma estrutura burocrática do Estado brasileiro poderia se encaixar, nos anos de 1930 e 1940, perfeitamente na

---

[145] FILGUEIRAS, Fernando; ARANHA, Ana Luiza Melo. Controle da corrupção e burocracia ..., p. 360.
[146] SUNDFELD, Carlos Ari. *Direito Administrativo para Céticos*. São Paulo: Malheiros, 2012, p. 45.
[147] WAHRLICH, Beatriz M. de Souza. Reforma administrativa federal brasileira: passado e presente. *Revista de Administração Pública*, Rio de Janeiro, n. 8, abr./jun., 1974, p.38.
[148] SKIDMORE, Thomas E. *Brasil*: de Getúlio a Castello. São Paulo: Companhia das Letras, 2010, p. 67.

visão *progressista* de combate à corrupção (item 1.6.2), com a existência de uma estrutura separada do âmbito político e devidamente qualificada para desempenhar suas funções, que poderia ser tomada como um exemplo dos reflexos da visão científica de combate à corrupção no Brasil.

Maria Paula Dallari Bucci observa que a própria criação do DASP foi amplamente influenciada pelos preceitos da ciência da administração norte-americanos: "A primeira dessas linhas surgiu ao influxo da reforma administrativa da era Vargas, a partir de 1937, quando, sob a condução dos técnicos do Departamento Administrativo do Serviço Público (DASP), com formação americana, montou-se uma nova estrutura na Administração Pública brasileira, com grande inflexão das noções de ciência da administração".[149]

Contudo, os principais defeitos decorrentes desta visão científica da Administração Pública (e, consequentemente do combate à corrupção) instalada no Brasil na década de 30 quedaram por criar um sistema excessivamente *fechado*, com a crescente rigidez dos comportamentos e uma excessiva inflexibilidade na aplicação dos critérios, com "uma tentativa inconsciente das autoridades responsáveis pelos *meios* de se afirmarem perante as autoridades responsáveis pelos *fins*".[150]

Caio Tácito observa que a escola norte-americana dos anos 30 teve grande influência sob a escola renovadora da Administração brasileira, nomeadamente pela criação do DASP e a formação de uma burocracia técnica qualificada. "A filiação do DASP e de suas novas concepções ao modelo norte-americano é inquestionável e notória. Seus técnicos mais influentes foram treinados nos Estados Unidos e a doutrina da ciência da administração, bebida nos livros e na prática norte-americana, alcançou extremos de dogmatismo na formulação legislativa e na exegese oficial brasileira".[151]

Diferentemente da reforma içada nas décadas de 1930 e 1940, a modificação da Administração Pública, realizada pelo Regime Militar, no final da década de 1960, reflete um segundo momento de estruturação de uma

---

[149] BUCCI, Maria Paula Dallari. *Direito Administrativo e Políticas Públicas*. São Paulo: Saraiva, 2006, p. 74-75. Nesse mesmo sentido, cf. NOHARA, Irene Patrícia. *Reforma Administrativa e Burocracia*, p. 19;-ALMEIDA, Fernando Dias Menezes de. *Formação da Teoria do Direito Administrativo no Brasil*. São Paulo: Quartier Latin, 2015, p. 249-252; MEDAUR, Odete. *O direito administrativo em evolução*. 3. ed. São Paulo: Gazeta Jurídica, 2017, p. 61.

[150] WAHRLICH, Beatriz M. de Souza. Reforma administrativa ..., p. 67.

[151] TÁCITO, Caio. Presença norte-americana no direito administrativo brasileiro. *RDA*, Rio de Janeiro, v. 129, jul;/set., 1977, p. 29.

burocracia estatal, que poderia conter os avanços negativos da corrupção, a partir da utilização de mecanismos *progressistas* de combate à corrupção. A estrutura adotada pelo Regime Militar brasileiro poderia ser considerada como um nítido exemplo da visão *progressista* de combate à corrupção. Esta visão pressupõe que as estruturas e os controles burocráticos, ao contrário da própria existência da burocracia, seriam preponderantes para que a corrupção não acontecesse.

A edição do Decreto-Lei nº 200/1967, por parte do Regime Militar, refletiria uma preocupação constante com estruturas complexas de controle e gerência da Administração Pública. A existência de uma Administração Pública Direta e Indireta demonstra a preocupação com estruturas sofisticadas de combate à corrupção, ainda que próximas à estrutura privada de Administração (como no caso das empresas estatais, autarquias e fundações), embora Beatriz Wahrlich observe que: "O modelo de administração indireta respeitava a noção de que a ampliação da eficiência do serviço público e o controle das delinquências do homem público brasileiro passariam pela adoção de modelos de administração pública mais próximos aos modelos da administração privada".[152]

Além do mais, a estrutura adotada pelo Decreto-Lei nº 200/1967 demonstra justamente essa preocupação com as estruturas da Administração Pública, a partir dos cinco preceitos que conduzem o Decreto-Lei – (*i*) *planejamento*: segundo o qual a ação governamental deveria seguir um planejamento destinado ao desenvolvimento econômico do país; (*ii*) *coordenação*: as atividades da Administração Pública precisariam ser objeto de constante coordenação em todos os seus níveis; (*iii*) *descentralização*: a execução das atividades da Administração Pública deveria ser dividida em três planos, dentro da Administração Pública, dividindo-se a execução com as unidades federativas, ou a utilização de instrumentos típicos de direito privado, como concessões ou contratos; (*iv*) *delegação de competência*: utilização da descentralização com o objetivo de garantir rapidez às decisões; e, (*v*) *controle*: o controle das atividades administrativas deveria ser exercida em todos os níveis, seja pelos órgãos próprios da Administração Pública ou externos à ela.[153]

---

[152] FILGUEIRAS, Fernando; ARANHA, Ana Luiza Melo. Controle da corrupção e burocracia..., p. 361.
[153] A classificação é apresentada em WAHRLICH, Beatriz M. de Souza. Reforma adminis-

Maria Paula Dallari Bucci observa que as reformas administrativas implantadas no Brasil na década de 50 e 60 marcam o apogeu do planejamento, por meio da multiplicação das figuras da delegação e descentralização do Estado, na qual a estrutura organizativa do Estado se amplia a fim de promover uma maior agilidade em sua atuação.[154]

Diferentemente do modelo de gestão administrativa das décadas de 1930 e 1940, a reforma de 1967 conferiu ao Estado estruturas mais abertas, tornando necessárias redefinição dos próprios fins e objetivos da Administração Pública, refletindo a visão científica de combate à corrupção, na qual as estruturas do Estado são importantes:"Eles [adeptos da visão científica] abordaram a corrupção como um problema no design estrutural das organizações, e não como um problema de política ou ética".[155]

Fernando Dias Menezes de Almeida, ao realizar escorço histórico em obras que conduziram a história do Direito Administrativo brasileiro, observa que o movimento que conduz as produções doutrinárias atinentes ao período do regime militar buscavam fundamentos teóricos "tendentes a facilitar um direito administrativo mais operacional, ou seja, apto a pôr em marcha a máquina estatal, qualquer ela que seja".[156]

Pode-se afirmar, inclusive, que o pensamento operacional, preocupado com as estruturas, ou seja, no *design* institucional do Estado, é própria da visão científica de combate à corrupção.

Por sua vez, especificamente em relação à visão *panóptica*, acredita-se que é a imagem preponderante existente no âmbito do controle da Administração Pública brasileira em relação aos pressupostos de combate à corrupção, inegavelmente, correspondentes ao período atual, sobretudo a partir da década de 1990.

Toma-se como exemplo a edição da Lei nº 8.666/1993 (Lei Geral de Licitações), exaustiva em ritos e procedimentos específicos para a aquisição de bens e serviços por parte da Administração Pública. Ou seja, o

---

trativa..., p. 46.
[154] BUCCI, Maria Paula Dallari. *Direito Administrativo e Políticas Públicas...*, p. 34.
[155] Tradução livre de: "They approached corruption as a problem in the structural design of organizations, rather than as a problem of politics or ethics" (ANECHIARICO, Frank; JACOBS, James. *The pursuit of absolute corruption:...*, p. 22).
[156] ALMEIDA, Fernando Dias Menezes de. *Formação da Teoria do Direito Administrativo...*, p. 250.

legislador acreditava que a utilização de uma estrutura ritualística seria capaz de coibir os desvios de conduta.

Entretanto, ocorrem situações exatamente contrárias, conforme observa André Rosilho: a tendência adotada pela Lei nº 8.666/1993 é a de criação de um "gestor boca da lei", em que se pudesse limitar, cada vez mais, o poder discricionário do agente público, de forma a sucumbir qualquer oportunidade para a ocorrência da corrupção.[157]

Flávio Amaral Garcia observa que a Lei nº 8.666/1993 foi editada em um período de maior preocupação com os meios do que os fins da contratação pública. Garcia observa que sua edição foi um reflexo direto dos casos de corrupção, mas que na prática demonstrou que o gestor público ficou engessado, pois o seu espaço discricionário ficou amplamente reduzido.[158]

Não obstante, ainda se menciona a edição da Lei de Improbidade Administrativa (Lei nº 8.429/1992), da Lei Orgânica do Tribunal de Contas da União (Lei 8.442/1992), da Lei de Responsabilidade Fiscal (Lei Complementar nº 101/2000), da criação da Controladoria-Geral da União, da edição da Lei de Lavagem de Dinheiro (Lei nº 9.613/1998), da criação do Conselho de Operações e Atividades Financeiras (COAF), entre outras leis e instituições de suma importância no exercício e controle da Administração Pública brasileira.

Ou seja, o quadro de responsabilização de agentes públicos e controle da Administração Pública intensifica-se, sobretudo a partir da edição da Constituição Federal de 1988. Tanto é que a OCDE chegou a reconhecer que o Brasil teve consideráveis avanços no que se refere às ações pró-integridade, a partir: (*i*) do aumento da transparência e da possibilidade de engajamento dos cidadãos no controle da aplicação dos recursos públicos; (*ii*) introdução de controles internos com bases nos riscos da Administração; e, (*iii*) promoção e divulgação de uma conduta a ser seguida pelos servidores públicos.[159]

---

[157] ROSILHO, André. *Qual é o modelo legal das licitações no Brasil?* As reformas legislativas federais no sistema de contratações públicas. Dissertação de Mestrado apresentada ao Programa de Pós-Graduação em Direito da Escola de Direito São Paulo da Fundação Getúlio Vargas. 2011, p. 14. Disponível em: <https://goo.gl/LtZTiM>. Acesso em 08 de mai. de 2017.

[158] GARCIA, Flávio Amaral. *Licitações e contratos administrativos*: casos e polêmicas. 4. ed. São Paulo: Malheiros, 2016, p. 54.

[159] CÔRREA, Izabela Moreira. Sistema de integridade: avanços e agenda de ação para a Administração Pública Federal. In: AVRITZER, Leonardo; FILGUEIRAS, Fernando (orgs.)

Há uma desconfiança crescente dos agentes públicos, bem como os crescentes mecanismos que buscam realizar o combate à corrupção no Brasil. O aumento do recrudescimento dos mecanismos de controle à corrupção no Brasil é demonstrativo do avanço da visão panóptica de combate à corrupção.

E é nesse sentido que se insere a Lei nº 12.846/2013, com o alcance da responsabilização na esfera administrativa das pessoas jurídicas que venham a causar qualquer ato lesivo à Administração Pública.

Tanto é verdade que se elegeu a responsabilidade objetiva como uma das principais formas de alcance da pessoa jurídica, que torna mais difícil a prova em contrário na ocorrência de atos de corrupção, tendo em vista a desnecessidade de comprovação de dolo ou culpa, independentemente, também, da comprovação da ocorrência de proveito econômico por parte da pessoa jurídica.

Independentemente da visão de controle e combate à corrupção adotada, é evidente que a estrutura administrativa e a forma de organização do Estado brasileiro influenciam no projeto de contenção da manifestação da corrupção. Por esse motivo, diversos autores identificam a necessidade de reforma do Estado como uma das principais formas de se combater a manifestação da corrupção, como se estudará com maior propriedade a seguir.

1.8 Corrupção e Necessidade de Reformas na Estrutura do Estado

Por fim, uma das formas de combater a corrupção tem sido comumente associada à necessidade da ocorrência de reformas no âmbito da Administração Pública, sobretudo após a revelação de diversos escândalos no Brasil no séc. XXI. A revelação de escândalos pode funcionar como um importante catalizador para que reformas na estrutura do Estado ocorram, com vistas a combater a corrupção. Escândalos de corrupção trazem o sentimento à população de que a estrutura vigente não é suficiente para combater os malfeitos na Administração Pública, mas escândalos de corrupção não são instrumentos aptos a garantir efetividade e utilidade nas reformas realizadas, pois: "Reformadores devem responder aos escândalos fazendo muito mais do que punindo pessoas culpadas".[160]

Corrupção e sistema politico no Brasil. Rio de Janeiro: Civilização Brasileira/Fundação Konrad Adenauer, 2011, p. 176.
[160] Tradução livre de: "Reformers must respond to scandals by doing more than punishing the

As reformas devem possuir a sensibilidade para verificar se as condições domésticas são favoráveis aos esforços anticorrupção, porque as boas políticas são necessárias, mas não são suficientes para combater a corrupção. As reformas são muito mais eficientes em comunidades que acreditam que os benefícios de redução da corrupção são realmente benéficos a toda comunidade.[161]

Em locais onde o sistema político facilita a ocorrência de condutas de privilégios, seja a partir da distribuição de empregos, contratos, propinas, entre outros, a estrutura do Estado é um local mais propício para que a corrupção ocorra. E, nestas circunstâncias, a reforma do Estado pode necessitar do surgimento de grandes escândalos de corrupção ou de crises institucionais. Uma reforma no serviço público, nos procedimentos licitatórios e de regulação não pode ocorrer de qualquer modo.

Ackerman e Palifka chegam a defender que a reforma deve acontecer aos moldes do que ocorre com a implantação de programas de ação de estado, ou seja, políticas públicas. Em determinadas circunstâncias, a ordem de apresentação das propostas de reforma de combate à corrupção depende, também, do ambiente político e social. No caso de reformas com efeitos de curta duração, elas podem auxiliar a compreensão do público para oferecer suporte às reformas de maior complexidade. Entretanto, reformas com efeitos de curta duração podem produzir efeitos adversos, pois os principais beneficiados pelos esquemas de corrupção podem continuar a manter seus privilégios.[162]

Logo, há dois caminhos para as reformas do Estado no combate à corrupção: (i) em tempos de crise e insatisfação, há um verdadeiro "*big-bang*" de mudanças legislativas e administrativas, que são introduzidas todas de uma só vez, normalmente por um novo governante (como parece que foi o caso das reformas legislativas brasileiras realizadas no ano de 2013); e, (ii) em situação de ausência de crise, há um incremento estratégico de forma a combater a corrupção a partir de estruturas bem preparadas e planejadas.[163]

Há, ainda, autores que criticam a realização de reformas no âmbito da Administração Pública com vistas a combater a corrupção, principalmente

---

guilty" (ROSE-ACKERMAN, Susan; PALIFKA, Bonnie. *Corruption and government...*, p. 429).
[161] ROSE-ACKERMAN, Susan; PALIFKA, Bonnie. *Corruption and government...*, p. 443.
[162][160]. ROSE-ACKERMAN, Susan; PALIFKA, Bonnie. *Corruption and government...*, p. 444.
[163][161] ROSE-ACKERMAN, Susan; PALIFKA, Bonnie. *Corruption and government...*, p. 444-445.

pelo fato de que as reformas buscam estruturas com mais plexos burocráticos. Frank Anechiarico e James Jacobs destacam a estrutura burocrática e o projeto anticorrupção caminham juntos, afinal, a corrupção não poderia não demandar ajustes e reformas.[164]

Ainda, para os autores, o projeto anticorrupção destaca as patologias que atingem a burocracia estatal. Para isso, as estratégias anticorrupção centram-se em ressaltar a estrutura burocrática do Estado e utilizá-la como uma das formas de se combater a corrupção.

A primeira forma é por meio de um atraso proposital na tomada de decisões *(decision-making delay)* por parte dos agentes da Administração Pública. Jon Elster esclarece que o estabelecimento de limites temporais, como a existência de pré-compromissos, pode ser considerado como um limite à paixão humana. O agente que se pré-compromete deseja não ferir os outros ou para não ferir nem a si mesmo. As paixões tornam mais difícil a compreensão cognitiva do ser humano. Assim sendo, o tempo pode ser considerado como uma limitação às paixões.[165]

Aplicando-se isso ao caso do Estado, pode se querer bloquear os canais estratégicos de comunicação, com o objetivo de impedir que uma mensagem que com certeza geraria comportamentos adversos ao indivíduo. Quando o resultado depende essencialmente da coordenação, o corte da comunicação pode ser a tática de maior sucesso. Logo, a burocracia estatal poderia ser considerada como uma forma de pré-compromisso para a tomada de decisões, pois o atraso pode ser considerado como uma forma de pré-compromisso aos indivíduos.[166]

É por esse motivo que normalmente se associa o Poder Público com a morosidade, ineficiência, ou mesmo as complicações desnecessárias. Anechiarico e Jacobs destacam que o projeto anticorrupção pressupõe o retardamento da tomada das decisões administrativas, como forma de própria proteção da Administração Pública. Por isso, a experiência burocrática, nos dias de hoje, é muito mais defensiva, com o constante medo de comprometer o funcionário público e afetar o seu nome ou macular a sua reputação.[167]

---

[164] ANECHIARICO, Frank; JACOBS, James. *The pursuit of absolute corruption:*..., p. 173.
[165] ELSTER, Jon. *Ulisses liberto*. Tradução de Cláudia Sant'Ana Martins. São Paulo: Editora UNESP, 2009, pp. 40-64.
[166] ELSTER, Jon. *Ulisses liberto*. ..., p134-138.
[167] ANECHIARICO, Frank; JACOBS, James. *The pursuit of absolute corruption:*..., p. 174-176.

Por essa razão, Anechiarico e Jacobs consideram que o projeto anticorrupção reforça a burocracia e as suas patologias, prejudicando o debate sério a respeito de reformas no âmbito da Administração Pública. A pergunta essencial para os autores a respeito dos movimentos de reformas é se o projeto será capaz de superar ou reforçar o projeto burocrático de anticorrupção.[168]

O projeto anticorrupção contribui, também, para os problemas crônicos da burocracia, seja por meio da centralização excessiva do controle, administração defensiva e a inabilidade para o encontro de soluções flexíveis para o problema. Nem sempre a proliferação de agências de controle ou de autoridades públicas ou privadas vai beneficiar o governo. Isso pode tornar a Administração Pública mais incontrolável e menos responsiva aos seus próprios objetivos.[169]

Como se dissertou anteriormente, nem sempre a realização de reformas na estrutura da Administração Pública trará os efeitos esperados no combate à corrupção. Como o projeto anticorrupção normalmente baseia-se em uma estrutura burocrática, é evidente que a criação de mais estruturas poderá comprometer ainda mais o funcionamento eficiente da Administração Pública. O funcionamento mais flexível ou maleável do Poder Público não significa o desrespeito ao preceito fundamental regente da Administração Pública: a legalidade. Ou seja, os problemas da corrupção devem ser compreendidos, também, com os problemas trazidos pelo próprio projeto de controle e funcionamento dos mecanismos de combate à corrupção.[170]

Normalmente, as reformas de combate à corrupção ou de controle são reativas, geralmente atuando *a posteriori* (após o acontecimento do ato de corrup-

---

Nesse mesmo sentido, cf. MARQUES NETO, Floriano de Azevedo; PALMA, Juliana Bonacorsi. Os sete impasses do controle da Administração Pública no Brasil. In: PEREZ, Marcos Augusto; Souza, Rodrigo Pagani de (Coords). *Controle da Administração Pública*. Belo Horizonte: Fórum , 2017 ,p. 31. Poder-se-ia tomar como exemplo, no Brasil, as tentativas de responsabilização por parte do Ministério Público e Tribunais de Contas de advogados públicos que, supostamente, emitem opiniões ilegais ou que não se coadunem com o entendimento jurisprudencial e doutrinário majoritário. Os advogados públicos encarregados da atividade de orientação jurídica do Estado podem vir a ser responsabilizados por opiniões que causem prejuízos à Administração Pública. Esse movimento de responsabilização dos agentes consultores do Estado pode trazer inibições em sua atividade de orientação, dada a ampla possibilidade de responsabilização em caso de uma opinião ser considerada como errônea ou ilegal.
[168] ANECHIARICO, Frank; JACOBS, James. *The pursuit of absolute corruption*: ..., p. 185.
[169] ANECHIARICO, Frank; JACOBS, James. *The pursuit of absolute corruption*: ..., p. 188.
[170] ANECHIARICO, Frank; JACOBS, James. *The pursuit of absolute corruption*:..., p. 193.

ção). Naquilo que ficou demonstrado no início deste Capítulo, a população brasileira anseia fortemente que a corrupção deixe de ser uma preocupação constante.

Nesse mesmo sentido, as estruturas básicas adotadas pelas disposições de controle, no Brasil, centram-se no trinômio *principiológica, sanção* e *prerrogativas*.[171]

A estrutura básica das constantes reformas legislativas relativas ao combate à corrupção no Brasil se dá de forma meramente reativa. A parte *principiológica* legitima a conferência de prerrogativas que gozam as instituições de controle. Assim, as instituições de controle buscam aumentar, cada vez mais, as suas esferas de competências.[172]

Com um Congresso Nacional sem legitimidade, Marques Neto e Palma consideram que o Legislativo transfere essa sua esfera de competência e legitimação para os órgãos de controle, de forma a conferir cada vez mais legitimidade aos órgãos de controle da Administração Pública. Agora, como há uma falta de legitimidade do Congresso Nacional para tratar das reformas que envolvem controle e combate à corrupção, o Poder Legislativo acaba por transferir essa justificabilidade a instituições que gozam de credibilidade, como o Poder Judiciário e o Ministério Público.

Assim, percebe-se que nem sempre reformas legislativas produzem os efeitos desejados, especialmente por conta do modelo meramente reativo de mudança dos paradigmas de controle e combate à corrupção no Brasil. Por esse motivo, ousa-se afirmar que o modelo de reformas reativas (conforme o modelo adotado por Floriano de Azevedo Marques e Juliana Palma) nem sempre acaba por responder aos verdadeiros anseios da sociedade.

Nesse ponto de vista, Frank Anechiaro e James Jacobs descrevem que as reformas de controle à corrupção tendem a refletir, por vezes, a visão do controlador. Todo escândalo não deveria redundar na criação de novas agências, novas reorganizações, novos procedimentos e novo monitoramento e processos de controle.[173]

A partir disso, conforme observa Banfield, que chega a considerá-la

---

[171] MARQUES NETO, Floriano de Azevedo; PALMA, Juliana Bonacorsi de. Os sete impasses do controle..., p. 22.

[172] MARQUES NETO, Floriano de Azevedo; PALMA, Juliana Bonacorsi de. Os sete impasses do controle..., p. 22.

[173] ANECHIARICO, Frank; JACOBS, James. *The pursuit of absolute corruption:*..., p. 193.

como um elemento do próprio Estado, a corrupção é um fator sociopolítico que acontece no âmbito público ou privado e, até mesmo, em Administrações Públicas honestas.[174]

1.9 Conclusões Parciais

Neste primeiro capítulo foram apresentados alguns aspectos a respeito da corrupção no âmbito da Administração Pública. Em que pese a existência e manifestação da corrupção no âmbito do setor privado, observa-se que a exteriorização da corrupção no domínio da estrutura do Estado é mais propensa a ocorrer do que no âmbito da iniciativa privada.

Os motivos pelos quais a corrupção estaria muito mais próxima de ocorrer na esfera pública se deve ao fato de que o controle da Administração é muito mais pulverizado do que em uma empresa privada; tanto que muitos autores chegam a considerar a corrupção como um elemento próprio da organização do Estado, posição manifestada pelo sociólogo norte-americano Edward Banfield.

O conceito de corrupção adotado neste estudo a define como o abuso de um poder confiado para o ganho privado, que poderia se amoldar tanto à esfera pública quanto à privada.

A corrupção normalmente se organiza a partir do modelo do agente, do qual consta o delegante, normalmente identificado com o empregador público ou privado e o delegado, identificado como aquele que atua em nome do delegante. A partir do modelo do agente, a corrupção se manifesta quando há uma quebra na representação dos interesses do delegante por parte do agente delegado.

Quanto às formas de manifestação da corrupção, ressalta-se que a propina é a maneira mais comum de revelação da corrupção no campo da Administração Pública. É a partir de sua existência que germinam os aspectos negativos da corrupção, cuja análise foi feita das perspectivas das relações comerciais, culturais e econômicas globais.

A análise mostrou, nas relações comerciais, os resultados desastrosos para a economia de um determinado país ao estimular, ou permitir, que os agentes econômicos mais ineficientes venham a se perpetuar no mercado ou possam celebrar contratos com a Administração Pública, dispendendo consideráveis recursos com tecnologias obsoletas e ineficientes.

---

[174] BANFIELD, Edward. Corruption as a feature..., p. 596.

Apresentou, quanto às perspectivas das relações culturais, um entendimento de que a cultura pode estimular práticas torpes ou prejudiciais, mas ela não pode ser considerada como um elemento determinante para o acontecimento da corrupção.

Já, nas relações econômicas globais, mostra que a corrupção torna as transações comerciais mais custosas, motivo pelo qual mecanismos internacionais de combate à corrupção, como os tratados internacionais por exemplo, passaram a disciplinar práticas de inibição da corrupção nas relações entre países, com destaque para a primeira norma elaborada de maneira mais contundente contra a corrupção internacional: a *Foreign Practices Corrupt Act* (FCPA), editada pelos Estados Unidos na década de 70, depois de empresas norte-americanas ficaram mundialmente conhecidas como corruptas ao pagarem vultosas propinas a agentes públicos estrangeiros para obter contratos com seus Governos.

Por adotar esta postura mais forte no combate à corrupção, o Governo norte-americano patrocinou junto à OCDE a edição de mecanismo que buscasse punir a corrupção entre agentes estrangeiros na perspectiva global.

Atualmente, os mecanismos internacionais de combate à corrupção de maior relevância são a Convenção sobre o Combate à Corrupção de Funcionários Estrangeiros da OCDE e a Convenção das Nações Unidas de Combate à Corrupção (Convenção de Mérida). Sendo o Brasil signatário de ambos, muitas das exigências de combate à corrupção atualmente aplicáveis no país são advindas desses instrumentos internacionais, mas que também podem ser influenciadas por organizações não-governamentais como a Transparência Internacional.

Destacou-se, com relação às diferentes técnicas de combate à corrupção, as quatro "visões de mundo" de Frank Anechiarico e James Jacobs: *antiprivilégios, científica, progressista* e *panóptica*. Ainda que sob o viés da Administração Pública norte-americana, apresentou-se a possibilidade de adaptação dessas diferentes visões de combate à corrupção ao campo da Administração Pública brasileira, identificando-se a visão anticorrupção *antiprivilégio* e *científica* muito próximas da estruturação da burocracia estatal brasileira na década de 1930, com a criação do DASP, nomeadamente com a influência da doutrina da administração anglo-americana.

Já a visão *progressista* de combate à corrupção, no Brasil, poderia ser identificada com a instalação do Regime Militar, que promoveu reformas no sentido de conferir maior racionalidade à estrutura e à administração do Estado, mediante estruturas diretas e indiretas, que denotam uma maior preocupação com as estruturas e o *design* do que com a própria existência da *burocracia*.

Por fim, a visão *panóptica* poderia ser identificada com a criação de mecanismos de controle a partir da década de 1990, com o recrudescimento das leis penais e de imposição de pesadas sanções administrativas àqueles que cometerem atos de corrupção. A opção por mecanismos burocráticos que não permitam qualquer discricionariedade ou oportunismo ao administrador público está expressa na Lei n.º 8.666/1993, Lei Geral de Licitações, demonstração da representatividade desse período.

Por fim, uma das possíveis soluções para o melhor tratamento da corrupção é comumente apontada pela doutrina como a reforma da estrutura do Estado. No entanto, ressalve-se que nem sempre a reforma da Administração Pública será uma das melhores soluções no tratamento da corrupção e nem mesmo atenderá aos anseios da população, pois comumente a postura de controle adotada é a do próprio "controlador".

Trazidas as conclusões deste primeiro capítulo, passa-se a analisar os mecanismos administrativos sancionatórios atualmente existentes na Administração Pública brasileira, avaliando-os a partir de uma perspectiva sistêmica ou holística de análise, verificando os pressupostos e os respectivos regimes jurídico-sancionatório bem como a existência ou não de um sistema administrativo de combate à corrupção.

Capítulo 2
Mecanismos Administrativos Sancionatórios e a (In)Existência de um Sistema Administrativo de Combate à Corrupção

No capítulo anterior, o primeiro capítulo do trabalho, foram apresentados alguns pontos sobre os aspectos sociais, culturais e econômicos da corrupção foram abordados, visando demonstrar como a corrupção possui direto impacto na própria formação da estrutura da Administração Pública e dos mecanismos de combate à corrupção. Apresentar esclarecimentos a respeito daquilo que se compreende como corrupção é fundamental para a organização e a delimitação dos mecanismos administrativos para seu combate, a serem investigados neste estudo.

O conceito de corrupção apresentado com uma fórmula um pouco mais abrangente (*v.g.*, diferentemente do conceito normativo-penal da corrupção) permite analisar o fenômeno da corrupção com mais propriedade e maior proximidade da realidade da Administração Pública, haja vista que alguns fatos poderiam ser excluídos do conceito estritamente jurídico da corrupção (*v.g.*, como aqueles que ocorrem no âmbito privado de negociação).

A estruturação de mecanismos administrativos de combate à corrupção no Brasil ainda mostra grande carência de estudos mais detalhados, bem como de uma análise sob uma perspectiva sistêmica ou holística; isto é, dialogando com os mais diversos mecanismos administrativos já existentes, verificando sobreposições e possíveis antagonismos, nomeadamente a partir da imposição de sanções administrativas.

Anote-se, portanto, que é preciso ponderar sobre a existência (ou não) de um sistema integrado e coerente de combate à corrupção, como dispõe a própria Constituição Federal em seu art. 74, no sentido de estabelecer um sistema de controle interno da Administração Pública. Mesmo assim, a análise aqui apresentada se dá sem realizar um exame prescritivo ou propositivo sobre o tema: apresenta-se uma descrição meramente analítica daquilo que se compreende como mecanismos administrativos de combate à corrupção.

Acredita-se que, atualmente, os mecanismos administrativos de combate à corrupção estão bastante dispersos, com a remissão às mais variadas gamas de atos normativos, estruturas de combate à corrupção e agentes administrativos capazes de promover investigações a respeito de malversação de recursos públicos ou má conduta, ou ainda, uma gestão administrativa ineficiente. Adite-se ao quadro exposto uma ausência sentida de *sistematização* ou *racionalização* na análise de tais expedientes, o que, por si só, pode favorecer a ocorrência de ações/procedimentos corruptos.

Na realidade, embora a doutrina jurídica ofereça diversas obras que tratam especificamente do controle da Administração Pública, percebe-se que não existem estudos que analisem os mecanismos de combate à corrupção atualmente existentes no Brasil de uma forma holística ou sistêmica, partindo de suas estruturas fundamentais de funcionamento e responsabilização.[175] Entretanto, antes de se apresentar os mecanismos existentes de combate à corrupção, cumpre verificar e esclarecer alguns pressupostos metodológicos que conduzem a análise realizada pelo trabalho.

2.1 Pressupostos de Análise e Metodologia de Avaliação

A ideia de sistema possui direta repercussão para o Direito como um todo. Como ressalta Karl Larenz, as normas jurídicas não estão desligadas uma das outras, "mas estão numa conexão multímoda umas com as outras".[176] Ainda,

---

[175] Há textos que trazem a possibilidade de se conceber um Sistema Brasileiro de Combate à Corrupção. Porém, sem trazer considerações mais aprofundadas a respeito da pertinência de se denominar esses mecanismos de controle de "sistema". Ampliar em OLIVEIRA, Rafael Carvalho Rezende; NEVES, Daniel Amorim Assumpção. O sistema brasileiro de combate à corrupção e a Lei nº 12.846/2013 (Lei anticorrupção). *Revista Brasileira de Direito Público – RBDP*, Belo Horizonte, n. 44, jan./mar., 2014, p. 9-21.

[176] LARENZ, Karl. *Metodologia da ciência do direito*. Tradução de José Lamego. 7. ed. Lisboa: Fundação Calouste Gulbenkian, 2014, p. 621.

as normas jurídicas não devem ser compreendidas de maneira meramente aritmética, ou que possam ser meramente "amontoadas". Elas devem ser compreendidas de forma que possam integrar um ordenamento ou um sistema.

Conforme observa Santi Romano, "nós devemos admitir que a ordem jurídica não é algo como uma aritmética de regras, mesmo que de uma lei, ou de um Código – vistas, assim, de um modo material e extrínseco – elas [regras] não são um conjunto de artigos que podem se adicionar".[177]

Por sua vez, Fábio Konder Comparato, em obra filosófica a respeito da ética, apresenta alguns esclarecimentos a respeito da perspectiva sistêmica de pensamento. Comparato destaca que o pensamento contemporâneo se propôs a denominar como sistema todo objeto que possa ser compreendido a partir de uma análise holística e de uma realidade funcional. O sistema poderia ser qualificado como uma totalidade organicamente estruturada que só teria sentido quando vista, também, como parte integrante de um todo maior, estruturado de maneira orgânica e que possui uma função.[178]

Por esse motivo, a compreensão dos mecanismos de combate à corrupção como um todo possui relevância, já que pouquíssimas obras jurídicas no Brasil se prestam a compreender os mecanismos administrativos de controle da Administração Pública a partir de uma perspectiva mais geral ou sistêmica, que normalmente dividem e apresentam os mecanismos de controle do Poder Público brasileiro em mecanismos internos ou externos.[179] Denota-se, também, a inexistência de uma análise sobre a institucionalidade dos organismos estatais responsáveis pelo combate à cor-

---

[177] Tradução livre de: "on devrait admettre qu'un ordre juridique n'est pas autre chose qu'une somme arithmétique de règles, de même qu'une loi, un règlement ou un code – vus, d'ailleurs, d'une façon matérielle et extrinsèque – ne sont qu'une suite d'articles qui peuvent s'additionner " (ROMANO, Santi. *L'ordre juridique*. Tradução francesa de Lucien François e Pierre Gothot. Paris: Dalloz, 1975, p. 7).

[178] "Uma vasta corrente de pensamento contemporânea propôs denominar sistema todo objeto que só pode ser apreendido pelo pensamento, conjuntamente, em sua estrutura holística e em sua realidade funcional. Em um sistema, o todo é, em certo sentido, superior à soma de suas partes componentes, pois estas sempre mantêm, entre si, um relacionamento dinâmico, de tal sorte que, modificada qualquer das partes, modifica-se inevitavelmente o todo. Mas essa totalidade, assim organicamente estrutura, só cobra sentido quando vista, ela também, como parte de um todo maior, estruturado de modo orgânico, e dentro do qual ela exerce uma função determinada, e assim sucessivamente" (COMPARATO, Fábio Konder. Ética: direito, moral e religião no mundo moderno. 3. ed. São Paulo: Companhia das Letras, 2016, p. 20).

[179] MEDAUAR, Odete. *Controle da Administração Pública*. 3. ed. São Paulo: Editora RT, 2014, 51-54.

rupção no Brasil, ou mesmo que se proponham a analisar a partir de uma perspectiva da organização do Estado.

Deste modo, acredita-se que há, atualmente, uma profusão de mecanismos internos e externos de combate à corrupção, que por vezes se sobrepõem, ou mesmo não se destinam a combater a corrupção de modo coeso e organizado. Nem mesmo os propósitos de combate à corrupção parecem ser similares, porém, buscam combater o abuso de confiança para o ganho privado.

Conforme observa Lucas Rocha Furtado, não há uma cooperação entre os próprios órgãos institucionais do Estado, que se destinam a controlar a corrupção, não alcançando, até mesmo, as exigências de constante revisão periódica dos mecanismos de combate à corrupção das Nações Unidas ou da OCDE.[180]

Em outras palavras, o objetivo do presente capítulo é demonstrar o funcionamento e apontar como os atuais mecanismos administrativos de combate à corrupção, nomeadamente as sanções administrativas que combatem a corrupção já existentes no Brasil poderiam funcionar, também, como um impeditivo ao bom funcionamento da Administração Pública, ante a grande quantidade de mecanismos de controle que acabam por amarrar a gestão administrativa. Também, analisa-se como os mecanismos atualmente existentes de combate à corrupção e controle do Poder Público se encaixam nas diferentes visões e perspectivas a respeito da corrupção, a partir daquilo que foi apresentado no capítulo anterior.

Cada mecanismo ou instância de responsabilização será analisada a partir dos seguintes critérios de exame: (1) autoridade responsável para instauração e responsabilização; (2) infrações e sanções aplicáveis; (3) processo administrativo; (4) regime de responsabilização; e, (5) visão de combate à corrupção.

2.2 Fundamentos para se Analisar um Eventual Sistema Normativo Administrativo Sancionador de Combate à Corrupção

Como destacado anteriormente, a utilização de sanções administrativas constitui uma das principais formas de alcance dos responsáveis que venham a cometer atos de corrupção. Antes mesmo de se verificar a exis-

---

[180] FURTADO, Lucas Rocha. *As raízes da corrupção no Brasil*. Belo Horizonte: Fórum, 2015, p. 178-179.

tência (ou não) de um sistema administrativo integrado de combate à corrupção no Brasil, cumpre verificar o que se compreende como sistema para o Direito como um todo.

A discussão sobre a *normatividade* ou *coatividade* do ordenamento jurídico é objeto de inúmeras discussões no âmbito da filosofia do direito, especialmente a partir da discussão da teoria de Hans Kelsen e Herbert Hart, a mero título de exemplo. É inegável que a compreensão do ordenamento jurídico como sistema ou uma estrutura possui inúmeras divergências na própria filosofia do direito.[181]

Porém, o conceito de ordenamento jurídico é importante, especialmente no que tange à compreensão a partir da ideia geral de *sistema*. Como ressalta Tércio Sampaio Ferraz Jr.: "O sistema é apenas uma forma técnica de conceber os ordenamentos, que são um dado social. A dogmática capta o ordenamento, este complexo de elementos normativos e não normativos e de relações entre eles, de forma sistemática para às exigências de decidibilidade de conflitos".[182]

Em que pese a pertinência e relevância da teoria dos sistemas para o âmbito da filosofia ou da sociologia jurídica, não se adotará a perspectiva sistema de Niklas Luhmann, por conta da peculiaridade da teoria dos sistemas, podendo-se afirmar que ela pressupõe a existência de bases teóricas específicas.[183] Quando o presente trabalho se referir a sistema estar-se-á mencionando-se à concepção de sistema para o conceito de unicidade e organização do ordenamento jurídico, e não à teoria dos sistemas, como é a proposta avançada e pertinente de Niklas Luhmann.

Destaca-se que diversas das disposições legais analisadas no presente trabalho possuem como bem jurídico diretamente protegido o patrimônio público, a regularidade da Administração Pública, entre outros. Claus-Wilhelm Canaris, em vasta obra a respeito da pertinência da identificação de um sistema jurídico, traça um interessante paralelo de identificação de

---

[181] KELSEN, Hans. *Teoria pura do direito*. Trad. de João Baptista Machado. 7. ed. São Paulo: Martins Fontes, 2012, p. 33-40; HART, Herbert. *O conceito de direito*. Trad. de Anotônio de Oliveira Sette-Câmara. São Paulo: Martins Fontes, 2009, p 129-159; NINO, Carlos Santiago. *Introdução à análise do direito*. São Paulo: Martins Fontes, 2010, p. 117-132.

[182] FERRAZ JUNIOR, Tércio Sampaio. *Introdução ao estudo do direito*. 6. ed. São Paulo: Atlas, 2011, p. 147.

[183] A respeito do tema, cf. LUHMANN, Niklas. *Introduction to Systems Theory*. Tradução de Peter Gilgen. Cambridge: Polity Press, 2012, *passim*.

um sistema para a "ciência do direito" (*Rechtswissenschaft*).[184] Para o autor, há duas características fundamentais que identificam a ideia de sistema no direito: (*i*) ordenação; e, (*ii*) unidade. Ambos os conceitos estão diretamente imbricados e seriam inseparáveis para se compreender a ideia de um sistema jurídico, isto é, a adequação interna e unidade da ordem jurídica.[185]

A respeito da ordenação, ela busca exprimir a ideia de que a organização racional é fundamentada na realidade, conquanto que a unidade é uma resultante da própria ordenação, já que a unidade não permite significantes desconexas, onde a ordenação e a unidade são "indispensáveis como fundamento do sistema".[186]

A ideia de sistema nada mais é do que uma própria decorrência do princípio da justiça, já que a organização deve conduzir a uma soma do princípio racional, de modo a não tratar duas situações de maneira distinta.[187] A exigência de ordem é um reconhecimento do postulado da justiça: "Assim, a exigência de 'ordem' resulta diretamente do reconhecimento do postulado da justiça, de tratar o igual de modo igual e o diferente de forma diferente, de acordo com a medida de sua diferença".[188]

A concepção de sistema também privilegia o preceito fundamental da igualdade, pois "garante-se que a 'ordem' do Direito não se dispersa numa multiplicidade de valores singulares desconexos, antes se deixando reconduzir a critérios gerais relativamente poucos numerosos; e com isso fica

---

[184] Adotou-se para o presente trabalho a tradução portuguesa, sob a incumbência do Professor Catedrático de Direito Civil da Universidade de Coimbra, António Menezes Cordeiro. No entanto, não há de se deixar de notar que o título em alemão da obra traz uma aproximação direta ao Direito Privado da ideia de sistema, sobretudo após as discussões em decorrência da tópica e da jurisprudência trazidas na Alemanha por Theodor Viehweg e o caráter cientifico da jurisprudência, que recusa veementemente a ideia de sistema para a análise da tópica e da jurisprudência.

[185] CANARIS, Claus Wilhelm. *Pensamento sistemático e conceito de sistema na ciência do direito*. Tradução de António Menezes Cordeiro. 3. ed. Lisboa: Calouste Gulbenkian, 2002, p. 12.

[186] CANARIS, Claus Wilhelm. *Pensamento sistemático e conceito de sistema na ciência do direito*. Tradução de António Menezes Cordeiro. 3. ed. Lisboa: Calouste Gulbenkian, 2002, p. 13.

187 CANARIS, Claus Wilhelm. *Pensamento sistemático e conceito de sistema na ciência do direito*. Tradução de António Menezes Cordeiro. 3. ed. Lisboa: Calouste Gulbenkian, 2002, p. 14.

[188] CANARIS, Claus Wilhelm. *Pensamento sistemático e conceito de sistema na ciência do direito*. Tradução de António Menezes Cordeiro. 3. ed. Lisboa: Calouste Gulbenkian, 2002, p. 18.

também demonstrada a efetividade da segunda característica do conceito de sistema, da unidade".[189]

Ou seja, o conceito de sistema parece ser uma decorrência dos principais postulados jurídicos, mas que também estimula a estabilidade e a continuidade da prática jurídica, pois estes funcionarão e se adequarão de uma melhor forma em um ambiente organizado, "portanto um Direito ordenado em sistema, do que por uma multiplicidade inabarcável de normas singulares desconexas e em demasiado fácil contradição umas com as outras".[190]

A *unidade* do ordenamento jurídico busca afastar a ausência de contradições, permitindo, também, a realização de métodos comparativos, por conta de sua abstração e generalização. Assim, para Canaris, poderá se considerar o direito positivo como sistema interno quando presentes os critérios da *ordenação* e *unidade*, todavia, não tão somente descrever o ordenamento jurídico a partir desses dois critérios. Ambos devem ser objetivos a serem atingidos pelo próprio ordenamento jurídico, não apenas traduzindo a *ordenação* e a *unidade*, mas realizando a adequação valorativa e a unidade interna do ordenamento jurídico.[191]

O sistema não é somente um padrão de conhecimento, porém, um importante guia para a aplicação do ordenamento jurídico, motivo pelo qual há a concretização da ideia do sistema na aplicação ao caso concreto. Para isso, a partir do momento em que se identificar que determinado ordenamento jurídico possui características próprias que lhe permite identificar como um sistema, o que faculta mostrar que os seus elementos constitutivos são os seus valores orientativos.[192]

Além disso, Canaris descreve que a organização do ordenamento jurídico em sistema estará presente quando puder ser realização a generalização a poucos princípios gerais que ordenam esse sistema jurídico. A concretização desses princípios ou valores somente será possível a partir da *unidade* do ordenamento jurídico. Esses princípios ordenadores do sistema podem ser

---

[189] CANARIS, Claus Wilhelm. *Pensamento sistemático e conceito de sistema na ciência do direito*. Tradução de António Menezes Cordeiro. 3. ed. Lisboa: Calouste Gulbenkian, 2002, p. 20-21.
[190] CANARIS, Claus Wilhelm. *Pensamento sistemático e conceito de sistema na ciência do direito*. Tradução de António Menezes Cordeiro. 3. ed. Lisboa: Calouste Gulbenkian, 2002, p. 22.
[191] CANARIS, Claus Wilhelm. *Pensamento sistemático...*, p. 21-23.
[192] CANARIS, Claus Wilhelm. *Pensamento sistemático...*, p. 77.

considerados como essenciais quando a sua alteração ou modificação venha a alterar o conteúdo essencial da própria existência do sistema.[193]

Porém, Canaris não defende a imagem de um sistema *completo*, já que a sua concepção não almeja a completude. Muito pelo contrário, o sistema é incompleto e aberto, já que o próprio direito é mutável: "o sistema, como unidade de sentido, compartilha de uma ordem jurídico concreta no seu modo de ser, isto é, que tal como esta, não é estático, mas dinâmico, assumindo a estrutura de historicidade".[194]

A grande vicissitude do conceito de Canaris está na praticidade de seu conceito de sistema, já que ele contribui para a composição do conteúdo teleológico das normas jurídicas ou de institutos, o que permite interpretá-los como parte de um conjunto da ordem jurídico e a partir de conexos relevantes.[195]

Por sua vez, Karl Larenz apresenta importantes teorizações a respeito da teoria dos sistemas para o direito. As normas jurídicas, como mencionado, não podem se apresentar de maneira desconexa entre si, de modo que toda a interpretação tem que levar em consideração uma cadeia de significados, o contexto de sua inserção e de sua própria regulamentação.[196] A descoberta das conexões de sentido em que as normas se encontram no ordenamento jurídico é uma das mais importantes tarefas do jurista. Por exemplo, ao se pensar nas relações de locação, identificam-se de imediato as regras do Código Civil atinentes aos contratos e todo o sistema de contratação e garantias, o que destaca a importância da identificação de um sistema.

A existência de um sistema garante não somente a clareza, "mas também a segurança jurídica; porque, nos quadros de um tal sistema, se ele fosse 'completo', poder-se-ia dar a toda a questão jurídica uma resposta, por via de uma operação lógica de pensamento". Larenz ainda complementa

---

[193] CANARIS, Claus Wilhelm. *Pensamento sistemático...*, p. 77-80. Esses princípios, na visão de Canaris, possuem quatro características fundamentais no ordenamento jurídico: (*i*) os princípios não possuem validade absoluta e podem ser excepcionados; (*ii*) os princípios não têm pretensão de exclusividade, ou seja, as consequências de um princípio também podem ser retiradas de outro princípio; (*iii*) os sentidos se complementam entre si; e, (*iv*) os princípios necessitam de adaptação por meio de subprincípios e de valorações (CANARIS, Claus Wilhelm. *Pensamento sistemático...*, p. 90-96).
[194] CANARIS, Claus Wilhelm. *Pensamento sistemático...*, p. 107-108.
[195] CANARIS, Claus Wilhelm. *Pensamento sistemático...*, p. 203.
[196] LARENZ, Karl. *Metodologia da ciência do direito*. Tradução de José Lamego. 7. ed. Lisboa: Calouste Gulbenkian, 2014, p. 621.

que a ideia de sistema garante "a ausência de contradição lógica de todas as consequências dele [sistema] derivadas".[197]

Por outro lado, ainda que não diretamente ligado à ideia de sistemas, Santi Romano traz importantes considerações para a compreensão do ordenamento jurídico para a análise do presente trabalho. Romano fundamenta o seu conceito de ordenamento jurídico na unidade e na institucionalidade das organizações. Ou seja, a visão do autor contribui diretamente para os objetivos do presente trabalho, que se propõe a analisar o plexo de mecanismos administrativos de controle e combate à corrupção existente no Brasil, a partir de sua perspectiva normativa e institucional.

O objetivo de Santi Romano é demonstrar que a definição do direito não se resume às normas, o que não é correto, muito menos suficiente, mas que é preciso completá-lo com outros elementos que são essenciais ou comuns. O objetivo primordial do trabalho de Santi Romano é oferecer um conjunto de elementos esclarecedores aptos a resolver os mais diversos âmbitos do direito.[198]

O primeiro contributo da teoria de Santi Romano para a ideia de sistema do trabalho é a de que a ordem jurídica deve ser compreendida a partir de entidades. Quando se fala do direito francês, do direito canônico ou do direito italiano, deve se pensar cada um desses elementos como um todo ou mesmo um sistema de normas. Ou seja, deve-se ter em mente a natureza e o conjunto de cada uma dessas normas, o que permite uma visão mais real de cada sistema.[199]

As origens do conceito de direito surgiram do direito privado, que se impôs, gradualmente, a outros campos do conhecimento. Muitas vezes, a concepção de direito no domínio privado não vislumbrou a necessidade de um conceito de direito que não fosse restrito à concepção de norma.

---

[197] LARENZ, Karl. *Metodologia da ciência do direito*. Tradução de José Lamego. 7. ed. Lisboa: Calouste Gulbenkian, 2014, p. 622.

[198] ROMANO, Santi. *L'ordre juridique*. Tradução francesa de Lucien François e Pierre Gothot. Paris: Dalloz, 1975, p. 3-4.

[199] ROMANO, Santi. *L'ordre juridique*. Tradução francesa de Lucien François e Pierre Gothot. Paris: Dalloz, 1975, p. 7. Nas palavras de Paolo Grossi, "Santi Romano (1875-1947) está entre os mais insignes cultores italianos do direito público, mas graças ao seu ensaio liberador (liberador das persistentes mitologias e pseudocertezas não avaliadas criticamente), tem um lugar e um papel muito relevante na teoria geral do direito" (GROSSI, Paolo. *Primeira lição sobre direito*. Tradução de Ricardo Marcelo Fonseca. Rio de Janeiro: Forense, 2005, p. 12)

Não obstante, Santi Romani adverte que o Direito Público não atua sobre essa égide: "o direito público e a filosofia do direito importaram de olhos fechados do direito privado [definição do direito]".[200]

O fundamental na concepção de Romano está em seu entendimento de que o ordenamento jurídico não é a soma aritmética de leis, regulamentos ou códigos. O ordenamento jurídico não é a soma de várias partes, mas a unidade entre si, que não é obtida a partir de um procedimento de abstração, e sim de maneira concreta e efetiva.

Antes de tudo, é preciso compreender o ordenamento jurídico como uma *unidade*. Nas teorizações de Santi Romano, o ordenamento jurídico não deve ser compreendido somente como a unidade e a concatenação de normas. A unidade é algo distinto das normas e até mesmo independente desta. A definição do direito não coincide com a definição das normas que estão nela compreendidas, mesmo que seja possível encontrar as normas como elementos essenciais da definição de direito. Quando se fala no direito italiano, ou no direito francês, não se deve pensar em algo estático, como uma pilha de livros, mas nos mais diversos mecanismos e plexos de organização do poder e da autoridade. O ordenamento jurídico é algo que se define conforme as normas, mas o ordenamento, por si só, movimenta as normas como um tabuleiro de xadrez.

Na compreensão de Romano, o direito não se resume somente à norma posta, mas a entidade que a põe. A objetivação dá lugar ao fenômeno jurídico que não começa com a emanação de uma determinada regra, mas em um momento anterior. A norma nada mais é do que uma das formas de exteriorização do direito, um dos modos com que este atua e alcança o seu fim.

A norma jurídica não é objetiva somente por ser norma escrita, mas a objetividade da norma é ligada à impessoalidade do poder que a elabora e fixa a regra, como algo que transcende e se eleva sobre os indivíduos. Sem essa concepção de objetividade, não se poderia falar que ele se eleva sobre os indivíduos, mas ele se constitui ele mesmo direito. A opinião geral de que o direito objetivo não é feito somente de normas, mas com preceitos individuais e concretos, deve admitir que estes conceitos sejam considerados como normas ou que o direito seja considerado para além das normas.

---

[200] ROMANO, Santi. *L'ordre juridique*. Tradução francesa de Lucien François e Pierre Gothot. Paris: Dalloz, 1975, p. 3-4.

A compreensão do direito público de forma sistêmica auxilia na compreensão do fenômeno jurídico de uma forma mais completa, evitando-se eventuais antinomias ou contradições da própria ordem jurídica. Para isso, a presente obra adota como premissa a compreensão do ordenamento jurídico de forma sistemática.

Nessa perspectiva, Eberhard Schmidt-Aßmann observa que a importância do pensamento sistemático para o Direito Administrativo e o Direito Público é um dos desígnios do desempenho de sua autonomia e singularidade, o que lhe converteu em uma das grandes áreas do saber jurídico. Para o autor, o pensamento sistemático no Direito Administrativo é condicionado pela estrutura normativa da Constituição.[201] Isso importa dizer que a Administração Pública está calcada em três preceitos básicos: (*i*) a Administração pública está sujeita aos direitos fundamentais; (*ii*) a sujeição à Lei e ao Direito; e, (*iii*) a garantia da tutela judicial perante a Administração Pública.[202]

Ademais, a compreensão sistemática traz três providências práticas fundamentais, que têm direta repercussão prática, dogmática e política para o Direito Público. A partir da função dogmática, a compreensão sistemática do Direito Público permite que a Administração Pública formule decisão de modo coerente, a partir da relação com o sistema. É a partir dos conceitos e instituições da teoria geral do Direito Administrativo que se interpretam e entendem as relações especiais da teoria do Direito Administrativo. A partir do momento em que a jurisprudência como a doutrina devem fazer abstrações para avançar na construção do direito, elas cumprem essa missão de contribuição com o pensamento sistemático.[203]

Por outro lado, a função política do direito administrativo é um instrumento fundamental para a política legislativa, pois a análise de soluções já existentes no ordenamento jurídico "poderão manifestar as contradições em que incorrem os valores subjazem a cada uma delas, assim como os pontos que necessitam de um melhor tratamento, no seio de cada um dos setores do ordenamento ou no plano das relações que estes guardam

---

[201] AßMANN, Eberhard Schmidt. *La teoría general del derecho administrativo como sistema*. Tradução de Mariano Bacigalupo *et al*. Madrid: Marcial Pons, 2003, p.3.
[202] AßMANN, Eberhard Schmidt. *La teoría general del derecho administrativo*..., p.4.
[203] AßMANN, Eberhard Schmidt. *La teoría general del derecho administrativo*..., p.7-8.

entre si, permitindo, assim, um razoável progresso do Direito. Ao fim e ao cabo, os sistemas tendem à busca da precisão e da efetividade".[204]

O sistema, em síntese, deve frear o ativismo do legislador, ao permitir se dotar unidade e coerência à constante atividade legislativa, expressa em multiplicidade nas regras ou nos critérios particulares. [205] O pensamento sistemático permite também evitar a progressiva desintegração jurisprudencial ou legislativa. No entanto, a sistematização não significa, em momento algum, a mera codificação das normas. A sistematização implica em um destaque de importância à codificação. [206] A sua função no direito administrativo permite não somente em saber inserir novos fenômenos e normas, mas também permite o oferecimento de um contexto analítico e adequado para a observação das relações do Estado com a sociedade.[207]

Em resumo, entende-se que a compreensão do ordenamento jurídico, a partir da ideia de *sistema*, pressupõe a existência concomitante de dois requisitos básicos, como a *unidade* e a *ordenação*, conceitos chaves para poder se identificar a existência (ou não) de sistemas jurídicos. A utilização desses conceitos é fundamental para identificação, organização e verificação dos diversos instrumentos administrativos de combate à corrupção. A compreensão da ideia de sistema para o ordenamento jurídico (especialmente a partir da perspectiva de Claus Canaris) é importante para a investigação da existência ou não de um sistema, organizado sobre os dois princípios organizadores do conceito de sistema inda, as instituições que desempenham os objetivos de combate à corrupção. Além disto, as instituições que operam os mecanismos de combate à corrupção possuem direta relevância para a apreciação da existência (ou não) de um sistema normativo administrativo de combate à corrupção.

---

[204] Tradução livre de: "podrán de manifiesto las contradicciones en que puedan incurrir los valores que subyacen a cada una de ellas, así como los puntos que están necesitados de un mejor tratamiento, en el seno de cada uno de los sectores del ordenamiento o en el plano de las relaciones que éstos guardan entre sí, permitiendo así un razonable progreso del Derecho. Al fin y al cabo, los sistemas tienden a la búsqueda de la precisión y la efectividad" (AßMANN, Eberhard Schmidt. *La teoría general del derecho administrativo...*, p. 8).
[205] AßMANN, Eberhard Schmidt. *La teoría general del derecho administrativo...*, p. 8.
[206] AßMANN, Eberhard Schmidt. *La teoría general del derecho administrativo...*, p. 8.
[207] AßMANN, Eberhard Schmidt. *La teoría general del derecho administrativo...*, p. 9.

2.3 Hipóteses e Regimes de Responsabilização no Combate à Corrupção no Brasil

No ordenamento jurídico brasileiro, o combate a atos de ilícitos e de corrupção contra a Administração Pública centra-se basicamente na responsabilidade penal, administrativa e cível. De início, observa-se que predomina no Brasil o preceito de que as instâncias são independentes entre si, ou seja, o julgamento de um processo administrativo não deve condicionar a sentença penal ou cível, nem mesmo o contrário pode ocorrer.[208]

A atuação de cada uma das instâncias (civil, penal e administrativa) traz severas distorções quanto à atuação do Estado no combate à corrupção, em virtude de uma ausência sentida de relacionamentos entre as instituições responsáveis pelo desenlace de cada um dos processos, seja administrativo, cível ou penal.

Muito embora o objetivo do presente trabalho seja a respeito da atuação das sanções administrativas no contexto de responsabilização dos agentes que venham a cometer qualquer ato considerado como corrupto, é feita uma concisa revisão a respeito dos regimes de responsabilização no ordenamento jurídico brasileiro, de modo a melhor compreender a interação do regime de responsabilização administrativa com os demais regimes jurídicos, nomeadamente o cível e o penal. A partir disso, avalia-se a seguir o regime penal de responsabilização de atos considerados como corruptos.

2.3.1 Responsabilidade Penal

O primeiro regime jurídico de responsabilização analisado é a esfera penal, que se trata de uma das principais formas de punição e responsabilização dos agentes públicos e privados que venham a cometer qualquer fato definido em lei como crime, ou que venha a macular ou prejudicar um bem jurídico de interesse da Administração Pública.

---

[208] Nesse mesmo ínterim, são os precedentes do Supremo Tribunal Federal, que teve oportunidade de se manifestar sobre o tema em diversas ocasiões: "as decisões proferidas pelas esferas administrativas e jurisdicionais competentes são autônomas e independentes, razão pela qual o juízo criminal não está vinculado pela decisão proferida no âmbito administrativo, seja ela contrária ou favorável ao jurisdicionado" (BRASIL. *Supremo Tribunal Federal*. Inq 4105, Relator: Min. LUIZ FUX, Primeira Turma, julgado em 30/05/2017, ACÓRDÃO ELETRÔNICO DJe-133). Cf. também, BRASIL. *Supremo Tribunal Federal*. AP 565, Relatora: Min. CÁRMEN LÚCIA, Tribunal Pleno, julgado em 08/08/2013, ACÓRDÃO ELETRÔNICO DJe-098.

A hipótese de responsabilização penal possui peculiaridades no que se refere em seu relacionamento com a Administração Pública. A doutrina costuma referir à existência de um direito penal administrativo, que seria caracterizado pela existência de uma especificidade, que tutela as múltiplas características que caracterizam a intervenção do Estado no domínio privado.[209]

A mero título de exemplo, já que os delitos que abrangem a Administração Pública não são objeto da presente análise, os crimes mais usuais que envolvem o Poder Público são a corrupção passiva (art. 317, do Código Penal),[210] a corrupção ativa (art. 333, do Código Penal),[211] a concussão (art. 316, do Código Penal)[212] e a advocacia administrativa (art. 321, do Código Penal).[213]

Conforme esclarece Edmir de Araújo Netto, o ilícito administrativo penal exige a existência de uma qualificação do sujeito ativo, em contraposição aos delitos comuns, que não exigem a qualidade especial do agente como funcionário público, apesar da existência de delitos comuns

---

[209] MODERNE, Franck. *Sanctions administratives et justice constitutionnelle*. Paris: Economica, 1993, p. 46. A respeito do tema no Brasil, por todos, cf. ZARDO, Francisco. *Infrações e sanções em licitações e contratos administrativos*. São Paulo: Editora RT, 2014, p. 50-62.

[210] "Corrupção passiva - Art. 317 - Solicitar ou receber, para si ou para outrem, direta ou indiretamente, ainda que fora da função ou antes de assumi-la, mas em razão dela, vantagem indevida, ou aceitar promessa de tal vantagem: Pena – reclusão, de 2 (dois) a 12 (doze) anos, e multa. § 1º - A pena é aumentada de um terço, se, em consequência da vantagem ou promessa, o funcionário retarda ou deixa de praticar qualquer ato de ofício ou o pratica infringindo dever funcional. § 2º - Se o funcionário pratica, deixa de praticar ou retarda ato de ofício, com infração de dever funcional, cedendo a pedido ou influência de outrem: Pena - detenção, de três meses a um ano, ou multa".

[211] "Corrupção ativa - Art. 333 - Oferecer ou prometer vantagem indevida a funcionário público, para determiná-lo a praticar, omitir ou retardar ato de ofício: Pena – reclusão, de 2 (dois) a 12 (doze) anos, e multa. Parágrafo único - A pena é aumentada de um terço, se, em razão da vantagem ou promessa, o funcionário retarda ou omite ato de ofício, ou o pratica infringindo dever funcional".

[212] "Concussão - Art. 316 - Exigir, para si ou para outrem, direta ou indiretamente, ainda que fora da função ou antes de assumi-la, mas em razão dela, vantagem indevida: Pena - reclusão, de dois a oito anos, e multa".

[213] "Advocacia administrativa - Art. 321 - Patrocinar, direta ou indiretamente, interesse privado perante a administração pública, valendo-se da qualidade de funcionário: Pena - detenção, de um a três meses, ou multa. Parágrafo único - Se o interesse é ilegítimo: Pena - detenção, de três meses a um ano, além da multa".

que possam ser cometidos pelo funcionário e que podem vir a ser caracterizados como ilícitos penais comuns.[214]

Além disso, não deve se deixar de se considerar que o Supremo Tribunal Federal, no julgamento das Ações Penais n°s 307 (Caso Collor) e 470 (Mensalão), definiu o entendimento da *flexibilização* da qualificação de funcionário público para a ocorrência dos delitos contra a Administração Pública, ou o denominado "ato de ofício" como uma *elementar* do delito contra o Poder Público.[215]

Destacam-se ainda os dispositivos penais da Lei nº 8.666/1993 (LGL - Lei Geral de Licitações), que em seus arts. 89 a 98 estabelece os crimes que podem ocorrer no âmbito dos procedimentos licitatórios e no curso da execução contratual, que, basicamente, relacionam-se à possibilidade de ocorrência de fraude em procedimentos licitatórios, especialmente a dispensa ou a inexigibilidade de licitação fora das previsões legais (art. 89, da Lei nº 8.666/1993)[216] e a frustração ou impedimento, por meio de ajuste do caráter competitivo da licitação (art. 90, da Lei nº 8.666/1993).[217]

---

[214] ARAÚJO, Edmir Netto. *O ilícito administrativo e seu processo*. São Paulo: Editora RT, 1994, p. 31.

[215] Esse entendimento já foi corroborado pelos outros tribunais brasileiros, como p. ex., pelo Tribunal Regional Federal da 4ª Região (TRF4), nos seguintes termos: "Na mesma Ação Penal nº 470 pelo STF, o Ministro Relator consignou que 'o ato de ofício' deve ser representado no sentido comum, como o representam os leigos, e não em sentido técnico-jurídico', concluindo assim, citando precedente daquela Corte (AP 307, Rel. Ilmar Galvão), que 'basta, para os fins dos tipos penais dos artigos 317 e 333 do Código Penal que o 'ato subornado caiba no âmbito dos poderes de fato inerentes ao exercício do cargo do agente" (BRASIL. *Tribunal Regional Federal da 4ª Região*, ACR 5046512-94.2016.4.04.7000, OITAVA TURMA, Relator JOÃO PEDRO GEBRAN NETO, juntado aos autos em 06/02/2018). Sobre o tema, cf. QUANDT, Gustavo de Oliveira. Algumas considerações sobre os crimes de corrupção ativa e passiva. A propósito do julgamento do 'Mensalão' (APN 470/MG do STF). *Revista Brasileira de Ciências Criminais*, São Paulo, v. 106, jan./mar., 2014, p. 195-205.

[216] "Art. 89. Dispensar ou inexigir licitação fora das hipóteses previstas em lei, ou deixar de observar as formalidades pertinentes à dispensa ou à inexigibilidade: Pena - detenção, de 3 (três) a 5 (cinco) anos, e multa. Parágrafo único. Na mesma pena incorre aquele que, tendo comprovadamente concorrido para a consumação da ilegalidade, beneficiou-se da dispensa ou inexigibilidade ilegal, para celebrar contrato com o Poder Público".

[217] "Art. 90. Frustrar ou fraudar, mediante ajuste, combinação ou qualquer outro expediente, o caráter competitivo do procedimento licitatório, com o intuito de obter, para si ou para outrem, vantagem decorrente da adjudicação do objeto da licitação: Pena - detenção, de 2 (dois) a 4 (quatro) anos, e multa".

Em todas as hipóteses de crimes envolvendo procedimentos licitatórios, o bem jurídico tutelado parece ser a moralidade administrativa, constante no art. 37, *caput*, da Constituição Federal. Como enaltece Cezar Roberto Bitencourt: "A despeito de se poder identificar uma objetividade jurídica genérica nos crimes licitatórios, qual seja, preservar os princípios básicos da legalidade, impessoalidade, da moralidade, da igualdade, da publicidade, e da probidade administrativa, não se pode olvidar que cada tipo penal possui a sua própria objetividade jurídica, sem, contudo, afastar-se do amplo contexto em que está inserido".[218]

Mesmo com a existência de diversas leis penais que estabeleçam os crimes licitatórios, denota-se que a Lei Geral de Licitações prevê tipologia específica à incidência dos crimes envolvendo fraude no âmbito de procedimentos licitatórios. Por conta da *especialidade*, Cezar Roberto Bitencourt defende a incidência da Lei Geral de Licitações em detrimento de outras leis penais, que deve prevalecer na aplicação das disposições penais atinentes aos crimes licitatórios quando do conflito aparente de leis.[219]

No âmbito penal, diferentemente do que se consigna no âmbito cível ou administrativo, não se admite qualquer hipótese de responsabilização que não seja a título mínimo de comprovação de culpa, sendo imprescindível à análise do delito a conduta subjetiva do agente que venha a praticar crime, seja a título de responsabilização de dolo ou culpa. "Somente conhecendo e identificando a intenção – vontade e consciência – do agente poder-se-á classificar um comportamento como típico, especialmente quando a figura típica exige, também, um especial fim de agir".[220]

Na esfera de responsabilização penal das pessoas físicas que venham a cometer qualquer tipo de ilícito penal contra a Administração Pública, a condução de todo o procedimento de responsabilização estará sujeito a um procedimento penal sob a acusação do Ministério Público, tendo em vista a sua posição de *dominus litis* da ação penal, conforme lhe garante o art. 129, I, da Constituição Federal.[221] Ou seja, a instituição fundamental

---

[218] BITENCOURT, Cezar Roberto. *Direito penal das licitações*. São Paulo: Saraiva, 2012, p. 132.
[219] BITENCOURT, Cezar Roberto. *Direito penal das licitações*. São Paulo: Saraiva, 2012, p. 118.
[220] BITTENCOURT, Cezar Roberto. *Tratado de Direito Penal*: Parte geral 1. 18. ed. São Paulo, Saraiva, 2012, p. 347.
[221] "Art. 129. São funções institucionais do Ministério Público: I - promover, privativamente, a ação penal pública, na forma da lei".

para a compreensão do âmbito penal de combate à corrupção é o Ministério Público, sem se olvidar da importância da autoridade policial para a condução do inquérito policial.[222]

Como a responsabilidade penal da pessoa jurídica parece ser restrita aos crimes contra o meio ambiente, conforme o art. 225, § 3º, da Constituição Federal,[223] as pessoas jurídicas não respondem por crimes contra a Administração Pública ou que venham a macular algum bem jurídico de interesse do Poder Público, conforme delimita a própria Lei de Crimes Ambientais (Lei nº 9.605/1998) e o Supremo Tribunal Federal.[224]

A responsabilização cível dos agentes que venham a causar qualquer tipo de prejuízo à Administração Pública em atos que podem ser avaliados como "corruptos" possui muita importância para o âmbito de responsabilização de agentes público e privados, como se verificará a seguir.

---

[222] Este é o teor do art 4º, do Código de Processo Penal: "Art. 4º A polícia judiciária será exercida pelas autoridades policiais no território de suas respectivas circunscrições e terá por fim a apuração das infrações penais e da sua autoria. Parágrafo único. A competência definida neste artigo não excluirá a de autoridades administrativas, a quem por lei seja cometida a mesma função".

[223] "Art. 225. Todos têm direito ao meio ambiente ecologicamente equilibrado, bem de uso comum do povo e essencial à sadia qualidade de vida, impondo-se ao Poder Público e à coletividade o dever de defendê-lo e preservá-lo para as presentes e futuras gerações. [...] § 3º As condutas e atividades consideradas lesivas ao meio ambiente sujeitarão os infratores, pessoas físicas ou jurídicas, a sanções penais e administrativas, independentemente da obrigação de reparar os danos causados".

[224] "O art. 225, § 3º, da Constituição Federal não condiciona a responsabilização penal da pessoa jurídica por crimes ambientais à simultânea persecução penal da pessoa física em tese responsável no âmbito da empresa. A norma constitucional não impõe a necessária dupla imputação. As organizações corporativas complexas da atualidade se caracterizam pela descentralização e distribuição de atribuições e responsabilidades, sendo inerentes, a esta realidade, as dificuldades para imputar o fato ilícito a uma pessoa concreta. Condicionar a aplicação do art. 225, § 3º, da Carta Política a uma concreta imputação também a pessoa física implica indevida restrição da norma constitucional, expressa a intenção do constituinte originário não apenas de ampliar o alcance das sanções penais, mas também de evitar a impunidade pelos crimes ambientais frente às imensas dificuldades de individualização dos responsáveis internamente às corporações, além de reforçar a tutela do bem jurídico ambiental" (BRASIL. Supremo Tribunal Federal. RE 548.181, rel. min. Rosa Weber, j. 6-8-2013, 1ª T, DJE de 30-10-2014).

2.3.2 Responsabilidade Cível

A responsabilização no âmbito cível dos agentes privados que venham causar qualquer tipo de prejuízo à Administração Pública possui especial importância, sobretudo a partir da década de 90, com a ampliação dos mecanismos cíveis de responsabilização de pessoas físicas e jurídicas.

O primeiro instrumento jurídico apto a punir civilmente os interesses coletivos, ainda que por meio de instrumento veiculado por cidadão, foi a ação popular, cuja regulamentação se deu com a edição da Lei nº 4.717/1965. A importância da ação popular chegou a ser constitucionalizada como um direito fundamental do cidadão, com previsão no art. 5º, LXXIII, da CF, para a proteção do patrimônio público, da moralidade pública, meio-ambiente, entre outros.[225]

Quanto à responsabilização de servidores públicos, em virtude da responsabilidade objetiva da pessoa jurídica de Direito Público, conforme o art. 37, § 6º, da Constituição Federal, os fatos que possam ser atribuídos à álea de risco do Poder Público são de sua responsabilidade. Como uma própria decorrência do preceito constitucional da impessoalidade, é irrelevante às pessoas jurídicas de direito público se um de seus agentes atuou com dolo ou culpa, já que a sua responsabilidade será de ordem objetiva.

A responsabilização objetiva não pressupõe a imposição de uma responsabilidade desprovida de nexo de causalidade entre a conduta causada e a ação administrativa.[226] A imposição da responsabilidade objetiva faz com que eventuais ações de regresso contra atos dolosos ou culposos de servi

---

[225] "Art. 5º Todos são iguais perante a lei, sem distinção de qualquer natureza, garantindo-se aos brasileiros e aos estrangeiros residentes no País a inviolabilidade do direito à vida, à liberdade, à igualdade, à segurança e à propriedade, nos termos seguintes: [...] LXXIII - qualquer cidadão é parte legítima para propor ação popular que vise a anular ato lesivo ao patrimônio público ou de entidade de que o Estado participe, à moralidade administrativa, ao meio ambiente e ao patrimônio histórico e cultural, ficando o autor, salvo comprovada má-fé, isento de custas judiciais e do ônus da sucumbência".

[226] Nesse sentido já definiu o Supremo Tribunal Federal, em interessante precedente sobre a responsabilização administrativa: "A responsabilidade do Estado, embora objetiva por força do disposto no artigo 107 da Emenda Constitucional n. 1/69 (e, atualmente, no parágrafo 6. do artigo 37 da Carta Magna), não dispensa, obviamente, o requisito, também objetivo, do nexo de causalidade entre a ação ou a omissão atribuída a seus agentes e o dano causado a terceiros" (BRASIL. *Supremo Tribunal Federal*. RE 130764, Relator: Min. MOREIRA ALVES, Primeira Turma, julgado em 12/05/1992, DJ 07-08-1992).

dores públicos que venham a causar um prejuízo à Administração Pública sejam poucos demandados a título de ação de regresso pelo Poder Público.

Porém, isso não faz pressupor uma completa ausência de responsabilidade cível dos servidores públicos ou agentes públicos que venham a cometer atos avaliados como "corruptos", ou mesmo que venham a causar prejuízos efetivos à Administração Pública. Nesse sentido, a existência de mecanismos de tutela coletiva, nomeadamente após a promulgação da Constituição Federal de 1988, revelaram-se como importantes instrumentos de controle da ocorrência de corrupção, por meio da utilização da tutela cível contra agentes públicos corruptos ou pessoas físicas ou jurídicas que viessem a cometer tais atos ímprobos. Ressalta-se o papel do Ministério Público na proteção do patrimônio público, como uma própria decorrência de sua própria competência constitucional.[227]

Um dos mecanismos mais efetivos de combate à corrupção é a Lei de Improbidade Administrativa (Lei nº 8.429/1992), que visa a punição de agentes públicos que viessem a cometer atos que importam enriquecimento ilícito (art. 9º, da Lei nº 8.429/1992),[228] que causam causassem pre-

---

[227] Esse é o exato sentido da Constituição Federal: "Art. 129. São funções institucionais do Ministério Público: [...] III - promover o inquérito civil e a ação civil pública, para a proteção do patrimônio público e social, do meio ambiente e de outros interesses difusos e coletivos". Em sentido análogo, a Súmula nº 329/STJ: "O Ministério Público tem legitimidade para propor ação civil pública em defesa do patrimônio público".

[228] Para fins de improbidade administrativa deve se destacar que o art. 2º, da Lei nº 8.429/1992, traz um conceito que os agentes públicos devem ser aqueles com um vínculo com a Administração Pública direta, indireta ou fundacional, ou mesmo que o Poder Público tenha concorrido com mais 50% dos recursos necessários para a sua constituição, como prescreve o *caput*, do art. 1º, da Lei nº 8.429/1992, "contra a administração direta, indireta ou fundacional de qualquer dos Poderes da União, dos Estados, do Distrito Federal, dos Municípios, de Território, de empresa incorporada ao patrimônio público ou de entidade para cuja criação ou custeio o erário haja concorrido ou concorra com mais de cinquenta por cento do patrimônio ou da receita anual". Além disso, é considerado como agente público todo aquele que exerce, ainda que transitoriamente ou sem remuneração, por eleição, nomeação, designação, contratação ou qualquer outra forma de investidura ou vínculo, mandato, cargo, emprego ou função nas entidades abrangidas pela Lei de Improbidade Administrativa. Sobre o tema e a dificuldade na definição na aplicação da Lei de Improbidade Administrativa às entidades privadas que desempenham relevante interesse coletivo, já tivemos oportunidade de escrever, cf. PINHO, Clóvis Alberto Bertolini. Os conselhos profissionais e a Lei de Improbidade Administrativa – Limites da liberdade profissional e da autorregulação. *Direito do Estado em Debate*, Curitiba, n. 6, 2015, pp. 175-206.

juízo ao erário (art. 10, da Lei nº 8.429/1992), que concedem ou aplicam indevidamente benefício financeira ou tributário (art. 10-A, da Lei nº 8.429/1992) e os atos que atentam contra os princípios da Administração Pública (art. 11, da Lei nº 8.429/1992).

A grande dificuldade na responsabilização à título de improbidade administrativa está no fato de que, necessariamente, para que haja a devida punição de um terceiro, alheio à Administração Pública, este deverá atuar em conexão com agente público. Ou seja, para fins de responsabilização a título de improbidade administrativa, considera-se a necessidade de atuação do terceiro, em conjunto com o servidor público, para que este seja punido por ato de improbidade administrativa, como prescreve o art. 3º, da Lei nº 8.429/1992.[229]

Muito se discute se o regime de responsabilização previsto na Lei de Improbidade Administrativa inseria-se entre uma responsabilidade cível, administrativa ou penal. Fábio Medina Osório considera que a sanção de improbidade administrativa, por se inserir em um interstício entre o direito processual público de punir determinado servidor e uma sanção administrativa, considera que a improbidade tem uma natureza administrativa, pois há múltiplos deveres de probidade no exercício da função pública.[230]

Acredita-se que a condenação de improbidade administrativa se veicula por meio de uma sentença de natureza cível, os procedimentos e recursos socorrem-se ao Código de Processo Civil, tanto em seus modos de impugnação e quanto a todo o seu rito processual, que é próprio da Ação Civil Pública (Lei nº 7.347/1985).[231]

Não se nega que há sanções na Lei de Improbidade Administrativa eminentemente punitivas como a perda da função pública, suspensão dos

---

[229] "Art. 3º As disposições desta lei são aplicáveis, no que couber, àquele que, mesmo não sendo agente público, induza ou concorra para a prática do ato de improbidade ou dele se beneficie sob qualquer forma direta ou indireta".

[230] OSÓRIO, Fábio Medina. *Teoria da improbidade administrativa*. 2. ed. São Paulo: Editora RT, 2010, p. 201-202.

[231] Daniel Ferreira destaca que a improbidade administrativa tem suas fontes no direito administrativo, porém, não considera a existência de sanções administrativas, porque (*i*) a investigação das condutas prejudiciais à Administração Pública se dá em processo judicial; (*ii*) o processo é presidido por um Juiz; e, (*iii*) a lide resolve-se como uma decisão judicial (FERREIRA, Daniel. *Teoria geral da infração administrativa a partir da Constituição Federal de 1988*. Belo Horizonte: Fórum, 2009, p. 192-194).

direitos políticos, proibição de contratar ou receber benefícios do Poder Público, entre outros (art. 12, da Lei nº 8.442/1992). Porém, como observa Teori Zavaski, não é possível afirmar que sanções da Lei de Improbidade têm natureza penal, pois as condenações a título de improbidade apenas geram títulos executivos em favor do Estado, sendo, assim, uma sanção de natureza civil, o que não impede, todavia, o reconhecimento de um regime jurídico comum, como a proibição do *non bis in idem*, o da responsabilidade subjetiva, entre outros.[232]

À vista disso, a utilização dos mecanismos cíveis para a tutela jurídica e combate à corrupção possui muita relevância para os desígnios de combate à corrupção, compondo boa parte dos esforços dos órgãos públicos e do Ministério Público para a contenção da má-administração pública.

2.3.3 Responsabilidade Administrativa

Conforme já destacado, uma conduta considerada como crime poderá ensejar a responsabilização administrativa, por exemplo, do servidor público que venha a cometer um crime ou qualquer espécie de ilícito contra a Administração Pública. Rafael Munhoz de Mello observa que: "Uma mesma conduta pode ser tipificada pelo legislador como infração administrativa e como crime. Uma vez configurada, a conduta dará margem à imposição de sanção administrativa pela Administração e à imposição de sanção penal pelo Poder Judiciário".[233]

É plenamente possível que um determinado fato dê origem a dois procedimentos distintos, com a possibilidade de cumulação de tais sanções civil, administrativa e penal, ante o preceito da independência das instâncias atualmente vigente no Brasil.[234]

Por outro lado, apesar da vigência do preceito da independência das instâncias, observa-se que não há uma independência absoluta, havendo situações em que a sentença penal possui direta repercussão no âmbito de um processo administrativo. "Deixar de conferir eficácia à sentença penal absolutória do servidor público no âmbito do processo administrativo é o

---

[232] ZAVASKI, Teori Albino. *Processo coletivo*. 6. ed. São Paulo: Editora RT, 2014, p. 98-99.
[233] MELLO, Rafael Munhoz de. *Princípios constitucionais de direito administrativo sancionador*. São Paulo: Malheiros, 2007, p. 215.
[234] MELLO, Rafael Munhoz de. *Princípios constitucionais de direito administrativo sancionador*. São Paulo: Malheiros, 2007, p. 213.

mesmo que condená-lo em parte a uma triste e amarga injustiça, consubstanciada na demissão ou cassação de uma aposentadoria de quem, pela ótica prevalente da justiça penal, nada deve, por não ter cometido ilícito".[235]

O tema gera tamanha discussão que o Supremo Tribunal Federal (STF) já teve oportunidade de reconhecer a repercussão geral dos recursos extraordinários que versem sobre a concomitância de processo penal e processo administrativo, sobretudo a necessidade (ou não) de se aguardar o desfecho da ação penal para o julgamento final do processo administrativo disciplinar contra servidor réu no âmbito penal.[236]

Assim sendo, como já reconheceu o STF, não parece haver uma independência absoluta entre as instâncias penal e administrativa, de modo que a sentença penal possui diretas repercussões no âmbito civil e administrativo,[237] sobretudo no caso da absolvição do acusado por conta da inexistência do fato ou a sua negativa de autoria, como o próprio o art. 126, do Estatuto dos Servidores da União (Lei nº 8.112/1990) reconhece.[238]

---

[235] MATTOS, Mauro Roberto Gomes de. Do reflexo da decisão penal no âmbito do direito administrativo. *RDA*. Rio de Janeiro, v. 217, jul./set., 1999, p. 46.

[236] "Apresenta repercussão geral o recurso que versa sobre a possibilidade de exclusão, em processo administrativo, de policial militar que comete faltas disciplinares, independentemente do curso de ação penal instaurada em razão da mesma conduta. (BRASIL. *Supremo Tribunal Federal*. ARE 691306 RG, Relator: Min. CEZAR PELUSO, julgado em 23/08/2012, ACÓRDÃO ELETRÔNICO REPERCUSSÃO GERAL - MÉRITO DJe-178). Na doutrina espanhola, prevalece o entendimento que o processo administrativo sancionador decorrente de mesmo fato a ser apurado na esfera penal deverá o desfecho da sentença penal. Conforme observam García de Enterría e Ramón Fernández, a vedação da imposição de duas sanções (penal e administrativa) foi uma construção jurisprudencial do Tribunal Constitucional espanhol na década de 80. Todavia, não são todos os fatos que dependem de precedência de apreciação do juízo penal ao administrativo, "a apreciação pelo juiz penal de um ilícito administrativo não produz força da coisa julgada na esfera jurídica administrativa, por mais que seja plenamente eficaz para o 'efeito da repressão penal' que o juiz penal decide" (ENTERRÍA, Eduardo García de; FERNÁNDEZ, Tomás-Ramón. *Curso de Direito Administrativo*. Tradução de José Alberto Froes Cal. v. II. São Paulo: Editora RT, 2014, p. 209). Ampliar também em NIETO, Alejandro. *Derecho Administrativo Sancionador*. 2. reimpressão. 4. ed. Madrid: Tecnos, 2008, p. 487-491.

[237] Essa postura é evidenciada nos processos de relatoria da Min. Carmén Lucia Antunes Rocha, cf. BRASIL. *Supremo Tribunal Federal*. RMS 33937, Relatora: Min. CÁRMEN LÚCIA, Segunda Turma, julgado em 06/09/2016, PROCESSO ELETRÔNICO DJe-246 e. RHC 116204, Relatora: Min. CÁRMEN LÚCIA, Segunda Turma, julgado em 16/04/2013, PROCESSO ELETRÔNICO DJe-081.

[238] "Art. 126. A responsabilidade administrativa do servidor será afastada no caso de absolvição

Nos demais casos, como no caso de sentença penal absolutória por ausência de provas poderá ensejar, perfeitamente, a responsabilização no âmbito de processo administrativo, naquilo que se denomina de falta residual.[239] Em postura crítica a respeito da possibilidade de ocorrência da falta residual a ser punida pela Administração Pública, Romeu Felipe Bacellar Filho entende que a declaração de ausência de culpa no âmbito penal deveria vincular a esfera administrativa, "a absolvição do acusado pelo Poder Judiciário na esfera criminal, seja por negativa da ocorrência do fato ou de sua autoria, seja por falta de provas, impõe a absolvição na esfera administrativa".[240]

Isto posto, a responsabilidade administrativa de agentes públicos, pessoas físicas e jurídicas, concretiza-se pela imposição de sanções administrativas, que se destinam a combater direta ou indiretamente a corrupção.

2.3.3.1 Sanções Administrativas e Combate à Corrupção

Observa-se que, no Brasil, um dos principais mecanismos de combate à corrupção poderia ser elencado na utilização de sanções administrativas para a punição de atos torpes e o combate à corrupção. Diferentemente da aplicação de sanções pela esfera judicial, a utilização do expediente da sanção administrativa revela-se muito mais rápida e conveniente aos próprios interesses da Administração Pública.

Como se observou, a formação da burocracia no Brasil também pressupôs e fez introjetar alguns mecanismos de controle administrativo da corrupção. "No âmbito do controle administrativo-burocrático, definem-se ramos especializados em processos de auditorias, controles de contas, correição, averiguação de cumprimento dos deveres funcionais e resultados de políticas e decisões de governo. A partir de agências especializadas, cria-se uma lógica de vigilância sobre a atuação dos agentes públicos, conforme a legalidade que define a legitimidade da ação do Estado".[241]

---

criminal que negue a existência do fato ou sua autoria".
[239] O tema chegou a ser objeto de uma das primeiras súmulas do STF, editada na década de 60: "Súmula 18 - Pela falta residual, não compreendida na absolvição pelo juízo criminal, é admissível a punição administrativa do servidor público".
[240] BACELLAR FILHO, Romeu Felipe. *Processo administrativo disciplinar*. 4. ed. São Paulo: Saraiva, 2013, p. 384-386.
[241] AVITZER, Leonardo; FIGUEIRAS, Fernando. *Corrupção e controles democráticos no Brasil*. Brasília: CEPAL/IPEA, 2011, p. 17.

Como observa Mattias Guyomar: "A intervenção da administração em questões repressivas se justifica em mais de um aspecto: a natureza técnica do assunto, a rapidez da ação administrativa, a diversidade das medidas tomadas e o caráter exequível das sanções pronunciadas. Por todas estas razões, a sanção administrativa parece particularmente adaptada aos objetos a que a administração deve responder".[242]

Logo, os elementos de caracterização da sanção administrativa costumam se identificar pelo agente competente para a sua aplicação, ou seja, a identificação da sanção administrativa se dá pela autoridade administrativa responsável por sua aplicação.[243] Por outro lado, parte da doutrina, define que a sanção administrativa se qualifica pelo regime jurídico que lhe é aplicável, "é o regime jurídico da sanção que permite separar os ilícitos administrativos dos ilícitos penais. Sob a ótica formal, é relevante destacar que a sanção administrativa é imposta por autoridade administrativa, no exercício de função administrativa e após o trâmite do processo administrativo".[244]

A identificação de uma sanção administrativa por parte da doutrina (sobretudo na visão de Franck Moderne) centra-se nos seguintes crité-

---

[242] Tradução livre de: "l'intervention de l'administration en matière répressive est justifiée à plus d'un égard: techinté de la matière, rapidité de l'action administrative, diversité des mesures prises, caractere exécutoire des sanctions prononcées. Pour toutes ces raisons, la sanction administrative apparaît particulièrement adaptée aux objetives auxquels l'administration doit répondre" (GUYOMAR, Mattias. *Les sanctions administratives*. Paris: LGDJ, 2014, p. 27).

[243] VERZOLA, Maysa Abrahão Tavares. *Sanção no Direito Administrativo*. São Paulo: Saraiva, 2011, p. 52-53. Na França, a identificação da natureza da autoridade responsável pela aplicação da sanção administrativa tem tamanha importância, de modo a evocar a aplicabilidade (ou não) do art. 6º, § 1º, da Convenção Europeia de Direitos do Homem, que estabelece o direito de todos a um processo equitativo, ou seja, com uma procedimentalização da atuação sancionadora administrativa, ampliar em GUYOMAR, Mattias. *Les sanctions administratives*. Paris: LGDJ, 2014, p. 75-76.

[244] MELLO, Rafael Munhoz de. *Princípios constitucionais de direito administrativo sancionador*. São Paulo: Malheiros, 2007, p. 61-62. A mesma postura é acompanhada por VITTA, Heraldo Garcia. *A sanção no direito administrativo*. São Paulo: Malheiros, 2003, p. 34; OLIVEIRA, Régis Fernandes. *Infrações e sanções administrativas*. 3. ed. São Paulo: Editora RT, 2012, p. 34; ZARDO, Francisco. *Infrações e sanções em licitações e contratos administrativos*. São Paulo: Editora RT, 2014, p. 60-62.

rios: (*i*) a finalidade punitiva da medida; (*ii*) o seu conteúdo aflitivo;[245] (*iii*) a existência de uma infração concreta ao ordenamento jurídico, incorrendo no ilícito administrativo; e, (*iv*) o caráter administrativo de uma autoridade administrativo competente para aplicar a respectiva sanção.[246]

Independentemente da utilização das sanções administrativas possa ser vislumbrada como um típico mecanismo de controle da Administração Pública, a doutrina costuma classificá-las como um típico exemplo do exercício do poder de polícia da administração. "A sanção administrativa pode ser considerada como manifestação do poder de polícia. A atividade de poder de polícia traduz-se também na apuração da ocorrência de infrações a deveras das mais diversas ordens, e na imposição da punição correspondente".[247]

O emprego de sanções administrativas para o combate à corrupção é uma tendência atual, seja porque a autoridade administrativa tem maiores condições de identificar o ilícito, ou mesmo porque a atuação do Direito Penal deve se dar em *ultima ratio*, ou seja, como um dos últimos fatores à disposição do Estado para a punição de desvios ou casos de corrupção.[248]

Como lembra Lucas Rocha Furtado, a utilização das ferramentas à disposição do Direito Administrativo constitui um dos princípios funda-

---

[245] Por conteúdo aflitivo deve-se compreender os efeitos da sanção administrativa, o seu conteúdo material, ou seja, a sua substância (MODERNE, Franck. *Sanctions administratives et justice constitutionnelle*. Paris: Economica, 1993, p. 101). Ou mesmo, na definição de Fábio Medina Osório: "O efeito aflitivo da medida é um elemento objetivo da sanção administrativa do próprio conceito de 'sanção', de 'pena', porque representa o sofrimento, a dor, o mal imposto ao infrator" (OSÓRIO, Fábio Medina, *Direito Administrativo Sancionador*. 5. ed. São Paulo: Editora RT, 2015, p. 100).
[246] MODERNE, Franck. *Sanctions administratives et justice constitutionnelle*. Paris: Economica, 1993, p. 77.
[247] JUSTEN FILHO, Marçal. *Curso de Direito Administrativo*. 9. ed. São Paulo: Editora RT, 2013, p. 602 e VERZOLA, Maysa Abrahão Tavares. *Sanção no Direito Administrativo*. São Paulo: Saraiva, 2011, p. 43-44.
[248] Como observa Paulo César Busato: "não existe um direito de punir, posto que não é o Estado quem exige para si. São os demais indivíduos que exigem como direito seu que o Estado empregue mecanismo de controle social do Direito penal. Assim, para o Estado remanesce somente um *dever* de punir e demais um direito" (BUSATO, Paulo César. *Direito Penal*. São Paulo: Atlas, 2013, p. 19).

mentais para uma melhor punição dos responsáveis por desvios de recursos públicos e a proliferação de malfeitos, "a maior utilização do Direito Administrativo como instrumento punitivo e repressivo da corrupção constitui medida necessária, a fim de que se busque conferir ao Estado maior celeridade para combater novas práticas reputadas corruptas".[249]

Além dos elementos fundamentais de identificação das sanções administrativas, possui especial relevância para o presente trabalho a verificação da análise dos requisitos atinentes ao agente: "A imposição de sanção administrativa retributiva depende da culpa do infrator, em função do subprincípio da adequação, corolário do princípio da proibição do excesso ou da proporcionalidade, que por sua vez decorre do princípio fundamental do Estado de Direito, previsto no art. 1º da Constituição Federal de 1988".[250]

Ou seja, a partir do preceito da culpabilidade, elemento essencial de identificação de qualquer sanção administrativa, não parece ser possível que determinado sujeito seja sancionado que não seja em decorrência de uma conduta típica de modo voluntário e consciente (dolo), ou a partir do dever do dever geral de diligência exigido de qualquer cidadão comum (culpa).

Por outro lado, há autores que compreendem que os elementos subjetivos de dolo ou culpa integram o elemento de tipicidade da sanção administrativa.[251] Há que se distinguir, ainda, a vontade presente no dolo e a finalidade da ação. Como a vontade é caracterizadora dos elementos objetivo da tipicidade, o dolo tem relevância como elemento do tipo subjetivo do ilícito administrativo.

2.4 Breves Considerações sobre o Controle da Administração Pública Brasileira

É comum na doutrina brasileira a divisão entre os sistemas de controle interno e externo. A clássica divisão é apresentada por Odete Medaur, para quem o controle interno da Administração Pública "é a fiscalização que a mesma exerce sobre os atos e atividades de seus órgãos e das entidades

---

[249] FURTADO, Lucas Rocha. *As raízes da corrupção no Brasil*. Belo Horizonte: Fórum, 2015, p. 38.
[250] MELLO, Rafael Munhoz de. Sanção administrativa e o princípio da culpabilidade. *A&C - Revista de Direito Administrativo e Constitucional*, Belo Horizonte, n. 22, out./dez. 2005, p. 38.
[251] FERREIRA, Daniel. *Teoria geral da infração administrativa a partir da Constituição Federal de 1988*. Belo Horizonte: Fórum, 2009; ZARDO, Francisco. *Infrações e sanções em licitações e contratos administrativos*. São Paulo: Editora RT, 2014, p. 98.

descentralizadas que lhe são vinculadas".[252] Nessa mesmo diapasão, Marçal Justen Filho observa que o controle interno da atividade administrativa promove a permanente e contínua legalidade, visando prevenir defeitos ou aperfeiçoar a atividade administrativa.[253]

A classificação proposta parece refletir a própria estrutura adotada pela Constituição Federal a respeito dos mecanismos de controle, que pressupõe essa divisão em mecanismos internos e externos. O art. 74, *caput*, da Constituição Federal, prescreve que os Poderes Legislativo, Executivo e Judiciário deverão, de forma integrada, ter um sistema de controle interno.[254]

O direito administrativo como controle poderia ser descrito como o enfoque destinado ao controle da atividade administrativa, objetivando assegurar padrões adequados de conduta e eticamente aceitáveis.[255] Esse controle poderia ser descrito tanto da perspectiva preventiva como reativa, contendo, ainda, a disciplina de funcionamento dos órgãos e entidades de controle interno e externo à Administração Pública.[256]

---

[252] MEDAUAR, Odete. *Controle da Administração Pública*. 3. ed. São Paulo: Editora RT, 2014, p. 53.
[253] JUSTEN FILHO, Marçal. *Curso de Direito Administrativo*. 9. ed. São Paulo: Editora RT, 2013, p. 1.188.
254 "Art. 74. Os Poderes Legislativo, Executivo e Judiciário manterão, de forma integrada, sistema de controle interno com a finalidade de: I - avaliar o cumprimento das metas previstas no plano plurianual, a execução dos programas de governo e dos orçamentos da União; II - comprovar a legalidade e avaliar os resultados, quanto à eficácia e eficiência, da gestão orçamentária, financeira e patrimonial nos órgãos e entidades da administração federal, bem como da aplicação de recursos públicos por entidades de direito privado; III - exercer o controle das operações de crédito, avais e garantias, bem como dos direitos e haveres da União; IV - apoiar o controle externo no exercício de sua missão institucional. § 1º Os responsáveis pelo controle interno, ao tomarem conhecimento de qualquer irregularidade ou ilegalidade, dela darão ciência ao Tribunal de Contas da União, sob pena de responsabilidade solidária. § 2º Qualquer cidadão, partido político, associação ou sindicato é parte legítima para, na forma da lei, denunciar irregularidades ou ilegalidades perante o Tribunal de Contas da União". A redação é a mesma do art. 49, da Lei nº 8.443/1992 (Lei Orgânica do Tribunal de Contas da União).
[255] GUIMARÃES, Fernando Vernalha. Direito administrativo como controle. In: WALD, Arnoldo; JUSTEN FILHO, Marçal; PEREIRA, César Augusto Guimarães (orgs.). *O direito administrativo na atualidade*: estudos em homenagem ao centenário de Hely Lopes Meirelles (1917-2017). São Paulo: Malheiros, 2017, p. 387.
[256] GUIMARÃES, Fernando Vernalha. Direito administrativo como controle. In: WALD, Arnoldo; JUSTEN FILHO, Marçal; PEREIRA, César Augusto Guimarães (orgs.). *O direito administrativo na atualidade*: estudos em homenagem ao centenário de Hely Lopes Meirelles

Nada obstante, Floriano de Azevedo Marques Neto e Juliana Palma sintetizam que o controle da Administração Pública brasileira ocorre a partir de 7 (sete) impasses fundamentais, que dificultam a gestão administrativa. O primeiro impasse é que os órgãos de controle avocam para si competências administrativas para a avaliação do que seria mais adequado à própria Administração Pública, como p. ex. na atuação do Ministério Público brasileiro.[257]

Ainda, observam os autores que quatro truísmos legitimariam a atuação das instâncias de controle: 1) na ocorrência de discricionariedade do gestor público, o risco de ocorrência da corrupção será maior; 2) quanto maiores os regimes de controle da Administração Pública, maior será a certeza de que a Administração estará atuando dentro dos limites da legalidade; 3) instituições dotadas de robusto orçamento e independência irrestrita barram a corrupção; e, 4) a punição exemplar de determinados casos ajuda a combater a corrupção, com o efeito simbólico de que sanções mais pesadas constrangem novas práticas infracionais ou delitivas.[258]

2.4.1 Espécies de Controle da Administração Pública

O controle da Administração Pública constitui um dos principais mecanismos para se coibir a manifestação da corrupção. Com a maior especialização dos órgãos e melhoria dos procedimentos e métodos para o exercício do controle da Administração Púbica, o seu correto e efetivo desempenho possui papel fundamental na coibição da ocorrência de atos de corrupção.

A definição de controle da Administração Pública possui diversas classificações quanto à sua finalidade, objetivos e pela própria pessoa que o exerce. No âmbito da doutrina tradicional, Hely Lopes Meirelles define o controle da Administração Pública como "a faculdade de vigilância, orientação e correção que um Poder, órgão ou autoridade exerce sobre a conduta funcional de outro".[259]

(1917-2017). São Paulo: Malheiros, 2017, p. 387.
[257] MARQUES NETO, Floriano de Azevedo; PALMA, Juliana Bonacorsi de. Os sete impasses do controle da Administração Pública no Brasil. In: PEREZ, Marcos Augusto; SOUZA, Rodrigo Pagani de (Coords). *Controle da Administração Pública*. Belo Horizonte: Fórum, 2017, p. 24-25.
[258] MARQUES NETO, Floriano de Azevedo; PALMA, Juliana Bonacorsi de. Os sete impasses do controle da Administração Pública no Brasil. In: PEREZ, Marcos Augusto; SOUZA, Rodrigo Pagani de (Coords). *Controle da Administração Pública*. Belo Horizonte: Fórum, 2017, p. 30.
[259] MEIRELLES, Hely Lopes. *Direito administrativo brasileiro*. 15. ed. São Paulo: Editora RT,

Por sua vez, a classificação quanto aos tipos e forma de controle é objeto de debate no âmbito da doutrina. A categorização apresentada por Hely Lopes Meirelles dá conta da existência da divisão do exercício do controle do Poder Público ao: *(i)* órgão ou esfera que o exerce (Executivo, Legislativo ou Judiciário); *(ii)* fundamento (hierárquico ou finalístico); *(iii)* localização (interno ou externo); *(iv)* momento em que o controle se manifesta (prévio, concomitante ou subsequente); e, *(v)* aspecto (legalidade ou mérito).[260]

No entanto, acredita-se que a divisão apresentada por Odete Medauar é a mais adequada para a compreensão dos objetivos do presente trabalho. Medauar estabelece uma divisão em sua obra sobre os mecanismos de controle da Administração Pública brasileira a partir do critério do agente controlador, "ou seja, o órgão, ente, instituição ou pessoa que exerce a atividade de controle sobre a Administração Pública".[261]

Para a identificação dos mecanismos administrativos que podem coibir a manifestação da corrupção no âmbito da Administração Pública, adota-se o critério de identificação do controle da Administração Pública a partir do órgão ou atividade que a exerce, com a consequente divisão entre o controle interno e externo ao Poder Público.

2.4.2 Controle Interno

A primeira forma de controle a ser analisada é o controle interno, que é aquele realizado pela própria Administração, muito mais próximo à ideia de movimento de "controle na administração" do que "controle da administração".[262] A ideia fundamental é que "o controle interno da Administração Pública é a fiscalização que a mesma exerce sobre os atos e atividades de seus órgãos e das entidades descentralizadas que lhe estão vinculadas".[263]

1990, p. 562.
[260] MEIRELLES, Hely Lopes. *Direito administrativo brasileiro*. 15. ed. São Paulo: Editora RT, 1990, p. 563-566. A mesma sistematização sobre a obra de Hely Lopes Meirelles é encontrada em MEDAUAR, Odete. *Controle da Administração Pública*. 3. ed. São Paulo: Editora RT, 2014, p. 41-42.
[261] MEDAUAR, Odete. *Controle da Administração Pública*. 3. ed. São Paulo: Editora RT, 2014, p. 44-45.
[262] MEDAUAR, Odete. *Controle da administração pública*. São Paulo: Editora RT, 1993, p. 37. Nesse mesmo sentido, cf. BANDEIRA DE MELLO, Celso Antônio. *Curso de Direito Administrativo*. 30. ed. São Paulo: Malheiros, 2013, p. 953.
[263] MEDAUAR, Odete. *Controle da administração pública*. São Paulo: Editora RT, 1993, p. 40.

Conforme observa Marçal Justen Filho: "O controle interno da atividade administrativa é o dever-poder imposto ao próprio Poder de promover a verificação permanente e contínua da legalidade e da oportunidade da atuação administrativa própria, visando a prevenir ou eliminar defeitos ou a aperfeiçoar a atividade administrativa, promovendo as medidas necessárias a tanto".[264]

A Constituição Federal disciplina que o exercício do controle interno no âmbito dos Poderes Legislativo, Executivo e Judiciário deve se dar forma integrada. O art. 74, *caput*, da Constituição Federal, prescreve que os Poderes Legislativo, Executivo e Judiciário deverão, de forma integrada, instituir um sistema de controle interno.[265]

Conforme observa Lúcia Valle Figueiredo, o sentido do art. 74, *caput*, da CF, "na maioria dos incisos arrolados vai atinar, de maneira mais completa, com o Poder Executivo. Porém, quando o Legislativo e Judiciário exercem função administrativa, também devem exercer controle dentro dos limites de suas atribuições".[266] Os Poderes da República devem promover o controle interno de suas atividades, na constatação de qualquer tipo de irregularidade e comunicação às autoridades competentes, como,

---

[264] JUSTEN FILHO, Marçal. *Curso de Direito Administrativo*. 10. ed. São Paulo: Editora RT, 2014, p. 1.204.9

[265] "Art. 74. Os Poderes Legislativo, Executivo e Judiciário manterão, de forma integrada, sistema de controle interno com a finalidade de: I - avaliar o cumprimento das metas previstas no plano plurianual, a execução dos programas de governo e dos orçamentos da União; II - comprovar a legalidade e avaliar os resultados, quanto à eficácia e eficiência, da gestão orçamentária, financeira e patrimonial nos órgãos e entidades da administração federal, bem como da aplicação de recursos públicos por entidades de direito privado; III - exercer o controle das operações de crédito, avais e garantias, bem como dos direitos e haveres da União; IV - apoiar o controle externo no exercício de sua missão institucional. § 1º Os responsáveis pelo controle interno, ao tomarem conhecimento de qualquer irregularidade ou ilegalidade, dela darão ciência ao Tribunal de Contas da União, sob pena de responsabilidade solidária. § 2º Qualquer cidadão, partido político, associação ou sindicato é parte legítima para, na forma da lei, denunciar irregularidades ou ilegalidades perante o Tribunal de Contas da União". A redação é a mesma do art. 49, da Lei nº 8.443/1992 (Lei Orgânica do Tribunal de Contas da União).

[266] FIGUEIREDO, Lúcia Valle. *Controle da Administração Pública*. São Paulo: Editora RT, 1991, p. 15. Nesse mesmo sentido, cf. SILVA, José Afonso da. *Comentário contextual à Constituição*. 8. ed. São Paulo: Malheiros, 2012, p. 478.

por exemplo, o Tribunal de Contas da União, sob pena de responsabilização solidária no caso de omissão.

Ao que se tem notícia, inexiste no Brasil um órgão ou entidade que congregue o exercício integrado do poder interno do exercício administrativo por parte do Poder Executivo e Legislativo. Não se pode negar que cada um dos ramos dos Poderes (Executivo, Legislativo e Judiciário) da República Federativa do Brasil possui mecanismos internos de controle do exercício de sua atividade administrativa. Todavia, não se pode identificar que o seu funcionamento se dá de forma integrada, conforme prescreve a determinação da Constituição Federal.[267]

Quanto aos mecanismos específicos de exercício de controle interno, observa Vitor Rhein Schirato que, com a ampliação dos objetos da Administração Pública para a satisfação das mais diversas políticas públicas, o controle interno intensifica-se com o movimento de ampliação das atividades que deveriam ser providas pelo Poder Público.[268] Ou seja, o controle interno trata-se de uma competência da própria Administração Pública, que passa a integrar parcela significativa da atribuição dos servidores públicos.[269]

Muito embora o controle interno esteja diretamente relacionado com a fiscalização e o exame da legalidade, o exercício do próprio controle da Administração Pública, nos últimos anos, passou a ser objeto de análise sob a perspectiva de atendimento da eficiência ou com a economicidade de determinado ato emanado pela Administração Pública.[270]

---

[267] Em uma das únicas monografias sobre o tema, Carlos Eduardo Rodrigues Cruz, ao analisar todos os mecanismos de controle dos Poderes da República (Executivo, Judiciário e Legislativo), apresenta a conclusão de que apesar da existência formal de instancias de controle interno, parece inexistir uma instância que congregue de maneira integrada os órgãos de controle interno dos ramos de poder da União, como prescrito pelo art. 74,*caput*, da Constituição Federal (CRUZ, Carlos Eduardo. *Sistema de Controle Interno Integrado da União*: necessidade ou simples obrigatoriedade? Brasília: Senado Federal, 2010, p. 111-113. Disponível em: <https://goo.gl/JLwDo5>. Acesso em 02 de abr. de 2018) .
[268] SCHIRATO, Vitor Rhein. O controle interno da Administração Pública e seus mecanismos. *Revista dos Tribunais*, São Paulo, v. 104, n. 956, jun., 2015, p. 33.
[269] SCHIRATO, Vitor Rhein. O controle interno da Administração Pública e seus mecanismos. *Revista dos Tribunais*, São Paulo, v. 104, n. 956, jun., 2015, p. 33.
[270] Rodrigo Pagani de Souza destaca que a eficiência no âmbito da Administração Pública não é obtida somente mediante a obtenção de quaisquer resultados, mas requer o exercício da atividade administrativa se dê forma lícita, legítima e com qualidade, além de se mensurar a relação entre custo-benefício de determinada medida (cf. SOUZA, Rodrigo Pagani de. Em

2.4.3 Controle Externo

Por sua vez, o controle externo é aquele realizado "por órgão estranho a Administração responsável pelo ato controlado, como por exemplo a apreciação das contas do Executivo e do Judiciário pelo Legislativo; a auditoria do Tribunal de Contas sobre a efetivação de determinada despesa do Executivo; a anulação de um ato do Executivo por decisão do Judiciário".[271] O critério adotado para a definição do controle externo está em sua origem, a saber, quanto à localização do órgão que a realiza.[272]

De maneira distinta do que ocorre com o exercício no âmbito interno, o controle externo não é uma decorrência da competência administrativa, mas objeto de previsão constitucional específica. As instituições de controle externo possuem como peculiaridade a competência constitucional para rever determinados atos da Administração Pública.[273]

Lucas Rocha Furtado destaca que o exercício do controle externo da Administração Pública no Brasil possui algumas peculiaridades. A primeira delas está no fato de que os Tribunais de Contas são considerados como órgãos de controle do Poder Legislativo, todavia, no âmbito de sua atuação administrativa controladora, faz com que as suas próprias decisões estejam sujeitas ao controle jurisdicional.[274]

Consequentemente, o exercício do controle externo restará caracterizado quando o desempenho das funções de controle esteja localizado externamente ao âmbito da própria Administração Pública. Assim sendo, passa-se a verificar a possibilidade de arranjo dos mecanismos administrativos de combate à corrupção a partir do conceito de sistema.

2.5 Corrupção como um Elemento Organizador de um Possível Sistema

Como se esclareceu anteriormente, pretende-se investigar os mecanis-

---

busca de uma Administração Pública de resultados. In: PEREZ, Marcos Augusto; SOUZA, Rodrigo Pagani de (Coords). *Controle da Administração Pública*. Belo Horizonte: Fórum, 2017, p. 45-46.
[271] MEIRELLES, Hely Lopes. *Direito administrativo brasileiro*. 15. ed. São Paulo: Editora RT, 1990, p. 564.
[272] MEDAUAR, Odete. *Controle da Administração Pública*. 3. ed. São Paulo: Editora RT, 2014, p. 42.
[273] JUSTEN FILHO, Marçal. Curso de Direito Administrativo. 9. ed. São Paulo: Editora RT, 2013, p. 1.196.
[274] FURTADO, Lucas Rocha. *As raízes da corrupção no Brasil*. Belo Horizonte: Fórum, 2015, p. 77.

mos de combate à corrupção a partir de uma perspectiva e organização de um sistema normativo. Mas, é preciso fazer algumas considerações sobre os mecanismos administrativos de combate à corrupção. É evidente que nem todos os mecanismos combatem de maneira uníssona a corrupção.

Parece haver uma diferença entre os bens jurídicos protegidos por cada uma das normas sancionadoras, que buscam, em última análise, combater a corrupção. No âmbito do Direito Penal, a característica fundamental para a identificação dos elementos organizadores da sanção está no conceito de bem jurídico. O bem jurídico está diretamente relacionado como a finalidade de preservação das condições individuais necessárias para a existência livre e pacífica, com o respeito aos direitos humanos.[275]

No âmbito das sanções administrativas, o bem jurídico é o elemento capaz de identificar a estrutura e a base interpretativa da sanção administrativa. A sanção administrativa também deve se destinar à proteção de bens jurídicos relevantes à sociedade e, em última análise, ao bom desenvolvimento da Administração Pública.[276]

Como já evidenciado no capítulo 1, a definição de corrupção nada mais é do que o abuso do poder confiado, ou da confiança, para o ganho privado.[277] Deste modo, a construção de um sistema normativo administrativo de combate à corrupção perpassa por seus elementos identificadores. É evidente que a organização dos mais diversos mecanismos administrativos de combate à corrupção têm como bem jurídico, em última análise, a moralidade administrativa, como elemento identificador daquilo que se pode tolerar como admissível.[278]

Por exemplo, os objetivos persecutórios das sanções prevista no Processo Administrativo Disciplinar (PAD) de um servidor público parecem não ser idênticos aos objetivos das sanções administrativas previstas na Lei Geral de Licitações e Contratos, que destinam a punir e sancionar o contratado pela ocorrência de má-execução contratual. Porém, é evidente que,

---

[275] BITENCOURT, Cezar Roberto. *Direito penal – Parte Geral 1*. 18. ed. São Paulo: Saraiva, 2012, p. 341.
[276] FERREIRA, Daniel. *Teoria geral da infração administrativa*. Belo Horizonte: Fórum, 2009, p. 235.
[277] A ideia é tradução livre de: "the abuse of an entrusted power for private gain" (ROSE-ACKERMAN, Susan; PALIFKA, Bonnie. *Corruption and government*: causes, consequences, and reform. 2. ed. Cambridge: Cambridge University Press, 2016, p. 9).
[278] Sobre o preceito da moralidade, cf. FIGUEIREDO, Marcelo. *O controle da moralidade na Constituição*. São Paulo: Malheiros, 1999, p. 120-129.

de uma forma ou de outro, é possível se identificar que se busca proteger, em última análise, o bom funcionamento da Administração Pública.[279]

Assim sendo, o livro se centra somente nos mecanismos administrativos sancionatórios que buscam, direta ou indiretamente, combater a manifestação do abuso do poder confiado para o ganho privado. Em outras palavras, é evidente que nem todos os mecanismos administrativos que se prestam a combater a corrupção possuem o desígnio específico ou explícito de combater os maus feitos.

Há que se considerar que, em nosso ordenamento jurídico, concebe-se a existência de quatro tipos de sanções administrativas. As sanções (*i*) restritivas de liberdade, que impedem o livre exercício da liberdade, como a prisão administrativa no regime do direito penal militar; (*ii*) restritivas de atividades, que se referem à perda do exercício de direito por pessoa física ou jurídica, como no caso da suspensão do direito de licitar; (*iii*) restritivas do patrimônio moral, que ensejam uma advertência, repreensão ou uma censura; e, (*iv*) restritivas de patrimônio econômico, que ensejam no estabelecimento de multas ou na constrição pecuniária.[280]

Adverte-se que a pesquisa por um sistema normativo integrado de combate à corrupção não faz pressupor que os tipos das respectivas sanções administrativas são equivalentes ou mesmo os bens jurídicos como análogo. Nada obstante, a sanção administrativa possui como finalidade a prevenção do ilícito, "desestimular condutas administrativamente reprováveis".[281] Ou, nas palavras de Francisco Zardo, "a finalidade da sanção é a prevenção. Trata-se de medida instrumental que visa assegurar o cumprimento da lei,

---

[279] Nas palavras de Jaime Rodríguez-Arana Muñoz: "Atendendo às finalidades que aqui assinalamos para a vida pública, haveremos de convir que o governo e a Administração Pública são tarefas éticas, na medida em que propõem que o homem, a pessoa, erija seu próprio desenvolvimento pessoal na finalidade de sua existência, livremente, porque a liberdade é a atmosfera da vida moral. Propõem que o homem busque livremente seus fins (o que não significa que gratuita ou arbitrariamente os invente), que se comprometa livremente com o desenvolvimento da sociedade, e que assuma livremente solidariedade com seus concidadãos, seus vizinhos" (MUÑOZ, Jaime Rodríguez-Arana. *Direito fundamental à boa administração pública*. Tradução de Daniel Wunder Hachem. Belo Horizonte: Fórum, 2012, p. 50).

[280] Adota-se integralmente a sistematização encontra em FERREIRA, Daniel. *Sanções administrativas*. São Paulo: Malheiros, 2001, p. 45-46.

[281] FERREIRA, Daniel. *Sanções administrativas*. São Paulo: Malheiros, 2001, p. 44.

a consecução do interesse público e a paz social".²⁸² A sanção é a resposta direta ao ilícito, de modo a desestimular a ocorrência de prejuízos, considerado como um mal, um castigo, que deve recair diretamente ao infrator.²⁸³

Isto posto, acredita-se que o elemento identificador um sistema administrativo de combate à corrupção está na prevenção de ocorrência da corrupção, ou seja, na finalidade da sanção administrativa.

2.6 Mecanismos e Normas Comuns à toda Administração Pública

A Administração Pública brasileira, compreendida em sentido amplo, independentemente da esfera de Poder (Executivo, Judiciário e Legislativo), dispõe de mecanismos administrativos sancionatórios que são comuns, para fins de responsabilização de agentes públicos e pessoas jurídicas que venham a causar prejuízos ao Estado.²⁸⁴

Para isso, em um primeiro momento, são analisados os mecanismos administrativos de combate à corrupção comuns à Administração Pública em geral. Escolheu-se os dois principais mecanismos de responsabilização administrativa na ocorrência de atos de corrupção constitui o processo administrativo disciplinar (PAD) e as sanções específicas previstas na Lei Geral de Licitações e Contratos, consoante se embrenha no próximo item do trabalho.

2.6.1 Processo Administrativo Disciplinar (PAD)

O processo administrativo disciplinar constitui um dos principais mecanismos de controle interno da própria Administração Pública, já que é por meio de sua instauração que as entidades públicas poderão apurar, punir e responsabilizar servidores públicos que venham a se envolver na ocorrência de atos de corrupção ou que causem algum tipo de dano à Administração.

Sérgio Ferraz e Adilson Abreu Dallari observam que o processo administrativo é uma das consequências diretas da democracia sob a Administração Pública. O processo administrativo estava geralmente associado aos

---

[282] ZARDO, Francisco. *Infrações e sanções em licitações e contratos administrativos*. São Paulo: Editora RT, 2014, p. 157.
[283] FERREIRA, Daniel. *Teoria geral da infração administrativa*. Belo Horizonte: Fórum, 2009, p. 90.
[284] Na observação de Marçal Justen Filho: "A atividade administrativa é subordinada ao regime de direito administrativo, não importando se tal atividade é exercida no âmbito do Poder Judiciário, do poder Legislativo ou de qualquer outro órgão estatal" (JUSTEN FILHO, Marçal. *Curso de Direito Administrativo*. 9. ed. São Paulo: Editora RT, 2013, p. 125).

procedimentos de aplicação de sanções, como os Processos Administrativos Disciplinares (PAD). A divisão entre os processos sancionatórios e não-sancionatórios não têm qualquer propósito, já que o processo administrativo pressupõe a atuação em movimento do Poder Público.[285]

Mesmo que a existência de autonomia de organização administrativa das unidades federativas brasileiras, o presente trabalho irá se centrar somente no regime da Lei nº 8.112/1990 (Estatuto dos Servidores Públicos da União), levando em consideração a sua aplicabilidade à toda Administração Pública Federal e sua abrangência nacional.

Deve-se observar que a responsabilização dos servidores públicos civis da União é regida pela Lei nº 8.112/1990 para os servidores civis do Poder Executivo, Legislativo e Judiciário, em que pese a especificidade do regime de responsabilização administrativa dos agentes políticos, como magistrados, deputados estaduais e federais, senadores e os chefes do Poder Executivo federal, estadual, distrital e municipal, que possuem especificidade nos seus regimes de responsabilização administrativa.[286]

Ou melhor, no que tange à responsabilidade dos servidores públicos integrantes das outras esferas de Poder, no exercício do caráter administrativo, aplica-se, no que couber, o regime e a disciplina jurídica da Lei nº 8.112/1990.

2.6.1.1 Autoridade Responsável para Instauração e Responsabilização

A autoridade que tiver ciência de qualquer tipo de irregularidade no

---

[285] FERRAZ, Sérgio; DALLARI, Adilson Abreu. *Processo Administrativo*. São Paulo: Malheiros, 2001, p. 21. Nesse mesmo sentido, cf. BACELLAR FILHO, Romeu Felipe. *Processo administrativo disciplinar*. 4. ed. São Paulo: Saraiva, 2013, p. 83. Há autores que promovem a classificação entre processos administrativos litigiosos e não litigiosos, cf. CARVALHO FILHO, José dos Santos. *Processo Administrativo Federal*. 5. ed. São Paulo: Atlas, 2013, p. 21-25.

[286] Na definição de Cármen Lúcia Antunes Rocha: "São, pois, consideradas funções políticas aquelas que respeitam à direção dos caminhos a serem palmilhados pelo Estado, segundo decisão definitiva e independente tomada quanto aos objetivos a serem atingidos, para os quais são adotados meios e instrumentos tidos como válidos no sistema normativo. Os cargos que compreendem o desempenho dessas funções são os denominados cargos políticos. Integram a eles a estrutura constitucional do Estado em sua composição orgânica superior e a eles correspondem o desempenho daquelas funções segundo os ditames do sistema jurídico fundamental. É ele titularizado por um agente político" (ROCHA, Cármen Lúcia Antunes. *Princípios Constitucionais dos Servidores Públicos*. São Paulo: Saraiva, 1999, p. 67).

serviço público é obrigada a promover a apuração imediata de qualquer suspeita de cometimento de determinado ilícito que envolva servidores públicos, como regula o art. 143, da Lei nº 8.112/1990.[287]

Ao tomar conhecimento de qualquer irregularidade envolvendo agente público, incumbe à Administração Pública a intimação do interessado, a finalidade da intimação e a expressa indicação dos fatos e fundamentos legais pertinentes que embasaram a instauração do processo administrativo disciplinar.[288]

Quanto ao processo de responsabilização, a Lei nº 8.112/1990 estabelece que deverá ser formada uma comissão processante destinada à apuração dos fatos para eventual juízo de responsabilização. Todavia, o exame sobre os aspectos relativos ao processamento do PAD são objeto de estudo em item posterior.

2.6.1.2 Infrações e Sanções Aplicáveis

A Lei nº 8.112/1990 comina em seu art. 127 que as penalidades aplicáveis aos servidores públicos são (i) advertência; (ii) suspensão; (iii) demissão; (iv) cassação de aposentadoria ou disponibilidade; (v) destituição do cargo em comissão; e, (vi) destituição de função comissionada.

Quando da aplicação de qualquer das sanções previstas na Lei nº 8.112/1990, a autoridade administrativa deverá observar a sua natureza, a gravidade, os danos que foram causados ao serviço público, as circunstâncias agravantes, atenuantes e os antecedentes funcionais do agente público.[289] Nesse mesmo sentido inclina-se o dispositivo recentemente

---

[287] "Art. 143. A autoridade que tiver ciência de irregularidade no serviço público é obrigada a promover a sua apuração imediata, mediante sindicância ou processo administrativo disciplinar, assegurada ao acusado ampla defesa. [...] § 3º A apuração de que trata o caput, por solicitação da autoridade a que se refere, poderá ser promovida por autoridade de órgão ou entidade diverso daquele em que tenha ocorrido a irregularidade, mediante competência específica para tal finalidade, delegada em caráter permanente ou temporário pelo Presidente da República, pelos presidentes das Casas do Poder Legislativo e dos Tribunais Federais e pelo Procurador-Geral da República, no âmbito do respectivo Poder, órgão ou entidade, preservadas as competências para o julgamento que se seguir à apuração".

[288] BACELLAR FILHO, Romeu Felipe. *Processo administrativo disciplinar*. 4. ed. São Paulo: Saraiva, 2013, p. 257.

[289] "Art. 128. Na aplicação das penalidades serão consideradas a natureza e a gravidade da infração cometida, os danos que dela provierem para o serviço público, as circunstâncias

inserido na Lei de Introdução às Normas do Direito brasileiro pela Lei nº 13.655/2018 que, em seu art. 22, estabelece que na aplicação de sanções administrativa, a autoridade judicial ou administrativa deverá levar em consideração as atenuantes e a própria lesividade da conduta do agente imputado.[290]

2.6.1.3 Autoridade Responsável para Instauração e Responsabilização

A competência para instauração do processo administrativo disciplinar recai sobre a autoridade titular da competência para estabelecer a sanção administrativa, como determina o art. 141, da Lei nº 8.112/1990.[291] Ou seja, será competente para instaurar processo administrativo as mesmas autoridades competentes para aplicar as penalidades previstas no Estatuto dos Servidores Públicos da União.

Além disso, o próprio art. 5º, LIII, da Constituição Federal estabelece o direito fundamental do acusado de ser julgado por autoridade compe

---

agravantes ou atenuantes e os antecedentes funcionais. Parágrafo único. O ato de imposição da penalidade mencionará sempre o fundamento legal e a causa da sanção disciplinar".

[290] "Art. 22. Na interpretação de normas sobre gestão pública, serão considerados os obstáculos e as dificuldades reais do gestor e as exigências das políticas públicas a seu cargo, sem prejuízo dos direitos dos administrados. § 1º Em decisão sobre regularidade de conduta ou validade de ato, contrato, ajuste, processo ou norma administrativa, serão consideradas as circunstâncias práticas que houverem imposto, limitado ou condicionado a ação do agente. § 2º Na aplicação de sanções, serão consideradas a natureza e a gravidade da infração cometida, os danos que dela provierem para a administração pública, as circunstâncias agravantes ou atenuantes e os antecedentes do agente. § 3º As sanções aplicadas ao agente serão levadas em conta na dosimetria das demais sanções de mesma natureza e relativas ao mesmo fato".

[291] "Art. 141. As penalidades disciplinares serão aplicadas: I - pelo Presidente da República, pelos Presidentes das Casas do Poder Legislativo e dos Tribunais Federais e pelo Procurador-Geral da República, quando se tratar de demissão e cassação de aposentadoria ou disponibilidade de servidor vinculado ao respectivo Poder, órgão, ou entidade; II - pelas autoridades administrativas de hierarquia imediatamente inferior àquelas mencionadas no inciso anterior quando se tratar de suspensão superior a 30 (trinta) dias; III - pelo chefe da repartição e outras autoridades na forma dos respectivos regimentos ou regulamentos, nos casos de advertência ou de suspensão de até 30 (trinta) dias; IV - pela autoridade que houver feito a nomeação, quando se tratar de destituição de cargo em comissão".

tente para processar ou sentenciar o acusado,[292] o que denota a sua aplicabilidade ao PAD e ao processo administrativo em geral.[293]

2.6.1.4 Processo Administrativo

Como mencionado, ao tomar conhecimento de qualquer tipo de irregularidade envolvendo servidores públicos, a autoridade pública tem o dever de apuração e o expediente de sua concretização é o processo administrativo disciplinar. A própria Lei nº 8.112/1990, em seu art. 151, estatui que o processo administrativo disciplinar é dividido nas seguintes fases (*i*) instauração, com a publicação do que ato constitui a comissão processante; (*ii*) inquérito administrativo, que compreende as fases de instrução, defesa e relatório; e, (*iii*) julgamento do processo.[294]

Na fase de instauração é fundamental que a Portaria que inaugura o processo administrativo contenha a indicação dos integrantes da comissão processante, bem como quais dos servidores deverá exercer a função de presidente, com a respectiva publicação nos boletins internos da entidade ou órgão.[295] Não é preciso um detalhamento extensivo das condutas ou mesmo qualquer juízo sobre a gravidade da imputação, mas tão somente dar a devida publicidade à constituição da comissão processante, já que o detalhamento deve ser feito na fase de indiciamento do servidor público.[296]

---

[292] "Art. 5º Todos são iguais perante a lei, sem distinção de qualquer natureza, garantindo-se aos brasileiros e aos estrangeiros residentes no País a inviolabilidade do direito à vida, à liberdade, à igualdade, à segurança e à propriedade, nos termos seguintes: [...] LIII - ninguém será processado nem sentenciado senão pela autoridade competente".

[293] MELLO, Rafael Munhoz de. *Princípios constitucionais de direito administrativo sancionador*. São Paulo: Malheiros, 2007, p. 238.

[294] "Art. 151. O processo disciplinar se desenvolve nas seguintes fases: I - instauração, com a publicação do ato que constituir a comissão; II - inquérito administrativo, que compreende instrução, defesa e relatório; III – julgamento".

[295] Destaca-se que a publicação no Diário Oficial da União (DOU) é necessariamente somente no caso de a comissão for constituída por membros de órgãos ou entidades externas àquela que instaurou o procedimento, conforme a Portaria PR/IN nº 268, de 5 de outubro de 2009.

[296] Nesse sentido inclina-se o STJ: "A portaria inaugural tem como principal objetivo dar início ao Processo Administrativo Disciplinar, conferindo publicidade à constituição da Comissão Processante, nela não se exigindo a exposição detalhada dos fatos imputados ao servidor, o que somente se faz indispensável na fase de indiciamento, a teor do disposto nos arts. 151 e 161, da Lei nº 8.112/1990" (BRASIL. *Superior Tribunal de Justiça*, MS nº 8030/DF, 2001/0158479-7. Relatora: Ministra Laurita Vaz, julgado em 13/6/2007, publicado em 6/8/2007).

É de suma importância a exata delimitação dos fatos que vão ser apurados pela comissão, de modo que a junta possa delimitar corretamente qual o seu âmbito de atuação.

Por sua vez, a fase de inquérito é uma das mais importantes no âmbito do PAD, pois é nele que se dá toda a instrução probatória no âmbito do processo, com a possibilidade de admissão de todas as provas em direito admitidas, salvo aquelas que foram consideradas de caráter meramente protelatório, conforme prescreve o art. 38, § 2º, da Lei de Processo Administrativo Federal (Lei nº 9.784).[297] Ainda, é na fase do inquérito que se realiza a instrução, defesa e relatório. Deve-se ressaltar que desde a subfase da instrução o servidor poderá participar do andamento dos trabalhos, o que lhe deverá ser garantido a partir de uma notificação prévia.

Ao final da fase da instrução, é que se conclui pela culpa ou não do servidor público, o que será feito por meio de indiciamento, documento no qual estarão imputados todos os fatos irregulares indicados ao servidor público. O termo de indiciamento deve ser encaminhamento ao acusado, por meio de um mandado de citação.

Com o recebimento do mandado de citação, aí terá início o procedimento de defesa, no qual o servidor tem o prazo legal de dez dias para apresentar sua defesa escrita, como alvitra o art. 161, § 1º, da Lei nº 8.112/1990. A defesa deverá ser devidamente apreciada por parte da comissão, que será objeto de um relatório final, por meio do qual a comissão irá se pronunciar pela última vez no PAD, entendendo pela convicção de eventual transgressão do acusado ou de inocência do servidor público indiciado.[298]

---

[297] "Art. 38. O interessado poderá, na fase instrutória e antes da tomada da decisão, juntar documentos e pareceres, requerer diligências e perícias, bem como aduzir alegações referentes à matéria objeto do processo. [...] § 2o Somente poderão ser recusadas, mediante decisão fundamentada, as provas propostas pelos interessados quando sejam ilícitas, impertinentes, desnecessárias ou protelatórias".

[298] Quanto à necessidade defesa técnica a ser realizada por advogado, o STF já sedimentou entendimento de que não é necessário que a defesa seja realizada obrigatoriamente por advogado, conforme a Súmula Vinculante nº 05/STF: "A falta de defesa técnica por advogado no processo administrativo disciplinar não ofende a Constituição". Na visão de Romeu Felipe Bacellar Filho, a edição da Súmula Vinculante nº 05/STF constitui grave violação ao próprio sentido da Constituição Federal, pois a falta de defesa técnica no âmbito de PAD poderia causar inegáveis prejuízos ao servidor público, cf. BACELLAR FILHO, Romeu Felipe. *Processo administrativo disciplinar*. 4. ed. São Paulo: Saraiva, 2013, p. 318-345.

2.6.1.5 Regime de Responsabilização

O regime de responsabilização erigido no âmbito da Lei nº 8.112/1990 rege-se pelo liame subjetivo de responsabilização, conforme o próprio art. 122, da Estatuto dos Servidores Públicos da União preceitua a avaliação da conduta a partir do liame subjetivo da conduta.[299] A avaliação da responsabilidade rege-se pela verificação da real intenção do servidor público, a partir do juízo de dolo ou culpa (imperícia, negligência e imprudência) do agente público.

A responsabilidade administrativa do servidor público decorre imediatamente da prática de condutas comissivas ou omissivas, consideradas como irregulares no exercício da função pública.[300] Atente-se que a verificação do dolo ou culpa do servidor público são exigidos somente no ato condenatório ou absolutório, já que a portaria inaugural não deve realizar a antecipação sobre o juízo de valor da conduta, mas apenas a tipicidade objetiva entre a correspondência literal entre o ato praticado e aquilo que consta como previsto nas hipóteses legais da Lei nº 8.112/1990 (tipicidade objetiva).

2.6.1.6 Contributo para o Combate à Corrupção

O PAD é um dos principais mecanismos de combate à corrupção à dispo-

---

[299] "Art. 122. A responsabilidade civil decorre de ato omissivo ou comissivo, doloso ou culposo, que resulte em prejuízo ao erário ou a terceiros. § 1º A indenização de prejuízo dolosamente causado ao erário somente será liquidada na forma prevista no art. 46, na falta de outros bens que assegurem a execução do débito pela via judicial. § 2º Tratando-se de dano causado a terceiros, responderá o servidor perante a Fazenda Pública, em ação regressiva. § 3º A obrigação de reparar o dano estende-se aos sucessores e contra eles será executada, até o limite do valor da herança recebida".

[300] BACELLAR FILHO, Romeu Felipe. *Processo administrativo disciplinar*. 4. ed. São Paulo: Saraiva, 2013, p. 81. No mesmo sentido, conferir precedente do STJ, que demonstra a necessidade de comprovação mínima da subjetividade à título de culpa da infração administrativa: "4. Por força dos princípios da culpabilidade e responsabilidade subjetiva, à luz, também, do art. 122 da Lei 8.112/1990, a sanção administrativa pressupõe, necessariamente, a comprovação do elemento subjetivo, dolo ou culpa, sem o qual não há falar em imposição de penalidade. 5. O dolo, representado pela vontade clara e consciente de causar o dano ou prejuízo, justifica de maneira mais evidente o poder-dever do Estado de punir seu Servidor. A culpa, por sua vez, demanda um exercício interpretativo mais complexo, dado que não se trata de um intuito efetivo de praticar o ato ou dele omitir-se, mas uma falta, uma negligência, uma imperícia que conduziu para o advento do ato ou omissão prejudicial à Administração Pública" (BRASIL. *Superior Tribunal de Justiça*. REsp 1566221/DF, Rel. Ministro NAPOLEÃO NUNES MAIA FILHO, PRIMEIRA TURMA, julgado em 21/11/2017, DJe 06/12/2017).

sição da Administração Pública. Isso porque a punição do servidor público que venha a obter ou conceder tipo de benefício para o ganho privado, além de possibilitar à Administração Pública a retirada de pessoas que não corroborem com os objetivos do Poder Público, constitui uma das primeiras formas para a apuração de responsabilidades e análise da extensão de seu envolvimento com esquemas de corrupção.

O PAD é, talvez, a primeira providência pela autoridade pública tomada ao se descobrir que determinado servidor teve envolvimento com casos de corrupção. Destaca-se que o objetivo primordial da Lei nº 8.112/1990 não é a resguarda da probidade administrativa, ou mesmo de combater a corrupção em sim, porém, visa a resguarda da hierarquia no exercício da função administrativa, "a coordenação e subordinação dos órgãos do Poder Executivo, tendo como consequências, entre outras, o dever de obediência, a aplicação de sanções administrativas, a revisão dos atos dos subordinados".[301]

Segundo dados divulgados pela CGU, no ano de 2017, foram expulsos da Administração Pública Federal, por expressa violação aos deveres expostos na Lei nº 8.112/1990 cerca de 506 (quinhentos e seis) servidores públicos. Por sua vez, desde o ano de 2003, 5.595 (cinco mil, quinhentos e noventa e cinco) foram demitidos, 549 (quinhentos e quarenta e nove) tiveram a aposentadoria cassada e 570 (quinhentos e setenta) foram destituídos de suas funções comissionadas.[302] Os dados demonstram que os PADs constituem uma importante ferramenta à disposição da Administração Pública Federal, que possui considerável efetividade na apuração de ilícitos administrativos cometidos por servidores públicos, bem como eventual envolvimento com casos de corrupção.

Ademais, destaca-se que o PAD traz consideráveis contributos para o combate à corrupção pelos seguintes motivos: (*i*) é apurado de maneira célere; (*ii*) possui um processo administrativo com atos formais rigorosos, com etapas formais para que o servidor público possa realizar o seu direito constitucional à ampla defesa e ao contraditório.

---

[301] ARAÚJO, Edmir Netto de. *O ilícito administrativo e seu processo*. São Paulo: Editora RT, 1994, p. 56.
[302] BRASIL. *Controladoria-Geral da União*. Relatório de acompanhamento das punições expulsivas aplicadas a estatutários no âmbito da administração pública federal. Brasília: CGU, 2017. Disponível em: <https://goo.gl/mDHgdv>. Acesso em 01º de fev. de 2018.

2.6.1.7 Visão de Combate à Corrupção

O PAD, tal como erigido pela Lei nº 8.112/1990, encaixa-se como um dos nítidos mecanismos da visão *progressista* de combate à corrupção, pois a preocupação com a necessidade de respeito com os deveres e responsabilidades encontra-se pautada na visão *progressista* de combate à corrupção.

A preocupação com o respeito à hierarquia, bem como à ideia da necessidade do bom despenho das funções públicas pelo servidor púbico possui direta relação com a visão *progressista* de combate à corrupção (item 1.6.2 do livro).

Desta maneira, o PAD constitui um dos principais mecanismos de combate à corrupção comuns ao exercício da função administrativa tanto pelo Poder Executivo, Legislativo e Judiciário, bem como ao Ministério Público e Tribunal de Contas, quando no desempenho de suas funções administrativas. O segundo diploma normativo comum a todas as esferas da Administração Público, bem como os seus respectivos instrumentos, são as sanções administrativas e contratuais previstas na Lei nº 8.666/1993.

2.7 Sanções Administrativas em Licitações e Contratos

A contratação pública, realizada por meio de licitação pública, é considerada uma obrigação de ordem constitucional da Administração Pública. A Constituição Federal, no art. 37, XXI, estatui que a licitação é uma obrigação do administrador público.[303] "A licitação se presta, em especial, ao atendimento dos princípios constitucionais da eficiência, da economicidade e da moralidade; é instituto voltado a harmonizar resultados econômicos com princípios jurídicos".[304]

Por esse motivo, a licitação é erigida como um dos principais mecanismos para se evitar a ocorrência de eventuais escolhas arbitrárias ou exces-

---

[303] "Art. 37. A administração pública direta e indireta de qualquer dos Poderes da União, dos Estados, do Distrito Federal e dos Municípios obedecerá aos princípios de legalidade, impessoalidade, moralidade, publicidade e eficiência e, também, ao seguinte: [...] XXI - ressalvados os casos especificados na legislação, as obras, serviços, compras e alienações serão contratados mediante processo de licitação pública que assegure igualdade de condições a todos os concorrentes, com cláusulas que estabeleçam obrigações de pagamento, mantidas as condições efetivas da proposta, nos termos da lei, o qual somente permitirá as exigências de qualificação técnica e econômica indispensáveis à garantia do cumprimento das obrigações".
[304] GARCIA, Flávio Amaral. Licitações e contratos administrativos: casos e polêmicas. 4. ed. São Paulo: Malheiros, 2016, p. 54, p. 53.

sivamente discricionárias na contratação de bens, obras e serviços. Além disso, a licitação é a via eleita como a forma fundamental para a realização dos empreendimentos de infraestrutura, seja por meio de concessões de serviço público ou por meio de Parcerias Público-Privadas (PPPs), conforme o art. 175, da Constituição Federal.[305]

Para isso, a Lei nº 8.666/1993 erigiu uma série de infrações contratuais e sanções administrativas destinadas a punir o contratado, no caso de ocorrência de inexecução contratual ou qualquer ato que venha a causar qualquer tipo de prejuízo à Administração Pública. Não se descura a existência de outros tipos de sanções administrativas decorrentes de má-execução contratual ou de atos de corrupção, como no caso das sanções previstas na Lei do Pregão (Lei nº 10.520/2002) ou no Regime Diferenciado de Contratações (RDC). Entretanto, apenas irá se ater ao regime sancionatório da Lei Geral de Licitação.

Como destacado anteriormente, a Lei Geral de Licitações (Lei nº 8.666/1993) preconiza as infrações e sanções que podem ser aplicadas aos contratados que venham a cometer qualquer tipo de prejuízos à execução contratual ou mesmo à própria estrutura da Administração Pública.

2.7.1 Autoridade Responsável para Instauração e Responsabilização

O agente público responsável pela fiscalização contratual, ou seja, o servidor público diretamente responsável pela condução de eventual processo administrativo para fins de imposição de sanção administrativa em decorrência de infração contratual, por descumprimento expresso da Lei nº 8.666/1993, é o gestor do contrato.

No caso específico da sanção de inidoneidade, que incumbe exclusivamente do Ministro de Estado, do Secretário Estadual ou Municipal, as demais sanções podem ser aplicadas pelo próprio gestor contratual.

---

[305] A licitação para fins de contratação de concessão de serviços públicos difere em grande parte dos mecanismos da Norma Geral de Licitações (Lei nº 8.666/1993), destinada à aquisição de bens e serviços. Mesmo que a Lei nº 8.987/1995 estabeleça que possa haver a aplicação subsidiária dos preceitos da Lei nº 8.666/1993, Fernando Vernalha Guimarães observa que a licitação de serviços públicos deve ser compreendida a partir dos fins da concessão de serviços públicos, pois a aplicação indiscriminada da Lei nº 8.666/1993 aos serviços públicos poderá trazer prejuízos na compreensão do próprio instituto e na execução contratual (GUIMARÃES, Fernando Vernalha. *Concessão de serviço público*. 2. ed. São Paulo: Saraiva, 2014, p. 252).

2.7.2 Infrações e Sanções Aplicáveis

Quanto às infrações existentes no âmbito da execução contratual, o art. 87, *caput*, da Lei nº 8.666/1993, a inexecução total ou parcial do contrato à Administração Pública poderá aplicar as sanções administrativas indicadas acima. Observa-se que as infrações contratuais elencadas na Lei nº 8.666/1993 revelam-se demasiadamente abertas, o que revelaria certa atipicidade das condutas a serem sancionados pelo Poder Público.

Joel de Menezes Niebuhr salienta que a abertura para a tipificação de infrações pela Lei nº 8.666/1993 acaba por prejudicar a correta aplicação das sanções administrativas, pois ao não se tipificar com precisão as infrações que podem ser aplicadas ao contratado. Isso gera incerteza e insegurança, sendo frequente a aplicação de sanções mais graves a infrações menos gravosas, o que acaba por depender da boa vontade do aplicador da sanção.[306]

Quanto às sanções que podem ser aplicáveis, a Lei nº 8.666/1993 prevê as seguintes punições administrativas no caso de qualquer atraso injustificado na execução do contrato: (*i*) multa; (*ii*) advertência; (*iii*) suspensão temporária de participação em licitações e impedimento de contratar com a Administração Pública por prazo não superior a 2 (dois) anos; e, (*iv*) a declaração de inidoneidade para licitar ou contratar com a Administração Pública.

Além das infrações decorrentes de eventual inexecução contratual, previstas no art. 86, da Lei nº 8.666/1993, o art. 88, da LGL, prevê que é cabível as sanções de suspensão temporária e impedimento de contratar com a Administração ou a declaração de inidoneidade no caso de (*i*) condenação pelo não recolhimento doloso de tributos; (*ii*) pela prática de atos ilícitos que visem prejudicar os objetivos da licitação; e, (*iii*) demonstração de inidoneidade para contratar com a Administração Pública em virtude dos atos ilícitos praticados.

Francisco Zardo observa que a aplicação da sanção de impedimento de licitar ou de inidoneidade, decorrente exclusivamente da prática de atos ilícitos do art. 88, II, da Lei nº 8.666/1993 deveria ser adstrito a fatos considerados como típicos, motivo pelo qual sugere a utilização das infrações previstas no art. 5º, IV, da Lei nº 12.846/2013 (Lei Anticorrupção).[307]

---

[306] NIEBUHR, Joel de Menezes. *Licitação pública e contrato administrativo*.4. ed. Belo Horizonte: Fórum, 2015, p. 1.110.
[307] ZARDO, Francisco. *Infrações e sanções em licitações e contratos administrativos*. São Paulo: Editora RT, 2014, p. 135-136.

Quanto ao art. 88, III, da Lei nº 8.666/1993, na demonstração de não possuir idoneidade para contratar com a Administração Púbica, é preciso que reste demonstrado o dolo em macular ou prejudicar o regular funcionamento do Poder Público: "A infração ao art. 88, III, da Lei nº 8.666/1993 pode ser cometida por ação ou omissão, mas apenas na modalidade dolosa, pois, evidentemente, não se é inidôneo por negligência e sim por má intenção".[308]

2.7.3 Processo Administrativo

Em todas as hipóteses de responsabilização do contratado que impliquem em sanção administrativa, decorrente de má-execução contratual, ou qualquer falha no atendimento do contrato administrativo celebrado, deverá ser garantido ao contratado o direito à defesa prévia, conforme prevê o art. 87, *caput*, da Lei nº 8.666/1993 e o art. 5º, LV, da Constituição Federal.

No âmbito de sua defesa administrativa é que o contratado terá a oportunidade de trazer explicações sobre a sua culpa ou não na ocorrência de determinada falha para a inexecução contratual. Na esfera dos órgãos administrativos da União, deverão ainda ser observados os prazos e recursos previstos na Lei nº 9.784/1999, que regula o processo administrativo no âmbito da Administração Pública Federal.

Na aplicação de qualquer tipo de sanção administrativa, decorrente da má-execução contratual ou de prejuízo à Administração Pública, a entidade sancionada poderá exercer o seu direito recursal, como uma própria decorrência do contraditório e ´da ampla defesa, que deverá ser julgado pela autoridade hierarquicamente superior àquela que proferiu a decisão sancionatória, como prevê o art. 56, *caput*, da Lei nº 9.784/1999.[309]

---

[308] ZARDO, Francisco. *Infrações e sanções em licitações e contratos administrativos*. São Paulo: Editora RT, 2014, p. 141.

[309] "Art. 56. Das decisões administrativas cabe recurso, em face de razões de legalidade e de mérito. § 1º O recurso será dirigido à autoridade que proferiu a decisão, a qual, se não a reconsiderar no prazo de cinco dias, o encaminhará à autoridade superior. § 2º Salvo exigência legal, a interposição de recurso administrativo independe de caução. § 3º Se o recorrente alegar que a decisão administrativa contraria enunciado da súmula vinculante, caberá à autoridade prolatora da decisão impugnada, se não a reconsiderar, explicitar, antes de encaminhar o recurso à autoridade superior, as razões da aplicabilidade ou inaplicabilidade da súmula, conforme o caso".

2.7.4 Regime de Responsabilização

Em qualquer das infrações contratuais previstas na Lei nº 8.666/1993, o regime de responsabilização é subjetivo, devendo-se comprovar, ao mínimo, a existência de dolo ou culpa do contratado para a exata inexecução contratual, como estabelece o art. 70, da Lei Geral de Licitações.[310]

Observa-se que desde a edição da Lei nº 13.665/2018, que promoveu alterações significativas na Lei de Introdução às Normas do Direito brasileiro, que incluiu o art. 22, §§ 2º e 3º, o aplicador de qualquer sanção administrativa tem o dever de fundamentação das autoridades administrativas, que na aplicação de qualquer tipo de sanção, deverão ser levadas em consideração (*i*) a natureza e a gravidade da infração cometida; (*ii*) os danos trazidos à Administração Pública que provêm da infração administrativa; (*iii*) as circunstâncias agravantes ou atenuantes do agente; e, (*iv*) a necessidade de dosimetria das demais sanções com a mesma natureza, ou relativas ao mesmo fato que ensejou a aplicação de sanções anteriores. As alterações legislativas apenas reforçam a necessidade pela perquirição do liame subjetivo da conduta com o fato imputado ao contratado.

Desta maneira, o regime de responsabilização previsto pelas sanções da Lei nº 8.666/1993 rege-se pelo liame subjetivo, devendo-se averiguar, ao mínimo, a culpa do agente privado para a concretização de sua responsabilização por eventuais irregularidades no âmbito da execução de contratos administrativos.

2.7.5 Visão de Combate à Corrupção

A visão trazida pela Lei nº 8.666/1993 é nitidamente da utilização de mecanismos de expedientes excessivamente burocráticos, de modo que a licitação possa ser conduzida de maneira a evitar o favorecimento de qualquer licitante por parte do agente público.

A partir do quadro de mecanismos e visão de combate à corrupção demonstrados no capítulo 1, acredita-se que os mecanismos de combate à corrupção inseridos na Lei Geral de Licitação encaixam-se diretamente na visão do *panóptico*, na qual há plena desconfiança de agentes públicos para que possam conduzir procedimentos burocráticos.

---

[310] "Art. 70. O contratado é responsável pelos danos causados diretamente à Administração ou a terceiros, decorrentes de sua culpa ou dolo na execução do contrato, não excluindo ou reduzindo essa responsabilidade a fiscalização ou o acompanhamento pelo órgão interessado".

Como observa André Rosilho, o procedimento da Lei Geral de Licitações estabeleceu mecanismos que atenuassem o regime volitivo do agente público, acreditando que pudesse ser possível colocar um fim à corrupção.[311] Desde o início do séc. XX no Brasil, a licitação foi utilizada como uma condição de que sua aplicação fosse a mais geral possível em todo o país, de modo a conter eventuais privilégios, de forma a combater o patrimonialismo.[312]

A utilização de um modelo maximalista, ou seja, que se estendesse a todas as esferas responsáveis pela contratação pública, permitiria (ainda que indiretamente) a captura do procedimento licitatório, bastando o ajuste com exigências muito rígidas, de modo a privilegiar um número seleto de licitantes.

Deste modo, acredita-se que o modelo maximalista e com redução do poder discricionário do agente público adotado pela Lei Geral de Licitação encaixa-se diretamente com o modelo do *panóptico* de combate à corrupção.

2.7.6 Contributo para o Combate à Corrupção

Quanto ao contributo para as sanções administrativas na Lei nº 8.666/1993, como destacado, a própria existência da licitação não pode ser considerada como um mecanismo próprio e peculiar de combate à corrupção. No entanto, compreende-se que o objetivo principal da Lei nº 8.666/1993 é a limitação da esfera de discricionariedade e, com isso, evitar que escolhas sem qualquer tipo de fundamentação permitam a ocorrência de corrupção.

A licitação em si não pode ser considerada como um mecanismo específico e institucionalizado de combate à corrupção, já que seus objetivos principais não se coadunam com o combate à corrupção. A licitação destina-se à escolha da melhor proposta, ou aquela que seja mais vantajosa ao Estado. "Afinal, licitação não é instrumento de controle da atuação administrativa, mas, sim, apenas um meio técnico jurídico para a seleção de um contratante

---

[311] ROSILHO, André. *Qual é o modelo legal das licitações no Brasil?* As reformas legislativas federais no sistema de contratações públicas. Dissertação de Mestrado apresentada ao Programa de Pós-Graduação em Direito da Escola de Direito São Paulo da Fundação Getúlio Vargas. Orientador: Prof. Dr. Carlos Ari Sundfeld, 2011, p. 199. Disponível em: <https://goo.gl/LtZTiM>.Acesso em 10 de mai. de 2018.

[312] ROSILHO, André. *Qual é o modelo legal das licitações no Brasil?* As reformas legislativas federais no sistema de contratações públicas. Dissertação de Mestrado apresentada ao Programa de Pós-Graduação em Direito da Escola de Direito São Paulo da Fundação Getúlio Vargas. Orientador: Prof. Dr. Carlos Ari Sundfeld, 2011, p. 202. Disponível em: <https://goo.gl/LtZTiM>.Acesso em 10 de mai. de 2018.

com órgão ou entidade pública".[313] Não se deixa de reconhecer a importância dos procedimentos licitatórios para se evitar escolhas arbitrárias.

Mas, conforme destaca Adilson Abreu Dallari: "Não é porque se fez uma licitação que o resultado passa a ser sagrado, intocável. A licitação tem-se transformado, sim, numa ritualística inconsequente, numa maneira de acobertar a fraude, de dar segurança àqueles que se aproveitam do dinheiro público".[314] Por outro lado, percebe-se que grande parte dos atos de corrupção que envolvem a Administração Pública têm como base de início arranjos no âmbito dos procedimentos licitatórios, com acertos entre os concorrentes, fraude de preços, superfaturamento, entre outros.

Observa-se, nos últimos anos, que tem se utilizado dos mecanismos de contratação pública com recursos para a prevenção e soluções organizativas destinadas a prevenir práticas de corrupção, a partir de mecanismos de "transparência ativa".[315] Na visão de Pedro Costa Gonçalves, a contenção da corrupção insere-se diretamente como um dos objetivos primários do procedimento de contratação pública, pois o procedimento de licitação destina-se a obter a melhor economicidade para os negócios da Administração Pública, o que permite entende-la como um mecanismo de uma política pública mais abrangente de combate à corrupção.[316]

Alguns motivos para que a licitação seja considerada como mais propensa à ocorrência da corrupção são elencados por Nuno Cunha Rodrigues, (i) as grandes quantias geralmente envolvidas nos procedimentos licitatórios; (ii) a discricionariedade existente no procedimento licitatório; e, (iii) a complexidade dos procedimentos e a densidade burocrática.[317]

É evidente que a realização do procedimento licitatório de contratação não pode ser considerada como um fim em si mesmo. Isto é, a mera realização da licitação não é capaz de evitar a manifestação da corrupção, pois o procedimento burocrático não poderá evitar que prejuízos à

---

[313] DALLARI, Adilson Abreu. Licitação não é instrumento de combate à corrupção. *Consultor Jurídico*, São Paulo, 2017. Disponível em: < https://goo.gl/7aUs9x >. Acesso em 21 de out. de 2017.
[314] DALLARI, Adilson Abreu. *Aspectos jurídicos da licitação*. 7. ed. São Paulo: Saraiva, 2007, p. 212.
[315] GONÇALVES, Pedro Costa. *Direito dos Contratos Públicos*. Reimpressão. Coimbra: Almedina, 2016, p. 53.
[316] GONÇALVES, Pedro Costa. *Direito dos Contratos Públicos*. Reimpressão. Coimbra: Almedina, 2016, p. 54.
[317] RODRIGUES, Nuno Cunha. *A contratação pública como instrumento de política económica*. Coimbra: Almedina, 2012, p. 163.

Administração Pública ocorram. Contudo, é inegável que a realização da licitação pressupõe que o melhor preço ao Poder Público fosse perseguido, como um dos objetivos primários da contratação pública.

Como observa Thiago Lima Breus, o procedimento de contratação pública pressupõe a existência de uma equação ética, "já está presente desde a etapa pré-contratual, passando pela celebração, execução e controle da contratação pública, orientando a conduta dos principais envolvidos".[318]

Assim sendo, observa-se que tanto a Lei nº 8.112/1990 e a Lei nº 8.666/1993 se aplicam à Administração Pública, mesmo quando o Poder Executivo, Judiciário e o Legislativo exercem a função administrativa, motivo pelo qual a análise conjunta de ambos os diplomas legais possui relevância.

Feitas as considerações sobre a importância das sanções administrativas da Lei nº 8.666/1993 e da Lei nº 8.112/1990 para o combate à corrupção, bem como os instrumentos administrativo-sancionatórios que combate direta ou indiretamente a corrupção, passa-se a analisar a institucionalidade e o papel do Poder Executivo, Poder Judiciário e Poder Legislativo, por meio do Tribunal de Contas da União (TCU), para o controle e combate à corrupção.

2.8 Institucionalidade dos Órgãos de Combate à Corrupção

Como destacado anteriormente, na visão de Santi Romano, a própria existência do ordenamento jurídico pode ser considerada como uma instituição em sua concepção, já que pode se considerar instituição "todo ente que tem uma estruturação e organização próprias e, desse modo, uma ordem mais ou menos estável, capaz de reduzir à unidade os indivíduos e demais elementos que o compõem".[319]

O sentido da palavra instituição se aproxima daquele de "instituições políticas", ou "instituições religiosas". A instituição, à época de escrita de Santi Romano na Itália, identifica este conceito com pessoa jurídica com o

---

[318] BREUS, Thiago Lima. *O governo por contrato(s)*: e a concretização de políticas públicas horizontais como mecanismo de justiça distributiva. Tese apresentada como requisito parcial à obtenção do grau de Doutor em Direito do Estado, Programa de Pós-graduação em Direito, Faculdade de Direito, Setor de Ciências Jurídicas, Universidade Federal do Paraná. Orientador: Prof. Dr. Egon Bockmann Moreira, Curitiba, 2015, p. 223.

[319] TOJAL, Sebastião Botto de Barros. *Teoria Geral do Estado*. Rio de Janeiro: Forense, 1997, p. 60.

conceito de corporação. A organização ou a instituição não seria um ente natural, dotado de vida própria, mas um ente voltado ao alcance de determinados objetivos sociais.

No mesmo sentido, a respeito do institucionalismo no Direito Público, Maurice Hauriou, na visão de Santi Romano, firmou um conceito mais amplo de instituição, funcionando como uma categoria apta a explicar muitos princípios, aplicável a diversas aplicações. A grande virtude de Maurice Hauriou, segundo Romano, é reconduzir o conceito jurídico de instituição como um modo amplo e no que somente tínhamos traços.

Na definição de Maurice Hauriou de instituição, tem-se o seguinte:

> Uma instituição é uma ideia de uma obra ou de um empreendimento que se realiza e dura juridicamente dentro do meio social; para a realização desta ideia, um poder se organiza se representando por meio de órgãos; de outra parte, entre os membros do grupo social interessados à realização da ideia, ela se produz de manifestações de comunhão dirigidas pelos órgãos de poder e regras por meio de procedimentos.[320]

O conceito de instituição pode ser compreendido com maior amplitude e maior precisão graças ao esforço e ao trabalho de Hauriou. Romano concebe que o critério utilizado pelo autor francês parece ser injustificado somente como uma espécie de organização social. A instituição, segundo Romano, não constitui uma fonte do direito, mas o conceito de instituição.

O ente deve ser uma existência objetiva e concreta do "corpo social", a individualidade é exterior e visível. A instituição é um ente ou um corpo social de manifestação social e não de natureza individual do homem. As instituições são dirigidas por homens, mas não são compostas pelos homens; a instituição é um ente fechado, que pode ser analisado por uma perspectiva própria. A instituição é uma unidade fechada e permanente, que não perde a sua identidade devido às alterações dos indivíduos e de seus elementos.

---

[320] Tradução livre de: "Une institution est une idée d'ouvre d'entreprise qui se réalise et dure juridiquement dans un milieu social ; pour la réalisation de cette idée, un pouvoir s'organise qui lui procure des organes ; d'autre part, entre les membres du groupe social intéressé à la réalisation de l'idée, il se produir des manifestations de communion dirigées par les organes du pouvoir et réglées par des procedure " (HAURIOU, Maurice. La théorie de l'institution et da fondation. Essai de vitalisme social, p. 26 apud MILLARD, Éric. Hauriou et la théorie de l'institution. *Droit et société*, Paris, n. 30-31, 1995, p. 96).

O conceito de instituição trazido pelo jurista italiano é aquele identificado com o ordenamento jurídico. A instituição não é uma exigência da razão, ou mesmo um princípio abstrato, mas um ente efetivo e real. As normas que se encontram no direito positivo são elementos amplos e complexos do ordenamento. Portanto, na visão do autor, o próprio ordenamento jurídico pode ser considerado como uma instituição.

Ainda que sob perspectiva diferente, Douglass North observa que a crença nas instituições é fundamental para a redução das instabilidades da vida. Na visão do economista, as instituições podem ser compreendidas como formas de restrições que moldam a o viver dos indivíduos, dividindo-as em instituições formais e informais. As instituições formais poderiam ser descritas como as regras políticas, judiciais, econômicas e os contratos. Há que se observar que o conceito de instituições utilizado por North não corresponde, de maneira exata, ao conceito de instituições comumente utilizado pela doutrina jurídica.[321]

Portanto, compreende-se que é possível se definir a existência de instituições que se destinam e possuem o propósito de combater a corrupção. Como visto na própria estrutura do capítulo anterior, a existência de uma institucionalidade aos órgãos de atuação do Estado é fundamental para que a corrupção possa ser combatida de maneira mais contundente e efetiva. E, nesse sentido, a organização do ordenamento jurídico como instituição auxilia a compreender a necessidade de se conferir racionalidade, unidade e harmonia às normas que buscam combater a corrupção.

Além disso, a própria institucionalidade dos órgãos e entidades públicas, que se destinam a combater a corrupção, possui relevância para o fortalecimento dos mecanismos administrativos que se prestam, direta ou indiretamente, a limitar a manifestação da corrupção no âmbito da Administração Pública. Do mesmo modo, a organização e compreensão do ordenamento jurídico como instituição reforça a necessidade de se compreender os mecanismos administrativos de combate à corrução a partir de uma perspectiva sistêmica.

2.9 Poder Executivo

No âmbito da Administração Pública da União, por meio da edição do

---

[321] NORTH, Douglass. *Institutions, institutional change and economic performance*. 28. reimpressão. Cambridge: Cambridge University Press, 2016, pp. 4-5; 36-37; 47-48.

Decreto Presidencial nº 3.591/2000, ficou estabelecida a existência de um sistema de controle interno, que teria como atividades: (*i*) avaliar o cumprimento das metas do Plano Plurianual; (*ii*) comprovar a legalidade e avaliar os resultados dos órgãos e entidades da Administração Pública Federal; (*iii*) exercer o controle das operações de crédito; e, (*iv*) apoiar o exercício do controle externo em sua missão institucional.

O sistema de controle interno do Executivo Federal é integrado pela Controladoria-Geral da União (CGU - a qual será analisada com mais propriedade a seguir), as Secretarias de Controle Interno da Casa Civil (CISET), da Advocacia-Geral da União (AGU) e as Secretarias de Controle Interno do Ministério da Defesa, conforme o art. 8º, do Decreto Presidencial nº 3.591/2000. Especificamente em relação à CGU, avalia-se a seguir o regime jurídico sancionatório à disposição do órgão.

2.9.1 Controladoria-Geral da União (CGU)

A Controladoria-Geral da União (CGU) é o principal órgão de apoio, desenvolvimento e desempenho do poder de controle interno da Administração Pública Federal, como parte integrante do sistema de controle interno do Poder Executivo Federal.[322]

O primeiro ponto a ser destacado da estrutura interna da CGU é que a sua organização administrativa como órgão é vinculada diretamente ao Poder Executivo Federal, o que não lhe permite o exercício de autonomia financeira e administrativa em seus assuntos.

Afirma-se que a CGU seria uma agência anticorrupção, conforme diversos Tratados Internacionais fazem reconhecer o compromisso dos Estados signatários em combater a corrupção, por meio da utilização de agências anticorrupção.[323] Todavia, compreende-se que o modelo de agência pres-

---

[322] Nesse sentido já se manifestou o Supremo Tribunal Federal, que a fiscalização da CGU é integrante do controle interno da Administração Pública, cf. BRASIL. *Supremo Tribunal Federal*. RMS 25943, Relator: Min. RICARDO LEWANDOWSKI, Tribunal Pleno, julgado em 24/11/2010, DJe-041.

[323] Destaca-se a fala do ex-Ministro da CGU, na data de 16/07/2015, na 37ª reunião da CPI da Petrobrás, Valdir Moysés Simão, que declarou que a CGU atuaria como uma verdadeira agência anticorrupção *apud* OLIVEIRA Gustavo Justino de; SOUSA, Otavio Augusto Venturini de. Controladoria-Geral da União: uma agência anticorrupção? In: PEREZ, Marcos Augusto; SOUZA, Rodrigo Pagani de (Coords). *Controle da Administração Pública*. Belo Horizonte: Fórum, 2017, p. 323.

supõe certa independência administrativa, o que não se vislumbra no caso da CGU, que é órgão da Administração Pública direta da União.

Mesmo que a CGU possua o *status* de um Ministério, integrante do Poder Executivo Federal, o órgão foi dotado de maior autonomia sem significar uma independência em sua atuação administrativa, já que "permanece suscetível à influência política, inclusive, nas áreas mais sensíveis: seleção e nomeação de quadro, definição de plano de atuação e gestão orçamentária".[324]

Malgrado a independência da CGU não seja equiparável a patamares que lhe permita ser chamada uma "agência anticorrupção", destaca-se que o órgão tem desempenhado importante papel no controle da aplicação dos recursos públicos federais por diversos entes federativos. Apenas a título de exemplo, no ano de 2005, foram realizadas 113 auditorias pela CGU, enquanto que no ano de 2010 elas se aproximaram de 2.000, o que demonstra o importante papel que o órgão desempenha no controle interno da Administração Pública Federal.[325]

Desde o ano de 2016, em virtude de uma série de mudanças na estrutura administrativa do Poder Executivo Federal, promovidas pelo Presidente Michel Temer, a CGU continuou a ser parte integrante da Presidência da República, conforme os arts. 1º, III, 3º, I, da Lei nº 13.341/2016, que determinou a extinção da CGU e sua incorporação ao recém-criado e renomeado do Ministério da Transparência e da Controladoria-Geral da União.

Com uma série de reorganizações, foi editada a Medida Provisória nº 782/2017, convertida na Lei nº 13.502/2017, que dispõe sobre a organização da Presidência da República. Na norma mencionada são estabelecidas

---

[324] OLIVEIRA Gustavo Justino de; SOUSA, Otavio Augusto Venturini de. Controladoria-Geral da União: uma agência anticorrupção? In: PEREZ, Marcos Augusto; SOUZA, Rodrigo Pagani de (Coords). *Controle da Administração Pública*. Belo Horizonte: Fórum, 2017, p. 328. Isso pode ser evidenciado, em certa medida, recentemente, quando os servidores do órgão exigiram a demissão do ex-Ministro da CGU, Fabiano Silveira, que teria sido gravado em conversas advindas da operação Lava-Jato, cf. LADEIRA, Pedro. Sindicato de servidores da CGU pede a demissão de ministro gravado. *Folha de S. Paulo*, São Paulo, 30 de mai. 2016. Disponível em: <https://goo.gl/U6WJwR>. Acesso em 07 de mar. 2018.

[325] CORRÊA, Izabela Moreira. Sistema de integridade: avanços e agenda de ação para a Administração Pública Federal. In: AVRITZER, Leonardo; FILGUEIRAS, Fernando. (orgs.) *Corrupção e sistema político no Brasil*. Rio de Janeiro: Civilização Brasileira, 2011, p. 170.

as competências e atribuições básicas do Ministério do Transparência e da CGU, bem como as incumbências da própria pasta.[326]

De outro lado, a Medida Provisória nº 870/2019 (convertida na Lei nº 13.844/2019), editada pelo Presidente da República Jair Messias Bolsonaro, prescreve reorganização dos órgãos integrantes da Presidência da República. A opção adotada foi por novamente renomear a referida pasta para somente CGU.

Para isso, o art. 51, da Lei nº 13.844/2019, estabelece as seguintes competências do órgão: (*i*) providências necessárias à defesa do patrimônio público, ao controle interno, à auditoria pública, à correição, à prevenção e ao combate à corrupção, às atividades de ouvidoria e ao incremento da transparência da gestão no âmbito da administração pública federal; (*ii*) decisão preliminar acerca de representações ou denúncias fundamentadas que receber, com indicação das providências cabíveis; (*iii*) instauração de procedimentos e processos administrativos a seu cargo, constituindo comissões, e requisição de instauração daqueles injustificadamente retardados pela autoridade responsável; (*iv*) acompanhamento de procedimentos e processos administrativos em curso em órgãos ou entidades da administração pública federal; (*v*) realização de inspeções e avocação de procedimentos e processos em curso na administração pública federal, para exame de sua regularidade, e proposição de providências ou correção de falhas; (*vi*) efetivação ou promoção da declaração de nulidade de procedimento ou processo administrativo, em curso ou já julgado por qualquer autoridade do Poder Executivo federal, e, se for o caso, da apuração ime-

---

[326] O art. 66º, da Lei nº 13.502/2017, estabelecia as competências básicas do Ministério da Transparência e Controladoria-Geral da União, que são principalmente: (*i*) providências necessárias à defesa do patrimônio público, ao controle interno, à auditoria pública, à correição, à prevenção e ao combate à corrupção, às atividades de ouvidoria e ao incremento da transparência da gestão no âmbito da administração pública federal; (*ii*) instauração de procedimentos e processos administrativos a seu cargo, constituindo comissões, e requisição de instauração daqueles injustificadamente retardados pela autoridade responsável; (*iii*) realização de inspeções e avocação de procedimentos e processos em curso na administração pública federal, para exame de sua regularidade, e proposição de providências ou a correção de falhas; e, (*iv*) recebimento de reclamações relativas à prestação de serviços públicos em geral e à apuração do exercício negligente de cargo, emprego ou função na administração pública federal, quando não houver disposição legal que atribua competências específicas a outros órgãos.

diata e regular dos fatos envolvidos nos autos e na nulidade declarada; (*vii*) requisição de dados, informações e documentos relativos a procedimentos e processos administrativos já arquivados por autoridade da administração pública federal; (*viii*) requisição a órgão ou entidade da administração pública federal de informações e documentos necessários a seus trabalhos ou suas atividades; (*ix*) requisição a órgãos ou entidades da administração pública federal de servidores ou empregados necessários à constituição de comissões, incluídas as que são objeto do disposto no inciso III, e de qualquer servidor ou empregado indispensável à instrução de processo ou procedimento; (*x*) proposição de medidas legislativas ou administrativas e sugestão de ações para evitar a repetição de irregularidades constatadas; (*xi*) recebimento de reclamações relativas à prestação de serviços públicos em geral e à apuração do exercício negligente de cargo, emprego ou função na administração pública federal, quando não houver disposição legal que atribua competências específicas a outros órgãos; (*xii*) coordenação e gestão do Sistema de Controle Interno do Poder Executivo Federal; e, (*xiii*) execução das atividades de controladoria no âmbito do administração pública federal.

Não se pode deixar de reconhecer, ainda, que desde o ano de 2013, a CGU ganhou importante atribuição pela Lei nº 12.846/2013 (Lei Anticorrupção), que a reconheceu como o órgão do Poder Executivo Federal legitimado para celebrar acordos de leniência com as pessoas jurídicas que venham a ser objeto de um processo administrativo de responsabilização. Entretanto, o papel da CGU na aplicação da Lei Anticorrupção será objeto de análise específica no capítulo 3, quando se analisar o seu papel e institucionalidade para o desempenho de suas funções na aplicação da Lei Anticorrupção.[327]

2.9.1.1 Autoridade Responsável para Instauração e Responsabilização

A CGU não possui competência originária para a instauração de procedimentos administrativos de responsabilização de agentes públicos, ou mesmo de empresas estatais. Conforme o art. 66, da Lei nº 13.502/2017, compete à CGU a apuração de eventuais denúncias que venham a ser feitas contra servidores públicos federais.

---

[327] Isso se reforça pela própria redação do art. 8º, § 2º, da Lei nº 12.846/2013.

Incumbirá, primeiramente, ao órgão ou à entidade responsável a apuração das irregularidades, para depois, se for o caso, a atuação administrativa da CGU na apuração de ilícitos e condutas que causem prejuízos à Administração Pública. Quanto à competência para apurar fatos e ilícitos administrativos, compreende-se que se aplica ao regime jurídico da CGU o contido nos itens 2.5.1 e 2.6. do livro.[328]

No entanto, é possível que ocorra delegação de poder à CGU, desde que realizada por ato administrativo formal, conforme preconiza o art. 12, da Lei nº 9.784/1999,[329] como um ato administrativo discricionário e fundado em expressa autorização legislativa e em razões de ordem técnica, social, econômica, jurídica ou territorial.[330]

2.9.1.2 Infrações e sanções aplicáveis

Novamente, deve-se observar, de antemão, que, no âmbito da CGU não há disposições específicas que preveem infrações em decorrência de sua esfera de atuação. Como órgão de controle interno do Poder Executivo Federal, no caso, por exemplo, de imposição de sanções a servidores públi-

---

[328] O STJ, em recente precedente, definiu que mesmo a CGU possui competência para a aplicação de sanção administrativa a servidor público cedido à Câmara dos Deputados, por ser o órgão responsável pelo controle interno de toda a Administração Pública Federal: "2. Incumbe à Controladoria-Geral da União, como órgão central do Sistema de Correição do Poder Executivo Federal, dentre outras atribuições, instaurar sindicâncias, procedimentos e processos administrativos disciplinares, em razão: a) da inexistência de condições objetivas para sua realização no órgão ou entidade de origem; b) da complexidade e relevância da matéria; c) da autoridade envolvida; ou d) do envolvimento de servidores de mais de um órgão ou entidade (arts. 2º, caput e 4º, inciso VIII, do Decreto 5.480/2005, c/c os arts. 18, § 1º e § 4º, e 20, parágrafo único, ambos da Lei n. 10.683/2003). 3. Assim, compete ao Ministro de Estado do Controle e da Transparência o julgamento dos respectivos processos, inclusive na aplicação das penalidades de demissão. (BRASIL. *Superior Tribunal de Justiça*. MS 19.994/DF, Rel. Ministro BENEDITO GONÇALVES, PRIMEIRA SEÇÃO, julgado em 23/05/2018, DJe 29/06/2018)

[329] "Art. 12. Um órgão administrativo e seu titular poderão, se não houver impedimento legal, delegar parte da sua competência a outros órgãos ou titulares, ainda que estes não lhe sejam hierarquicamente subordinados, quando for conveniente, em razão de circunstâncias de índole técnica, social, econômica, jurídica ou territorial. Parágrafo único. O disposto no caput deste artigo aplica-se à delegação de competência dos órgãos colegiados aos respectivos presidentes".

[330] MOREIRA, Egon Bockmann. *Processo administrativo*: princípios constitucionais e a Lei 9.784/1999. 4. ed. São Paulo: Malheiros, 2010, p. 350.

cos da União, e, por conseguinte, as respectivas sanções do Estatuto dos Servidores Públicos Federais (Lei nº 8.112/1990).

Além disso, como será verificado posteriormente, no que tange à responsabilização de pessoas jurídicas, a Lei Anticorrupção reservou espaço reservado à atuação da CGU no âmbito da punição de pessoas jurídicas, como se verificará no que tange ao regime de responsabilização previsto na Lei Anticorrupção.

2.9.1.3 Processo Administrativo

No âmbito dos processos e procedimentos administrativos que venham a tramitar na CGU, aplica-se os ritos e disposições da Lei nº 9.784/1999 (Lei de Processo Administrativo Federal) e, por consequência, o contido também na Lei nº 8.112/1990 (Estatuto dos Servidores Públicos Civis da União), quando se tratar de procedimento de responsabilização de servidores públicos.

2.9.1.4 Regime de Responsabilização

O regime de responsabilidade do agente é o subjetivo, ou seja, a partir da averiguação do dolo ou culpa do agente para a ocorrência do resultado danoso à Administração Pública, como consequência do art. 132, da Lei nº 8.112/1990. O mesmo se diga no que tange à responsabilização de servidores públicos ou na aplicação de sanções contratuais a pessoas físicas e jurídicas que venham a cometer infrações com base na Lei nº 8.666/1993.

2.9.1.5 Contributo para o Combate à Corrupção

Nos últimos anos, a CGU vem se destacando pela realização de auditorias nos municípios brasileiros que venham a receber recursos federais. Um dos exemplos de rodízios de fiscalizações e auditorias realizadas constantemente pela pasta é, por exemplo, da aplicação dos recursos do Programa Bolsa Família, entre outras políticas públicas que se utilizam de recursos públicos federais.

Entre os anos de 2012 e 2017, a CGU fiscalizou benefícios financeiros que totalizaram 22,38 bilhões de reais, que se centram na arrecadação de multas legais, cancelamento de licitações, recuperação de valores pagos indevidamente, suspensão de pagamentos indevidos, entre outros.[331] O

---

[331] BRASIL. *Controladoria-Geral da União*. Resultados. Disponível em: <https://goo.gl/QCS25w>. Acesso em 10 de ago. de 2018.

principal contributo da atuação da Controladoria-Geral da União para o combate à corrupção está em sua atuação preventiva, como órgão de controle interno, capaz de auxiliar o Poder Executivo Federal a evitar que ilícitos possam ocorrer, ante a sua existência como um típico órgão de controle interno da Administração Pública Federal.

Não se deve deixar de reconhecer que a CGU também possui papel fundamental na apuração e ação após a ocorrência de ilícito (*ex post*), com a possibilidade de responsabilização de agentes públicos e pessoas físicas e jurídicas que tenham causado qualquer dano ao Poder Executivo, ou mesmo na aplicação de recursos federais.

2.9.1.6 Visão de Combate à Corrupção

O regime institucional e infracional da CGU mescla mecanismos típicos da visão *científica* e *panóptica* de combate à corrupção. Isso porque além de considerar que a organização administrativa interna possui relevância para o combate à corrupção, o que se encaixa na visão *científica* de combate à corrupção, a crença de que a Administração Pública Federal merece um órgão específico de revisão e auditoria administrativa reforça, também, a visão do *panóptico* de combate à corrupção adotado pela CGU.

2.10 Poder Judiciário

O Poder Judiciário brasileiro, a partir da Constituição Federal de 1988, atingiu um grau de institucionalidade e independência pouco visto em grande parte dos países ocidentais. Todavia, a morosidade na prestação jurisdicional, bem como os seus altos custos de funcionamento, ensejou que o órgão ficasse conhecido como um dos ramos do Poder com menos controle, ou mesmo com a menor possibilidade de controle a respeito de atos torpes ou casos de corrupção.[332]

No início dos anos de 2000, a revelação de uma série de desvios envolvendo a construção da sede do Fórum Trabalhista de São Paulo, abarcou diretamente a figura do ex-Presidente do Tribunal Regional do Trabalho de São Paulo, o Desembargador Nicolau dos Santos Neto, que foi considerado como um dos principais escândalos de corrupção já presenciados no país.[333] Além disso, ficou famoso o escândalo envolvendo o ex-Juiz Fede-

---

[332] ROBL FILHO, Ilton Norberto. *Conselho Nacional de Justiça*. São Paulo: Saraiva, 2013, p. 197.
[333] Segundo dados trazidos por Lucas Rocha Furtado, o escândalo da sede do Fórum Traba-

ral João Carlos da Rocha Mattos, da Seção Judiciária do Estado de São Paulo, no âmbito da Operação Anaconda, no ano de 2003, que envolveu um esquema de venda de sentenças em favor de empresas que discutiam créditos tributários na Justiça Federal.

A Transparência Internacional, no ano de 2001, considerou o Poder Judiciário brasileiro como um dos ramos do Estado brasileiro mais corrupto da República. O Congresso Nacional chegou a instaurar a CPI do Judiciário, destinado a dar uma resposta aos casos de corrupção que envolviam o Poder Judiciário.[334] A falta de controle do Poder Judiciário culminou com a edição da Emenda Constitucional nº 45/2004, também conhecida como Reforma do Judiciário, que instalou o Conselho Nacional de Justiça (CNJ) e o Conselho Nacional do Ministério Público (CNMP).

De todo modo, o Judiciário brasileiro apresenta elevado grau de institucionalidade e independência judicial, decisória e administrativa. Com a Constitucional Federal de 1988, podem ser identificados uma significativa (*i*) ampliação dos direitos fundamentais e sociais previstos; (*ii*) o aumento da estruturação das funções essenciais à justiça; (*iii*) a consolidação de mecanismos coletivos e objetivos de controle jurisdicional de atos

---

lhista de São Paulo promoveu o desvio da quantia de aproximadamente R$ 170 milhões de reais em recursos públicos federais. Nas palavras do autor: "Trata-se, a rigor, de verdadeira lição de fraude em que o despudor e a forma ostensiva com que atuaram os agentes envolvidos somente pode ser explicado pela certeza da impunidade" (FURTADO, Lucas Rocha. *As raízes da corrupção no Brasil*. Belo Horizonte: Fórum, 2015, p. 327).

[334] "Ultimamente, especialmente entre os círculos de negócios, a percepção de corrupção dentro do Judiciário gerou uma preocupação crescente, que reflete no recurso à arbitragem privada. Este último, por sua vez, está sujeito a controvérsias. Se, por um lado, a arbitragem privada pode agilizar soluções sempre que o interesse público não está diretamente envolvido, por outro lado, argumenta-se que ela tende a enfraquecer a instituição judicial republicana e, portanto, o estado de direito. Há muitas propostas para reformar o sistema, incluindo o controle externo do Judiciário, quase todas essencialmente relacionadas a questões administrativas". Tradução livre de: "Lately, especially among business circles, perceived corruption within the Judiciary have prompted an increasing concern, which reflects on recourse to private arbitration. The latter, in turn, is subjected to controversy. If, on the one hand, private arbitration can expedite solutions whenever the public interest is not directly involved, on the other hand it is argued that it tends to weaken the republican judicial institution and, therefore, the rule of law. There are many proposals to reform the system, including external control of the Judiciary, almost all essentially concerned with administrative issues". (TRANSPARÊNCIA INTERNACIONAL. *National Integrity Systems Country Study Report Brazil 2001*. Berlim: Transparência Interacional, 2001, p. 11).

administrativos e normativos, como o mandado de segurança, as ações de controle concentrado de constitucionalidade, entre outros; e, (*iv*) a estabilidade do Poder Judiciário regular e poder funcionar de maneira completamente independente. Todos esses fatores permitiram que o fenômeno da ampliação da importância do Poder Judiciário pudesse se manifestar de uma maneira mais ressaltada.[335]

Por esse motivo, foi preciso realizar a redefinição dos mecanismos de controle e *accountability* judicial comportamental e institucional, que exigiram um novo desenho institucional no âmbito do Poder Judiciário. A Proposta de Emenda Constitucional (PEC) nº 96/1992, apresentada pelo Deputado Federal Hélio Bicudo (então filiado ao Partido dos Trabalhadores), que propunha o aumento e criação de mecanismos de controle e *accountability*, pois a Constituição Federal de 1988 não teria redesenhado institucionalmente o Poder Judiciário, sem o devido incentivo para que os magistrados pudessem desempenhar suas funções de maneira adequada.[336]

Por esse motivo, com a revelação de diversos escândalos que envolveram diretamente o Poder Judiciário no início dos anos 2000, nomeadamente o escândalo do Fórum Trabalhista do Estado de São Paulo, foi imprescindível a redefinição dos papéis dos magistrados brasileiros, sobretudo no que se refere ao exercício de controle e *accountability* no exercício de suas atividades jurisdicionais e administrativas com a criação do CNJ, tal como se analisará a seguir.

2.10.1 Conselho Nacional de Justiça

A criação do Conselho Nacional de Justiça (CNJ) se deu em um momento de revisão das competências e do próprio papel desempenhado pelo Judiciário na sociedade brasileira. O art. 103-B, da Constituição Federal, inserido pela Emenda Constitucional nº 45/2004, estabeleceu que o CNJ seria o principal órgão responsável pelo "controle da atuação administrativa e financeira do Poder Judiciário e do cumprimento dos deveres funcionais dos juízes, cabendo-lhe, além de outras atribuições que lhe forem conferidas pelo Estatuto da Magistratura", como preconiza o § 4º, do art. 103-B, da Lei Fundamental.

A concepção do CNJ não significou a alteração ou a invenção de um

---

[335] ROBL FILHO, Ilton Norberto. *Conselho Nacional de Justiça*. São Paulo: Saraiva, 2013, p. 222.
[336] ROBL FILHO, Ilton Norberto. *Conselho Nacional de Justiça*. São Paulo: Saraiva, 2013, p. 223.

novo diploma legal que disciplinasse novas responsabilidades aos magistrados. No entanto, a criação do CNJ permitiu que determinados processos administrativos de investigação ou controle de atos administrativos do Poder Judiciário pudessem ser centralizados em uma entidade com uma maior pluralidade em sua composição, já que os Conselheiros do CNJ são advindos das mais diversas ordens de indicação.[337]

Como a Constituição Federal, no art. 103-B, II, estabelece que o CNJ pode apreciar a legalidade de atos administrativos praticados pelo judiciário, o órgão atua como um típico órgão de controle interno do Poder Judiciário como um todo. O procedimento de controle interno é previsto nos arts. 91 a 97, do Regimento Interno do CNJ.

Uma das peculiaridades do exercício de controle pelo CNJ está no fato de que o Plenário do Conselho poderá avocar processos administrativos disciplinares em curso nos respectivos ramos do Poder Judiciário brasileiro, conforme permite o art. 4º, do Regimento Interno do CNJ (RICNJ), desde que mediante Representação formalizada pelo Procurador-Geral da República (PGR), o Presidente do Conselho Federal da Ordem dos Advogados do Brasil (OAB) e de qualquer entidade representante nacional da Magistratura (cf. art. 79, *caput*, do RICNJ).[338]

---

[337] O CNJ compõe-se de 15 membros, segundo o art. 103-B, da Constituição Federal: a) O Presidente do STF; b) um Ministro do STJ; c) um Ministro do TST; d) um Desembargador de Tribunal de Justiça Estadual, indicado pelo STF; e) um Juiz de Direito indicado pelo STF; f) um juiz indicado pelo STJ; g) um Desembargador Federal, indicado pelo STJ; h) um juiz federal, indicado pelo STJ; i) um Desembargador do Trabalho, indicado TST, j) um juiz do trabalho, indicado pelo TST; k) um membro do Ministério Público da União, indicado pelo PGR; l) um membro do Ministério Público Estadual, indicado pelo PGR a partir de indicação dos MPs; m) dois advogados, indicados pelo Conselho Federal da OAB; e, n) dois cidadãos de notável saber e reputação ilibada, indicados cada um pela Câmara dos Deputados e pelo Senado Federal. Sobre o tema, Ilton Norberto Robl Filho observa que a composição do CNJ pela sua maioria de magistrados ajudou na quebra da resistência da própria magistratura com o órgão. Além disso, 27% dos membros são integrantes das funções essenciais à justiça e 13% dos membros são cidadãos, o que garante a participação plural no CNJ (ROBL FILHO, Ilton Norberto. *Conselho Nacional de Justiça*. São Paulo: Saraiva, 2013, p. 233).

[338] "Art. 79. A avocação de processo de natureza disciplinar em curso contra membros do Poder Judiciário ou de seus serviços auxiliares, serventias e órgãos prestadores de serviços notariais e de registro dar-se-á, a qualquer tempo, mediante representação fundamentada de membro do CNJ, do Procurador-Geral da República, do Presidente do Conselho Federal da OAB ou de entidade nacional da magistratura".

Ou seja, prevalece no CNJ um regime concorrente de responsabilização entre as instâncias de controle interno por parte dos ramos da Justiça brasileira (estadual, federal, trabalho, militar e eleitoral). Como observa Ilton Norberto Robl Filho, o "desenho institucional aumenta a *accountability* judicial comportamental ao permitir que mais de um órgão faça o julgamento das infrações disciplinares".[339]

Contudo, acredita-se que um dos grandes empecilhos ao plano desenvolvimento do órgão está no fato de que o CNJ não exerce nenhum poder disciplinar sob a atividade dos Ministros do STF. No âmbito da Ação Direta de Inconstitucionalidade (ADI) nº 3.367, proposta pela Associação dos Magistrados Brasileiros (AMB), o STF compreendeu que o CNJ não poderia exercer qualquer ingerência disciplinar sob os Ministros do STF pelo fato de a Suprema Corte ser o órgão de cúpula do Poder Judiciário brasileiro, o que reconheceria que o CNJ estaria submetido ao STF, e não ao contrário.[340]

Por outro lado, isso se deve ao fato de que os Ministros do STF estão submetidos ao procedimento dos crimes de responsabilidade e ao *impeachment*, conforme o art. 2º, da Lei nº 1.079/1950, o que poderia afastar o exercício de funções de controle sobre os membros da Suprema Corte.[341]

Além disso, qualquer cidadão poderá representar reclamação sobre o cometimento de irregularidades no exercício da função administrativa ou jurisdicional de qualquer Magistrado ou integrante do Poder Judiciário, como no caso de prestadores de serviços auxiliares como serventias notariais e de registro (cartórios). No entanto, o centro do regime de respon-

---

[339] ROBL FILHO, Ilton Norberto. *Conselho Nacional de Justiça*. São Paulo: Saraiva, 2013, p. 245.

[340] "Competência relativa apenas aos órgãos e juízes situados, hierarquicamente, abaixo do Supremo Tribunal Federal. Preeminência deste, como órgão máximo do Poder Judiciário, sobre o Conselho, cujos atos e decisões estão sujeitos a seu controle jurisdicional. Inteligência dos art. 102, caput, inc. I, letra "r", e § 4º, da CF. O Conselho Nacional de Justiça não tem nenhuma competência sobre o Supremo Tribunal Federal e seus ministros, sendo esse o órgão máximo do Poder Judiciário nacional, a que aquele está sujeito" (BRASIL. *Supremo Tribunal Federal*. ADI 3367, Relator: Min. CEZAR PELUSO, Tribunal Pleno, julgado em 13/04/2005, DJ 17-03-2006)

[341] "Art. 2º Os crimes definidos nesta lei, ainda quando simplesmente tentados, são passíveis da pena de perda do cargo, com inabilitação, até cinco anos, para o exercício de qualquer função pública, imposta pelo Senado Federal nos processos contra o Presidente da República ou Ministros de Estado, contra os Ministros do Supremo Tribunal Federal ou contra o Procurador Geral da República".

sabilização administrativa do Poder Judiciário parece estar nas previsões da Lei Orgânica da Magistratura Nacional (LOMAN), como se discorrerá a seguir.

2.10.2 Lei Orgânica da Magistratura Nacional

A estrutura normativa de responsabilização dos Magistrados no exercício de suas funções decorre da Lei Complementação nº 35/1979, editada no fim do Regime Militar, como forma de garantir à Magistratura as condições básicas de inafastabilidade, vitaliciedade, entre outros, garantias vitais ao exercício da Magistratura que foram desrespeitadas durante a década de 60 e 70.

Além disso, qualquer cidadão poderá representar reclamação sobre o cometimento de irregularidades no exercício da função administrativa ou jurisdicional de qualquer Magistrado ou integrante do Poder Judiciário, como no caso de prestadores de serviços auxiliares como serventias notariais e de registro (cartórios). Ainda que o CNJ possua papel importante na eventual responsabilização de Magistrados, todavia, o centro do regime de responsabilização administrativa do Poder Judiciário está nas previsões da Lei Orgânica da Magistratura Nacional (LOMAN), como se discorre a seguir.

2.10.2.1 Autoridade Responsável para Instauração e Responsabilização

A LOMAN (Lei Complementar nº 35/1979) prescreve que poderá ser aberto procedimento para a responsabilização de Magistrados a partir de ato de ofício do próprio Poder Judiciário ou mediante representação fundamentada do Poder Legislativo, Poder Executivo e a Ordem dos Advogados do Brasil, a partir de cada uma das suas respectivas seccionais regionais.

Quanto ao procedimento de julgamento e responsabilização, a LOMAN preceitua que caberá ao Plenário do Tribunal definir sobre o julgamento de decisões administrativa que ensejam a responsabilização de Magistrados deverá ser realizado em sessão secreta do Tribunal ou de seu órgão especial, a partir do voto de dois terços do colegiado, em escrutínio secreto.[342]

---

[342] "Art. 27 - O procedimento para a decretação da perda do cargo terá início por determinação do Tribunal, ou do seu órgão especial, a que pertença ou esteja subordinado o magistrado, de ofício ou mediante representação fundamentada do Poder Executivo ou Legislativo, do Ministério Público ou do Conselho Federal ou Seccional da Ordem dos Advogados do Brasil. [...] § 6º - O julgamento será realizado em sessão secreta do Tribunal ou de seu órgão especial,

2.10.2.2 Infrações e Sanções Aplicáveis

Nos termos do art. 42, da Lei Orgânica da Magistratura, as penas disciplinares aplicáveis aos magistrados brasileiros consistem em: (*i*) advertência; (*ii*) censura; (*iii*) remoção compulsória; (*iv*) disponibilidade com vencimentos proporcionais ao tempo de serviço; (*v*) aposentadoria compulsória com vencimentos proporcionais ao tempo de serviço; e, (*vi*) demissão. Ressalva-se que as penas de advertência e censura se aplicam somente a Juízes de primeira instância, não se aplicando a Desembargadores, conforme o parágrafo único, do art. 42, da LOMAN.

Quanto à aplicabilidade das sanções, a sua incidência dependerá, diretamente, da natureza da infração que venha a ser cometida pelo magistrado no exercício de suas funções. A advertência aplica-se somente, no caso de negligência no cumprimento dos deveres do cargo por parte do magistrado. Quanto à censura, esta somente se dará quando da ocorrência de negligência repetida e reiterada no cumprimento dos deveres no cargo por parte do magistrado.

2.10.2.3 Processo Administrativo

O processo administrativo de responsabilização seguirá o contido no Regimento Interno de cada Tribunal. Por exemplo, no STF, o Regimento Interno não prescreve qualquer medida de responsabilização dos Ministros da Suprema Corte, havendo apenas a menção de delegação da competência para instaurar PAD (certamente frente aos servidores do STF) ao Diretor-Geral da Secretaria do STF.[343] Acredita-se que pelo fato de os Ministros do STF estarem submetidos ao processo próprio de responsabilização por crime de responsabilidade, como estabelece o art. 52, II, da CF, bem como o art. 2º, da Lei nº 1.079/1950, haveria essa omissão regimental.[344]

---

depois de relatório oral, e a decisão no sentido da penalização do magistrado só será tomada pelo voto de dois terços dos membros do colegiado, em escrutínio secreto".

[343] Esse é o teor da Resolução nº 252/2003, do STF: "Art. 1º Delegar competência ao Diretor-Geral da Secretaria do Supremo Tribunal Federal para a prática dos seguintes atos: [...] XXII – instaurar sindicância, processo administrativo disciplinar e tomada de contas especial".

[344] "Art. 52. Compete privativamente ao Senado Federal: [...] II processar e julgar os Ministros do Supremo Tribunal Federal, os membros do Conselho Nacional de Justiça e do Conselho Nacional do Ministério Público, o Procurador-Geral da República e o Advogado-Geral da União nos crimes de responsabilidade" e "Art. 2º Os crimes definidos nesta lei, ainda quando simplesmente tentados, são passíveis da pena de perda do cargo, com inabilitação, até cinco

Por esse motivo, toma-se como exemplo o STJ, que no âmbito do seu Regimento Interno prescreve que o Tribunal poderá determinar por motivo de interesse público, em escrutínio secreto e pelo voto de dois terços de seus membros, a disponibilidade ou a aposentadoria de Ministro do STJ, assegurada a ampla defesa. Além disso, competirá somente ao Plenário do STJ a deliberação sobre a pertinência de aposentadoria por motivo de interesse público.[345]

Ou seja, compete ao Plenário dos Ministros das Cortes Superiores (à exceção do STF), ou aos Desembargadores integrantes de cada um dos Tribunais o julgamento dos casos envolvendo eventuais punições aos juízes. Da decisão que impõe qualquer das sanções previstas na LOMAN não é oponível recurso administrativo, cabendo apenas pedido de reconsideração administrativo ou a revisão pelo Poder Judiciário, a partir de ação ordinária ou impetração de mandado de segurança.

2.10.2.4 Regime de Responsabilização

O processo administrativo de responsabilização de magistrados segue a perquirição de dolo ou culpa. Muito embora a LOMAN preceitue no art. 49, I, que o Magistrado poderá responder por perdas e danos caso atue com dolo ou fraude para a ocorrência de responsabilização civil.

De outro bordo, a responsabilidade administrativa também se rege pelo liame subjetivo de responsabilização. Até mesmo pela necessidade de se aferir concretamente a conduta do Magistrado, para a exata definição de qual sanção administrativa cabível caso venha a atuar com desídia, ou

---

anos, para o exercício de qualquer função pública, imposta pelo Senado Federal nos processos contra o Presidente da República ou Ministros de Estado, contra os Ministros do Supremo Tribunal Federal ou contra o Procurador Geral da República". Como observa Paulo Brossard, o *impeachment* é uma medida de caráter político ou político-administrativa, que não visa punir criminalmente aquele venha a cometer qualquer tipo de ilícito no exercício de suas funções, mas busca afastar do cargo quem mal o gera (BROSSARD, Paulo. *O impeachment*. 2. ed. São Paulo: Saraiva, 1992, p. 59)

[345] Regimento Interno do STJ: "Art. 10. Compete ao Plenário: [...] IV - decidir sobre a disponibilidade e aposentadoria de membro do Tribunal, por interesse público" e "Art. 290. O Tribunal poderá determinar por motivo de interesse público, em escrutínio secreto e pelo voto de dois terços de seus membros, a disponibilidade ou a aposentadoria de Ministro do Tribunal, assegurada ampla defesa".

mesmo venha a cometer atos torpes ou corruptos, ou mesmo para qualquer das condutas elencadas como infrações pela LOMAN.[346]

Portanto, resta assentado que no âmbito de responsabilização de Magistrados por eventuais condutas danosas à Administração Pública, o ânimo subjetivo da autoridade judiciária em violar qualquer das infrações administrativas previstas na LOMAN.

2.10.2.5 Contributo para o combate à corrupção

O CNJ, como órgão de controle do Poder Judiciário brasileiro, vem desempenhando relevante papel no combate à corrupção, especialmente no que tange à responsabilização de Magistrados no caso de efetiva comprovação na participação de Juízes para a perpetração de fraudes judiciais.

Há diversos precedentes do CNJ que demonstram a determinação de afastamento e a aposentadoria de Magistrados que não demonstraram compromisso com a ética e imparcialidade necessárias e imprescindíveis ao desempenho da função jurisdicional.[347] A corrupção é absolutamente incompatível com a função jurisdicional, justamente porque se espera da justiça um julgamento imparcial. Normalmente, os mais necessitados se socorrem ao Poder Judiciário aguardando um julgamento justo, imparcial

---

[346] Assim se manifesta o Conselho Nacional de Justiça, por exemplo, no caso de aferição da conduta específica do Magistrado: "É necessário que se leve em conta o caso concreto, a situação logística do juízo e o elemento subjetivo da conduta do magistrado para demonstração de excesso de prazo injustificado". (BRASIL. *Conselho Nacional de Justiça*. Recurso Administrativo em REP - Representação por Excesso de Prazo - 0009073-30.2017.2.00.0000 - Rel. JOÃO OTÁVIO DE NORONHA - 272ª Sessão Ordinária - j. 22/05/2018).

[347] "6. Instaurado Inquérito perante o STJ para apurar suposta prática de crime de corrupção passiva por parte das magistradas, foi determinada a quebra do sigilo telefônico dos investigados e constatou-se que a Desembargadora *Omisis* teria mantido contato telefônico com o autor da demanda e com o advogado que atuou nos autos antes da distribuição do feito. 7. A Receita Federal do Brasil detectou indícios de movimentação financeira irregular por parte da Desembargadora *Omisis* no ano de 2010. 8. Presença de indícios de prática de condutas que contrariam os arts. 4º, 5º, 6º, 7º, 8º, 9º, 19, 24, 25 e 26 do Código de Ética da Magistratura e o art. 35, I e VIII, da LC nº 35/79 e que recomendam a instauração de processo administrativo disciplinar contra as sindicadas e o afastamento das magistradas do exercício do cargo, nos termos do art. 15, caput, da Res. n° 135/2011, do art. 75 do RICNJ e do art. 27, §3°, da LC n° 35/79. (BRASIL. *Conselho Nacional de Justiça*. SIND - Sindicância - 0005448-95.2011.2.00.0000 - Rel. FRANCISCO FALCÃO - 189ª Sessão - j. 20/05/2014).

e guiado pela ética que deve conduzir qualquer sentença, independentemente do grau de complexidade envolvido.[348]

A existência de mecanismos administrativos de *accountability* no Poder Judiciário contribuíram para um maior controle à corrupção na Magistratura. Entre o ano de 2006 e 2018, o CNJ aplicou 87 sanções administrativas a juízes e servidores públicos, dentre as quais foram 55 aposentadorias compulsórias, 10 censuras, 8 disponibilidades, 5 advertências, 5 demissões e 4 remoções compulsórias.[349] Muito embora o número de sanções ainda seja pequeno (aproximadamente 7,9 sanções por ano de existência do CNJ), percebe-se que a institucionalidade e a existência do órgão contribuíram para a difusão da consciência de que o Poder Judiciário também está comprometido ao controle e combate à corrupção.

2.10.2.6 Visão de Combate à Corrupção

A partir do quadro apresentado sobre o regime de responsabilização de Magistrado, destaca-se que a estrutura normativa da LOMAN se encaixa perfeitamente na visão *científica* de combate à corrupção. Busca-se se preservar a idoneidade do Poder Judiciário e dos Magistrados a partir da crença da necessidade de idoneidade no exercício da função judicante.

Especificamente em relação à visão de combate à corrupção adotada pelo CNJ, acredita-se que ela se encaixaria no perfil do *panóptico*, pois a existência de uma instância superior de controle, de maneira independente do controle das instâncias judicias inferiores, com a ampliação de mecanismos de representação de interessados e investigação de conduta de Magistrado. Antes, como demonstrado, o Poder Judiciário era consi-

---

[348] Na clássica lição de Piero Calamandrei: "A missão do juiz é tão elevada em nossa estima, a confiança nele é tão necessária, que as fraquezas humanas, que não se notam ou se perdoam em qualquer outra ordem de funcionários. Não falemos da corrupção ou do favoritismo, que são delitos; mas até mesmo as mais leves nuances de preguiça, de negligência, de insensibilidade, quando se encontram num juiz, parecem graves culposas. Se um funcionário público, numa repartição administrativa, deixar dormindo por um ano em sua mesa o caso que me interessa, isso poderá me irritar, mas não se espanta – é, como todos sabemos, a burocracia (CALAMANDREI, Pedro. *Eles, os juízes, vistos por um advogado*. Tradução de Eduardo Brandão. 2. ed. São Paulo: Martins Fontes, 2015, p. 169)".

[349] BRASIL. *Conselho Nacional de Justiça*. Em 11 anos, CNJ aplica 87 punições a magistrados e servidores. Brasília, 28 de jun. de 2018. Disponível em: <https://goo.gl/AyUdDZ>. Acesso em 12 de ago. de 2018.

derado como uma esfera de Poder pouco transparente, com graves acusações de ocorrência de corrupção, o que motivou a própria criação do CNJ.

Por esse motivo, acredita-se que a estrutura do CNJ poderia ser caracteriza como a visão do *panóptico* de combate à corrupção. Aliás, a existência do CNJ em sobreposição às próprias Corregedorias de cada um dos Tribunais brasileiros demonstra, justamente, a racionalidade de moralização e controle por parte da atividade administrativa do Poder Judiciário brasileiro.

2.11 Poder Legislativo

Por fim, quanto ao combate administrativo à corrupção, destaca-se que o Poder Legislativo possui relevantes funções no exercício do controle externo da Administração Pública. Instrumentos poderosos como as Comissões Parlamentares de Inquérito (CPI) são capazes de apurar e esclarecer fatos e diversos casos de corrupção envolvendo o Poder Público.

De outro lado, as CPIs não têm condão de produzir a condenação administrativa, judicial ou penal dos investigados, mas apenas a investigação e o esclarecimento de determinados fatos.[350] Por esse motivo, acredita-se que a principal instituição responsável pelo exercício do regular controle da Administração Pública, por parte do Poder Legislativo brasileiro, é o Tribunal de Contas da União, conforme se dissertará a seguir.

2.11.1 Controle do Tribunal de Contas da União

O funcionamento dos Tribunais de Contas no Brasil possui inspiração direta na *Cour de Comptes*, criada na França, no início do séc. XIX, como reação direta aos desmandos e o descuido com o erário, sobretudo pelo *Ancién* Régime, onde a figura da Majestade e o dinheiro advindo dos impostos não tinha qualquer distinção.

---

[350] Tal como observa Rodrigo Luís Kanayama: "As comissões de inquérito são importante instrumento de controle externo, utilizados pelo Poder Legislativo, cuja finalidade é indispensável à concretização dos preceitos constitucionais, especialmente quanto ao cumprimento das tarefas estatais definidas pela Constituição. O bom funcionamento do aparato estatal permite que, mesmo indiretamente, sejam os direitos fundamentais realizados, já que procuram preservar os bens coletivos. Preponderantemente, a atividade dos parlamentares é a legiferação. Desta feita, somente utilizar-se-á o inquérito parlamentar quando nenhum instrumento seja menos constrangedor e promova a mesma eficácia. O seu uso deverá ser uma exceção, não a regra" (KANAYAMA, Rodrigo Luís. *Comissões parlamentares de inquérito*. Belo Horizonte: Fórum, 2011, p. 183).

Criada em 1807, a Corte de Contas francesa possuía como função a aprovação sobre a contabilidade principal do Estado, dos Departamentos e das autoridades territoriais. A fórmula adotada, inicialmente, era simples: realizava-se a verificação de débito ou crédito. Em caso de haver deficiência ou débito, a decisão de declaração de débito formaria um crédito executivo contra os contadores.[351]

No Brasil, o regime jurídico de controle externo exercido pelo TCU aproxima-se do modelo italiano de controle, como uma espécie de proposta intermediária de controle entre o Poder Legislativo e o Poder Judiciário, com o estabelecimento de garantias aos Ministros do TCU para que pudessem exercer suas funções de fiscalização e controle de maneira plena.[352]

Desde a Constituição Federal republicana de 1891, o TCU possui competência de fiscalização para a liquidação da receita e despesa e verificação de legalidade. No mesmo sentido, previu a Constituição Federal de 1934 e a Carta Constitucional de 1937. Não obstante, a Constituição Federal de 1946 estabeleceu inovações importantes ao regime de controle das despesas públicas por parte do TCU, a partir do estabelecimento de um regime de controle prévio para determinados atos administrativo, disciplina que pouco se alterou na Carta Constitucional de 1967 e na Emenda Constitucional nº 01/1967.[353]

Porém, foi a Constituição Federal de 1988 que conferiu posição peculiar no arranjo institucional aos Tribunais de Contas, sobretudo em relação à posição do Tribunal de Contas da União (TCU), com a significativa ampliação de suas funções fiscalizatórias, com a concessão de uma grande autonomia financeira e de atuação, no que tange à fiscalização da Administração Pública da União (compreendendo Executivo, Legislativo, Judiciário, Ministério Público da União e a Defensoria Pública da União).

O TCU é órgão integrante do Poder Legislativo, como pode se compreender da leitura do art. 71, *caput*, da Constituição Federal, que o estabelece como um órgão auxiliar de controle externo do Congresso Nacional.[354]

---

[351] RAYNAUD, Jean. *La Cour des Comptes*. Paris: PUF, 1980, p. 13.
[352] GUALAZZI, Eduado Lobo Botelho. *Regime jurídico dos Tribunais de Contas*. São Paulo: Editora RT, 1992, p. 175.
[353] MARANHÃO, Jarbas. Origem dos Tribunais de Contas – Evolução do Tribunal de Contas no Brasil. *RIL*, Brasília, n.113, jan./mar., 1992, p. 328-330.
[354] "Art. 71. O controle externo, a cargo do Congresso Nacional, será exercido com o auxílio do Tribunal de Contas da União, ao qual compete: [...]". Nesse ponto, menciona-se que

Não se trata de mero acessório no sentido diminutivo do termo, mas de órgão de fiscalização técnica, de modo a melhor auxiliar o Congresso Nacional no cumprimento de sua função fiscalizatória dos demais Poderes da República. "A despeito de ser próximo ao Congresso Nacional, o TCU a ele não está subordinado, pois tem alto grau de independência e é dotado de autonomia administrativa, possui corpo de funcionários próprio e tem estrutura decisória específica e independente".[355]

E, nesse sentido, a atuação do TCU como órgão auxiliar do Congresso Nacional centra-se em três pontos: (*i*) análise das contas anuais da Presidência da República, emitindo parecer opinativo pela sua plena regularidade (art. 71, I, da CF); (*ii*) auxílio ao Legislativo nas inspeções e auditorias de natureza contábil, financeira, orçamentária, operacional e patrimonial nas unidades administrativas do Executivo, Legislativo e Judiciário; e, (*iii*) opinião sobre a sustação de contratos administrativos (art. 71, IX, XI e § 1º, da CF).[356]

A sua função fiscalizatória e auditoria estende-se a: (*i*) todos os órgãos e entidades da Administração Pública federal direta e indireta; (*ii*) órgãos e entidades públicos municipal, estaduais ou distratais que recebam recursos públicos da União; e, (*iii*) pessoas físicas e jurídicas que recebam ou gerenciem a aplicação de recursos públicos da União.[357]

---

a doutrina brasileira se divide entre aqueles que consideram o TCU como órgão auxiliar do Poder Legislativo, cf. MOREIRA, Egon Bockmann; GUIMARÃES, Fernando Vernalha. *Licitação Pública*. 2. ed. São Paulo: Malheiros, 2015, p. 521; MELLO, Celso Antônio Bandeira de. *Curso de Direito Administrativo*. 30. ed. São Paulo: Malheiros, 2013, p. 959; JUSTEN FILHO, Marçal. *Curso de Direito Administrativo*. 9. ed. São Paulo: Editora RT, 2013, p. 123; NETO, Jair Lins. Tribunal de Contas: um desconhecido na República. *RDA*, Rio de Janeiro, v. 219, jan./mar., 2000, p. 207; FURTADO, Lucas Rocha. *As raízes da corrupção no Brasil*. Belo Horizonte: Fórum, 2015, p. 77. Por todos que compreendem o TCU e os TCs como entidade autônoma, aos mesmos moldes do que regime jurídico do Ministério Público, cf. BRITTO, Carlos Ayres. O regime constitucional dos Tribunais de Contas. *Fórum Administrativo*, Belo Horizonte, n. 47, jan., 2005, *versão digital*. Disponível em: <https://goo.gl/4V2vXm>. Acesso em: 12 ago. 2018

[355] SUNDFELD, Carlos Ari; CÂMARA, Jacintho Arruda; MONTEIRO, Vera; ROSILHO, André. O valor das decisões do Tribunal de Contas da União sobre irregularidades em contratos. *Revista Direito GV*, São Paulo, v. 13, n. 3, set./dez., 2017, p. 872.

[356] SUNDFELD, Carlos Ari; CÂMARA, Jacintho Arruda; MONTEIRO, Vera; ROSILHO, André. O valor das decisões do Tribunal de Contas da União sobre irregularidades em contratos. *Revista Direito GV*, São Paulo, v. 13, n. 3, set./dez., 2017, p. 870-871.

[357] SUNDFELD, Carlos Ari; CÂMARA, Jacintho Arruda; MONTEIRO, Vera; ROSILHO, André. O valor das decisões do Tribunal de Contas da União sobre irregularidades em con-

2.11.1.1 Autoridade Responsável para Instauração e Responsabilização

No âmbito do TCU, conforme estabelece a própria Constituição Federal, qualquer cidadão poderá dar início a um processo de fiscalização, por meio de uma representação, ou mesmo a utilização do art. 113, da Lei nº 8.666/1993,[358] que versa sobre representações acerca de procedimentos licitatórios ao Tribunal de Contas competente para o julgamento daquela determinada licitação em questão.

O art. 71, IV, da Constituição Federal,[359] dita que o TCU, como órgão auxiliar de fiscalização do Congresso Nacional, exercerá suas funções por iniciativa própria, da Câmara dos Deputados, do Senado Federal, de suas comissões técnicas ou de inquérito, ou por meio de inspeções e auditorias de natureza contábil, financeira, orçamentária, operacional e patrimonial.

Ou melhor, tanto o próprio TCU, seja por provocação de seus Ministros, Ministros-Substitutos e os respectivos servidores das instâncias de controle, como qualquer das entidades mencionadas pela Constituição Federal, ou mesmo qualquer cidadão, partido político, associação civil, entre outros, poderão apresentar representação de irregularidades à Corte de Contas, para que sejam tomadas as devidas providencias até se deliberar

---

tratos. *Revista Direito GV*, São Paulo, v. 13, n. 3, set./dez., 2017, p. 869.

[358] "Art. 113. O controle das despesas decorrentes dos contratos e demais instrumentos regidos por esta Lei será feito pelo Tribunal de Contas competente, na forma da legislação pertinente, ficando os órgãos interessados da Administração responsáveis pela demonstração da legalidade e regularidade da despesa e execução, nos termos da Constituição e sem prejuízo do sistema de controle interno nela previsto. § 1º Qualquer licitante, contratado ou pessoa física ou jurídica poderá representar ao Tribunal de Contas ou aos órgãos integrantes do sistema de controle interno contra irregularidades na aplicação desta Lei, para os fins do disposto neste artigo. § 2º Os Tribunais de Contas e os órgãos integrantes do sistema de controle interno poderão solicitar para exame, até o dia útil imediatamente anterior à data de recebimento das propostas, cópia de edital de licitação já publicado, obrigando-se os órgãos ou entidades da Administração interessada à adoção de medidas corretivas pertinentes que, em função desse exame, lhes forem determinadas".

[359] "Art. 71. O controle externo, a cargo do Congresso Nacional, será exercido com o auxílio do Tribunal de Contas da União, ao qual compete: [...] IV - realizar, por iniciativa própria, da Câmara dos Deputados, do Senado Federal, de Comissão técnica ou de inquérito, inspeções e auditorias de natureza contábil, financeira, orçamentária, operacional e patrimonial, nas unidades administrativas dos Poderes Legislativo, Executivo e Judiciário, e demais entidades referidas no inciso II".

sobre necessidade de devolução ou responsabilização àqueles que causem prejuízos à Administração Pública.

2.11.1.2 Infrações e Sanções Aplicáveis

Para isso, no exercício de suas funções fiscalizatórias, o grau de abrangência de controle do TCU é enorme. A partir do contido na Constituição Federal e na sua Lei Orgânica (Lei nº 8.443/1992), estará sob responsabilidade de fiscalização da Corte de Contas, qualquer caso de aplicação de recursos federais.

A partir de uma análise um pouco mais apurada das infrações expostas na Lei Orgânica do TCU, compreende-se que as seguintes infrações administrativas podem ser aplicadas no curso dos procedimentos junto à Corte de Contas, com a possibilidade de aplicação de sanção pecuniária de multa de R$ 25.000,00 (vinte e cinco mil reais): *a*) contas julgadas irregulares de que não resulte débito (art. 58, I, da Lei nº 8.443/1992); *b*) ato praticado com grave infração à norma legal ou regulamentar de natureza contábil, financeira, orçamentária, operacional e patrimonial (art. 58, II, da Lei nº 8.443/1992); *c*) ato de gestão ilegítimo ou antieconômico de que resulte injustificado dano ao Erário (art. 58, III, da Lei nº 8.443/1992); *d*) não atendimento, no prazo fixado, sem causa justificada, de diligência do Relator ou de decisão do Tribunal (art. 58, IV, da Lei nº 8.443/1992); *e*) obstrução ao livre exercício das inspeções e auditorias determinadas (art. 58, V, da Lei nº 8.443/1992); *f*) sonegação de processo, documento ou informação, em inspeções ou auditorias realizadas pelo Tribunal (art. 58, VI, da Lei nº 8.443/1992); e, *g*) reincidência no descumprimento de determinação do Tribunal (art. 58, VII, da Lei nº 8.443/1992).

O TCU poderá aplicar multa ao responsável pelo prejuízo causado em até 100% (cem por cento) do valor do dano causado ao erário (art. 57, da Lei nº 8.443/1992), a inabilitação para o exercício de qualquer cargo efetivo em provimento por comissão, sempre que o TCU, por maioria absoluta de seus membros, considerar grave a infração cometida, o responsável ficará inabilitado, por um período que variará de cinco a oito anos, (art. 60, da Lei nº 8.443/1992.

Salienta-se que a decisão sobre a existência de irregularidade ou dano em um contrato administrativo, por exemplo, só será definitiva quando tomada em um acórdão condenatório, que é o único meio capaz de gerar a expedição de título executivo para a cobrança judicial da condenação (art. 23, III, alínea *b*, da Lei nº 8.443/1992).[360]

Uma das sanções expostas na Lei nº 8.443/1992 é a declaração de inidoneidade do licitante fraudador para participar, por até cinco anos, de licitação na Administração Pública Federal. Isso porque se discute muito o amplo poder da Corte de Contas em aplicar sanção maior que a prevista na Lei nº 8.666/1993. Parece haver nítida incidência do princípio do *ne bis in idem*, no qual se preconiza a impossibilidade de por conta de o mesmo fato haver mais de uma punição, de natureza igualável, sobre aquele fato.

Discute-se, ainda, a possibilidade de o TCU promover o bloqueio cautelar de bens de pessoas privadas, sem qualquer relação de subordinação com a Administração Pública, buscando a reparação de prejuízos decorrentes da utilização de recursos federais. Para isso, o TCU fundamenta a realização do provimento cautelar de bloqueio com fundamento nos arts. 16, § 2º e 47, da Lei nº 8.443/1992.[361]

Ressalta-se a existência de diversas decisões, no âmbito do TCU, que estabelecem a possibilidade de decretação de indisponibilidade de bens de pessoas físicas e jurídicas alheias à esfera da Administração Pública, em

---

[360] "Art. 23. A decisão definitiva será formalizada nos termos estabelecidos no Regimento Interno, por acórdão, cuja publicação no Diário Oficial da União constituirá: [...] III - no caso de contas irregulares: [...] b) título executivo bastante para cobrança judicial da dívida decorrente do débito ou da multa, se não recolhida no prazo pelo responsável".

[361] "Art. 16. As contas serão julgadas: [...] III - irregulares, quando comprovada qualquer das seguintes ocorrências: a) omissão no dever de prestar contas; b) prática de ato de gestão ilegal, ilegítimo, antieconômico, ou infração à norma legal ou regulamentar de natureza contábil, financeira, orçamentária, operacional ou patrimonial; c) dano ao Erário decorrente de ato de gestão ilegítimo ao antieconômico; d) desfalque ou desvio de dinheiros, bens ou valores públicos. § 1º O Tribunal poderá julgar irregulares as contas no caso de reincidência no descumprimento de determinação de que o responsável tenha tido ciência, feita em processo de tomada ou prestarão de contas. § 2º Nas hipóteses do inciso III, alíneas c e d deste artigo, o Tribunal, ao julgar irregulares as contas, fixará a responsabilidade solidária: a) do agente público que praticou o ato irregular, e b) do terceiro que, como contratante ou parte interessada na prática do mesmo ato, de qualquer modo haja concorrido para o cometimento do dano apurado. [...] Art. 47. Ao exercer a fiscalização, se configurada a ocorrência de desfalque, desvio de bens ou outra irregularidade de que resulte dano ao Erário, o Tribunal ordenará, desde logo, a conversão do processo em tomada de contas especial, salvo a hipótese prevista no art. 93 desta Lei. Parágrafo único. O processo de tomada de contas especial a que se refere este artigo tramitará em separado das respectivas contas anuais".

sua maioria contratados do Poder Público. Isso se fundamentaria em sua competência prevista no art. 71, IX, que permitiria que o órgão ou entidade adote as providências necessárias para o exato cumprimento da Lei.[362]

A possibilidade de bloqueio cautelar de bens, ou seja, sem passar pelo crivo do Poder Judiciário, por parte da Corte de Contas, é tema que ainda não foi pacificado entre os próprios Ministros no âmbito do STF.[363] No mesmo ano de 2017, em duas decisões decorrentes de pedido de medida liminar advindas de bloqueio de bens por parte do TCU, o Min. Marco Aurélio Mello deferiu medida liminar, considerando que a possibilidade de bloquear bens não estaria prevista na Lei Orgânica do TCU, motivo pelo qual os bens da construtora impetrante deveriam ser desbloqueados.[364] Por sua vez, o Min. Luiz Edson Fachin, ao indeferir medida liminar sobre o mesmo tema (poucos meses depois), considerou que seria legítimo a decretação de indisponibilidade de bens por parte do TCU.[365]

---

[362] O TCU considera que o art. 5º, da Lei Orgânica do TCU lhe garante sua competência para a análise dos atos que causem prejuízos ou danos ao Erário, bem como o art. 71, IX, da Constituição Federal, que garante que o TCU assinale prazo para que órgãos ou entidades promovam o exato cumprimento da lei, no caso de irregularidade, motivando, portanto, a incidência do poder cautelar da Corte de Contas, cf. BRASIL. *Tribunal de Contas da União*. Acórdão nº 1.098/2018 – Plenário. Relator: Ministro Augusto Nardes – Processo nº 021.195/2017-0 – Data da sessão: 16/02/2018 – Número da ata: 17/2018).

[363] Ressalta-se que há, no âmbito da Segunda Turma do STF, pronunciamento sobre a possibilidade de decretação de indisponibilidade de bens, cf. BRASIL. *Supremo Tribunal Federal*. MS 33092, Relator: Min. GILMAR MENDES, Segunda Turma, julgado em 24/03/2015, publicado em 17/08/2015).

[364] "Destaco a impropriedade de justificação da medida com base no artigo 44 da Lei Orgânica do Tribunal de Contas da União. O dispositivo está voltado à disciplina da atuação do responsável pelo contrato, servidor público, não abarcando o particular. O exame da Lei nº 8.443/1992 respalda o entendimento. O preceito encontra-se na Seção IV, a qual regula a fiscalização de atos e contratos dos quais resulte receita ou despesa, realizados pelos responsáveis sujeitos à sua jurisdição. A lei direciona a servidor público, não a particular" (BRASIL. *Supremo Tribunal Federal*. MS 35506 MC, Relator: Min. MARCO AURÉLIO, julgado em 08/02/2018, publicado em PROCESSO ELETRÔNICO DJe-025)

[365] "Não assiste razão à Impetrante no que concerne à alegação de que o Tribunal de Contas da União não detém competência para decretar cautelarmente, *inaudita altera pars*, a indisponibilidade de bens suficientes para garantir o ressarcimento do erário, porque o artigo 44 da lei nº 8.443/1992 dirigir-se-ia somente aos responsáveis pelo dinheiro público, e não aos particulares. Esta Corte já assentara em julgados anteriores a plena possibilidade de que a Corte de Contas, no cumprimento de seu mister constitucional, possui competência para

Ainda, debate-se a possibilidade de aplicação da sanção de desconsideração da personalidade jurídica às pessoas jurídicas que venham de causar qualquer tipo de prejuízo à Administração Pública Federal ou durante a aplicação de recursos da União. Contudo, entende-se que essa possibilidade deverá ser restrita às hipóteses de cabimento da desconsideração da personalidade jurídica, expostas no art. 50, do Código Civil,[366] a saber, o abuso da personalidade jurídica, com o desvio de finalidade ou pela confusão patrimonial. [367]

2.11.1.3 Processo Administrativo

No âmbito do TCU, discute-se a aplicabilidade do Código de Processo Civil aos procedimentos administrativos levados a termo pela Corte de Contas, como a contagem de prazos em dias úteis, entre outros provimentos, como a utilização dos precedentes vinculantes do Poder Judiciário no âmbito de suas decisões. No Regimento Interno do TCU, não há menção expressa sobre a possibilidade de aplicação subsidiária do CPC.[368]

---

decretar a indisponibilidade de bens, diante de circunstâncias graves e que se justifiquem pela necessidade de proteção efetiva ao patrimônio público. Nesse sentido, em caso que também envolvia a apuração de superfaturamentos em contratos firmados pela Petrobras, a Segunda Turma do Supremo Tribunal Federal entendeu, por votação unânime, no julgamento do Mandado de Segurança nº 33.092, de relatoria do Min. Gilmar Mendes, que a medida cautelar estava devidamente justificada tanto pelo poder geral de cautela que detém o Tribunal de Contas, quanto pela excepcional gravidade dos fatos apurados" (BRASIL. *Supremo Tribunal Federal*. MS 35158 MC, Relator: Min. EDSON FACHIN, julgado em 10/05/2018, publicado em 15/05/2018)

[366] "Art. 50. Em caso de abuso da personalidade jurídica, caracterizado pelo desvio de finalidade, ou pela confusão patrimonial, pode o juiz decidir, a requerimento da parte, ou do Ministério Público quando lhe couber intervir no processo, que os efeitos de certas e determinadas relações de obrigações sejam estendidos aos bens particulares dos administradores ou sócios da pessoa jurídica".

[367] Observa-se que a possibilidade de desconsideração da personalidade jurídica no âmbito do TCU é questionável e já foi objeto de impugnação no STF. Ainda que em sede de medida liminar em mandado de segurança, o Min. Celso de Mello considerou que o Plenário do STF ainda não havia se pronunciado sobre a legalidade e higidez de aplicação da desconsideração da personalidade jurídica, motivo pelo qual deferiu medida liminar suspensiva até o julgamento de mérito por parte do plenário da Corte Suprema, cf. BRASIL. *Supremo Tribunal* Federal. MS 32494 MC, Relator: Min. CELSO DE MELLO, julgado em 11/11/2013, publicado em PROCESSO ELETRÔNICO DJe-224 DIVULG 12/11/2013 PUBLIC 13/11/2013.

[368] MOREIRA, Egon Bockmann. O novo Código de Processo Civil e sua aplicação no processo

Entretanto, quanto aos procedimentos administrativos internos da Corte Contas, o STF já definiu que não se aplica ao TCU a Lei nº 9.784/1999 (Lei de Processo Administrativo Federal), por conta da especialidade do regime jurídico previsto na Lei Orgânica do TCU.[369] Assim sendo, no âmbito dos procedimentos administrativos sancionatórios conduzidos pelo TCU, aplica-se, primordialmente, a estrutura de ritos e procedimentos exposta pela Lei Orgânica do TCU e, consequentemente, naquilo que couber, o Código de Processo Civil.

2.11.1.4 Regime de Responsabilização

Observa-se que o ânimo volitivo para análise das infrações expostas na Lei Orgânica do TCU e a imposição das sanções administrativa se dá pelo critério subjetivo, ou seja, a título de verificação de dolo ou culpa do agente. Esse parece ser o que a própria Constituição Federal parece reconhecer, ao estabelecer que a aplicação de sanções deve estar diretamente conectada com a gravidade do dano e devidamente individualizada.[370]

Isso se reforça pela nova redação da LINDB, inserida pela Lei nº 13.655/2018, que estabeleceu que os agentes públicos responderão pessoalmente por suas decisões ou opiniões técnicas em caso de dolo ou erro grosseiro.[371] O art. 28, da LINDB, reforça a necessidade de que, na responsabilização de agentes públicos por parte do TCU, haja o devido coteja-

---

administrativo. *RDA*, Rio de Janeiro, v. 233, set./dez., 2016, p. 322.
369 "No julgamento do MS 25.641 (Rel. Min. Eros Grau, Pleno, DJe de 22.02.2008), o Tribunal reconheceu que o processo de tomada de contas instaurado perante o Tribunal de Contas da União é regido pela Lei 8.443/1992, que consubstancia norma especial em relação à Lei 9.784/99" (BRASIL. *Supremo Tribunal Federal*. MS 26297 AgR, Relator: Min. EDSON FACHIN, Segunda Turma, julgado em 17/03/2017, ACÓRDÃO ELETRÔNICO DJe-090)
370 Esse é o entendimento conferido pelo próprio Tribunal de Contas da União: "De início, registre-se que assiste inteira razão ao Ministério Público quanto à aferição da responsabilidade no âmbito deste Tribunal. Deveras, o dolo e ao menos a culpa afiguram-se como pressupostos indispensáveis à responsabilização do gestor por qualquer ilícito praticado. O fato de o ônus de provar a correta aplicação dos recursos caber ao administrador público (art. 93 do Decreto-lei n.º 200/1967) não faz com que a responsabilidade deixe de ser subjetiva e torne-se objetiva.' (ênfase acrescida pela Serur)" (BRASIL. *Tribunal de Contas da União*. Acórdão nº 1.247/2006 – Primeira Câmara – Relator: Min. Guilherme Palmeira – Processo nº 001.796/2000-4 – Data da sessão: 16/05/2006).
371 "Art. 28. O agente público responderá pessoalmente por suas decisões ou opiniões técnicas em caso de dolo ou erro grosseiro".

mento entre a conduta do agente público, a partir do liame subjetivo de sua conduta, a partir da existência de dolo ou erro grosseiro.

2.11.1.5 Visão de Combate à Corrupção

Acredita-se que a visão de combate à corrupção adotada pelo TCU encaixa-se no perfil do *panóptico*, isso dado que a Corte de Contas atua como amplo revisor do mérito de decisões administrativas, especialmente no que tange à existência de constantes auditorias e fiscalização por parte do TCU aos órgãos e entidades da Administração Pública federal.

Além disso, o TCU tem desempenhado funções de controle que o órgão costuma não realizar anteriormente, com a ampliação da importância de suas decisões, por exemplo, para empreendimentos públicos e processos de desestatização. Tem-se tornado comum que, antes da realização de uma determinação de grande vulto na Administração Pública, as minutas dos editais de licitação sejam remetidas à Corte de Contas para análise e eventuais recomendações para o suprimento de eventuais ilegalidades no seu entendimento.

2.11.1.6 Contributo para o Combate à Corrupção

O exercício do poder de controle externo pelos Tribunais de Contas, especialmente o Tribunal de Contas da União (TCU), teve muita importância para o descobrimento de diversas fraudes ou esquemas de corrupção que envolviam a Administração Pública Federal ou a mesmo na aplicação fraudulenta de recursos federais.

Recentemente, o TCU promoveu diversos concursos públicos para cargos técnicos especializados, o que demonstra o seu empenho na profissionalização do exercício de seu poder de fiscalização da atividade do Poder Público. Seu crescente papel no combate à corrupção é inegável. Todavia, entende-se que há certa hipertrofia em seu papel fiscalizatório.

O TCU toma para si diversas discussões de natureza eminentemente técnica que, por vezes, quedou por se substituir ao administrador público. Tome-se como exemplo discussões de ordem regulatória, como no caso de discussões envolvendo agências reguladoras. Por vezes, o TCU expede recomendações desprovidas de respaldo técnico ou jurídico. "Não é raro uma decisão do TCU ultrapassar seus limites legais, ou ser superficial ou pouco neutra, o que às vezes acaba gerando sua revisão posterior pelo próprio Tribunal".[372]

No exercício da atividade fiscalizatória, o TCU vem realizando controle considerável do mérito das decisões das agências reguladoras brasileiras. Ressalta-se os recentes Acórdãos nº 1.446/2018 [373] e 1.704/2018, ambos do Plenário do TCU,[374] que determinaram o controle de legalidade de Decreto

---

[372] SUNDFELD, Carlos Ari; CÂMARA, Jacintho Arruda; MONTEIRO, Vera; ROSILHO, André. O valor das decisões do Tribunal de Contas da União sobre irregularidades em contratos. *Revista Direito GV*, São Paulo, v. 13, n. 3, set./dez., 2017, p. 878.

[373] "Embora entenda assistir razão à unidade instrutora, sobretudo porque, de fato, a depender da aplicação que seja dada ao Decreto 9.048/2017, pode-se incorrer em afronta ao ordenamento jurídico, reforço mais uma vez que não há nesses autos exame de decreto regulamentar em caráter abstrato. Isso porque o que se está examinando são os atos e procedimentos dos órgãos e entidades competentes com objetivo de dar concretude ao regulamento. No exercício desse mister, ao examinar a conformidade de atos e procedimentos com indícios de irregularidades, não pode o julgador se furtar de verificar se as normas que os amparam encontram supedâneo no quadro normativo vigente, ou seja, a Constituição Federal e as leis que disciplinam o setor portuário, as delegações de serviço público e os termos das licitações e dos contratos administrativos, ainda que em caráter meramente incidental. Ao esquadrinhar a juridicidade do regulamento, contudo, deve-se ter certa deferência ao princípio de presunção de validade das normas e, mais ainda, de conservação das normas. Dito de outra maneira, existindo uma interpretação possível e regular para certos institutos previstos na norma, essa interpretação deve prevalecer e as medidas administrativas a serem adotadas devem garantir esse sentido para a norma, no intuito de preservá-la. Nesse sentido, o esforço desta decisão é extrair de cada dispositivo questionado a interpretação que melhor o compatibilize com o ordenamento jurídico. [...] Nesse contexto, saliento que uma vez que os atos e procedimentos acompanhados ainda estavam em curso, ou seja, não aperfeiçoados, não há que se falar em irregularidade consumada. Assim, o grande objetivo do trabalho é o de prevenir riscos na aplicação das modificações introduzidas pelo novel regulamento" (BRASIL. *Tribunal de Contas da União*. Acórdão nº 1.446/2018 – Plenário. Relator: Ministro Bruno Dantas – Processo: 030.098/2017-3 – Data da sessão: 26/06/2018 – Número da ata: 24/2018).

[374] "Nessa seara, sob os pontos de vista tanto da legalidade como da legitimidade, lhe é autorizado analisar a aderência de eventual opção regulatória adotada pela Antaq em relação ao correspondente ordenamento jurídico vigente. Isso envolve, por certo, a avaliação, nesses estritos termos, de normativos atinentes à regulamentação de questões de cunho finalístico da entidade, mormente aqueles elaborados com vistas a dar solução a conflitos econômicos existentes na esfera de atuação da Agência, como é o caso sob exame nestes autos. Tal procedimento de controle não significa intromissão na autonomia funcional da Antaq, que mantém sob sua exclusiva competência e responsabilidade a prerrogativa de dispor dos diferentes

do Presidente da República nº 9.048/2017 (Decreto de Portos), considerando ilegal em diversos pontos e decisão que terminou que a Agência Nacional de Transportes Aquaviários (Antaq).

Em certa medida, a edição da Lei nº 13.655/2018, que acresceu novas disposições à Lei de Introdução às Normas do Direito brasileiro (LINB) sobre segurança jurídica e eficiência na criação e aplicação do Direito Público, promoverá, certamente, significativas alterações na interpretação da legislação por parte do TCU e de outros órgãos, nomeadamente no que tange à declaração de ilegalidade de contratos administrativos.[375]

A Lei nº 13.655/2018 estabeleceu critérios interpretativos às esferas controladoras, judicial e administrativa na aplicação do direito público. Realça-se que há um quadro de ampla insegurança jurídica na aplicação do direito por parte das instâncias de controle brasileira.

Deste modo, acredita-se que a aplicação das disposições da LINDB atinentes ao exercício do poder de controle da Administração Pública trará maior segurança jurídica aos servidores públicos, gestores e empresas que se relacionam com o Poder Público, em particular no que tange ao exercício do controle exercido pelo TCU.

---

instrumentos regulatórios da melhor maneira que lhe convier – sempre de forma motivada e visando à satisfação do interesse público –, sem se submeter ao juízo de valoração subjetiva da escolha pelo TCU. Todavia, e como discricionariedade não significa arbitrariedade, os atos emanados pela Agência podem vir a ser corrigidos por determinação deste Tribunal quando identificado qualquer desvio a preceitos legais aplicáveis, ou mesmo omissão no tratamento concedido à matéria sob sua tutela. Nesse sentido, dispõem os acórdãos 2.121/2017-TCU--Plenário, 644/2016-TCU-Plenário, 402/2013-TCU-Plenário, 2.302/2012-TCU-Plenário, 1.201/2009-TCU-Plenário e 715/2008-TCU-Plenário" (BRASIL. *Tribunal de Contas da União*. Acórdão nº 1.704/2018 – Plenário – Relatora: Ministra Ana Arraes – Processo: nº 014.624/2014-1 – Data da sessão: 25/07/2018 – Número da ata: 28/2018).

[375] A Lei nº 13.655/2018 incluiu à LINDB o art. 23, que estabelece, por exemplo, um importante regime de transição no caso de declaração de nulidade de um contrato administrativo: "Art. 23. A decisão administrativa, controladora ou judicial que estabelecer interpretação ou orientação nova sobre norma de conteúdo indeterminado, impondo novo dever ou novo condicionamento de direito, deverá prever regime de transição quando indispensável para que o novo dever ou condicionamento de direito seja cumprido de modo proporcional, equânime e eficiente e sem prejuízo aos interesses gerais".

2.12 Conclusões Parciais - Existência ou não de um Sistema Administrativo de Combate à Corrupção?

A análise empreendida no capítulo 2 centrou-se somente nos mecanismos administrativo-sancionatórios que se destinam, direta ou indiretamente a combater a corrupção, os resultados não levaram em consideração a relevância de outras esferas de combate à corrupção, tais como os mecanismos penais ou cíveis de combate à corrupção, especialmente a Lei de Improbidade Administrativa (Lei nº 8.429/1992) ou os crimes contra a Administração Pública. A escolha se deu por critérios eminentemente *metodológicos*, de modo a manter a coerência na análise jurídica dos mecanismos administrativo-sancionatórios à disposição da Administração Pública brasileira, cuja análise restringiu-se à esfera da União.

Ademais, o exame empreendido pelo presente capítulo não pretende ser prescritiva, ou mesmo proporcionar um modelo de sistema administrativo de combate à corrupção. O objetivo tentado foi realizar um exame eminentemente *descritivo* dos principais mecanismos administrativos elegidos que se destinam a combater direta ou diretamente a corrupção, de forma a compreendê-los a partir da ideia de sistema normativo.

Com base no julgamento realizado, o diagnóstico se deu partir de cinco critérios identificadores de cada um dos regimes jurídico-sancionatórios escolhidos pelo trabalho (1) autoridade responsável para instauração e responsabilização, (2) infrações e sanções aplicáveis; (3) processo administrativo; (4) regime de responsabilização; e, (5) visão de combate à corrupção, parece haver um regime comum de responsabilidade administrativa, havendo algumas mudanças e diferenças quanto ao último item, no que tange à visão de combate à corrupção normalmente adotada em cada um desses itens.

Quanto aos mecanismos comuns à toda Administração Pública, especialmente no que tange à responsabilização de agentes públicos com base na Lei nº 8.112/1990 e na responsabilização de pessoas jurídicas por fraudes na execução de contratos, com fundamento na Lei nº 8.666/1993, parece haver uma sintonia entre estes. Ambos os atos normativos preveem similitudes quanto à autoridade responsável pela instauração e responsabilização, o processo administrativo e o regime de responsabilização, a partir do liame subjetivo (dolo ou culpa) de avaliação da conduta, seja tanto do servidor público ou da pessoa física ou jurídica contratada, com fundamento na Lei nº 8.666/1993. Sobre a visão de combate à corrupção adotada pela Lei nº 8.112/1990 esta aproxima-se da visão *progressista* de combate à corrupção, enquanto que a estrutura maximalista adotada pela Lei nº 8.666/1993 a aproxima da visão de combate à corrupção do *panóptico*.

A respeito das instituições responsáveis pelo exercício e administração dos mecanismos de combate administrativo à corrupção, elegeu-se a Controladoria-Geral da União (CGU) como órgão representativo do Poder Executivo Federal, o Conselho Nacional de Justiça (CNJ), enquanto instância de controle do Poder Judiciário nacional e o Tribunal de Contas da União, como entidade de auxílio e controle externo da Administração Pública do Congresso Nacional.

A partir dos mecanismos administrativos de combate à corrupção apresentados acima, compreende-se que há uma certa *unicidade* e *coerência* no tratamento administrativo conferido à corrupção (a partir dos postulados de Claus Wilhehm-Canaris apresentados no item 2.1). A existência um sistema normativo pressupõe que os desígnios da *unidade* e *coerência* estejam presentes.

Os instrumentos administrativos de combate à corrupção analisados (PAD, infrações e sanções da lei nº 8.666/1993, sanções e infrações da LOMAN e as sanções e infrações aplicadas pelo TCU) parecem possuir uma *unidade* e *coerência* no que tange ao tratamento jurídico e apuração das infrações administrativa. De tal modo, parece haver *coerência* e *unidade* no que tange ao tratamento jurídico dos instrumentos administrativos de combate à corrupção quanto ao seu regime jurídico, o seu processo administrativo e o liame subjetivo (dolo ou culpa) de apuração e responsabilização dos agentes. Todos os instrumentos estudados regem-se pelo liame subjetivo de responsabilização (necessidade de verificação dolo ou culpa do agente para a ocorrência do resultado), havendo *unidade* e *coerência* quanto ao regime jurídico dos instrumentos administrativos de combate à corrupção.

De outro lado, não se verificou que os instrumentos administrativos que pretendem conter a corrupção são organizados de maneira sistêmica, ou mesmo de maneira integrada. Admite-se, perfeitamente, que distintas instâncias administrativas, integrantes de diferentes esferas de Poder possam verificar, ao mesmo tempo, uma conduta lesiva e danosa. Basta pensar o exemplo de uma empresa que venha a causar um prejuízo à Administração Pública, na execução de um contrato administrativo, venha a ser sancionada tanto pela entidade contratante, a CGU ou mesmo o TCU.

Isso demonstra a inexistência de uma sintonia ou mesmo coordenação das esferas de controle da Administração Pública.

Por esse motivo, assim, acredita-se que a hipótese aventada no trabalho confirma-se *parcialmente*, já que os órgãos e instrumentos administrativos parecem possuir uma *unidade* e *coerência* no que tange à esfera normativa ou do regime jurídico-administrativo. Não parece haver graves incoerências quanto aos critérios de análise propostos. Porém, não se pode afirmar a existência de um sistema administrativo de combate à corrupção no que se refere à sua integração ou atuação coordenada, tal como preconiza o próprio art. 74, *caput*, da Constituição Federal.

Capítulo 3
A Lei Anticorrupção e o seu Regime Jurídico Sancionatório

A partir das premissas apresentadas no capítulo 2, ao se dissertar a respeito dos mecanismos administrativos de combate à corrupção, a partir de uma perspectiva mais holística ou sistêmica, pretende-se analisar o regime geral de responsabilização administrativa e judicial da Lei nº 12.846/2013 (Lei Anticorrupção).

Primeiramente, busca-se compreender o contexto geral de formulação da Lei Anticorrupção, especialmente após uma série de protesto no mês de junho de 2013, que desencadeou na rápida aprovação pelo Congresso Nacional da referida norma. A partir disto, percebe-se que o contexto de reforma instalado pela Lei Anticorrupção está em direta conexão com os fundamentos a respeito da reforma do Estado e o combate à corrupção realizada de maneira meramente "reativa".

Como a Lei Anticorrupção baseia-se em um sistema objetivo de responsabilização da pessoa jurídica, buscar-se-á compreender as possibilidades de aferimento da conduta da pessoa jurídica, especialmente a partir do estabelecimento de sanções administrativas e judiciais, como a multa, a desconsideração da personalidade jurídica, as próprias infrações que ensejam no estabelecimento de pesadas sanções à pessoa jurídica. Discute-se a compatibilidade destas sanções como aquelas normalmente estabelecidas pelos mecanismos administrativos de combate à corrupção, apresentados no capítulo 2, bem como as vicissitudes e defeitos a partir desta perspectiva sistêmica.

3.1 Histórico, Origens e Influências

Primeiramente, é preciso destacar que a Lei Anticorrupção brasileira originou-se de uma proposta legislativa formulada pela Presidência da República no governo do Presidente Luiz Inácio Lula da Silva, especialmente a CGU, para a regulamentação da responsabilidade de pessoas jurídicas pela prática de atos ilícitos contra a Administração Pública, no que tange à prática de fraudes e corrupção em licitações e contratos administrativos.[376]

Segundo a Mensagem do Poder Executivo, existiriam lacunas no ordenamento jurídico que impediriam o alcance do patrimônio de pessoas jurídicas para a obtenção dos prejuízos causados por atos que beneficiem, direta ou indiretamente, a pessoa jurídica.

Para isso, a Mensagem destaca que a utilização da responsabilidade objetiva da pessoa jurídica é fundamental, porque afasta qualquer discussão sobre a culpa do agente na infração. Uma vez comprovados o fato, o resultado e o nexo causal entre eles: "Evita-se, assim, a dificuldade probatória de elementos subjetivos, como a vontade de causar um dano, muito comum na sistemática geral e subjetiva de responsabilização de pessoas naturais".[377]

A opção pela responsabilização administrativa e civil da pessoa jurídica seria a opção, porque o Direito Penal não ofereceria mecanismos efetivos e céleres para punir as sociedades empresariais, que seriam as diretamente interessadas pelos atos de corrupção. Haveria, por exemplo, a impossibilidade de responsabilização da pessoa jurídica no âmbito penal, ressalvada a previsão do art. 225, § 3º, da Constituição Federal e por crimes ambientais (Lei nº 9.605/1998).[378]

A Mensagem do Poder Executivo ainda menciona a ampla influência do regime de sanções da Lei nº 8.884/1994 (Sistema Brasileiro de Defesa da Concorrência - SBDC),[379] de modo a "destacar que os bons resultados apre-

---

[376] A respeito da tramitação da Lei Anticorrupção no Poder Legislativo, cf. RIBEIRO, Márcio de Aguiar. *Responsabilização administrativa de pessoas jurídica à luz da Lei Anticorrupção Empresarial*. Belo Horizonte: Fórum, 2017, p. 22-23.

[377] BRASIL. *Câmara dos Deputados*. Mensagem nº 52/2010, do Poder Executivo. Brasília: Câmara dos Deputados, 2010. Disponível em: <https://goo.gl/8HGa6F>. Acesso em 02 de ago. de 2018.

[378] "Art. 3º As pessoas jurídicas serão responsabilizadas administrativa, civil e penalmente conforme o disposto nesta Lei, nos casos em que a infração seja cometida por decisão de seu representante legal ou contratual, ou de seu órgão colegiado, no interesse ou benefício da sua entidade".

[379] Atualmente, o Sistema Brasileiro de Defesa da Concorrência e o funcionamento do Conse-

sentados por esse Sistema informam a redução de dispositivo da presente proposta legislativa, como os parâmetros monetários para a fixação da multa".[380]

A justificativa para a adoção do Projeto de Lei, por parte do Congresso Nacional, foi a existência de diversos compromissos internacionais assumidos pela República Federativa do Brasil, nomeadamente a punição de atos prejudiciais aos Estados Estrangeiros, como se aprofundará no tópico a seguir.

3.1.1 Tratados Internacionais de Combate à corrupção e a Lei nº 12.846/2013

A edição da Lei Anticorrupção teve muita influência dos Tratados Internacionais de Combate à Corrupção, nomeadamente a Convenção da OCDE sobre o combate à corrupção, a Convenção Interamericana da OEA, a Convenção da ONU contra a corrupção e a Convenção da ONU sobre delinquência organizada transnacional.

A Convenção das Nações Unidas contra a Corrupção, promulgada no Brasil por meio do Decreto Presidencial nº 5.687/2006, determina expressamente, em seu art. 26,[381] que os Estados signatários adotem em seus ordenamentos jurídicos técnicas de responsabilização das pessoas jurídicas de maneira distinta da responsabilização das pessoas físicas quanto aos delitos de corrupção. Inegável, assim, o papel que os Tratados Internacionais desempenham no combate à corrupção.

Ainda se menciona a Convenção sobre o Combate da Corrupção de Funcionários Públicos Estrangeiros em Transações Comerciais Internacionais da Organização para a Cooperação e Desenvolvimento Econômico

---

lho Administrativo de Defesa Econômica (CADE) são regidos pela Lei nº 12.529/2011. Sobre as mudanças entre a Lei nº 8.884/1994 e a Lei nº 12.529/2011, cf. MARRARA, Thiago. *Sistema Brasileiro de Defesa da Concorrência*. São Paulo: Atlas, 2015, p. 159-160.

[380] BRASIL. *Câmara dos Deputados*. Mensagem nº 52/2010, do Poder Executivo. Brasília: Câmara dos Deputados, 2010. Disponível em: <https://goo.gl/8HGa6F>. Acesso em 02 de ago. de 2018.

[381] "Artigo 26 - Responsabilidade das pessoas jurídicas - 1. Cada Estado Parte adotará as medidas que sejam necessárias, em consonância com seus princípios jurídicos, a fim de estabelecer a responsabilidade de pessoas jurídicas por sua participação nos delitos qualificados de acordo com a presente Convenção; 2. Sujeito aos princípios jurídicos do Estado Parte, a responsabilidade das pessoas jurídicas poderá ser de índole penal, civil ou administrativa; 3. Tal responsabilidade existirá sem prejuízo à responsabilidade penal que incumba às pessoas físicas que tenham cometido os delitos; 4. Cada Estado Parte velará em particular para que se imponham sanções penais ou não-penais eficazes, proporcionadas e dissuasivas, incluídas sanções monetárias, às pessoas jurídicas consideradas responsáveis de acordo com o presente Artigo".

– OCDE (Decreto Presidencial nº 3.678/2000) e a Convenção Interamericana contra a Corrupção (Decreto Presidencial nº 4.410/2002).

Não obstante, é de se observar que a Lei Anticorrupção tratou de disciplinar a questão da Administração Pública estrangeira e o suborno a funcionários públicos estrangeiro. Esta é uma exigência específica da Convenção das Nações Unidas contra a Corrupção (Convenção de Mérida – Decreto Presidencial nº 5.687/2006).[382]

A definição de Administração Pública estrangeira para fins de persecução já existia no ordenamento jurídico brasileiro. O Código Penal, por conta da obrigação internacional contraída pelo Brasil (Convenção sobre o Combate da Corrupção de Funcionários Públicos Estrangeiros em Transações Comerciais Internacionais – Decreto nº 3.678/2000), traz o conceito de Administração Pública estrangeira:

Vicente Greco Filho e João Daniel Rassi observam que o conceito de Administração Pública estrangeira, para fins de compreensão do art. 5º, § 1º, da Lei nº 12.846/2013, aproxima-se do conceito trazido pelo Código Penal: "Nesse aspecto, inclusive, o art. 5º, § 1º, da chamada 'Lei Anticorrupção' (Lei n. 12.846/2013) colabora com o interprete penal para a definição do conceito de Administração Pública estrangeira".[383]

A influência dos Tratados Internacionais na América Latina é considerada por alguns autores como um modelo não muito adequado para países

---

[382] "Artigo 16 - Suborno de funcionários públicos estrangeiros e de funcionários de organizações internacionais públicas 1. Cada Estado Parte adotará as medidas legislativas e de outras índoles que sejam necessárias para qualificar como delito, quando cometido intencionalmente, a promessa, oferecimento ou a concessão, de forma direta ou indireta, a um funcionário público estrangeiro ou a um funcionário de organização internacional pública, de um benefício indevido que redunde em seu próprio proveito ou no de outra pessoa ou entidade com o fim de que tal funcionário atue ou se abstenha de atuar no exercício de suas funções oficiais para obter ou manter alguma transação comercial ou outro benefício indevido em relação com a realização de atividades comerciais internacionais. 2. Cada Estado Parte considerará a possibilidade de adotar medidas legislativas e de outras índoles que sejam necessárias para qualificar como delito, quando cometido intencionalmente, a solicitação ou aceitação por um funcionário público estrangeiro ou funcionário de organização internacional pública, de forma direta ou indireta, de um benefício indevido que redunde em proveito próprio ou no de outra pessoa ou entidade, com o fim de que tal funcionário atue ou se abstenha de atuar no exercício de suas funções oficiais".

[383] GRECO FILHO, Vicente; RASSI, João Daniel. *O combate à corrupção e comentários à Lei de Responsabilidade de Pessoas Jurídicas*. São Paulo: Saraiva, 2015, p. 163.

marcados pela desigualdade e diferenças sociais significativas. A replicação dos mecanismos de combate à corrupção, por exemplo, na Convenção da OEA e a OCDE de combate à corrupção, utiliza a FCPA norte-americana como o seu modelo básico, o que poderia desconsiderar as especificidades de cada país, sobretudo as questões culturais envolvidas em cada um dos desses locais.[384]

De tal modo, a Lei Anticorrupção é decorrência direta dos mecanismos internacionais de combate à corrupção, no sentido de conter a criminalidade moderna, caracterizada pela cada vez maior sofisticação de estratagemas para a ocorrência da corrupção.

A Lei nº 12.846/2013 nada mais é do que a concretização de diversos compromissos internacionais assumidos pelo Brasil, no sentido de promover o combate à corrupção em face de ilícitos cometidos pelas pessoas jurídicas, consideradas como quase imunes à responsabilização em decorrência de casos de corrupção. Além da influência dos acordos internacionais de combate à corrupção para a sua concretização, a aprovação da Lei nº 12.846/2013, pelo Poder Legislativo brasileiro, teve direta influência, também, de pressões da sociedade civil organizada, tal como se verá a seguir.

3.1.2 Os Protestos de Julho de 2013 e a Rápida Resposta do Congresso Nacional

Após uma série de protestos que reivindicavam melhores condições de vida à população brasileira, o Congresso Nacional vislumbrou que o Projeto de Lei nº 6.826/2010 poderia ser uma solução e uma resposta aos clamores populares por melhor enfrentamento ao combate à corrupção.

A partir do levantamento apresentado na tabela abaixo, percebe-se que a tramitação do PL nº 6.826/2010 teve rápida tramitação no Poder Legislativo, especialmente no Congresso Nacional após os protestos de julho de 2013.

---

[384]HUSTED, Bryan. W. Culture and International Anti-Corruption Agreements in Latin America. *Journal of Business Ethics*, v. 37, 2002, p. 421.0

Tabela 2 – Tempo de tramitação da Lei nº 12.846/2013

Esfera de tramitação	Número	Data de entrada na casa	Data de Aprovação ou sanção	Número de dias de tramitação
Câmara dos Deputados	Projeto de Lei nº 6.826/2010 – Câmara dos Deputados	18/02/2010	11/06/2013	1217 dias – 173 semanas – Aproximadamente 3,5 anos
Senado Federal	Projeto de Lei da Câmara nº 39/2013	19/06/2013	04/07/2013	15 dias – 2 semanas
Presidência da República	Presidência	12/07/2013	01/08/2013	20 dias – 2 semanas até a sanção e publicação no DOU

Figura 1 - Tempo total de tramitação da Lei nº 12.846/2013 (em dias)

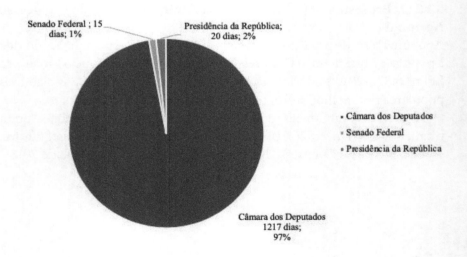

Além da aprovação do PL que concretizou a Lei Anticorrupção, no mesmo passo, o Congresso Nacional aprovou o Projeto de Lei do Senado Federal nº 150/2006, que se tornou na Lei nº 12.850/2013, que define o conceito de organização criminosa e trouxe novos contornos às investigações criminais, a partir do instituto da colaboração premiada, entre outros.[385]

Como se verificou, boa parte dos expedientes utilizados por diversas operações policiais desde o ano de 2013, que buscaram combater à corrupção, valeram-se da Lei nº 12.850/2013, que se demonstrou em um importante mecanismo de combate à corrupção a partir da possibilidade de colaboração dos agentes de organizações criminosas, concedendo uma espécie de benesse no caso de colaboração.[386]

Ou seja, os protestos ocorridos no Brasil em julho de 2013 tiveram direta influência para a aprovação do PL nº 6.826/2010, sancionado posteriormente na Lei nº 12.846/2013, como se percebe dos dados acima, que demonstram a rápida tramitação do Projeto de Lei pela Câmara dos

---

[385] O Projeto de Lei do Senado nº 150/2006, de autoria da Senadora Serys Slhessarenko (então do PT-MT), esclarece que a proposta legislativa diferenciava-se das demais, pois a associação não parecia ser exclusiva ao crime organizado: Por esse motivo, a utilização de novos meios de combate à corrupção deveriam ser implementados, já que haveria uma inegável dissociação entre o crime organizado e a corrupção: "Sabe-se, ainda, que crime organizado, para que possa atingir seu escopo, emprega determinados modos de execução. Há um espectro muito amplo de modus operandi. Frequentemente, vale-se da violência, da força intimidativa, da manobra fraudulenta, do tráfico de influência ou mesmo de atos de corrupção. Infelizmente, não há como negar a estreita ligação entre o crime organizado e a corrupção" (BRASIL. *Senado Federal*. Projeto de Lei do Senado nº 150, de 2006. Brasília: Senado Federal, 2006. Disponível em: <https://goo.gl/SLFomz>. Acesso em 20 de ago. de 2018).

[386] Sobre a importância da Lei nº 12.850/2013, Paulo César Busato e Cezar Roberto Bittencourt comentam que a Lei de Organizações Criminosas é parte integrante de um contexto de utilização dos meios de combate à criminalidade como uma solução para os problemas sociais brasileiros. Na visão dos autores, a utilização de expedientes mais rígidos, que se desvinculam dos dogmas clássicos do Direito Penal, é uma constante dos tempos atuais, com a desvinculação dos expedientes mais rígidos do Direito Penal (BITENCOURT, Cezar Roberto; BUSATO, Paulo César. *Comentários à Lei de Organização Criminosa*. São Paulo: Saraiva, 2014, p. 18-23). Segundo dados da Diretoria de Investigação e Combate ao Crime Organizado (DICOR), da Polícia Federal, as prisões por corrupção desde o ano de 2013 cresceram 288%, o que demonstra a relação entre a edição da Lei nº 12.850/2013 e o aumento das prisões que se destinam a combater a corrupção (GODOY, Marcelo; DRAMATTI, Daniel. Desde 2013, prisões por corrupção crescem 288%. *Estado de S. Paulo*, São Paulo, 25 de jun. de 2017. Disponível em: <https://goo.gl/j3wR44>. Acesso em 20 de ago. de 2018).

Deputados e pelo Senado Federal. De outro bordo, a Lei Anticorrupção suspostamente busca suprir algumas lacunas existentes no ordenamento jurídico brasileiro, especialmente no que se refere à responsabilização de pessoas jurídicas por ocorrência de corrupção, o que é objeto de exame específico no ponto seguinte.

3.2 Por que a Denominação Lei Anticorrupção?

Desde a sua edição no ano de 2013, a Lei nº 12.846/2013 vem sendo denominada simplesmente como "Lei Anticorrupção" ou "Lei da Empresa Limpa" (nomenclatura utilizada constantemente pela CGU). A sua publicação significou uma alteração no regime de responsabilização das pessoas jurídicas no direito administrativo sancionatório brasileiro.

Muito embora, como já se verificou anteriormente, as pessoas jurídicas poderiam responder por prejuízos cometidos à Administração Pública no âmbito da execução de contratos públicos, por exemplo, no caso de prejuízos causados ao Poder Público que venham a ser apurados em um contrato administrativo regido pela Lei nº 8.666/1993, os instrumentos administrativos então existentes seriam incapazes de combater a corrupção em face de pessoas jurídicas.

Conforme elucida Sebastião Botto de Barros Tojal, a Lei Anticorrupção "traz ao ordenamento jurídico a responsabilização – objetiva – da pessoa jurídica. As normas anteriores que tratavam do assunto – penais e cíveis – tinham como sujeito passivo precipuamente as pessoas naturais".[387]

Em que pese quando da edição da Lei de Improbidade Administrativa (Lei nº 8.429/1992) também ter sido denominada por certos setores como "Lei Anticorrupção",[388] a Lei nº 12.846/2013 estabeleceu um importante regime de responsabilização às pessoas jurídicas, antes inexistente. Egon Bockmann Moreira e Andreia Bagatin elucidam que os objetivos da Lei Anticorrupção são bastante claros, buscando a supressão das lacunas existentes no sistema jurídico brasileiro, principalmente a "ausência sen-

---

[387] TOJAL, Sebastião Botto de Barros. Interpretação do artigo 30 da Lei 12.846/2013. *Revista dos Tribunais*, v. 947, São Paulo: Editora RT, set., 2014, p. 281.

[388] GATTO, Ruy Alberto. A atuação do Ministério Público em face da Lei nº 8.429/1992 (Lei Anticorrupção). *Justitia*, São Paulo, v. 55, jan;/mar., 1993, p. 54-56 e SANTOS, Luis Cláudio Almeida. Reflexões sobre a Lei nº 8.429/1992: 'lei anti-corrupção'. Revista do Ministério Público do Estado de Sergipe, Aracaju, v. 3, n. 5, 1993, p. 25-32.

tida no sistema brasileiro de responsabilidade civil-administrativa: muito embora as pessoas físicas respondessem por seus atos, as jurídicas eram quase imunes a isso"[389], pelo simples motivo de que as pessoas jurídicas não poderiam ser autoras de um crime.[390]

Pelo simples fato de que as pessoas jurídicas seriam imunes à responsabilização penal, a Lei Anticorrupção prevê um regime de responsabilização administrativa e judicial da pessoa jurídica, que prevê pesadas sanções administrativas àquelas que cometerem atos considerados prejudiciais à Administração Pública.

3.3 Instituições Responsáveis por sua Aplicação

A Lei nº 12.846/2013 traz um arcabouço relevante à Administração Pública de *sancionamento* das pessoas jurídicas. A peculiaridade na aplicação da Lei Anticorrupção é que pelo fato de ser uma lei nacional, a sua aplicabilidade se estende a todas as esferas da Administração Pública brasileira, a saber, Municipal, Estadual, Federal e Distrital.

3.3.1 Poder Executivo

Primeiramente, o Poder Executivo é o grande responsável pela regular aplicação da Lei Anticorrupção. O leque de instituições responsáveis no âmbito do Poder Executivo pela sua aplicação e concretização aumenta consideravelmente, já que a União, 26 (vinte e seis) Estados, 5.770 (cinco mil, setecentos e setenta) Municípios e o Distrito Federal têm a compe-

---

[389] MOREIRA, Egon Bockmann; BAGATIN, Andreia Cristina. Lei Anticorrupção e quatro de seus principais temas: responsabilidade objetiva, desconsideração societária, acordos de leniência e regulamentos administrativos. *Revista de Direito Público da Economia – RDPE*. Belo Horizonte: Fórum, ano 12, n. 47, jul./set., 2014, p. 57.

[390] A única possibilidade admissível a respeito da responsabilidade penal da pessoa jurídica estaria no preceito do art. 225, § 3º da Constituição Federal, que admitiria como plenamente possível a responsabilidade penal da pessoa jurídica, adstrita e tão somente aos crimes lesivos ao meio-ambiente: "Art. 225. Todos têm direito ao meio ambiente ecologicamente equilibrado, bem de uso comum do povo e essencial à sadia qualidade de vida, impondo-se ao Poder Público e à coletividade o dever de defendê-lo e preservá-lo para as presentes e futuras gerações. [...] § 3º As condutas e atividades consideradas lesivas ao meio ambiente sujeitarão os infratores, pessoas físicas ou jurídicas, a sanções penais e administrativas, independentemente da obrigação de reparar os danos causados".

tência para a aplicar a Lei Anticorrupção, na ocorrência de atos prejudiciais à Administração Pública brasileira.

Posto que isso também possa ser considerado também como uma das principais dificuldades na regular aplicação da Lei nº 12.846/2013, a profusão de entes administrativos capazes de aplicar a norma dificulta a conferência de uniformidade à aplicação do diploma legal, por conta da amplitude de instituições e órgãos com competência para a sua regular execução. De todo modo, a grande responsável eleita pela própria Lei Anticorrupção para a regular aplicação é a CGU, consoante se demonstrará no próximo tópico.

3.3.1.1 Controladoria-Geral da União

Como mencionado, a CGU foi uma das principais responsáveis pela elaboração e aprovação da Lei Anticorrupção, seja desde a proposição do Projeto de Lei na Câmara dos Deputados, bem como na sua regular aplicação. O regime jurídico sancionatório à disposição da CGU foi devidamente demonstrado no capítulo anterior (cf. itens 2.9.1. e seguinte), que combina os diversos mecanismos sancionatórios à disposição do Poder Executivo Federal (como a aplicação de sanções de PAD, licitações e contratos administrativos e da Lei Anticorrupção). Como órgão de controle interno da Administração Pública Federal, a CGU pode ser considerada como a principal instituição responsável pela sua aplicação e uniformização.

O Decreto Presidencial nº 8.420/2015, responsável pela regulamentação da Lei Anticorrupção, delimita, em seu art. 13, que a CGU possui a competência concorrente no âmbito do Poder Executivo da União para instaurar e julgar os PAR. Além disso, a CGU possui competência para avocar os processos administrativos para o exame de sua regularidade ou corrigir o seu andamento e, se for o caso, aplicar a penalidade administrativa.[391]

No entanto, a CGU somente poderá acionar a sua competência no caso de: (*i*) omissão da autoridade originariamente competente; (*ii*) inexistência

---

[391] Egon Bockmann Moreira observa que a avocação é a possibilidade do superior hierárquico de trazer para si uma determinada matéria à competência de um agente subordinado, com a supressão de competência do agente subordinado em prol do superior. A avocação deve ter caráter excepcional e ser devidamente motivada, pois, em determinadas circunstâncias, pode suprimir a esfera de agentes públicos responsáveis pela avaliação da matéria (MOREIRA, Egon Bockmann. *Processo administrativo*. 4. ed. São Paulo: Malheiros, 2010, p. 352).

de condições objetivas para a realização no órgão ou na entidade de origem; (*iii*) complexidade, repercussão ou relevância da matéria; (*iv*) valor dos contratos mantidos pela pessoa jurídica com o órgão ou a entidade diretamente atingida pela sua conduta; e, (*v*) apuração que envolva fatos e atos relacionados a mais de um órgão ou entidade da Administração Pública federal.[392]

Uma das principais capacidades investigativas e punitivas da CGU é no caso de ocorrência de ilícito frente à Administração Pública estrangeira. A partir disso, a competência investigativa e punitiva para esses casos é exclusiva da Controladoria-Geral da União (CGU), conforme o art. 9º, da Lei nº 12.846/2013.[393] A punição por ilícitos contra a Administração Pública é decorrência de diversos Tratados Internacionais de combate à corrupção aos quais o Brasil está vinculado internacionalmente.

3.3.2 Empresas Estatais

As empresas estatais, compreendidas como as empresas públicas e sociedades de economia mista, constituem importantes mecanismos à disposição do Estado para a intervenção econômica, desde que preenchidos os critérios constitucionais. Para isso, o próprio art. 173, § 1º, da Constituição Federal,[394] estabelece que o legislador infraconstitucional deveria expedir

---

[392] "Art. 13. A Controladoria-Geral da União possui, no âmbito do Poder Executivo federal, competência: I - concorrente para instaurar e julgar PAR; e II - exclusiva para avocar os processos instaurados para exame de sua regularidade ou para corrigir-lhes o andamento, inclusive promovendo a aplicação da penalidade administrativa cabível. § 1o A Controladoria-Geral da União poderá exercer, a qualquer tempo, a competência prevista no caput, se presentes quaisquer das seguintes circunstâncias: I - caracterização de omissão da autoridade originariamente competente; II - inexistência de condições objetivas para sua realização no órgão ou entidade de origem; III - complexidade, repercussão e relevância da matéria; IV - valor dos contratos mantidos pela pessoa jurídica com o órgão ou entidade atingida; ou V - apuração que envolva atos e fatos relacionados a mais de um órgão ou entidade da administração pública federal. §2º Ficam os órgãos e entidades da administração pública obrigados a encaminhar à Controladoria-Geral da União todos os documentos e informações que lhes forem solicitados, incluídos os autos originais dos processos que eventualmente estejam em curso".

[393] "Art. 9º Competem à Controladoria-Geral da União - CGU a apuração, o processo e o julgamento dos atos ilícitos previstos nesta Lei, praticados contra a administração pública estrangeira, observado o disposto no Artigo 4 da Convenção sobre o Combate da Corrupção de Funcionários Públicos Estrangeiros em Transações Comerciais Internacionais, promulgada pelo Decreto nº 3.678, de 30 de novembro de 2000".

[394] "Art. 173. Ressalvados os casos previstos nesta Constituição, a exploração direta de atividade

o Estatuto Jurídico das Empresas Estatais, o que se concretizou somente no ano de 2016, com a edição da Lei de Empresas Estatais (Lei nº 13.303/2016).

A Lei de Empresas Estatais tem como objetivos a edição de: (*i*) normas de gestão empresarial das empresas estatais; (*ii*) regras de gestão de riscos e controle interno, com a diminuição da ocorrência de atos de corrupção, por meio do estabelecimento de aplicação de normas de *compliance* e governança corporativa nas empresas estatais; (*iii*) procedimentos específicos de nomeação de dirigentes, limitando a possibilidade de indicações políticas para cargos técnicos; (*iv*) regras de licitações e de celebração de contratos de aquisição de bens e serviços; e, (*v*) normas de fiscalização por parte dos órgãos de controle externo e da sociedade.[395]

Como as sociedades estatais se fundamentam em um interesse coletivo para a realização de suas atividades ou imperativo de segurança nacional, entende-se que por esse exclusivo motivo a Lei de Estatais fornece interessantes subsídios à aplicação da Lei Anticorrupção. Muito embora a Lei de Empresas Estatais tenha trazido inegáveis avanços no que tange ao controle e fiscalização das empresas estatais, antes da edição do referido ato normativo, havia consideráveis dúvidas sobre a aplicabilidade da Lei Anticorrupção às sociedades de economia mista e empresas públicas.[396]

---

econômica pelo Estado só será permitida quando necessária aos imperativos da segurança nacional ou a relevante interesse coletivo, conforme definidos em lei. § 1º A lei estabelecerá o estatuto jurídico da empresa pública, da sociedade de economia mista e de suas subsidiárias que explorem atividade econômica de produção ou comercialização de bens ou de prestação de serviços, dispondo sobre: I - sua função social e formas de fiscalização pelo Estado e pela sociedade; II - a sujeição ao regime jurídico próprio das empresas privadas, inclusive quanto aos direitos e obrigações civis, comerciais, trabalhistas e tributários; III - licitação e contratação de obras, serviços, compras e alienações, observados os princípios da administração pública; IV - a constituição e o funcionamento dos conselhos de administração e fiscal, com a participação de acionistas minoritários; V - os mandatos, a avaliação de desempenho e a responsabilidade dos administradores".

[395] PINHO, Clóvis Alberto Bertolini; RIBEIRO, Marcia Carla Pereira. Corrupção e *compliance* nas empresas públicas e sociedades de economia mista: racionalidade das disposições da Lei de Empresas Estatais (Lei nº 13.303/2016). *RDA*, Rio de Janeiro, v. 277, n., 1, jan./abr., 2018, p. 243-244.

[396] Em outra ocasião, anteriormente à edição da Lei nº 13.303/2016, o autor teve oportunidade de escrever em coautoria o seguinte: "Consideramos, então, que os agentes da Administração Pública indireta (empresas públicas, empresas de economia mista e fundações públicas), eventualmente, ao menos em tese doutrinal, também poderiam ser responsabilizados pela

A doutrina cingia-se entre aqueles que consideravam que as empresas estatais prestadoras de serviços públicos não poderiam se submeter integralmente às sanções da Lei Anticorrupção, por conta da natureza e da importância dos serviços prestados por essas sociedades empresariais, ao passo que as empresas estatais exploradoras de atividade econômica poderiam se submeter à integralidade da Lei Anticorrupção.[397]

Mesmo que a distinção entre empresas estatais prestadoras de serviços públicos e atividade econômica em sentido estrito pareça ter perdido fôlego, por conta da aproximação da dualidade antes existente, a Lei de Empresas Estatais aproximou-as e, em certa medida, chegou a equiparar o regime de ambas as categorias de empresas.

Destaca-se que a Lei de Empresas Estatais ratifica que as empresas estatais se submetem à Lei Anticorrupção, excetuando-se as sanções previstas no art. 19, II, III e IV, da Lei Anticorrupção [suspensão ou interdição parcial de suas atividades, dissolução compulsória da pessoa jurídica e proibição de receber incentivos, subsídios, subvenções, doações ou empréstimos de órgãos ou entidades públicas e de instituições financeiras públicas ou controladas pelo poder público, pelo prazo mínimo de 1 (um) e máximo de 5 (cinco) anos].[398]

---

prática de atos lesivos à Administração Pública, nos termos da Lei nº 12.846/13. Contudo, deve a Administração Pública, ao exercer o seu poder repressivo, levar em consideração que poderá haver uma dupla condenação da sociedade. Essa discussão é sensível na doutrina ambientalista, que por vezes discute a incidência de punições às pessoas jurídicas de direito público. Acreditamos que os entes da Administração Pública indireta estariam submetidos à legislação que ora comentamos" (CUÉLLAR, Leila; PINHO, Clóvis Alberto Bertolini de. Reflexões sobre a Lei Federal nº 12.846/2013 (Lei Anticorrupção). *RDPE*, Belo Horizonte, n. 46, abr./jun., 2014, p. 146)

[397] Sobre o tema, Vitor Rhein Schirato destaca que a constante divisão entre empresas estatais prestadoras de serviço público ou exploradoras de atividade econômica perdeu o sentido, na exata medida em que as atividades desempenhadas por empresas estatais são atividades que se conduzem pelo regime da empresariedade: "a impossibilidade de atualmente se pretender segregar serviços públicos de um lado e atividades econômicas de outro, pois cada vez mais a prestação de serviços públicos é misturada e equiparada à exploração de atividades econômicas, seja em razão da alteração do regime de determinadas atividades antes consideradas serviços públicos, sejam em virtude da inserção de um regime concorrencial na prestação dos serviços públicos, ou seja pela crescente importância e imprescindibilidade que algumas atividades econômicas vêm ganhando. Assim, o critério divisor não mais pode ser esteado na clássica segregação entre serviço público e atividade econômica" (SCHIRATO, Vitor Rhein. *As empresas estatais no Direito Administrativo Econômico atual*. São Paulo: Saraiva, 2016, p. 107).

[398] "Art. 94. Aplicam-se à empresa pública, à sociedade de economia mista e às suas subsi-

Assim sendo, as empresas estatais poderão figurar tanto como sujeitos ativos dos atos lesivos da Lei Anticorrupção, ou seja, como entidades efetivamente tuteladas pelas infrações administrativas previstas no art. 5º, da Lei nº 12.846/2013, bem como sujeitos passivos na ocorrência de infrações administrativas por parte das estatais. Apesar da aplicação de sanções administrativas ser uma prerrogativa do Poder Público, como decorrência do poder de polícia do Estado, as empresas estatais como entidades privadas estariam limitadas de aplicar sanções administrativas, pois somente a Administração Pública direta seria a legítima detentora dessa prerrogativa.

Por sua, acredita-se que somente as empresas públicas seriam capazes de sancionar particulares em decorrência do descumprimento da Lei Anticorrupção, conforme esclarece Vitor Rhein Schirato: "É importante mencionar que, embora consideremos que empresas estatais podem exercer funções públicas relacionadas ao poder de polícia – desde que sejam empresas públicas e não haja qualquer forma de mercantilização da atividade".[399] Não obstante, por exemplo, o STJ já definiu que mesmo as empresas públicas estariam impossibilitadas de exercer poder de polícia e, assim, aplicar sanções administrativas de trânsito.[400]

Entretanto, como a Lei de Empresas Estatais limitou-se a afirmar que a Lei nº 12.846/2013 aplica-se às empresas públicas e sociedades de economia, não parece haver uma limitação para que as empresas estatais possam aplicar regularmente a Lei Anticorrupção enquanto entidades lesadas e, assim, impor sanções administrativas. Como observa Pedro Costa Gonçalves, não é o regime jurídico de determinada entidade privada que determinará a possibilidade do exercício de tarefas públicas por entidades privadas, e sim a relevância das atividades desempenhadas pelo organismo privado.[401]

Isso não significa a transferência indistinta de tarefas públicas a uma entidade privada, mas é preciso que a lei confie ao particular uma parte

---

diárias as sanções previstas na Lei no 12.846, de 1º de agosto de 2013, salvo as previstas nos incisos II, III e IV do caput do art. 19 da referida Lei".

[399] SCHIRATO, Vitor Rhein. *As empresas estatais no Direito Administrativo Econômico atual*. São Paulo: Saraiva, 2016, p. 95.

[400] BRASIL. *Superior Tribunal de Justiça*. REsp 686.419/RJ, Rel. Ministro CASTRO MEIRA, SEGUNDA TURMA, julgado em 03/05/2005, DJ 01/08/2005, p. 411.

[401] GONÇALVES, Pedro Costa. *Entidades privadas com poderes públicos*. Reimpressão. Coimbra: Almedina, 2008, p. 480.

ou um segmento de uma tarefa unitária de natureza pública.[402] Da mesma forma, como a Lei nº 13.303/2016 confere expressamente prerrogativas às empresas estatais, como o dever licitatório para a contratação de bens e serviços, não parece desarrazoado afirmar que mesmo as sociedades de economia mista que venham a sofrer prejuízos, por exemplo, em atos de licitações e contratos (o que é previsto como uma infração administrativa no art. 5º, IV, da Lei nº 12.846/2013) venham a aplicar a Lei Anticorrupção.

Basta observar que os diversos prejuízos causados à Petrobras no âmbito da Operação Lava-Jato ocorreram no âmbito de suas licitações e na execução de contratos, o que era uma atribuição legal, por força de seu dever legal licitatório. Ademais, por conta do relevante interesse coletivo envolvido na operação, não parece que a Petrobras, por exemplo, estaria impedida de aplicar a Lei Anticorrupção. Aliás, menciona-se que diversos PARs envolvendo a Petrobras foram avocados pela CGU, com a respectiva responsabilização dos envolvidos e, até mesmo, celebração de acordos de leniência, o que demonstra a possibilidade de aplicação da Lei Anticorrupção por parte das sociedades de economia mista.

Logo, compreende-se que as sanções da Lei Anticorrupção são aplicáveis às empresas estatais, ainda que com as gradações promovidas pelo art. 94, da Lei nº 13.303/2016. Ou seja, as empresas estatais poderão ser tanto os sujeitos ativos do ato previsto na Lei Anticorrupção, bem como sujeitos passivos (somente as empresas públicas, para parte da doutrina), caso as empresas estatais venham a cometer quaisquer das infrações administrativas do art. 5º, da Lei nº 12.846/2013.

3.3.3 Poder Legislativo

Quanto à possibilidade de aplicação da Lei Anticorrupção pelo Poder Legislativo, como parece adotar uma fórmula aberta de Administração Pública, englobando as diversas esferas de Poder, compreende-se que o Poder Legislativo também estaria submetido às suas disposições, no caso da ocorrência de atos infracionais lesivos, previsto no art. 5º, da Lei nº 12.846/2013.

---

[402] GONÇALVES, Pedro Costa. *Entidades privadas com poderes públicos*. Reimpressão. Coimbra: Almedina, 2008, p. 481.

O art. 8º, *caput*, da Lei Anticorrupção,[403] estabelece que cabe à autoridade máxima de cada órgão ou entidade dos Poderes Executivo, Legislativo e Judiciário, que deverá agir de ofício ou mediante provocação. No caso do Poder Legislativo, especialmente o Congresso Nacional, tanto o Presidente da Câmara dos Deputados, como o Presidente do Senado Federal teriam competência para instaurar os PAR.

Por isto, o Poder Legislativo, ao exercer atividades típicas de administração pública, também poderá instaurar PAR, de modo a punir os atos infracionais previsto na Lei Anticorrupção, mormente aqueles previstos em sede de execução de contratos administrativos e procedimentos administrativos licitatórios.

3.3.4 Poder Judiciário

O Poder Judiciário, no exercício de atividade administrativa, poderá aplicar a Lei Anticorrupção, como se denota do art. 8º, *caput*, da Lei nº 12.846/2013. Porém, o Poder Judiciário possui um importante papel na aplicação e concretização da Lei Anticorrupção, na exata medida em que a Lei nº 12.846/2013 possui um procedimento judicial específico para a aplicação de determinações sanções.

Ao prescrever sanções de natureza mais gravosas, como o perdimento de bens, suspensão total ou parcial das atividades, dissolução compulsória e proibição de receber subsídios públicos (art. 19, da Lei nº 12.846/2013), a norma reserva espaço ao Poder Judiciário para a aplicação de sanções como o fechamento compulsório da pessoa jurídica. Evidentemente, a aplicação de sanções mais gravosas necessita de autorização judicial, bem como um filtro sobre a sua juridicidade ou adequação ao caso concreto.

Com a vigência das alterações da LINDB, a devida fundamentação das decisões judiciais no Direito Público exige a explanação razoável por parte do julgador sobre a adequação, razoabilidade e proporcionalidade da medida àquilo que se consta nos autos. O art. 22, §§ 2º e 3º, da LINDB, preconiza que a autoridade judicial deverá levar em considera-

---

[403] "Art. 8º A instauração e o julgamento de processo administrativo para apuração da responsabilidade de pessoa jurídica cabem à autoridade máxima de cada órgão ou entidade dos Poderes Executivo, Legislativo e Judiciário, que agirá de ofício ou mediante provocação, observados o contraditório e a ampla defesa".

ção a lesividade da conduta do agente na aplicação de qualquer sanção e o histórico do agente na dosimetria das sanções de mesma natureza.[404]

Ao mesmo passo que as sanções de improbidade administrativa passam pelo crivo de decisão judicial, nada parece mais justo que as sanções de natureza mais grave às pessoas jurídicas passem pelo crivo do contraditório e da ampla defesa, normalmente exigidos em um processo cível. Além da possibilidade de aplicação do regime jurídico sancionatório da Lei nº 12.846/2013 por parte do Poder Judiciário, outras entidades de controle de fiscalização da atividade da Administração Pública, como o Ministério Público e os Tribunais de Contas possuem relevância para a concretização da Lei Anticorrupção.

3.3.5 Ministério Público e Tribunal de Contas

Tanto os Ministérios Públicos Federal e Estaduais, bem como os Tribunais de Contas no exercício da função administrativa poderão aplicar as disposições da Lei Anticorrupção. Todavia, o Ministério Público possui relevante função na aplicação da Lei nº 12.846/2013, especialmente em decorrência do disposto em seus arts. 19, § 4º, e 20, que prescrevem as suas hipóteses de atuação judicial.

O art. 20, da Lei Anticorrupção, limita-se a estabelecer que nas ações judiciais ajuizadas pelo MP poderão ser aplicadas as sanções da multa e a publicação extraordinária da decisão condenatória, previstas no art. 6º (relativas ao processo administrativo), de maneira conjunta com as sanções judiciais do art. 19, da Lei nº 12.846/2013, como se aprofundará adiante.

Como é entendimento consolidado do STJ, o MP tem legitimidade para atuar na defesa do patrimônio público, o que inclui a possibilidade de ações civis públicas para a defesa desses interesses, até mesmo como decorrência do próprio art. 129, da Constituição Federal, o que demons-

---

[404] "Art. 22. Na interpretação de normas sobre gestão pública, serão considerados os obstáculos e as dificuldades reais do gestor e as exigências das políticas públicas a seu cargo, sem prejuízo dos direitos dos administrados. [...] § 2º Na aplicação de sanções, serão consideradas a natureza e a gravidade da infração cometida, os danos que dela provierem para a administração pública, as circunstâncias agravantes ou atenuantes e os antecedentes do agente. § 3º As sanções aplicadas ao agente serão levadas em conta na dosimetria das demais sanções de mesma natureza e relativas ao mesmo fato".

tra a relevância das funções do *parquet* na consolidação da aplicação da Lei Anticorrupção em todo país.[405]

De outro lado, nota-se que a Lei Anticorrupção não reserva espaço especial aos Tribunais de Contas (seja o TCU, TCEs ou TCMs), o que não significar dizer que as instituições não têm importância para a aplicação e efetividade da Lei nº 12.846/2013. É evidente que, no âmbito de suas atribuições fiscalizatórias como órgão de auxílio do Poder Legislativo, na apuração de desvios e na má-aplicação de recursos públicos, a verificação de que determinados atos venham a se subsumir às infrações da Lei nº 12.846/2013, é papel do TCU, TCEs e TCMs remeter a documentação ao Ministério Público e às entidades lesadas a fim de verificar

Por sua vez, a primeira controvérsia jurídica quanto ao regime de responsabilização imposto pela Lei nº 12.846/2013 seria quanto à eventual natureza penal ou administrativa de suas sanções. A seguir, realiza-se ponderação sobre a natureza jurídica das sanções previstas na Lei Anticorrupção, especialmente no tocante à natureza jurídica (penal ou administrativa) de suas punições.

3.4 Regime de Direito Administrativo Sancionador x Regime Penal

Como demonstrado nos tópicos anteriores, as pessoas jurídicas no ordenamento jurídico brasileiros estariam impossibilitadas de cometer um delito penal, ante a inviabilidade de responsabilização penal da pessoa jurídica no ordenamento jurídico brasileiro, motivo pelo qual a responsabilidade administrativa da pessoa jurídica seria uma solução a ser adotada por parte do ordenamento jurídico brasileiro.[406]

---

[405] "Súmula nº 329 - O Ministério Público tem legitimidade para propor ação civil pública em defesa do patrimônio público".

[406] Muito embora parte da doutrina defenda ser possível a responsabilização de pessoas jurídicas: "É perfeitamente possível afirmar que, se no Brasil há uma tradição legislativa, ela incorpora a RPPJ [responsabilidade penal da pessoa jurídica].Tal tradição somente foi suprimida durante um período muito breve de nossa história legislativa que – não por acaso – coincide precisamente com um Código Penal editado num regime ditatorial civil e sua reforma redigida sob um regime ditatorial militar, quando as garantias individuais tiveram escassa relevância" (BUSATO, Paulo César. A responsabilidade criminal de pessoas jurídicas na história do Direito positivo brasileiro. *RIL*, Brasília, n. 218, abr./jun., 2018, p. 94-95). Em sentido contrário, cf. DOTTI, René Ariel. A incapacidade criminal da pessoa jurídica. In: PRADO, Luiz Regis; DOTTI, René Ariel. (Coords.). *Responsabilidade penal da pessoa jurídica*: em defesa do princípio

Não obstante, segundo alguns autores, a inexistência de uma responsabilidade penal da pessoa jurídica no Brasil não permitiria a mera transposição do regime jurídico sancionatório extremamente gravoso à pessoa jurídica. Por esse motivo, Modesto Carvalhosa defende que a Lei Anticorrupção brasileira seria uma verdadeira lei de natureza penal, por conta da gravidade das sanções impostas pela Lei nº 12.846/2013. O autor entende que a natureza das sanções impostas pela norma seria tão gravosa que impõe o respeito ao regime jurídico sancionatório penal.[407]

No entanto, é evidente que, tendo em vista o regime punitivo e a existência de princípios constitucionais sensíveis à aplicação tanto do direito administrativo sancionador e do direito penal, é possível se aventar a aplicação de preceitos de matriz penal ao processo administrativo da Lei Anticorrupção. Marçal Justen Filho destaca que é viável a aplicação de preceitos do direito penal como a legalidade, tipicidade, proporcionalidade e culpabilidade como fundamentos que se prestam a atender também o direito administrativo sancionador.[408]

A Lei Anticorrupção é uma norma de direito administrativo sancionador, pois não é a gravidade de suas sanções que definirá o regime jurídico aplicável à sanção. A titularidade da aplicação da sanção administrativa por um agente público, bem como a sua submissão a um regular processo administrativo denotam o caráter eminentemente administrativo da Lei Anticorrupção.

Pelo simples fato de que a sanção imposta pela Lei Anticorrupção é uma mera decorrência de um ilícito administrativo reconhecido pela própria Administração Pública, a imposição de uma sanção pelo Poder Público parece ser uma decorrência direta deste ilícito.[409] Portanto, a Lei Anticorrupção é uma típica norma administrativa sancionadora, sem que isso

---

da imputação penal subjetiva. 4. ed. São Paulo: Editora RT, 2013, p. 168-201

[407] CARVALHOSA, Modesto. *Considerações a Lei Anticorrupção das pessoas jurídicas*. São Paulo: Editora RT, 2015, p. 33. A respeito da posição apresentada por Carvalhosa, o autor já teve oportunidade de tecer algumas considerações, cf. PINHO, Clóvis Alberto Bertolini de. Retrospecto da responsabilidade da pessoa jurídica no ordenamento jurídico brasileiro: do Código Civil de 1916 até a compreensão da responsabilidade objetiva da Lei Anticorrupção (Lei nº 12.846/2013). *RDDA*, Ribeirão Preto, Universidade de São Paulo, v. 5, n. 1, 2018, p. 51-52.

[408] JUSTEN FILHO, Marçal. *Curso de Direito Administrativo*. 9. ed. São Paulo: Editora RT, 2013, p. 609-614.

[409] MELLO, Rafael Munhoz de. *Princípios constitucionais de direito administrativo sancionador*. São Paulo: Malheiros, 2007, p. 62-63.

signifique, necessariamente, a sua descaracterização em prol de uma lei de natureza penal. Todavia isso não significa ser impossível reconhecer a aplicabilidade de alguns princípios penais à regular aplicação da Lei Anticorrupção, como a tipicidade, culpabilidade, irretroatividade, entre outros.

Desta maneira, acredita-se que a Lei Anticorrupção, apesar de trazer um regime punitivo sancionatório mais severo à pessoa jurídica, ele não deixa de possuir um caráter de direito administrativo sancionador. Não se trata de uma lei de natureza penal, já que não é a gravidade das sanções que transforma determinada sanção administrativa em penal. Realizados alguns esclarecimentos sobre a natureza jurídica das sanções previstas na Lei Anticorrupção, passa-se a verificar de uma maneira mais detida o funcionamento do regime de responsabilização da pessoa jurídica exposto pela Lei nº 12.846/2013.

3.5 A Responsabilidade Objetiva da Pessoa Jurídica e os demais Mecanismos de Controle e Combate à Corrupção

A responsabilidade objetiva pode ser considerada o centro da Lei Anticorrupção. A racionalidade estrutural da Lei Anticorrupção estaria em critérios puramente econômicos. Isto é, os custos imputáveis às pessoas jurídicas seriam de ordem financeira, todavia, sem uma reprimenda moral das pessoas jurídicas.[410]

A grande dificuldade na imputação de responsabilidade às pessoas jurídicas está no fato de que a sua existência é uma ficção jurídica. Como as pessoas jurídicas atuam mediante seus órgãos e seus representantes, a manifestação de sua vontade deve ocorrer mediante a atuação de outras pessoas. No mesmo sentido, inclina-se Franck Moderne, para quem mesmo que a pessoa jurídica seja uma ficção jurídica, elas são absolutamente capazes de cometer infrações administrativas e é possível se impor uma responsabilidade diretamente a esse fato, a responsabilidade administrativa da pessoa jurídica é resultado de uma transferência à entidade personalidade de fatos cometidos por seus órgãos ou pelos seus agentes.[411]

---

[410] MOREIRA, Egon Bockmann; BAGATIN, Andreia Cristina. Lei Anticorrupção e quatro de seus principais temas: responsabilidade objetiva, desconsideração societária, acordos de leniência e regulamentos administrativos. *Revista de Direito Público da Economia – RDPE*, Belo Horizonte, ano 12, n. 47, jul./set. 2014, p. 63-64.

[411] MODERNE, Franck. *Sanctions administratives et justice constitutionnelle*. Paris: Economia,

A definição da exata medida de culpabilidade à pessoa jurídica é de difícil caracterização. Alejandro Nieto destaca que o regime das pessoas jurídicas, por sua natureza, exclui a existência de qualquer tipo de culpabilidade aplicável às pessoas jurídicas, mas que não servem para que esta ausência de culpabilidade exclua a existência de uma ilicitude, de tal modo que a responsabilidade da pessoa jurídica é plenamente possível no Direito Administrativo Sancionador.[412]

Nesse mesmo sentido, Klaus Tiedemann, em artigo de doutrina que sintetiza as possibilidades de responsabilidade das pessoas jurídicas na Europa, observa que há uma tendência em todos os ordenamentos jurídicos, em especial, aqueles da União Europeia, de querer alcançar uma categoria própria de uma existência de culpa própria da pessoa jurídica, uma culpabilidade não somente relacionada à imputação de fatos, mas relacionada a critérios que são muito conhecidos do Direto Civil.[413]

Nada impede que as normas jurídicas reconheçam que as pessoas jurídicas sejam destinatárias das normas sancionatórias que revelam um cariz ético ou moralizador.[414] A correta organização da pessoa jurídica é uma obrigação própria desta, sendo por esse motivo que Klaus Tiedemann reconhece a existência de uma culpabilidade própria da pessoa jurídica, ou mesmo uma culpa própria da pessoa jurídica.[415]

A introdução de uma culpabilidade coletiva ou de uma agrupação, ao lado da culpabilidade individual tradicional, não seria impossível, segundo um ponto de vista de que o reconhecimento da responsabilidade das pessoas jurídicas não deve considerar esta como uma mera ficção.[416] O conteúdo das categoriais fundamentais do Direito Penal, como a culpabilidade, não parece ser igual quando se trata de agrupações delituosas, sendo que Tiedemann entende que a introdução de novos nomes às categoriais aplicáveis às sanções das pessoas jurídicas seria um modelo útil, como uma resposta negativa para assinalar que o

---

1993, p. 287.
[412] NIETO, Alejandro. *Derecho Administrativo Sancionador*. 4. ed. Madrid: Tecnos, 2008, p. 442.
[413] TIEDEMANN, Klaus. Responsabilidad penal de personas jurídicas y empresas en derecho comparado. *Revista Brasileira de Ciências Criminais*, São Paulo: Editora RT, n. 11, jul./set., 1995., p. 30-31.
[414] TIEDEMANN, Klaus. Responsabilidad penal de personas jurídicas..., p. 31.
[415] TIEDEMANN, Klaus. Responsabilidad penal de personas jurídicas..., p. 31.
[416] TIEDEMANN, Klaus. Responsabilidad penal de personas jurídicas..., p. 31.

fato sancionado não se trata de uma responsabilidade idêntica àquela aplicada aos indivíduos.[417]

Apesar disso, Paulo César Busato refere que a ação da pessoa jurídica não se coaduna com o modelo finalista de ação, baseado somente em ação e dolo, sendo por esse motivo que o penalista entende que não se deve adotar uma culpabilidade diferenciada às pessoas jurídicas, mas deve haver a superação do modelo finalista de ação, a partir daquilo que o autor define como modelo de ação significativa.[418] Para isso, basta pensar que a culpabilidade diferenciada adotada para crianças e adolescentes esconde um modelo penal disfarçado, já que, certamente, "a atuação de uma pessoa jurídica envolvida em um ilícito penal costuma ser bastante mais perigosa que o envolvimento de um inimputável".[419]

Mais precisamente, Francisco Zardo arremata que a questão da responsabilidade da pessoa jurídica não tem relação com a sua culpa, ou mesmo a possibilidade da existência de uma culpabilidade aplicável às pessoas jurídicas, mas sim verificar se a pessoa jurídica tomou todos os cuidados exigidos pelas normas regulamentares ou que a Administração Pública lhe exigia,[420] reafirmando a sua responsabilidade: "A violação do dever de cuidado da pessoa jurídica é relevante, assim como também o é o elemento subjetivo que animou a conduta de seus representantes ou empregados".[421]

Ou seja, não poderia se imaginar uma responsabilidade autônoma da pessoa jurídica, desvencilhada das decisões de seus sócios, administradores ou funcionários. Este fenômeno é descrito pela doutrina mais abalizada como a teoria do órgão. Basta pensar no fato de que a pessoa jurídica não come, não dorme e não tem sentimentos. De tal modo, a pessoa jurídica sempre necessita de intermediários para a plena manifestação de sua vontade e de seus atos decisórios.

---

[417] TIEDEMANN, Klaus. Responsabilidad penal de personas jurídicas..., p. 31.
[418] A respeito do finalismo, Francisco Muñoz Conde o define como a doutrina pela qual a ação é uma conduta humana voluntária, mas a análise dessa conduta é orientada pelo seu fim. Quando o legislador penal edita leis faz pensando na ação em si, mas como um processo regido pela vontade que conduz a ação (CONDE, Francisco Muñoz; BITENCOURT, Cezar Roberto. *Teoria Geral do Delito*. 2. ed. São Paulo: Saraiva, 2004, p. 57-59).
[419] BUSATO, Paulo César. *Direito Penal*..., p. 736.
[420] ZARDO, Francisco. *Infrações e sanções em licitações* ..., p. 111.
[421] ZARDO, Francisco. *Infrações e sanções em licitações e contratos administrativos*. São Paulo: Editora RT, 2014, p. 111.

Como Miguel Reale estabeleceu que: "Personalidade jurídica sem órgão decisório próprio, ou melhor, sem um órgão próprio que tenha a responsabilidade final de decidir, ou que dependa de órgão estranho ao seu âmbito autônomo de interesses, é algo juridicamente inconcebível, pois isso redundaria em admitir-se uma pessoa jurídica sem direito subjetivo".[422] Entende-se que a opção legislativa da Lei nº 12.846/2013 ainda não é clara na doutrina, nem mesmo na legislação comentada, tendo em vista que a Lei Anticorrupção não traz uma delimitação de quais seriam as pessoas naturais autorizadas a cometer atos de corrupção, apesar de adotar uma posição totalizante.

A respeito da possibilidade de responsabilização objetiva e sobre as formas de atuação e manifestação da vontade da pessoa jurídica, Francisco Zardo esquadrinha a seguinte categorização: (i) responsabilidade da pessoa jurídica somente poderia se instaurar pelos atos ou omissões dos órgãos ou representantes legais qualificados para atuar em nome da pessoa jurídica, sendo a clássica expressão do modelo da teoria do Direito Civil; (ii) a responsabilização por todos os atos de pessoas físicas que atuem em seu nome; e, (iii) modelo misto, o qual defende que a pessoa jurídica não poderia responsabilizada por atos de pessoas que não tenham nenhum poder de representatividade da pessoa jurídica.[423]

Francisco Zardo compreende que a Lei Anticorrupção teria adotado a perspectiva apresentada pela segunda posição (a responsabilização por todos os atos de pessoas físicas que atuem em seu nome), já que a Lei Anticorrupção responsabilizará todos os atos de toda pessoa física que atue em nome da empresa.[424] Apesar disso, a doutrina coloca em dúvida essa fundamentação de que a Lei Anticorrupção parece adotar, em colocar como lesivos ou torpes como todos os atos de pessoa jurídica que cause danos às entidades públicas.

Em síntese, a responsabilidade objetiva da pessoa jurídica na Lei nº 12.846/2013 estaria pautada na premissa de que todo e qualquer dano seria capaz de ensejar a responsabilidade objetiva, seja este ato de um de

---

[422] REALE, Miguel. Associação Civil. *Revista dos Tribunais*, São Paulo, n. 445, v. 11, nov., 1972, p. 13.
[423] ZARDO, Francisco. *Infrações e sanções em licitações e contratos administrativos*. São Paulo: Editora RT, 2014, p. 72. A mesma classificação é apresentada em TIEDEMANN, Klaus. Responsabilidad penal de personas jurídicas..., p. 33-34.
[424] ZARDO, Francisco. *Infrações e sanções em licitações e contratos administrativos*. São Paulo: Editora RT, 2014, p. 72.

seus funcionários mais ordinários, como um porteiro ou funcionário que efetue a limpeza da sede da empresa, bem como um de seus diretores e dirigentes de alto-escalão, na figura do CEO de uma grande Companhia com ações listadas em Bolsa de Valores.

O diferencial do regime de responsabilização da Lei Anticorrupção está no fato de que a pessoa jurídica poderá responder por atos, independentemente da necessidade de se perquirir o dolo ou culpa da pessoa jurídica para a ocorrência de ato danoso à Administração Pública. Ademais, tanto por atos realizados por pessoas físicas que atuam em seu nome, como de terceiros, podem ser objeto de responsabilização, consoante se detalhará no próximo ponto de exame sobre o regime sancionatório da Lei nº 12.846/2013.

3.5.1 Atos Próprios e de Terceiros

O modelo de responsabilização da pessoa jurídica proposta na Lei nº 12.846/2013 divide-se em ato cometido pela própria pessoa jurídica ou pela punição à pessoa jurídica por fato de seus administradores ou representantes. A responsabilização por atos próprios é decorrente de uma constatação de uma falha na organização da pessoa jurídica que contribui para a ocorrência da infração administrativa.

Na visão de Ana Frazão, a responsabilização por atos próprios decorrentes de suas falhas organizacionais estabeleceria uma culpabilidade peculiar de remediação de ilícitos às pessoas jurídicas. Porém, a autora observa que esse não parece ser o modelo adotado pela Lei Anticorrupção, baseado na responsabilidade pelo delito na organização.[425]

Para isso, a Lei nº 12.846/2013 prescreve que a pessoa jurídica poderá responder por atos decorrentes de fatos de "terceiros, ou seja, relação com a pessoa jurídica. Nesse modelo, ao invés do modo de responsabilização por atos próprios, que estabelece o dever de diligência em relação à organização da pessoa jurídica, há o estabelecimento de um modelo de responsabilização automático da conduta das pessoas jurídicas que atuam em seu nome".[426]

---

[425] FRAZÃO, Ana. Responsabilidade de pessoas jurídicas por atos de corrupção: reflexão sobre os critérios de imputação. In: FORTINI, Cristiana. (Coord.). *Corrupção e seus múltiplos enfoques jurídicos*. Belo Horizonte: Fórum, 2018, p. 37.
[426] FRAZÃO, Ana. Responsabilidade de pessoas jurídicas por atos de corrupção: reflexão

Esse modelo de responsabilização objetiva é muito comum no âmbito do direito anglo-saxão, a partir da teoria do "*let the superior answer*" (deixe o superior responder), desde que o agente da pessoa jurídica esteja atuando em nome do representado.[427] O modelo se aproxima do esquema do agente descrito no capítulo 1, o qual descreve as relações básicas de ocorrência da corrupção.[428]

Esse juízo de imputação automático é muito útil ao direito privado, pois as relações eminentemente privadas travadas entre os agentes econômicos parecem estimular a utilização de tais expedientes, ante à existência de interesses meramente patrimoniais disponíveis dos envolvidos.

Todavia, a sua utilização no âmbito do direito sancionatório é um pouco distinta, pois os motivos que justificam uma determinada sanção são bastante distintos daqueles que fundamentam o ressarcimento de danos. A utilização da teoria do *vicarious liability*, a partir do qual o juízo de responsabilização automático, ocorreria no momento em que a pessoa jurídica não empregou todos os recursos para a redução da ocorrência de ilícitos.[429] Esse modelo incentiva que os agentes econômicos adotem mecanismos de prevenção e contenção de ilícitos, a partir do estabelecimento de estruturas contratuais de prevenção para a ocorrência de fraudes e atos ilícitos.[430]

---

sobre os critérios de imputação. In: FORTINI, Cristiana. (Coord.). *Corrupção e seus múltiplos enfoques jurídicos*. Belo Horizonte: Fórum, 2018, p. 39.

[427] FRAZÃO, Ana. Responsabilidade de pessoas jurídicas por atos de corrupção: reflexão sobre os critérios de imputação. In: FORTINI, Cristiana. (Coord.). *Corrupção e seus múltiplos enfoques jurídicos*. Belo Horizonte: Fórum, 2018, p. 40.

[428] Conferir item 1.1.1, do capítulo I.

[429] FRAZÃO, Ana. Responsabilidade de pessoas jurídicas por atos de corrupção: reflexão sobre os critérios de imputação. In: FORTINI, Cristiana. (Coord.). *Corrupção e seus múltiplos enfoques jurídicos*. Belo Horizonte: Fórum, 2018, p. 42-43. A autora também destaca que esse parece ser o critério adotado pelo art. 3º, da Lei de Crimes Ambientais (Lei nº:

[430] "Para motivar o agente efetivamente sob essas condições, o principal deve empregar uma combinação de penalidades e recompensas que dependem da ocorrência ou não ocorrência da perda. Especificamente, o diretor deve recompensar o agente para evitar a perda, penalizar o agente pela ocorrência da perda ou ambos. Tais contratos de incentivo estão sujeitos a muitas complicações. Se o agente é avesso ao risco, o contrato pode aumentar o risco da remuneração esperada do agente, que o principal deve incluir um prêmio de risco muito substancial para garantir os serviços do agente. Este prêmio de risco pode eliminar o valor para o principal de uma estrutura de penalidade de recompensa de outra forma eficaz e, no mínimo, fazer com que o principal pague menos do que os incentivos ideais para evitar perdas". Tradução livre

Apresentados os pontos atinentes ao regime jurídico sancionatório da Lei Anticorrupção, passa-se a investigar as infrações administrativas previstas na Lei nº 12.846/2013.

3.6 Infrações Administrativas

As infrações administrativas expostas pela Lei Anticorrupção prescrevem os tipos infracionais destinados a delimitar a responsabilidade das pessoas jurídicas no caso de sua ocorrência. A partir do conceito de responsabilidade objetiva adotado pela Lei Anticorrupção, compreende-se que as infrações auguradas na Lei Anticorrupção são dispensadas da necessidade de averiguação do agente (pessoa jurídica) para a ocorrência da infração.

Deve-se entender por infração administrativa: "o comportamento voluntário violador de norma de conduta que o contempla, que enseja a aplicação, no exercício de função administrativa, de uma direta e imediata consequência jurídica, restritiva de direitos, de caráter repressivo".[431]

Como mencionado, as pessoas jurídicas como destinatárias das sanções administrativas são os sujeitos ativos de infrações ou de mera conduta de seus agentes. A dúvida se impõe no sentido se a pessoa jurídica seria diretamente responsável por seus atos, ou responderia pelos atos de pessoas físicas que agissem em seu nome. Marcelo Madureira Prates destaca que "se a pessoa jurídica é capaz de possuir e exercer direitos e deveres no plano administrativo, ela também é capaz de responder pelos descumprimentos que lhe sejam imputáveis nesse domínio".[432]

No entanto, um ponto que merece atenção é a possibilidade de se admi-

---

de: "To motivate the agent effectively under these conditions, the principal must employ a combination of penalties and rewards that depend upon the occurrence or non-occurrence of the loss. Specifically, the principal must reward the agent for the avoidance of the loss, penalize the agent for the occurrence of the loss, or both. Such incentive contracts are subject to many complications. If the agent is risk averse, the contract may so increase the riskiness of the agent's expected compensation that the principal must include a very substantial risk premium to secure the agent's services. This risk premium may eliminate the value to the principal of an otherwise effective reward-penalty structure and, at a minimum, cause the principal to settle for less than ideal loss-avoidance incentives" (SYKES, Alan O. The Economics of Vicarious Liability. *The Yale Law Journal*, New Haven, v. 93, 1984, p. 1.237.

[431] FERREIRA, Daniel. *Sanções administrativas*. São Paulo: Malheiros, 2001, p.63.

[432] PRATES, Marcelo Madureira. *Sanção administrativa geral*: anatomia e autonomia. Coimbra: Almedina, 2005, p. 98.

tir infrações administrativas na Lei Anticorrupção pela imposição de uma infração pela mera ocorrência da conduta, independentemente da comprovação do resultado, "nas quais a mera prática da conduta descrita pela norma é suficiente para a aplicação da sanção".

Daniel Ferreira esclarece que as infrações administrativas formais são "aquelas que se concretizam independentemente de um efetivo resultado externo à tipificada conduta",[433] enquanto as infrações administrativas materiais exigem um resultado (e externo), diferentemente da singela conduta do infrator.[434] Em outras palavras, é possível se admitir que determinadas infrações administrativas se concretizem de maneira independente de seu resultado material.

Isto posto, a compreensão de cada uma das infrações previstas na Lei nº 12.846/2013 é importante para se delimitar, de uma forma mais clara, aquilo que a norma considera como ilícito e que deve ser objeto de prevenção por parte das pessoas jurídicas.

3.6.1 Prometer, Oferecer ou Dar Vantagem Indevida a Agente Público

A primeira infração da Lei Anticorrupção, prevista no art. 5º, I, da Lei nº 12.846/2013, é de suma importância para a Lei Anticorrupção, que remonta ao conceito penal da corrupção ativa, previsto no art. 333, do Código Penal,[435] e consiste no oferecimento de vantagem indevida a qualquer agente público ou funcionário público, compreendido de maneira ampla.

Por vantagem, deve-se compreender toda e qualquer tipo de benesse, com caráter econômico ou não, como vantagem indevida. Se o objeto que o agente pretende obter é lícito, não haverá configuração típica do art. 5º, I, da Lei nº 12.846/2013. Mesmo que se argumente a insignificância das

---

[433] FERREIRA, Daniel. *Teoria geral da infração administrativa a partir da Constituição Federal de 1988*. Belo Horizonte: Fórum, 2009, p. 196.
[434] FERREIRA, Daniel. *Teoria geral da infração administrativa a partir da Constituição Federal de 1988*. Belo Horizonte: Fórum, 2009, p. 197.
[435] "Corrupção ativa - Art. 333 - Oferecer ou prometer vantagem indevida a funcionário público, para determiná-lo a praticar, omitir ou retardar ato de ofício: Pena – reclusão, de 2 (dois) a 12 (doze) anos, e multa. Parágrafo único - A pena é aumentada de um terço, se, em razão da vantagem ou promessa, o funcionário retarda ou omite ato de ofício, ou o pratica infringindo dever funcional".

quantias envolvidas, o STJ já definiu que, no âmbito penal, não é possível se argumentar a aplicação do princípio da insignificância aos crimes contra a Administração Pública, tal como ocorre na corrupção ativa ou passiva.[436]

Deve ser feito destaque no sentido de que a pessoa jurídica precisará oferecer vantagem indevida a agente público, caso contrário, não restará caracterizada a infração do art. 5º, I, da Lei nº 12.846/2013. Ao mesmo passo, a Lei Anticorrupção não traz uma definição do que se compreende pelo conceito de agente público. Por agente público, deve-se entender como todo aquele que ocupe permanente ou transitoriamente, remunerado ou não, em nome da Administração Pública.[437]

Não importa se a oferta ou a promessa foi ou não efetivamente entregue ao agente público, já que os verbos "promoter" ou "oferecer" caracterizam-se pela mera entrega ou oferecimento da vantagem, sem se comprometer com o resultado. Somente a modalidade "dar" depende da consumação e do resultado da infração administrativa.[438-439]

Por sua vez, Modesto Carvalhosa compreende que a não-aceitação da vantagem indevida pelo agente público não seria capaz de caracte-

---

[436] "Súmula 599 - O princípio da insignificância é inaplicável aos crimes contra a administração pública" (BRASIL. *Superior Tribunal de Justiça*. Súmula 599, CORTE ESPECIAL, julgado em 20/11/2017, DJe 27/11/2017).

[437] Esse é a exata redação da Convenção da ONU contra a corrupção, quando versa sobre a definição de agente público: "Artigo 2 – Definições - Aos efeitos da presente Convenção: a) Por 'funcionário público' se entenderá: i) toda pessoa que ocupe um cargo legislativo, executivo, administrativo ou judicial de um Estado Parte, já designado ou empossado, permanente ou temporário, remunerado ou honorário, seja qual for o tempo dessa pessoa no cargo; ii) toda pessoa que desempenhe uma função pública, inclusive em um organismo público ou numa empresa pública, ou que preste um serviço público, segundo definido na legislação interna do Estado Parte e se aplique na esfera pertinente do ordenamento jurídico desse Estado Parte; iii) toda pessoa definida como "funcionário público" na legislação interna de um Estado Parte. Não obstante, aos efeitos de algumas medidas específicas incluídas no Capítulo II da presente Convenção, poderá entender-se por 'funcionário público' toda pessoa que desempenhe uma função pública ou preste um serviço público segundo definido na legislação interna do Estado Parte e se aplique na esfera pertinente do ordenamento jurídico desse Estado Parte".

[438] CARVALHOSA, Modesto. *Considerações sobre a Lei Anticorrupção das pessoas jurídicas*. São Paulo: Editora RT, 2015, p. 203.

[439] CARVALHOSA, Modesto. *Considerações sobre a Lei Anticorrupção das pessoas jurídicas*. São Paulo: Editora RT, 2015, p. 203.

rizar o "delito" (na visão do autor), "na medida em que o delito corruptivo somente se consuma com a promessa aceita pelo agente público".[440]

Todavia, até mesmo o delito de corrupção ativa não exige a aceitação pelo funcionário público, como esclarece a doutrina penal sobre o tema: "Tratando-se de crime de mera conduta, é despicienda a existência da vantagem, pois se consuma apenas com a oferta, isto é, com o simples oferecer, ainda que a oferta não seja aceita".[441]

Assim sendo, acredita-se que nas modalidades de "prometer", "oferecer" e "dar" não há a dependência da aceitação do agente público para a consumação e, consequentemente, ilicitude da conduta da empresa. Quanto à modalidade "dar", há a necessidade de entrega física ou material de qualquer vantagem indevida, seja em dinheiro, objeto, presentes, entre outros, ao agente público, o que denota a existência de infração material, diferentemente das modalidades "prometer" e "oferecer".

Portanto, o ilícito administrativo do art. 5º, I, da Lei Anticorrupção caracteriza-se como uma infração administrativa formal (ou de mera conduta), que independe do resultado causado pela conduta do agente ou da pessoa jurídica que venha a cometer o ilícito, ou mesmo da aceitação do agente público.

3.6.2 Comprovadamente, Financiar, Custear, Patrocinar ou Subvencionar a Prática de Atos Ilícitos Previstos na Lei Anticorrupção

O segundo ilícito, o do art. 5º, II, da Lei Anticorrupção, versa sobre o custeio financeiro de atividades destinadas à prática de atos considerados como ilícitos, à luz da Lei nº 12.846/2013. A utilização do vocábulo "comprovadamente" parece redundante, já que não é possível se admitir qualquer infração administrativa sem o mínimo de nexo de causalidade entre a conduta da pessoa jurídica e o resultado da ação.

Porém, é preciso observar que todas as modalidades dos ilícitos (*financiar, custear, patrocinar* ou *subvencionar*) significam a desnecessidade da existência de um resultado material do ilícito administrativo, bastando a pessoa

---

[440] CARVALHOSA, Modesto. *Considerações sobre a Lei Anticorrupção das pessoas jurídicas*. São Paulo: Editora RT, 2015, p. 205.
[441] BITTENCOURT, Cezar Roberto. *Código penal comentado*. 9. ed. São Paulo: Saraiva, 2015, p. 1.465.

jurídica meramente praticar quaisquer dessas infrações, caracterizando-se como uma infração administrativa formal.[442]

Mesmo que a responsabilidade no âmbito da Lei Anticorrupção seja objetiva, o agente que pratica o ilícito do art. 5º, II, da Lei Anticorrupção, "deve estar ciente que o valor entregue ao corruptor tem essa finalidade, para não se confundir o ato que merece punição com simples transação econômica entre empresas ou entre pessoas".[443]

3.6.3 Comprovadamente, Utilizar-se de Interposta Pessoa Física ou Jurídica para Ocultar ou Dissimular seus Reais Interesses ou a Identidade dos Beneficiários dos Atos Praticados

A Lei Anticorrupção prevê em seu art. 5º, III, que a utilização de interpostas pessoas físicas ou jurídicas para dissimulação de atos ilícitos de uma determinada empresa constitui uma infração administrativa prejudicial à Administração Pública. Nada mais há do que a punição da figura popularmente conhecida como "laranja", ou seja, a utilização de outrem para a ocultação ou dissimulação dos reais interesses de uma empresa.

No âmbito da Lei Anticorrupção, acredita-se que se deve punir somente a utilização de outros para dissimulação ou ocultação da identidade dos beneficiários que estejam diretamente relacionados às práticas dos ilícitos prejudiciais à Administração Pública. Isso porque não é possível se conceber que a utilização da figura do "laranja" para o cometimento de ilícitos civis, como a fraude à execução, possa estar abrangido pela infração do art. 5º, III, da Lei nº 12.846/2013.

Como destacam Vicente Greco Filho e João Daniel Rassi, os interesses ilegítimos devem ser os previstos na Lei Anticorrupção, de modo que a norma é subsidiária à infração administrativa, "porque se o agente pratica a corrupção ou dela participa para se beneficiar e dissimula a sua atuação, responde apenas uma vez nas penas da Lei".[444]

---

[442] MOTTA, Fabrício; ANYFANTIS, Spiridon Nicofotis. Comentários ao art. 5º. In: DI PIETRO Maria Sylvia; MARRARA, Thiago. (Coords.). *Lei Anticorrupção comentada*. Belo Horizonte: Fórum, 2017, p. 98.

[443] FILHO, Vicente Greco; RASSI, João Daniel. *O combate à corrupção e comentários à lei de responsabilidade de pessoas jurídicas*. São Paulo: Saraiva, 2015, p. 154.

[444] FILHO, Vicente Greco; RASSI, João Daniel. *O combate à corrupção e comentários à lei de responsabilidade de pessoas jurídicas*. São Paulo: Saraiva, 2015, p. 154-155.

3.6.4 Infrações em Licitações e Contratos

A maioria das infrações previstas na Lei nº 12.846/2013 aproxima-se diretamente com as infrações penais previstas nos arts. 89 a 99, da Lei nº 8.666/1993. Ao que tudo indica, boa parte das infrações relativas a licitações e contratos na Lei Anticorrupção possui como inspiração os tipos penais da Lei nº 8.666/1993, seja no que tange à sua redação ou às suas elementares típicas.

O procedimento licitatório foi visto pela Lei Anticorrupção como a principal forma de perpetração e consolidação de ilícitos contra a Administração Pública, o que demonstra uma excessiva preocupação com os rigores burocráticos e formais previstos na Lei nº 8.666/1993. O motivo se dá pela ampla utilização do procedimento administrativo licitatório como a regra na contratação de bens e serviços no Brasil, tal como preconiza a Constituição Federal, que envolve uma quantidade enorme de recursos, dando margem à ocorrência da corrupção.[445]

Deste modo, analisa-se, especificamente, cada uma das infrações administrativa relativas a licitações e contratos públicos, previstas na Lei Anticorrupção, de modo a tentar compreender o que se entende como as condutas puníveis no âmbito da Lei nº 12.846/2013.

3.6.4.1 Frustrar ou Fraudar, Mediante Ajuste, Combinação ou Qualquer Outro Expediente, o Caráter Competitivo de Procedimento Licitatório Público

O dispositivo utiliza-se das mesmas elementares do tipo penal do art. 90, da Lei nº 8.666/1993, no que tange às sanções penais da Lei Geral de Licitações no âmbito da execução de procedimentos administrativos licitatórios e contratos públicos. Na visão de Cezar Roberto Bitencourt, o caráter competitivo do procedimento licitatório é o bem jurídico tutelado pelo art. 90, da Lei nº 8.666/1993, ao se buscar assegurar a participação honesta, aberta, legítima e saudável entre os competidores de um procedimento licitatório.[446]

Na visão do autor, "frustrar é inviabilizar, inutilizar ou impedir tanto a realização do 'procedimento licitatório', como também o seu 'caráter com-

---

[445] Conferir os comentários do item 2.7, do Capítulo II, em que se disserta com maior propriedade sobre os aspectos que envolvem a corrupção no âmbito de procedimentos licitatórios.
[446] BITENCOURT, Cezar Roberto. *Direito penal das licitações*. São Paulo: Saraiva, 2012, p. 184.

petitivo', ou seja, frustrar implica no impedimento da licitação, esta não se realiza pura e simplesmente".[447]

É de se destacar que o art. 90, da Lei nº 8.666/1993 não admite a modalidade culposa, pois é preciso que o agente tenha a vontade consciente em promover meio fraudulento ou qualquer outro tipo de expediente para impedir a realização de determinado procedimento licitatório. "Não há precisão de modalidade culposa desta infração penal, consequentemente, ainda que os fatos tenham ocorrido, e inclusive resultado vantagem, a ausência de dolo afasta a adequação típica, pela falta de previsão culposa".[448]

Mas, o ilícito "*frustrar*" se consuma somente com o efetivo impedimento da realização da licitação, pois a frustração depende do resultado concreto da conduta esperada da pessoa jurídica em prejudicar o regular andamento do procedimento licitatório público. No que tange à fraude, é evidente que a materialização da fraude, a partir de atos, fatos ou documentos é suficiente para que se comprove de maneira suficiente a sua concretização, o que caracteriza nitidamente uma infração administrativa material, cuja consumação depende do resultado.[449]

Assim sendo, acredita-se que a infração administrativa tal como previsto no art. 5º, IV, alínea "*a*", da Lei Anticorrupção, divide-se em duas condutas distintas. A elementar "*frustrar*" pressupõe que o ilícito depende de um resultado, que se concretiza na impossibilidade de realização do procedimento licitatório. Por sua vez, o vocábulo "*fraudar*" depende da existência de meios para prejudicar o caráter competitivo do procedimento licitatório, que se concretizam mediante fatos ou documentos, todavia, sem significar qualquer prejuízo concreto à licitação, bastando ocorrer a conduta para a sua concretização.

3.6.4.2 Impedir, Perturbar ou Fraudar a Realização de Qualquer Ato de Procedimento Licitatório Público

O art. 5º, IV, alínea "*b*", da Lei nº 12.846/2013 prevê o ilícito de impedimento, perturbação ou fraude a realização de qualquer ato do procedimento licitatório. Como destacam Fabrício Motta e Spiridon Anyfantis, "impedir envolve obstar a consumação de um ato ou de seus efeitos; perturbar significa difi-

---

[447] BITENCOURT, Cezar Roberto. *Direito penal das licitações*. São Paulo: Saraiva, 2012, p. 189.
[448] BITENCOURT, Cezar Roberto. *Direito penal das licitações*. São Paulo: Saraiva, 2012, p. 202.
[449] BITENCOURT, Cezar Roberto. *Direito penal das licitações*. São Paulo: Saraiva, 2012, p. 208.

cultar ou atrapalhar, ainda que o fato seja praticado, e fraudar envolve o uso de meio ardiloso e ilegal para o alcance de certo objetivo".[450]

Como se percebe, as elementares típicas da infração denotam a efetiva necessidade de um resultado concreto, seja por meio do impedimento, perturbação ou fraude à realização de quaisquer atos envolvendo a licitação. Ou seja, para a configuração do ilícito administrativo, é preciso que a pessoa jurídica venha a causar um prejuízo material aos atos da licitação pública.

Evidentemente, que a realização de atos absolutamente idôneos, como o oferecimento de recursos administrativos durante o procedimento licitatório, ou mesmo a impugnação ao edital de licitação, não se encaixam na ilicitude do art. 5º, IV, alínea "b", da Lei nº 12.846/2013, pois decorrente do mero exercício regular de direito, previsto tanto na Constituição Federal, como na Lei nº 8.666/1993.

É claro que o exercício desses direitos de maneira abusiva pode vir a "perturbar" a realização de qualquer ato do procedimento licitatório. Todavia, compreende-se que o mero exercício regular de direito não pode ser capaz de enquadrar a infração, tal como prevista no art. 5º, IV, alínea "b", da Lei nº 12.846/2013.

Modesto Carvalhosa considera que a conduta da pessoa jurídica que leva à judicialização de um procedimento licitatório pode caracterizar a infração do art. 5º, IV, alínea "b", da Lei nº 12.846/2013, desde que evidente caráter de litigância de má-fé.[451] Todavia, a judicialização de um procedimento licitatório nada mais é do que decorrência do direito do licitante de se socorrer ao Poder Judiciário no caso de lesão ou ameaça de direito, tal como lhe garante o art. 5º, XXXV, da Constituição Federal.

É evidente que se determinado licitante apresentar recurso administrativo de maneira intempestiva, de modo a prejudicar ou prolongar a adjudicação do objeto da licitação ao licitante vencedor, poderá restar configurada a infração do art. 5º, IV, alínea "b", da Lei nº 12.846/2013, ante a nítida ocorrência de perturbação da licitação.

---

[450] MOTTA, Fabrício; ANYFANTIS, Spiridon Nicofotis. Comentários ao art. 5º. In: DI PIETRO Maria Sylvia; MARRARA, Thiago. (Coords.). *Lei Anticorrupção comentada*. Belo Horizonte: Fórum, 2017, p. 103.
[451] CARVALHOSA, Modesto. *Considerações sobre a Lei Anticorrupção das pessoas jurídicas*. São Paulo: Editora RT, 2015, p. 222.

Porém, compreende-se que o mero exercício regular de direitos do licitante, tais como interposição de recursos, a impugnação, entre outros, não pode ser enquadrada no ilícito ora analisado. É preciso que reste comprovada a existência da utilização de instrumento ardil de modo a prejudicar o regular andamento do procedimento licitatório.

3.6.4.3 Afastar ou Procurar Afastar Licitante, por meio de fraude ou oferecimento de vantagem de qualquer tipo

A infração administrativa do art. 5º, IV, alínea *"c"*, da Lei Anticorrupção prevê que constitui ilícito administrativo o afastamento, por meio de fraude ou oferecimento de qualquer tipo de vantagem ilícita a licitante. O dispositivo remete à redação direta do art. 95, da Lei nº 8.666/1993, que prevê o crime de afastar licitante mediante violência ou fraude.[452]

Como destaca Cezar Roberto Bitencourt (ainda que no âmbito penal), afastar não significa apenas ocasionar o seu distanciamento ou sua ausência do procedimento licitatório, porém, significa a efetiva desistência para que o licitante apresente a sua proposta, culminando com a abstenção ou a desistência do procedimento licitatório.[453]

A utilização dos expedientes por meio de fraude ou oferecimento de qualquer vantagem indevida significam que sem a presença desses dois elementos, não haverá a consumação do ilícito administrativo. Ademais, é preciso que a fraude efetivamente engane o licitante, levando-o à sua não-participação do procedimento licitatório.

Quanto ao oferecimento da vantagem, não é preciso que ela possua, necessariamente, caracterização econômica ou pecuniária, pois a locução "qualquer" não promove a distinção da natureza da vantagem oferecida ao agente licitante, assim como acontece na infração de oferecimento de vantagem ilícita a agente público (item 3.6.1). Não é preciso que a vantagem possua um valor econômico de alta monta, basta que haja o oferecimento de qualquer expediente indevido para que se configure a infração do art. 5º, IV, alínea *"c"*, da Lei Anticorrupção.

---

[452] "Art. 95. Afastar ou procurar afastar licitante, por meio de violência, grave ameaça, fraude ou oferecimento de vantagem de qualquer tipo: Pena - detenção, de 2 (dois) a 4 (quatro) anos, e multa, além da pena correspondente à violência. Parágrafo único. Incorre na mesma pena quem se abstém ou desiste de licitar, em razão da vantagem oferecida".
[453] BITENCOURT, Cezar Roberto. *Direito penal das licitações*. São Paulo: Saraiva, 2012, p. 302.

3.6.4.4 Fraudar Licitação Pública ou Contrato dela Decorrente

A infração do art. 5º, IV, alínea "*d*", da Lei Anticorrupção, prevê a infração de fraude à licitação pública ou contrato dela decorrente. Como se denota, o tipo infracional é demasiadamente aberto, permitindo o enquadramento de diversas condutas como fraude à licitação ou ao contrato dela decorrente. Em razão da amplitude do tipo infracional, acredita-se que as condutas que não possam ser enquadradas nas demais infrações poderão encaixar-se na infração de fraudar licitação ou contrato dela decorrente.

A utilização de um tipo administrativo excessivamente aberto poderá permitir que diversas condutas possam se amoldar à ilicitude do art. 5º, IV, alínea "*d*", da Lei nº 12.846/2013, a ações que não se encaixariam adequadamente a referida infração administrativa. Apenas a título de exemplo, o at. 96, da Lei nº 8.666/1993, que possui redação muito próxima à do art. 5º, IV, alínea "*d*", da Lei nº 12.846/2013, traz um rol exemplificativo do que se compreende como fraude à licitação ou contrato dela decorrente, a partir (*i*) elevação arbitrária dos preços; (*ii*) venda de mercadoria falsificada ou deteriorada; (*iii*) entrega de uma mercadoria por outra; (*iv*) alteração de substância, qualidade ou quantidade de mercadoria; e, (*v*) tornar injustificadamente mais onerosa a proposta ou a execução contratual.

Como observa Rafael Munhoz de Mello, "a utilização de conceito indeterminado não pode representar outorga de ampla liberdade para a Administração Pública na apuração do ilícito [...] a liberdade não pode ser ampla a ponto de permitir que a própria Administração Pública crie o tipo de infração administrativa".[454]

É preciso destacar, também, que todo procedimento que segue as regras licitatórias, seja de entidades públicos ou não, poderá ser compreendido como licitação pública para fins da Lei nº 12.846/2013. Assim sendo, há diversos organismos internacionais como a ONU, o Banco Interamericano para Reconstrução e Desenvolvimento (BIRD), o Banco Mundial, entre outros, que possuem e realizam procedimentos licitatórios pública, conforme as suas normas internas de adjudicação e contratação, o que denota a amplitude da infração administrativa.

Ou seja, não se tutela somente procedimentos licitatórios como aqueles regidos pela Lei nº 8.666/1993, mas todos aqueles procedimentos que

---

[454] MELLO, Rafael Munhoz de. *Princípios constitucionais de direito administrativo sancionador*. São Paulo: Malheiros, 2007, p. 142.

sejam regidos por normas específicas para a seleção da proposta mais vantajosa, tais como as previstas na Lei de Concessões (Lei nº 8.987/1995), na Lei de Parceria Público-Privada (Lei nº 11.079/2004), na Lei de Empresas Estatais (Lei nº 13.303/2016), desde que a Lei Anticorrupção possa ser aplicada às atividades da entidade tutelada, tais como entidades supranacionais ou da Administração Pública estrangeira, reconhecidas como chanceladas pela Lei Anticorrupção.[455]

Em segundo lugar, a fraude significa que o agente se vale de meio relativamente idôneo para se enganar, induzir ou manter em erro a vítima, seja por meio de artifícios ardilosos, meios fraudulentos ou a obtenção de vantagem patrimonial ilícita em prejuízo alheio.[456] É preciso que haja a utilização de meios fraudulentos e enganosos para o devido enquadramento no art. 5º, IV, alínea "d", da Lei Anticorrupção, tais como os expostos pelo art. 96, da Lei nº 8.666/1993.

3.6.4.5 Criar, de Modo Fraudulento ou Irregular, Pessoa Jurídica para Participar de Licitação Pública ou Celebrar Contrato Administrativo

A mera criação de uma pessoa jurídica não pode ser considerada como um ilícito simplesmente. Como decorrência do princípio da livre-iniciativa (art. 170, IV, da Constituição Federal), todo aquele que preencher os requisitos expostos pelo Código Civil para o exercício da atividade empresarial poderá exercê-la e, consequentemente, criar uma pessoa jurídica e registrá-la na Junta Comercial.[457]

---

[455] "Art. 5º Constituem atos lesivos à administração pública, nacional ou estrangeira, para os fins desta Lei, todos aqueles praticados pelas pessoas jurídicas mencionadas no parágrafo único do art. 1o, que atentem contra o patrimônio público nacional ou estrangeiro, contra princípios da administração pública ou contra os compromissos internacionais assumidos pelo Brasil, assim definidos: [...] § 1º Considera-se administração pública estrangeira os órgãos e entidades estatais ou representações diplomáticas de país estrangeiro, de qualquer nível ou esfera de governo, bem como as pessoas jurídicas controladas, direta ou indiretamente, pelo poder público de país estrangeiro".

[456] BITTENCOURT, Cezar Roberto. *Código penal comentado*. 9. ed. São Paulo: Saraiva, 2015, p. 847.

[457] Esse é o exato sentido do Código Civil: "Art. 972. Podem exercer a atividade de empresário os que estiverem em pleno gozo da capacidade civil e não forem legalmente impedidos". No mesmo sentido, posicionam-se Fabrício Motta e Spiridon Anyfantis, que compreendem que eventuais fraudes na composição do Estatuto Social, por exemplo, não seriam objeto da infração administrativa, mas tão somente as condutas que têm direta relação com a licitação

No entanto, o problema surge quando a criação de uma empresa vem para burlar restrições administrativas, ou mesmo funcionar como mecanismo ou estratagema para burlar as formalidades de um procedimento licitatório. Cite-se, como exemplo, a concepção de pessoas jurídicas e empresas fictícias para a participação de procedimentos licitatórios, entre outros, para propositalmente baixar os preços da licitação e, consequentemente, prejudicar a competividade do certame licitatório.

O fenômeno é comum em procedimentos licitatórios que adotam expedientes mais simplificados, como a modalidade de licitação do pregão, regida pela Lei nº 10.520/2002, nomeadamente a utilização do pregão eletrônico, que permite que uma ampla gama de empresas possa participar do procedimento licitatório em todo país. Isso ocorre porque o art. 4º, VII, XII e XIII, da Lei nº 10.520/2002, permitem que o licitante possa participar sem possuir, necessariamente, as qualificações técnicas necessárias, pois a verificação das condições de habilitação é posterior à fase de classificação das propostas, o que permite que uma empresa que não preencha as condições de habilitação possa oferecer lances, baixando, consequentemente, os preços.

A título de exemplo, a OCDE define que algumas atitudes dos licitantes podem evidenciar que as pessoas jurídicas foram criadas com o específico fim de burlar a competividade do procedimento licitatório, tais como erros semelhantes nos documentos ou nas cartas de proposta, as propostas apresentam caligrafia ou tipo de letra semelhante, a utilização de referências expressas às propostas de outros concorrências, erros de cálculo da proposta semelhantes, ajustes feitos às pressas, a proposta não possui a quantidade de documentação esperada para aquele procedimento, entre outros.[458]

Como enaltecido, a criação de modo fraudulento ou irregular de pessoa jurídica merece algumas ponderações, especialmente no que tange à regularidade para a criação de empresas.

---

ou o contrato administrativo, de modo que a constituição da pessoa jurídica se destine a prejudicar a competividade da licitação (MOTTA, Fabrício; ANYFANTIS, Spiridon Nicofotis. Comentários ao art. 5º. In: DI PIETRO Maria Sylvia; MARRARA, Thiago. (Coords.). *Lei Anticorrupção comentada*. Belo Horizonte: Fórum, 2017, p. 105).

[458] ORGANIZAÇÃO PARA COOPERAÇÃO E DESENVOLVIMENTO ECÔNOMICO. *Diretrizes para combater o conluio entre concorrentes em contratações públicas*. Paris: OCDE, 2009, p. 15. Disponível em: <https://goo.gl/5s7u63>. Acesso em 27 de ago. de 2018 *apud* MOTTA, Fabrício; ANYFANTIS, Spiridon Nicofotis. Comentários ao art. 5º. In: DI PIETRO Maria Sylvia; MARRARA, Thiago. (Coords.). *Lei Anticorrupção comentada*. Belo Horizonte: Fórum, 2017, p. 106.

3.6.4.6 Obter Vantagem ou Benefício Indevido, de Modo Fraudulento, de Modificações ou Prorrogações de Contratos Celebrados com a Administração Pública, sem Autorização em Lei, no Ato Convocatório da Licitação Pública ou nos Respectivos Instrumentos Contratuais

Os contratos celebrados pela Administração Pública brasileira são regidos pelo princípio de que eles possuem prazo determinado. Ou seja, não é possível se admitir no ordenamento jurídico brasileiro a celebração de contratos por prazo indeterminado, o que é absolutamente permitido no âmbito do direito privado.

A principal motivação está no fato de que como os contratos públicos, especialmente aqueles regidos pela Lei nº 8.666/1993, têm a sua duração adstrita à vigência dos respectivos créditos orçamentários, já que estes dependem da existência de recursos públicos para a subsistência.[459]

Entretanto, destaca-se que a prorrogação é um ato que depende da discricionariedade da Administração Pública, que deverá ocorrer a partir de um juízo de conveniência e oportunidade por parte da Administração Pública.[460] Para que as prorrogações contratuais se concretizem, tanto a doutrina, como os precedentes do TCU parecem indicar a necessidade de uma certa "vantajosidade" ou um benefício na prorrogação contratual.

Nas palavras de Marçal Justen Filho, a prorrogação contratual sustenta-se sobre três pilares: (*i*) a inconveniência de suspensão das atividades de atendimento de interesse coletivo. Ou seja, na prática, a impossibilidade de

---

[459] Nesta toada, importante singularizar-se que o crédito orçamentário no Brasil coincide com o ano civil, período compreendido, portanto entre 1º de janeiro e 31 de dezembro: A Orientação Normativa nº 39, de 13 de dezembro de 2011, da AGU, estabelece alguns parâmetros para a prorrogação contratual. Neste sentido o órgão defende a possibilidade de haver a transposição da vigência dos contratos administrativos de um exercício financeiro para outro, desde que as despesas sejam integralmente empenhadas até 31 de dezembro, permitindo-se assim a sua inscrição em restos a pagar. Cf. (NIEBHUR, Joel Menezes. *Licitação Pública e Contrato Administrativo*. 4. ed. Belo Horizonte: Fórum, 2015, p. 855).

[460] Na compreensão de Almiro do Couto e Silva o poder discricionário "vem, geralmente, indicado nas leis que definem a competência dos órgãos e agentes públicos pelas expressões 'poderá', 'é autorizado', 'permite-se', ou semelhantes. Ao conceito de poder discricionário contrapõe-se o de competência vinculada ou ligada, referido aos casos e situações em que o Estado está estritamente submetido à lei, não cabendo ao agente público qualquer margem de liberdade" (SILVA, Almiro do Couto e. Poder discricionário no direito administrativo brasileiro. *RDA*, Rio de Janeiro, n. 179, jan./jun., 1990, p. 54).

se prorrogar estes contratos causaria a precarização da prestação do serviço em face a possível constante mudança do prestador isso porque, a demanda permanente de atuação do particular produziria uma espécie de trauma na transição de um contrato para outro. Se a contratação fosse pactuada por períodos curtos, haveria ampliação do risco de problemas na contratação posterior; (*ii*) a previsibilidade dos recursos orçamentários, isso porque, como se tratam de serviços contínuos, presume-se que sempre existirão recursos a serem alocados na sua prestação. Logo, é possível promover a contratação por período maior do que a vigência dos créditos orçamentários, já que o orçamento do exercício subsequente inevitavelmente contemplará verbas para o adimplemento de obrigações idênticas; e, (*iii*) previsível redução de custos em vista a ampliação do prazo de execução do contrato, por um único e mesmo fornecedor. Isso porque, em uma lógica de mercado, a extensão do prazo de vigência do contrato permite aos interessados no procedimento licitatório reduzirem seus custos, o que se reflete na apresentação de propostas mais vantajosas para a Administração Pública.[461]

De outro lado, é evidente que a Administração Pública deve obedecer ao princípio da legalidade, tal como preconiza o art. 37, *caput*, da Constituição Federal. Ainda mais, tanto a Administração Pública como o particular devem obedecer a legalidade para promoverem a prorrogação contratual. Não obstante, como a prorrogação contratual é um ato bilateral, que pressupõe a igualdade na manifestação das vontades tanto do contratado quanto do contratante, a infração, tal como prevista no art. 5º, IV, alínea "*f*", da Lei nº 12.846/2013, merece considerações cuidadosas em sua aplicação.[462]

Isso porque se há prorrogação ilegal, em inobservância do edital ou do contrato administrativo, a Administração Pública também concorreu para a ocorrência da infração administrativa. Apesar disso, destaca-se que a infração, tal como descrita no art. 5º, IV, alínea "*f*", da Lei nº 12.846/2013, vale-se da expressão "fraudulentamente", que pressupõe nitidamente a concomitância da má-fé do contratado para a sua ocorrência.[463]

---

[461] JUSTEN FILHO, Marçal. *Comentários à Lei de Licitações e Contratos Administrativos*: 17. ed. São Paulo: Editora RT, 2016. p. 1.112

[462] A respeito da natureza bilateral das prorrogações contratuais na Lei nº 8.666/1993, cf. NIEBHUR, Joel Menezes. *Licitação Pública e Contrato Administrativo*. 4. ed. Belo Horizonte: Fórum, 2015. p. 863.

[463] Na compreensão de Cezar Roberto Bittencourt: "A fraude é o engodo, o ardil, o artifício que leva a vítima ao engano. A fraude deve constituir meio idôneo para enganar o ofendido

Compreende-se que não é toda e qualquer prorrogação contratual ilegal que estaria abrangida pelo dispositivo ora analisado, mas somente aquela em que o contratado promovesse artifícios ou estratagemas ardilosos específicos para obter uma prorrogação contratual, em inobservância do edital ou da lei.

Normalmente, para a ocorrência da prorrogação contratual é preciso se seguir um trâmite administrativo rigoroso, como a análise das razões da vantagem da prorrogação, a juridicidade, que normalmente é realizada pelo órgão da Advocacia Pública da entidade pública contratante, motivo pelo qual acredita-se que a utilização de expediente fraudulentos pelo contratado para a obtenção da prorrogação contratual são demasiadamente atenuados.

Ademais, ressalta-se que se o contratado tenha prestado serviço à Administração Pública, ainda que por meio de prorrogação contratual fraudulenta, os serviços que este tenha efetivamente prestado ao Poder Público devem ser devidamente pagos, sob pena de enriquecimento ilícito da Administração, conforme o art. 59, parágrafo único, da Lei nº 8.666/1993.[464]

Por fim, destaca-se que se a Administração Pública promove uma prorrogação contratual em inobservância das disposições legais, ela também terá concorrido para que a ilegalidade tenha se perpetrado, pois a prorrogação contratual pressupõe bilateralidade na manifestação das partes (Administração Pública e empresa ou particular). Por esse motivo, compreende-se que o dispositivo abrange somente prorrogações ilegais promovidas a partir de expedientes fraudulentos cometidos pelo contratado, em que pese a natureza bilateral da prorrogação contratual, na qual a Administração Pública também concorre para a sua ocorrência, tanto como o contratado.

---

sobre a natureza, lisura ou legitimidade do certame, quer quanto a finalidade da própria conduta do agente" (BITENCOURT, Cezar Roberto. *Direito penal das licitações*. São Paulo: Saraiva, 2012, p. 301).

[464] Conforme destaca Joel de Menezes Niebuhr: "Ainda que a alteração contratual seja reputada ilegal, se o contratado executou em atendimento à ordem da Administração Pública, esta deve realizar o pagamento, sob pena de enriquecimento sem causa, como reconhece categoricamente o parágrafo único do art. 59 da Lei nº 8.666/93 e jurisprudência caudalosa" (NIEBHUR, Joel Menezes. *Licitação Pública e Contrato Administrativo*. 4. ed. Belo Horizonte: Fórum, 2015, p. 923). No mesmo sentido, ampliar em MOREIRA, Egon Bockmann; GUIMARÃES, Fernando Vernalha. *Licitação Pública*. 2. ed. São Paulo: Malheiros, 2015, p. 155-156; MEIRELLES, Hely Lopes. *Licitação e contrato administrativo*. Atualizado por Veralice Celidonio Lopes Meirelles. 15. ed. São Paulo: Malheiros, 2010, p. 315-317.

3.6.4.7 Manipular ou Fraudar o Equilíbrio Econômico-Financeiro dos Contratos Celebrados com a Administração Pública

O equilíbrio econômico-financeiro dos contratos é a equação fundamental no âmbito dos contratos administrativos, tanto que a própria Constituição Federal, em seu art. 37, XXI, estabelece que "as obras, serviços, compras e alienações serão contratados mediante processo de licitação pública que assegure igualdade de condições a todos os concorrentes, com cláusulas que estabeleçam obrigações de pagamento, mantidas as condições efetivas da proposta, nos termos da lei, o qual somente permitirá as exigências de qualificação técnica e econômica indispensáveis à garantia do cumprimento das obrigações".

Ou seja, a manutenção das condições efetivas da proposta é prevista na própria Constituição Federal como um dos principais direitos dos contratados, na exata medida que ele consiga manter as condições da sua proposta em relação a oscilações ou mudanças que venham a ocorrer no âmbito contratual. "Tal não quer dizer que o preço do contrato não possa ser alterado. Intangível será a equação econômico-financeira, fixada a partir de uma relação entre encargos e remuneração atinentes ao contrato".[465]

No caso de haver manipulação do equilíbrio econômico-financeiro do contrato em prejuízo da Administração Pública e, em última análise, do contribuinte indiretamente, há nítida infração administrativa, tal como prescreve o art. 5º, IV, alínea *"g"*, da Lei nº 12.846/2013.

Entretanto, não é todo e qualquer alteração do contrato que pode ser considerada como ilícita ou indevida. É evidente que há situações em que o contratado é prejudicado, sendo comum na prática administrativa o não-reconhecimento de direitos do contratado, tal como prescreve a própria Lei nº 8.666/1993, como, por exemplo, o reajuste, a repactuação para serviços de prestação continuada, fato da administração, o aumento de impostos (fato do príncipe) ou os encargos sociais são ocorrências que prejudicam demasiadamente o contratado. Não obstante, é normal que o contratado tenha de garantir seus direitos no âmbito do Poder Judiciário; ou, ainda, por conta de fatos imprevistos, que poderiam ser compreendidos como circunstâncias determinantes que fossem estranhas às

---

[465] MOREIRA, Egon Bockmann; GUIMARÃES, Fernando Vernalha. *Licitação pública*. 2. ed. São Paulo: Malheiros, 2015, p. 375.

partes e geradoras de uma ruptura no equilíbrio econômico-financeira, consideradas ainda anormais, extraordinárias e imprevistas.[466]

Ainda, há espécies contratuais da Administração Pública, como os contratos de concessão, que são essencialmente contratos de longa duração, que estão sujeitos a ocorrências supervenientes. Logo após o momento da licitação e a respectiva assinatura do contrato, o país pode passar por um período de recessão econômica, tal como ocorreu com vários projetos no país. Como pondera Egon Bockmann Moreira: "Fato é que mudanças ocorrem em qualquer contrato – sobremodo no de concessão de serviços público, qualificado por sua incompletude reforçada [...]. O tempo é implacável e inclemente: não há dúvida que produzirá efeitos".[467]

É evidente que a celebração de ajustes contratuais, tais como aditivos contratuais, são naturais e comuns, ainda mais em contratos de longa duração, tais como os contratos de concessão de serviço público ou de PPPs. Mas, a utilização de expedientes fraudulentos na assinatura de aditivos contratuais para a manutenção do equilíbrio econômico-financeiro não merece guarida no ordenamento jurídico, tais como a utilização do jogo de planilhas, o sobrepreço ou superfaturamento.[468]

---

[466] RODRIGUES JÚNIOR, Otávio Luiz. *Revisão judicial dos contratos*. 2. ed. São Paulo: Atlas, 2006, p. 249.

[467] MOREIRA, Egon Bockmann. *Direito das concessões de serviços públicos*. São Paulo: Malheiros, 2010, p. 389.

[468] A importância desses termos na prática de controle do TCU é tamanha que a Lei nº 13.303/2016 (Lei de Empresas Estatais) chegou a positivar os conceitos do sobrepreço e o superfaturamento, que se compreendem, conforme a redação do art. 31, I e II, da Lei nº 13.303/2016, respectivamente: (i) sobrepreço: quando os preços orçados para a licitação ou os preços contratados são expressivamente superiores aos preços referenciais de mercado, podendo referir-se ao valor unitário de um item, se a licitação ou a contratação for por preços unitários de serviço, ou ao valor global do objeto, se a licitação ou a contratação for por preço global ou por empreitada; (ii) superfaturamento quando houver dano ao patrimônio da empresa pública ou da sociedade de economia mista caracterizado, por exemplo: (a) pela medição de quantidades superiores às efetivamente executadas ou fornecidas; (b) pela deficiência na execução de obras e serviços de engenharia que resulte em diminuição da qualidade, da vida útil ou da segurança; (c) por alterações no orçamento de obras e de serviços de engenharia que causem o desequilíbrio econômico-financeiro do contrato em favor do contratado; e, (d) por outras alterações de cláusulas financeiras que gerem recebimentos contratuais antecipados, distorção do cronograma físico-financeiro, prorrogação injustificada do prazo contratual com custos adicionais para a empresa pública ou sociedade de economia mista ou reajuste irregular de preços.

Por esse motivo, acredita-se que a mera assinatura de um aditivo ou mesmo a concessão de reajuste para a manutenção do equilíbrio econômico-financeiro do contrato não pode ser considerado como ilícito ou mesmo uma infração da Lei Anticorrupção. Muito embora o TCU tenha entendimento no sentido de que a comprovação do superfaturamento ou o do jogo de planilhas independente de comprovação específica de dolo do agente público ou da empresa contratada, deve-se compreender que, para fins de compreensão da Lei Anticorrupção, é preciso que haja um nexo de causalidade mínimo entre a ação da pessoa jurídica e o prejuízo à Administração Pública.[469]

No específico caso da manipulação ou fraude, é manifesto que as elementares típicas já denotam que o sujeito passivo deverá se valer de expedientes fraudulentos ou manipulados para a efetiva consumação da infração do art. 5º, IV, da Lei Anticorrupção. Mesmo que a Lei Anticorrupção adote a responsabilidade objetiva, independente de comprovação de dolo ou culpa da pessoa jurídica, é evidente que as elementares "fraudar" e "manipular" denotam a utilização de expedientes dolosos e voluntários com o objetivo de fraudar o equilíbrio do contrato.

Assim sendo, é preciso que reste comprovada, minimamente, a utilização de expediente fraudulentos ou manipulados em prejuízo da Administração Pública no caso de concessão de qualquer benefício a título de recomposição do equilíbrio econômico-financeiro do contrato, mesmo que se prescinda da comprovação do dolo infracional da pessoa jurídica, já que, obviamente, o desequilíbrio do contrato em prejuízo do contratado não poderá ser capaz de ensejar a sua responsabilização, mas tão somente quando há prejuízo efetivo à Administração Pública.

---

[469] "Portanto, tem menos importância saber se o prejuízo sofrido pela administração decorre de um autêntico "jogo de planilha", de um comportamento volitivo por parte da empresa contratada no sentido de fraudar a administração pública. É puro dever de justiça agir na defesa do equilíbrio financeiro do contrato, quaisquer que sejam as causas do desequilíbrio, tanto mais quando se tem na origem uma licitação irregular. E acima disto, é imposição legal combater sobrepreços. Enfim, não é preciso analisar a conduta da empresa para responsabilizá-la pelo ganho de lucros indevidos e excessivos" (BRASIL. *Tribunal de Contas da União*. Acórdão nº 1.721/2016 – Plenário – Relator: Benjamin Zymler – Processo nº 011.101/2003 – Data da sessão: 06/07/2016 – Número da ata: 26/2016).

3.6.5 Dificultar Atividade de Investigação ou Fiscalização de Órgãos, Entidades ou Agentes Públicos, ou Intervir em sua Atuação, Inclusive no Âmbito das Agências Reguladoras e dos Órgãos de Fiscalização do Sistema Financeiro Nacional

Por fim, a última infração prevista no art. 5º, V, da Lei Anticorrupção destoa, de certa medida, de toda a técnica legislativa prevista no diploma legal. Uma vez que a maioria das infrações administrativa da Lei nº 12.846/2013 destina-se a punir a ocorrência de infrações e fraude na esfera de licitações e contratos, a infração ora analisada traz previsão que se aproxima diretamente do crime de obstrução de justiça no âmbito de organizações criminosas (previsto no art. 2º, § 2º, da Lei nº 12.850/2013).[470]

É de se observar que a pessoa jurídica tem direito a não produzir provas contra si mesma, o que denota a sua preferência em não colaborar com as investigações. Como observa Carvalhosa, "a pessoa jurídica indigitada pode não colaborar em nenhuma das fases sem que tal recusa possa configurar presunção de culpa".[471] Não obstante, a não colaboração com as investigações não é sinônimo nem mesmo autorizativo para que a empresa crie dificuldade para o desempenho das atividades investigativas. "Não se admite, contudo, às pessoas jurídicas investigadas ou fiscalizadas, praticar atos caracterizados como de obstrução, tais como impedir acesso de agentes públicos a locais de coleta de provas ou promover, deliberadamente, sua destruição".[472] No mesmo sentido caminha a destruição de provas, indução ou ameaça de testemunhas, entre outras providencias de obstrução somente da investigação do PAR, e não se aplicando a outros objetos persecutórios.

Enfim, é preciso mencionar que o ilícito do art. 5º, V, da Lei nº 12.846/2013, relaciona-se somente às investigações ocorridas no curso

---

[470] "Art. 2º Promover, constituir, financiar ou integrar, pessoalmente ou por interposta pessoa, organização criminosa: Pena - reclusão, de 3 (três) a 8 (oito) anos, e multa, sem prejuízo das penas correspondentes às demais infrações penais praticadas. § 1º Nas mesmas penas incorre quem impede ou, de qualquer forma, embaraça a investigação de infração penal que envolva organização criminosa".

[471] CARVALHOSA, Modesto. *Considerações sobre a Lei Anticorrupção das pessoas jurídicas*. São Paulo: Editora RT, 2015, p. 245.

[472] MOTTA, Fabrício; ANYFANTIS, Spiridon Nicofotis. Comentários ao art. 5º. In: DI PIETRO Maria Sylvia; MARRARA, Thiago. (Coords.). Lei Anticorrupção comentada. Belo Horizonte: Fórum, 2017, p. 110.

da apuração dos ilícitos previstos na Lei Anticorrupção, não podendo dar guarida à aplicação de PAR em decorrência de outras investigações, tais como processos administrativos, inquéritos judiciais ou ações judiciais que visam punir outros ilícitos que não decorrentes da Lei Anticorrupção.

3.7 Processo Administrativo de Responsabilização (PAR)

O principal meio de apuração de responsabilidades das pessoas jurídicas acusadas de cometer quaisquer dos ilícitos expostos é por meio do PAR. A instauração do PAR compete à autoridade máxima de cada órgão ou entidade dos Poderes da República, que poderá agir de ofício ou mediante provocação. No caso da Administração Pública federal, o art. 3º, do Decreto Presidencial nº 8.420/2015,[473] define que a autoridade competente para a instauração do processo administrativo será o respectivo Ministro do Estado, responsável pelo órgão da União.

Irene Patrícia Nohara acredita que a técnica adotada pelo Decreto Presidencial nº 8.420/2015 possui algumas desvantagens, pois, ao estabelecer que o processo administrativo deve começar da autoridade do topo hierárquico, esgota a possibilidade de interposição de recurso administrativo no caso de decisão condenatória. Além disso, o fato de o processo administrativo começar pelo topo pode ser prejudicial, já que Ministros de Estado possuem diretas relações políticas, "têm maior vinculação com diversos tipos de interesses, inclusive partidários, diferentemente, por exemplo, dos servidores concursados, que, no geral, possuem maior grau de isenção".[474]

3.7.1 Defesa Administrativa

A Lei Anticorrupção estabelece que, após instaurado o processo administrativo, a empresa terá o prazo de 30 (trinta) dias para o exercício do direito de defesa, contados a partir da intimação. O exercício do direito de defesa é de suma importância ao acusado, pois é nesse momento em que poderá

---

[473] "Art. 3º A competência para a instauração e para o julgamento do PAR é da autoridade máxima da entidade em face da qual foi praticado o ato lesivo, ou, em caso de órgão da administração direta, do seu Ministro de Estado. Parágrafo único. A competência de que trata o caput será exercida de ofício ou mediante provocação e poderá ser delegada, sendo vedada a subdelegação".

[474] NOHARA, Irene Patrícia. Comentários ao art. 8º. In: DI PIETRO Maria Sylvia; MARRARA, Thiago. (Coords.). *Lei Anticorrupção comentada*. Belo Horizonte: Fórum, 2017, p. 133.

demonstrar que a sua organização não contribuiu para a ocorrência do ilícito administrativo. Como define o art. 5º, *caput*, do Decreto Presidencial nº 8.420/2015, a intimação do acusado para a apresentação da defesa administrativa é ato subsequente à instauração da comissão processante, ocasião na qual haverá a intimação para a comunicação para a apresentação da defesa, anterior ao regular andamento processual, e intimação para a especificação das provas que pretende produzir.[475]

Pelo fato de que a responsabilidade na Lei Anticorrupção é objetiva, a defesa não significa somente a apresentação das razões e provas que o acusado pretende produzir, mas, também, a oportunidade da pessoa jurídica de que as suas razões serão levadas em consideração pela Administração Pública. Como destacam Sérgio Ferraz e Adilson Dallari: "Parece óbvio, mas é importante registrar que a defesa do acusado não pode consistir em mera formalidade; não basta dar oportunidade de defesa, é indispensável sopesar, com seriedade e isenção, os argumentos e as provas favoráveis ao acusado. Somente assim se pode sinceramente falar em princípio do contraditório".[476]

Como a Lei Anticorrupção erige uma responsabilidade que não necessita de comprovação a título de dolo ou culpa, a defesa administrativa torna-se quiçá o ato processual mais relevante de todo o processo administrativo. E, da mesma maneira, a defesa realizada por advogado é imprescindível, já que a gravidade dos fatos impõe a análise pormenorizada e detalhada por parte daquele que conduz a defesa. A despeito do STF ter entendimento sumulado no sentido da prescindibilidade de defesa técnica realizada por advogado,[477] compreende-se que, pela gravidade das sanções administrativas impostas pela Lei Anticorrupção, "é recomendável que haja a contratação de advogado na defesa da empresa, pois as sanções decorrentes do processo podem ser elevadas e o advogado tem maior conhecimento técnico das estratégias de defesa".[478]

---

[475] "Art. 5º No ato de instauração do PAR, a autoridade designará comissão, composta por dois ou mais servidores estáveis, que avaliará fatos e circunstâncias conhecidos e intimará a pessoa jurídica para, no prazo de trinta dias, apresentar defesa escrita e especificar eventuais provas que pretende produzir".

[476] FERRAZ, Sérgio; DALLARI, Adilson Abreu. *Processo administrativo*. 2. ed. São Paulo: Malheiros, 2007, p. 167.

[477] "Súmula Vinculante nº 05/STF - A falta de defesa técnica por advogado no processo administrativo disciplinar não ofende a Constituição".

[478] NOHARA, Irene Patrícia. Comentários ao art. 11. In: DI PIETRO Maria Sylvia; MARRARA,

Quanto à possibilidade probatória, o processo administrativo deve ser aberto à oportunidade de que o acusado possa exercer todas as provas em direito admitidas, como prescreve tanto a Lei de Processo Administrativo federal e, de maneira subsidiária e elucidativa, o Código de Processo Civil.[479] Por outro lado, deve a Administração Pública recusar ou indeferir, de maneira suficientemente fundamentada, as provas consideradas como "protelatórias" que venham a ser requeridas pelo acusado.[480]

3.7.2 Comissão Processante

A comissão processante estabelecida pela Lei Anticorrupção é composta por 2 (dois) servidores estáveis, com vínculo estável com a Administração Pública processante. Diferentemente, por exemplo, da Lei nº 8.112/1990, que previu que a comissão processante para a apuração de responsabilidade administrativa seria integrada por 3 (três) servidores públicos estáveis.

A nomeação de servidores estáveis depende da verificação da estabilidade de cada um dos membros é fundamentos, já que há diversos prece-

---

Thiago. (Coords.). *Lei Anticorrupção comentada*. Belo Horizonte: Fórum, 2017, p. 157.

[479] Nesse sentido preconiza o art. 369, do Código de Processo Civil: "Art. 369. As partes têm o direito de empregar todos os meios legais, bem como os moralmente legítimos, ainda que não especificados neste Código, para provar a verdade dos fatos em que se funda o pedido ou a defesa e influir eficazmente na convicção do juiz". Sobre a possibilidade de aplicação do CPC aos processos administrativos, cf. o entendimento de Egon Bockmann Moreira: "deve-se sublinhar que o CPC/2015 tem plena aplicabilidade ao processo administrativo, em convivência harmônica com a Lei nº 9.784/1999 e outros diplomas administrativo-processuais. Não há exceção, salvo aquelas oriundas da incidência normativa ao caso concreto" (MOREIRA, Egon Bockmann. O novo Código de Processo Civil e a sua aplicação no processo administrativo. *RDA*, Rio de Janeiro, v. 273, set./dez. 2016, p. 317).

[480] Esse é o exato teor da Lei nº 9.784/1999: "Art. 38. O interessado poderá, na fase instrutória e antes da tomada da decisão, juntar documentos e pareceres, requerer diligências e perícias, bem como aduzir alegações referentes à matéria objeto do processo. [...] § 2º Somente poderão ser recusadas, mediante decisão fundamentada, as provas propostas pelos interessados quando sejam ilícitas, impertinentes, desnecessárias ou protelatórias". Ademais, o art. 20, da LINDB, evidencia o dever e a necessidade de devida motivação na esfera administrativa: "Art. 20. Nas esferas administrativa, controladora e judicial, não se decidirá com base em valores jurídicos abstratos sem que sejam consideradas as consequências práticas da decisão. Parágrafo único. A motivação demonstrará a necessidade e a adequação da medida imposta ou da invalidação de ato, contrato, ajuste, processo ou norma administrativa, inclusive em face das possíveis alternativas". Nesse mesmo sentido, cf. FERRAZ, Sérgio; DALLARI, Adilson Abreu. *Processo administrativo*. 2. ed. São Paulo: Malheiros, 2007, p. 172-173.

dentes judiciais e jurisprudência pacífica que consideraram como nulos PADs que foram conduzidos por servidores que não gozavam de estabilidade. O entendimento aplicável ao PAD, conforme o art, 149, da Lei nº 8.112/1990, pode ser facilmente transportado à lógica do PAR erigido pela Lei nº 12.846/2013.

De todo modo, é de se notar que várias entidades brasileiras, ao realizarem a regulamentação da Lei Anticorrupção, previram que a comissão processante seria formada por ao mínimo 3 (três) servidores estáveis, já que não faz sentido a nomeação de uma comissão processante em que possa se haver empate nas decisões.[481]

3.7.3 Recurso Administrativo

O processo administrativo, tal como previsto na Lei Anticorrupção, nada prevê sobre a possibilidade de oferecimento de recurso administrativo por parte da pessoa jurídica sancionada, a título de cumprimento da Lei nº 12.846/2013.

Ao passo que a Lei nº 9.784/1999, que regulamenta o processo administrativo na União, prevê que as decisões administrativas possam ser questionadas quanto à sua legalidade e mérito,[482] a Lei Anticorrupção é absolutamente silente sobre a possibilidade de oferecimento de recurso administrativo. Segundo Egon Bockmann Moreira, o recurso adminis-

---

[481] Esse é o exemplo do Decreto do Governador do Estado do Paraná (art. 8º, do Decreto Estadual nº 10.271/2014) e do Prefeito do Município de São Paulo (art. 4º, do Decreto Municipal nº 55.107/2014), que estabelecem que o PAR será conduzido por no mínimo 3 (três) servidores estáveis, indicados pela autoridade instauradora. Basta conferir precedentes do STJ, por todos, ampliar em BRASIL. *Superior Tribunal de Justiça*. AgRg no AgRg no MS 20.689/DF, Rel. Ministro NAPOLEÃO NUNES MAIA FILHO, PRIMEIRA SEÇÃO, julgado em 10/12/2014, DJe 05/03/2015. No mesmo sentido, cf. RIBEIRO, Márcio de Aguiar. *Responsabilização administrativa de pessoas jurídicas à luz da lei anticorrupção empresarial*. Belo Horizonte: Fórum, 2017, p. 109.

[482] "Art. 56. Das decisões administrativas cabe recurso, em face de razões de legalidade e de mérito. § 1º O recurso será dirigido à autoridade que proferiu a decisão, a qual, se não a reconsiderar no prazo de cinco dias, o encaminhará à autoridade superior. § 2º Salvo exigência legal, a interposição de recurso administrativo independe de caução.§ 3º Se o recorrente alegar que a decisão administrativa contraria enunciado da súmula vinculante, caberá à autoridade prolatora da decisão impugnada, se não a reconsiderar, explicitar, antes de encaminhar o recurso à autoridade superior, as razões da aplicabilidade ou inaplicabilidade da súmula, conforme o caso".

trativo, tal como previsto na Lei nº 9.784/1999, nada mais é do que uma decorrência dos princípios constitucionais da ampla defesa e do contraditório e, assim, parece correta a interpretação sobre a possibilidade de oferecimento de recurso administrativo no âmbito da Lei nº 12.846/2013.[483]

Patrícia Toledo de Campos defende que deve haver a incidência subsidiária da Lei nº 9.784/1999, de modo a permitir que a pessoa jurídica sancionada possa recorrer da decisão administrativa que lhe seja desfavorável: "Entendemos que houve falha do legislador nesse aspecto. A lei reguladora do processo administrativo no âmbito da Administração Pública Federal (nº. 9.784/1999) dispõe no inciso X, parágrafo único de seu artigo 2º, que deverá ser observada a garantia do direito à interposição de recursos nos processos de que possam resultar sanções e nas situações de litígio".[484]

Não obstante a Lei Anticorrupção estabelecer um processo administrativo específico, sem remissões específicas à Lei nº 9.784/1999, compreende-se que a garantia recursal, especialmente no âmbito da Administração Pública da União, é afiançada pela legislação processual administrativa específica.

Mesmo que alguns autores considerem que o direito ao duplo grau de jurisdição não possua *status* constitucional,[485] a possiblidade de revisão de sanções administrativas é uma das principais garantias processuais, o que garante maior segurança jurídica à atuação dos particulares e, até mesmo, imparcialidade, já que como o processo administrativo da Lei Anticorrupção é instaurado e julgado pela Autoridade Máxima de cada órgão, a faculdade recursal à autoridade hierárquica superior seria de bom alvitre,

---

[483] MOREIRA, Egon Bockmann. *Processo administrativo*: princípios constitucionais e a Lei 9.784/1999. 4. ed. São Paulo: Malheiros, 2010, p. 373-374.

[484] CAMPOS, Patrícia Toledo. Comentários à Lei nº 12.846/2013 – Lei anticorrupção. *RDDA*, Ribeirão Preto, v. 2, n. 1, 2015, p. 177.

[485] Na visão de Luiz Guilherme Marinoni e Sérgio Cruz Arenhart, "o legislador infraconstitucional não está obrigado a estabelecer, para toda e qualquer causa, uma dupla revisão em relação ao mérito, principalmente porque a própria Constituição Federal, em seu art. 5º, LXXVIII, garante a todos o direito à tutela jurisdicional tempestiva, direito este que não pode deixar de ser levado em consideração quando se pense em 'garantir' a segurança da parte através de instituição de 'dupla revisão' (MARINONI, Luiz Guilherme; ARENHART, Sérgio Cruz. *Processo de conhecimento*. 11. ed. São Paulo: Editora RT, 2013, p. 496). Por sua vez, Nelson Nery Júnior entende que a garantia constitucional do duplo grau de jurisdição possui natureza constitucional, mas pode sofrer limitações do legislador infraconstitucional, desde que respeitada a taxatividade constitucional dos recursos (NERY JÚNIOR, Nelson. *Teoria geral dos recursos*. 7. ed. São Paulo: Editora RT, 2014, p. 61).

o que demonstra a grande distorção existente na aplicação do regime jurídico sancionatório da Lei nº 12.846/2013.

No entanto, na impossibilidade de oferecimento de recurso administrativo hierárquico, Adilson Abreu Dallari e Sérgio Ferraz defendem que deve ser garantida a possibilidade de pedido de reconsideração à própria autoridade administrativa que exarou a decisão recorrida: "quando não houver possibilidade de apresentação de recursos hierárquico contra decisão proferida em única instância, haverá, para o interessado, o direito a um pedido de reconsideração".[486]

A hipótese aproxima-se do regime recursal no caso da aplicação da sanção administrativa de declaração de inidoneidade do contratado, como preconiza o art. 87, IV, § 3º, da Lei nº 8.666/1993, que é de competência exclusiva do Ministro de Estado, do Secretário Estadual ou Municipal. A própria Lei Geral de Licitações reconhece que o recurso administrativo cabível, como preconiza o art. 109, III, da Lei nº 8.666/1993, é opedido de reconsideração ao Ministro de Estado, ou Secretário Estadual ou Municipal que aplicou a sanção de inidoneidade.[487]

Aliás, essa é a exata redação do art. 11, do Decreto Presidencial nº 8.420/2015, ao permitir que da decisão administrativa condenatória cabe pedido de reconsideração à própria autoridade administrativa sancionadora, no prazo de dez dias, conferindo efeito suspensivo ao recurso administrativo.[488]

---

[486] FERRAZ, Sérgio; DALLARI, Adilson Abreu. *Processo administrativo*. 2. ed. São Paulo: Malheiros, 2007, p. 228.

[487] "Art. 109. Dos atos da Administração decorrentes da aplicação desta Lei cabem: [...] III - pedido de reconsideração, de decisão de Ministro de Estado, ou Secretário Estadual ou Municipal, conforme o caso, na hipótese do § 4º do art. 87 desta Lei, no prazo de 10 (dez) dias úteis da intimação do ato".

[488] "Art. 11. Da decisão administrativa sancionadora cabe pedido de reconsideração com efeito suspensivo, no prazo de dez dias, contado da data de publicação da decisão. § 1º A pessoa jurídica contra a qual foram impostas sanções no PAR e que não apresentar pedido de reconsideração deverá cumpri-las no prazo de trinta dias, contado do fim do prazo para interposição do pedido de reconsideração. § 2º A autoridade julgadora terá o prazo de trinta dias para decidir sobre a matéria alegada no pedido de reconsideração e publicar nova decisão. § 3º Mantida a decisão administrativa sancionadora, será concedido à pessoa jurídica novo prazo de trinta dias para cumprimento das sanções que lhe foram impostas, contado da data de publicação da nova decisão".

Em vista disso, apesar da Lei Anticorrupção não prever explicitamente a possibilidade de oferecimento de recurso administrativo, pelo menos no âmbito da Administração Pública federal, a garantia prevista no art. 56, da Lei nº 9.784/1999, parece avalizar às pessoas jurídicas sancionadas a garantia do direito a recorrer da decisão administrativa sancionatória, que se concretiza pelo pedido de reconsideração à própria autoridade que proferiu a decisão condenatória, o que se concretiza no art. 11, do Decreto Presidencial nº 8.420/2015.

3.8 Sanções Administrativas

A imposição de sanções administrativas é uma das principais ferramentas à disposição da Lei Anticorrupção como forma de combater eventuais atos ilícitos cometidos por pessoas jurídicas. Para isso, verifica-se a seguir cada uma das sanções administrativas expostas pela referida norma, especialmente a multa, a reparação de danos, a publicação extraordinária da decisão condenatória e a desconsideração da personalidade jurídica.

3.8.1 Multas

A multa pode ser considerada como a principal sanção administrativa exposta pela Lei Anticorrupção. A multa possui um nítido caráter de restrição ao patrimônio econômico de determinada pessoa jurídica.[489] Diferentemente da multa prevista na Lei nº 8.666/1993, que se aproxima da cláusula penal prevista no Código Civil, já que o contratado deverá ressarcir a Administração Pública pela quebra antecipada do contrato, a multa prevista na Lei Anticorrupção é uma multa punitiva.

A multa, assim, não se destina a recompor os efeitos patrimoniais danosos decorrente de eventual inadimplemento contratual, por exemplo, mas deve ser uma forma de castigo administrativo pelo cometimento de qualquer dos atos infracionais da Lei nº 12.846/2013. Além disso, a multa não deve possuir caráter confiscatório, em um valor tão alto que o sancionado não possa arcar com o valor devido à Administração Pública. E, como consentâneo do preceito da proibição ao confisco das sanções administrativas, a Lei Anticorrupção apregoa que a multa terá como valor de 0,1% (um décimo por cento) a 20% (vinte por cento) do faturamento bruto do último exercício anterior ao da instauração do processo administrativo.

---

[489] FERREIRA, Daniel. *Sanções administrativas*. São Paulo: Malheiros, 2001, p. 29.

Por sua vez, o Decreto Presidencial nº 8.420/2015, em seu art. 17 estabelece que o valor mínimo da multa deverá levar em consideração o valor do contrato administrativo que, a empresa que venha a ser sancionada possuía com o Poder Público estabelecido, por exemplo, da seguinte forma: (*i*) um por cento em contratos acima de R$ 1.500.000,00 (um milhão e quinhentos mil reais); (*ii*) dois por cento em contratos acima de R$ 10.000.000,00 (dez milhões de reais); (*iii*) três por cento em contratos acima de R$ 50.000.000,00 (cinquenta milhões de reais); (*iv*) quatro por cento em contratos acima de R$ 250.000.000,00 (duzentos e cinquenta milhões de reais); e, (*v*) cinco por cento em contratos acima de R$ 1.000.000.000,00 (um bilhão de reais).

A fórmula adotada pela regulamentação da Lei Anticorrupção parece ser coerente com o fato de que as sanções administrativas não devem ter caráter confiscatório e devem levar em consideração o preceito constitucional da capacidade contributiva da pessoa jurídica.[490] Ou seja, a multa deve ser proporcional ao valor que a empresa teve oportunidade de auferir com os contratos públicos, bem como de maneira condizente com o prejuízo causado à Administração Pública.

3.8.2 Processo Administrativo Específico de Reparação de danos (PAERD)

A reparação integral do dano possui previsão específica na Lei Anticorrupção, e não se confunde, de maneira alguma, com a previsão de multa, já que a multa é uma decorrência do cometimento de quaisquer das infrações administrativas. A necessidade de reparação de danos também se relaciona ao cometimento de infrações, todavia, o PAERD relaciona-se com o imperativo de recomposição de danos em decorrência da realização dos ilícitos cometidos contra o Poder Público.

José Roberto Pimenta Oliveira ressalta que a Lei Anticorrupção parece sedimentar a existência do PAR e do PAERD para a apuração de danos e prejuízos à Administração Pública.[491] O PAERD é voltado exclusivamente

---

[490] Segundo Francesco Moschetti, o princípio da capacidade contributiva coaduna-se diretamente com o dever de solidariedade para a manutenção das finanças públicas.(MOSCHETTI, Francesco. *El principio de capacidad contributiva*. Tradução espanhola de Calero Gallego e Navas Vazquez. Madrid: Instituto de Estudios Fiscales, 1980, p. 107-138).

[491] Esse é o teor do art. 51, do Decreto Presidencial nº 8.420/2015: "Art. 51. O processamento do PAR não interfere no seguimento regular dos processos administrativos específicos para apuração da ocorrência de danos e prejuízos à administração pública federal resultantes de

à reparação dos danos causados à Administração pública em decorrência da ocorrência dos ilícitos contra o Poder Público. Em outras palavras, a existência do PAERD parece depender do resultado do PAR, já que se o PAR tiver um resultado negativo sobre a ocorrência de infração administrativa, haverá inegável impacto no PAERD. Em que pese os processos sejam independentes, como a leitura do próprio art. 13, *caput*, da Lei nº 12.846/2013, faz pressupor, há, ao mínimo, processos conexos, cujo resultado pode influenciar no resultado do outro.[492]

Além disso, eventuais prejuízos apurados pela Administração Pública não possuem exequibilidade automática, como no caso da multa administrativa, pois a Lei nº 12.846/2013 não reconhece a exequibilidade da decisão tomada pelo Poder Público no âmbito do PAERD. Ou seja, a Administração Pública ao apurar a exata quantia devida pelo particular a título de danos poderá ingressar com ação judicial específica para a cobrança dos valores, após inscrição em Dívida Ativa, e cobrança judicial como prescreve a Lei de Execução Fiscal (Lei nº 6.830/1980), como um crédito fazendário não-tributário.[493]

3.8.3 Publicação Extraordinária da Decisão Condenatória

A publicação extraordinária da decisão condenatória poderia ser classificada como uma nítida sanção administrativa de restrição ao patrimônio moral da pessoa jurídica.[494] Nos dias de hoje, muito mais do que capital

---

ato lesivo cometido por pessoa jurídica, com ou sem a participação de agente público".

[492] Nas palavras de Leonardo Carneiro da Cunha: "A conexão é, em geral, uma relação entre duas ou mais causas contemporaneamente pendentes o mesmo juízo ou perante juízos diversos, caracterizando-se por tais causas terem em comum ou mais elementos – não todos os elementos de identificação da demanda: a identificação total caracteriza a litispendência – a justificar o processo e o julgamento conjuntos (*simultaneus processus*), com a prorrogação de competência" (CUNHA, Leonardo Carneiro da. *Jurisdição e competência*. 2. ed. São Paulo: Editora RT, 2013, p. 145).

[493] "Art. 2º - Constitui Dívida Ativa da Fazenda Pública aquela definida como tributária ou não tributária na Lei nº 4.320, de 17 de março de 1964, com as alterações posteriores, que estatui normas gerais de direito financeiro para elaboração e controle dos orçamentos e balanços da União, dos Estados, dos Municípios e do Distrito Federal. § 1º - Qualquer valor, cuja cobrança seja atribuída por lei às entidades de que trata o artigo 1º, será considerado Dívida Ativa da Fazenda Pública. § 2º - A Dívida Ativa da Fazenda Pública, compreendendo a tributária e a não tributária, abrange atualização monetária, juros e multa de mora e demais encargos previstos em lei ou contrato".

[494] FERREIRA, Daniel. *Sanções administrativas*. São Paulo: Malheiros, 2001, p. 29.

social, econômico e humano, as empresas dependem de fatores imateriais de credibilidade para sobreviver no mercado.

Eventuais condenações administrativas, tais como as pesadas multas impostas pela Lei Anticorrupção, podem ter reflexo direto no valor da cotação das empresas que negociam bolsas no mercado de ações.[495] Como destaca Maria Sylvia Zanella Di Pietro, a publicação extraordinária da decisão condenatória pode até parecer irrelevante, já que a Administração Pública é regida pelo princípio da publicidade. No entanto, a publicação consiste em uma típica reprimenda de ordem moral contra a pessoa jurídica.[496]

Além disso, a publicação da decisão condenatória ocorrerá na forma de extrato de sentença, totalmente às expensas da empresa, em meios de comunicação de grande circulação no local de ocorrência da infração e de atuação da pessoa jurídica ou, em sua falta, em edital a ser publicado no próprio estabelecimento da empresa, de modo visível ao público, em sítio na rede mundial de computadores.[497]

No caso de cumprimento de acordo de leniência por parte da pessoa jurídica, a empresa estará dispensada da publicação extraordinária da decisão condenatória, conforme o art. 40, I, do Decreto Presidencial nº 8.420/2015. Ao preceituar que a pessoa jurídica será responsável pela publicação do extrato da decisão condenatória às suas expensas.

---

[495] Cite-se como exemplo o caso de fraude nos veículos a diesel da fabricadora de veículos alemã Volkswagen, que atingiu a credibilidade de uma das maiores empresas da Europa. Somente após a revelação do escândalo pelas autoridades públicas norte americanas em setembro de 2015, as ações negociadas em bolsa da montadora alemã caíram 22%, como consequência da quebra de credibilidade decorrente de um escândalo corporativo (KOLLEWE, Julia. VW profits down 20% after diesel emissions scandal. *The Guardian*, Londres, 31 de mai. de 2016. Disponível em: <https://goo.gl/jQMgr8>. Acesso em 29 de ago. de 2018).

[496] DI PIETRO, Maria Sylvia. Comentários ao art. 6º. In: DI PIETRO, Maria Sylvia; MARRARA, Thiago. (Coords.). *Lei Anticorrupção comentada*. Belo Horizonte: Fórum, 2017, p. 125.

[497] "Art. 6º Na esfera administrativa, serão aplicadas às pessoas jurídicas consideradas responsáveis pelos atos lesivos previstos nesta Lei as seguintes sanções: [...] II - publicação extraordinária da decisão condenatória. [...] § 5º A publicação extraordinária da decisão condenatória ocorrerá na forma de extrato de sentença, a expensas da pessoa jurídica, em meios de comunicação de grande circulação na área a prática da infração e de atuação da pessoa jurídica ou, na sua falta, em publicação de circulação nacional, bem como por meio de afixação de edital, pelo prazo mínimo de 30 (trinta) dias, no próprio estabelecimento ou no local de exercício da atividade, de modo visível ao público, e no sítio eletrônico na rede mundial de computadores".

3.8.4 Desconsideração da Personalidade Jurídica

A desconsideração da personalidade jurídica não poderia ser considerada em sentido estrito como uma sanção específica da Lei Anticorrupção, mas como uma mera decorrência do descumprimento dos deveres de autonomia da pessoa jurídica, ou mesmo de confusão patrimonial, entre outros.[498] Embora o STF ainda não tenha se pronunciado de maneira definitiva sobre a possibilidade e constitucionalidade de ocorrência da desconsideração da personalidade jurídica no âmbito administrativo, o STJ já possui posicionamento assentado no sentido da possibilidade da Administração Pública poder desconsiderar a pessoa jurídica.

No caso em específico analisado pelo STJ, a Administração Pública considerou ilegal a criação e utilização de outra pessoa jurídica, com os mesmos sócios, com o nítido objetivo de burlar a pena de impedimento do direito de licitar com o Poder Público: "A Administração Pública pode, em observância ao princípio da moralidade administrativa e da indisponibilidade dos interesses públicos tutelados, desconsiderar a personalidade jurídica de sociedade constituída com abuso de forma e fraude à lei, desde que facultado ao administrado o contraditório e a ampla defesa em processo administrativo regular".[499]

De todo modo, a desconsideração da personalidade jurídica na Lei Anticorrupção possui especial relevância, pois o art. 14, da Lei nº 12.846/2013 refere-se somente à possibilidade ampla de aplicação da desconsideração da personalidade jurídica, todavia, sem remeter às hipóteses legais de seu cabimento. Compreende-se que deve ser aplicável à desconsideração os requisitos do art. 50, do Código Civil, a saber, abuso de personalidade, caracterizado pelo desvio de finalidade, ou pela confusão patrimonial.

Além disso, com a vigência do Código de Processo Civil de 2015, nos arts. 133 e seguinte,[500] prescreve que o procedimento de desconsideração de per-

---

[498] Sobre o tema da desconsideração da personalidade jurídica na Lei Anticorrupção, cf. PINHO, Clóvis Alberto Bertolini de. Desconsideração administrativa da personalidade societária – Compatibilidades e possibilidades da Lei Anticorrupção. *RDDA*, Ribeirão Preto, v. 2, n. 1, 2015, pp. 381-410.
[499] BRASIL. *Superior Tribunal de Justiça*. RMS 15.166/BA, Rel. Ministro CASTRO MEIRA, SEGUNDA TURMA, julgado em 07/08/2003, DJ 08/09/2003, p. 262.
[500] "Art. 133. O incidente de desconsideração da personalidade jurídica será instaurado a pedido da parte ou do Ministério Público, quando lhe couber intervir no processo. § 1o O pedido de desconsideração da personalidade jurídica observará os pressupostos previstos

sonalidade jurídica deverá observar um incidente de desconsideração, pois, como destaca Egon Bockmann Moreira, por conta da aplicação supletiva do CPC aos processos administrativos (art. 15) "o CPC/2015 tem plena aplicabilidade ao processo administrativo, em convivência harmônica com a Lei nº 9.784/1999 e outros diplomas administrativo-processuais. Não há exceção, salvos aquelas oriundas da incidência normativa ao caso concreto".[501]

3.9 Sanções Judiciais

A Lei Anticorrupção prevê que determinadas sanções devem ser impostas por um processo judicial, que segue o rito da ação civil pública. Diferentemente do defendido por Modesto Carvalhosa, que chega a considerar as sanções da Lei Anticorrupção, como de natureza penal, compreende-se que as sanções expostas pela Lei nº 12.846/2013 são de natureza cível, como se verificará a seguir.[502]

3.9.1 Rito da Ação Civil Pública

A Lei Anticorrupção prevê que a ação judicial para apuração e sanção de atos ilícitos deverá seguir o rito da ação civil pública (Lei nº 7.347/1985), conforme o art. 21, da Lei nº 12.846/2013. A Lei de Ação Civil Pública (LACP) rege, especificamente, o rito relativo às ações judiciais envolvendo pedidos de indenização por danos coletivos e direitos individuais homogêneos, já que "os direitos tutelados por seu intermédio não se encaixam na lógica do processo civil clássico, de modo a, já em 1985, exigir-se a criação de técnicas processuais para tutela jurisdicional desses direitos, que passaram a ser compreendidos como titularizados pela própria coletividade".[503]

---

em lei. § 2o Aplica-se o disposto neste Capítulo à hipótese de desconsideração inversa da personalidade jurídica".

[501] MOREIRA, Egon Bockmann. O novo Código de Processo Civil e a sua aplicação no processo administrativo. *RDA*, Rio de Janeiro, v. 273, set./dez., 2016, p. 317.

[502] Maria Sylvia Zanella Di Pietro defende que as sanções do art. 19, da Lei nº 12.846/2013, são de natureza cível, cf. DI PIETRO, Maria Sylvia. Comentários ao art. 19. In: DI PIETRO Maria Sylvia; MARRARA, Thiago. (Coords.). *Lei Anticorrupção comentada*. Belo Horizonte: Fórum, 2017, p. 247.

[503] MOREIRA, Egon Bockmann; BAGATIN, Andreia Cristina; ARENHART, Sérgio Cruz; FERRARO, Marcella Pereira. *Comentários à Lei de Ação Civil Pública*. São Paulo: Editora RT, 2016, p. 235.

O art. 1º, da Lei nº 7.347/1985, prescreve que a ACP se destina à reparação de danos ao meio-ambiente, ao consumidor, a bens e direitos de valor artístico, a interesses difusos ou coletivos, infrações à ordem econômica, entre outros. Mesmo que a LACP situe que as ações podem possuir caráter eminentemente reparatório, a LACP também prevê a possibilidade de provimentos de fazer e não-fazer, que admite "tutela preventiva e reparatória, para obter prestações de natureza pecuniária (indenizações em dinheiro) ou pessoal (de cumprir obrigações de fazer ou de não fazer), o que comporta todo o leque de provimentos jurisdicionais condenatórios, constitutivos, inibitórios, executivos, mandamentais e meramente declaratórios".[504]

Porém, ao mesmo passo que a Lei Anticorrupção prevê a aplicação do rito da ação civil público para o processamento de suas sanções, é de se notar que, diferentemente da Lei de Improbidade Administrativa (Lei nº 8.429/1992), que preceitua um rito específico, a partir de um juízo prévio de admissibilidade, no qual o acusado poderá oferecer uma defesa prévia anteriormente ao recebimento ou não da petição pelo Juízo, a Lei Anticorrupção não prevê um rito específico para as suas sanções judiciais.[505]

Não parece se aplicar ao processo judicial da Lei Anticorrupção um juízo prévio de admissibilidade da petição inicial, tal como exposto pela Lei de Improbidade Administrativa. Subsidiariamente, aplica-se o Código de Processo Civil, no que tange ao sistema de expedientes de defesa e recursos, nomeadamente quanto aos prazos para o exercício do direito de defesa. Aplica-se, assim, os prazos de defesa em dias úteis, como a determinação de contagem dos prazos processuais como previsto no Código de Processo Civil.

---

[504] ZAVASKI, Teori Albino. *Processo coletivo*. 6. ed. São Paulo: Editora RT, 2014, p. 57.
[505] "Art. 17. A ação principal, que terá o rito ordinário, será proposta pelo Ministério Público ou pela pessoa jurídica interessada, dentro de trinta dias da efetivação da medida cautelar. [...] § 7º Estando a inicial em devida forma, o juiz mandará autuá-la e ordenará a notificação do requerido, para oferecer manifestação por escrito, que poderá ser instruída com documentos e justificações, dentro do prazo de quinze dias. § 8º Recebida a manifestação, o juiz, no prazo de trinta dias, em decisão fundamentada, rejeitará a ação, se convencido da inexistência do ato de improbidade, da improcedência da ação ou da inadequação da via eleita. § 9º Recebida a petição inicial, será o réu citado para apresentar contestação. § 10. Da decisão que receber a petição inicial, caberá agravo de instrumento. § 11. Em qualquer fase do processo, reconhecida a inadequação da ação de improbidade, o juiz extinguirá o processo sem julgamento do mérito".

3.9.2 Perdimento de Bens, Direitos ou Valores Decorrentes do Proveito da Infração

A sanção judicial de perdimento de bens, direitos ou valores resultantes de atos prejudiciais à Administração Pública já é prevista na Lei de Improbidade Administrativa, como uma decorrência dos atos que ensejassem dano ou erário ou enriquecimento ilícito do servidor público, tal como previstos nos arts. 9º e 10, respectivamente, da Lei nº 8.429/1992.[506]

O perdimento de bens é previsto pela própria Constituição como uma das hipóteses de sanções que podem ser impostas aos cidadãos, conjuntamente com a privação ou restrição de liberdade, a multa, prestação social alternativa e a suspensão ou interdição de direito.[507]

No ordenamento jurídico brasileiro há, basicamente, três hipóteses de perdimento de bens: *(i)* pelo cometimento de um determinado crime, em favor do Fundo Penitenciário Nacional (art. 45, § 3º, do Código Penal); *(ii)* no caso de enriquecimento ilícito no exercício de mandato, cargo, emprego ou função na Administração Pública; e, *(iii)* como efeito da condenação

---

[506] Assim dispõe a Lei de Improbidade Administrativa no que tange às sanções aplicáveis aos atos de improbidade, especialmente a perda dos bens, direitos e valores frutos de atos ímprobos: "Art. 12. Independentemente das sanções penais, civis e administrativas previstas na legislação específica, está o responsável pelo ato de improbidade sujeito às seguintes cominações, que podem ser aplicadas isolada ou cumulativamente, de acordo com a gravidade do fato: I - na hipótese do art. 9º, perda dos bens ou valores acrescidos ilicitamente ao patrimônio, ressarcimento integral do dano, quando houver, perda da função pública, suspensão dos direitos políticos de oito a dez anos, pagamento de multa civil de até três vezes o valor do acréscimo patrimonial e proibição de contratar com o Poder Público ou receber benefícios ou incentivos fiscais ou creditícios, direta ou indiretamente, ainda que por intermédio de pessoa jurídica da qual seja sócio majoritário, pelo prazo de dez anos; II - na hipótese do art. 10, ressarcimento integral do dano, perda dos bens ou valores acrescidos ilicitamente ao patrimônio, se concorrer esta circunstância, perda da função pública, suspensão dos direitos políticos de cinco a oito anos, pagamento de multa civil de até duas vezes o valor do dano e proibição de contratar com o Poder Público ou receber benefícios ou incentivos fiscais ou creditícios, direta ou indiretamente, ainda que por intermédio de pessoa jurídica da qual seja sócio majoritário, pelo prazo de cinco anos".

[507] "Art. 5º Todos são iguais perante a lei, sem distinção de qualquer natureza, garantindo-se aos brasileiros e aos estrangeiros residentes no País a inviolabilidade do direito à vida, à liberdade, à igualdade, à segurança e à propriedade, nos termos seguintes: [...] XLVI - a lei regulará a individualização da pena e adotará, entre outras, as seguintes: a) privação ou restrição da liberdade; b) perda de bens; c) multa; d) prestação social alternativa; e) suspensão ou interdição de direitos".

penal, no caso de crime de tráfico ilícito de entorpecentes ou drogas, de terrorismo, contrabando e de exploração de trabalho escravo.[508]

Insere-se nesse contexto a sanção de perdimento de bens em decorrência da vantagem ou o proveito direto ou indireto obtido da infração do art. 5º, da Lei nº 12.846/2013. Todavia, é de se destacar que a própria redação do art. 19, I, ressalvou "o direito do lesado ou de terceiro de boa-fé". O lesado no caso será sempre a Administração Pública prejudicada pelos atos daquela pessoa jurídica que venha a cometer qualquer dos atos infracionais do art. 5º, da Lei nº 12.846/2013.

Não são todos os bens e valores que podem ser objeto da pena de perdimento por parte da pessoa jurídica. Para tornar mais evidente, toma-se como exemplo um contrato de prestação de serviços por uma determinada empresa à Administração Pública. Suponha-se que o contratado venha a oferecer vantagens indevidas à Administração Pública para a obtenção do contrato, ainda na fase licitatória. Todavia, os atos ilícitos são descobertos cerca de 1 ano depois de encerrado o contrato com o Poder Público. É evidente que os pagamentos realizados pela efetiva prestação do serviço à Administração Pública não podem ser objeto de perdimento, mas somente objeto de mensuração do dano a ser apurado pela Administração Pública.

Por conta do preceito geral de boa-fé que deve ser observado tanto pela Administração Pública quanto pelos particulares, todos aqueles serviços efetivamente prestados ao Poder Público, desde que haja a devida resguarda contratual, devem ser pagos à empresa sancionada, sob pena de enriquecimento ilícito da Administração Pública, como garante o art. 59, da Lei nº 8.666/1993.[509]

---

[508] Assim dispõe a Constituição Federal: "Art. 243. As propriedades rurais e urbanas de qualquer região do País onde forem localizadas culturas ilegais de plantas psicotrópicas ou a exploração de trabalho escravo na forma da lei serão expropriadas e destinadas à reforma agrária e a programas de habitação popular, sem qualquer indenização ao proprietário e sem prejuízo de outras sanções previstas em lei, observado, no que couber, o disposto no art. 5º. Parágrafo único. Todo e qualquer bem de valor econômico apreendido em decorrência do tráfico ilícito de entorpecentes e drogas afins e da exploração de trabalho escravo será confiscado e reverterá a fundo especial com destinação específica, na forma da lei". Ampliar em SILVA, José Afonso da. *Comentário Contextual à Constituição*. 8. ed. São Paulo: Malheiros, 2012, p. 150-151.

[509] Esse é o exato sentido do parágrafo único, do art. 59, da Lei nº 8.666/1993: "Art. 59. A declaração de nulidade do contrato administrativo opera retroativamente impedindo os

À luz de entendimento doutrinário da Lei de Improbidade Administrativa, Marcelo Harger defende que "perdem-se apenas os bens e valores acrescidos ilicitamente ao patrimônio e nada mais. Diante disso, o que foi adquirido anteriormente à prática do ato ilícito não pode ser objeto de perdimento".[510] Isto é, os bens adquiridos anteriormente ao patrimônio da pessoa jurídica não parecem estar abrangidos pela sanção de perdimento.

A perda de bens deve abranger somente aqueles bens acrescidos de maneira ilícita ao patrimônio da empresa somente durante ou após a ocorrência do ato ilícito, o que não se confunde com a necessidade do sancionado devolver os valores a título de danos ao erário, o que integra o

---

efeitos jurídicos que ele, ordinariamente, deveria produzir, além de desconstituir os já produzidos. Parágrafo único. A nulidade não exonera a Administração do dever de indenizar o contratado pelo que este houver executado até a data em que ela for declarada e por outros prejuízos regularmente comprovados, contanto que não lhe seja imputável, promovendo-se a responsabilidade de quem lhe deu causa". Nos contratos administrativo, cf. NIEBUHR, Joel. Licitação pública e contrato administrativo. 3. ed. Belo Horizonte: Fórum, 2013, p. 903, que defende expressamente possibilidade Judith Martins-Costa, ainda que sob o âmago do direito privado, destaca que a boa-fé deve ser compreendida a partir da relação obrigacional como um processo: "A concepção da obrigação como um processo dinâmico e como uma totalidade concreta, qualificada como 'relação de cooperação' põe em causa um determinado paradigma do direito das obrigações, fundado nuclearmente na valorização jurídica da vontade humana, inaugurando outro paradigma, articulando, dialeticamente, os princípios da autonomia privada e da boa-fé objetiva" (MARTINS-COSTA, Judith. *A boa-fé no direto privado*. 2. ed. São Paulo: Saraiva, 2018, p. 237). Até mesmo nos contratos públicos, ainda que não se apliquem a integralide dos preceitos do direito privado, admite-se a proteção da confiança do administrado (*Treu und Glauben*), cf. CORREIA, Sérvulo. *Legalidade e autonomia contratual nos contratos administrativos*. Reimpressão. Coimbra: Almedina, 2013, p. 600-602. Sobre um entendimento crítico do regime jurídico único dos contratos públicos brasileiros, cf. ALMEIDA, Fernando Dias Menezes de. *Contrato administrativo*. São Paulo: Quartier Latin, 2012, p. 329-338.

[510] HARGER, Marcelo. *Improbidade Administrativa*. São Paulo: Atlas, 2016, p. 153. Há entendimento consolidado no STJ que os bens adquiridos anteriormente ao ato ilícito podem ser objeto da decretação da indisponibilidade bens, e não no perdimento de bens: "Na ação de improbidade, a decretação de indisponibilidade de bens pode recair sobre aqueles adquiridos anteriormente ao suposto ato, além de levar em consideração, o valor de possível multa civil como sanção autônoma" (BRASIL. *Superior Tribunal de Justiça*. Jurisprudência em teses. 38. ed. Brasília: STJ, 2015, p. 5. Disponível em: <https://goo.gl/YjbtE3 >. Acesso em 24 de ago. de 2018).

conceito de patrimônio da pessoa jurídica, tal como prescrito pelo art. 391, do Código Civil.[511]

3.9.3 Suspensão ou Interdição das Atividades

Além das demais sanções judiciais aplicáveis à pessoa jurídica, uma das penas mais graves aplicáveis às empresas é a suspensão ou a interdição das atividades. Sebastião Botto de Barros Tojal considera que a sanção prevista no art. 19, II, da Lei nº 12.846/2013, poderia significar a verdadeira extinção da pessoa jurídica, impactando de maneira significativa na esfera de seus interesses, bem como de pessoas físicas e jurídicas que se relacionam diretamente com ela.[512]

Ainda, segundo Sebastião Botto de Barros Tojal seria inconstitucional, especialmente por violar os princípios da livre-concorrência e da livre iniciativa, previstos no art. 170, da Constituição Federal.[513] Na exata medida em que a Lei Anticorrupção não promove uma distinção entre as empresas criadas especialmente para o cometimento de ilícitos contra a Administração Pública, qualquer pessoa jurídica poderia ser diretamente atingida pela suspensão ou interdição judicial das suas atividades: "Não é imposta, pelo texto legal, qualquer limitação de tempo a ser aplicada a pena e nem mesmo uma habitualidade de cometimento de determinada conduta. Carece o dispositivo, portanto, de balizas mínimas que autorizem a aplicação de penalidade tão severa".[514]

Destaca-se, ainda, que a Lei Anticorrupção não distingue a modalidade da suspensão da interdição. A suspensão nada mais é do que a interrupção da atividade econômica por um determinado período de tempo. A Lei Anticorrupção não estabelece o período em que a suspensão das ati-

---

[511] "Art. 391. Pelo inadimplemento das obrigações respondem todos os bens do devedor".
[512] TOJAL, Sebastião Botto de Barros. Da inconstitucionalidade da pena prevista no inciso II do artigo 19 da Lei Anticorrupção. *Revista do Advogado*, São Paulo, ano XXXIV, n. 125, dez., 2014, p. 140.
[513] TOJAL, Sebastião Botto de Barros. Da inconstitucionalidade da pena prevista no inciso II do artigo 19 da Lei Anticorrupção. *Revista do Advogado*, São Paulo, ano XXXIV, n. 125, dez., 2014, p. 141.
[514] TOJAL, Sebastião Botto de Barros. Da inconstitucionalidade da pena prevista no inciso II do artigo 19 da Lei Anticorrupção. *Revista do Advogado*, São Paulo, ano XXXIV, n. 125, dez., 2014, p. 141.

vidades seria aplicável, nem mesmo qualquer indicativo para a sua imposição à empresa, nem mesmo quando seria adequado a sua interrupção.[515]

Por sua vez, "a interdição significa que a empresa deverá deixar e de praticar determinada atividade econômica para sempre".[516] Pela inexistência de critérios concretos e razoáveis à imposição das sanções judiciais às empresas, Sebastião Tojal considera que há uma nítida violação aos preceitos constitucionais da ordem econômica, pois o art. 170, da Constituição Federal estabelece que os princípios da livre concorrência, da propriedade privada e da função social da propriedade regem a ordem econômica brasileira.

Portanto, a suspensão ou a interdição das atividades tal como exposto na Lei Anticorrupção não possui critérios hermenêuticos concretos para sua aplicação na Lei nº 12.846/2013, motivo pelo qual acredita-se que os critérios interpretativos da LINDB, tais como os dos arts. 20 e 21, que prescrevem que a decisão judicial deve encarrar as consequências concretas de determinada sanção, devem ser utilizados no âmbito da ação judicial prevista pela Lei Anticorrupção.

3.9.4 Dissolução Compulsória da Pessoa Jurídica

A pena mais grave aplicável no regime jurídico sancionatório da Lei Anticorrupção é a dissolução compulsória da pessoa jurídica. Talvez, esta seja uma das sanções cíveis mais graves existentes no ordenamento jurídico brasileiro, o que exige cautelas em sua análise.[517]

---

[515] TOJAL, Sebastião Botto de Barros. Da inconstitucionalidade da pena prevista no inciso II do artigo 19 da Lei Anticorrupção. *Revista do Advogado*, São Paulo, ano XXXIV, n. 125, dez., 2014, p. 141.

[516] TOJAL, Sebastião Botto de Barros. Da inconstitucionalidade da pena prevista no inciso II do artigo 19 da Lei Anticorrupção. Revista do Advogado, São Paulo, ano XXXIV, n. 125, dez., 2014, p. 141.

[517] Observa-se que a dissolução compulsória da pessoa jurídica é prevista como uma das hipóteses previstas como decorrência do esgotamento, por exemplo, de uma associação ou de uma sociedade empresarial, tal como uma sociedade de propósito específico. No ordenamento jurídico há também a hipótese de dissolução compulsória das instituições financeiras, que se consolida pela liquidação forçada pelo Banco Central do Brasil (BCB), tal como previsto no art. 15, da Lei nº 6.024/1974, que deverá se impor no caso de (i) prática reiterada de operações financeiras contrárias à legislação; (ii) passivo a descoberto; (iii) descumprimento das normas referentes às contas de reservas bancárias mantidas no BCB; (iv) gestão temerária ou fraudulenta; (v) ocorrência de quaisquer ilícitos constante na Lei n 1º 6.024/1974. Ampliar em PONTES, Evandro Fernandes de. Dissolução compulsória da pessoa jurídica: desafios sobre

Evandro Fernandes de Pontes defende que a sanção de dissolução compulsória da pessoa jurídica deve ser imposta na ocorrência de: (*i*) habitualidade e frequência reiterada das práticas infracionais do art. 5º, da Lei nº 12.846/2013; e, (*ii*) a própria constituição da empresa se deu com o objetivo de instrumentalizar e propagar a corrupção, tal como prevê o art. 19, III, da Lei Anticorrupção. Ou seja, no entender do autor, a imposição da dissolução não é uma opção, e sim uma obrigação do juiz.[518]

Enfatiza-se que incumbe ao Ministério Público, no art. 20, da Lei nº 12.846/2013, a legitimidade ativa para a promoção da ação judicial buscando a dissolução da pessoa jurídica, o que demonstra que poderá haver requerimento de dissolução da empresa de maneira independente de um PAR. No entender de Evandro Fernandes de Pontes, a dissolução compulsória da pessoa jurídica seria uma verdadeira sanção de natureza penal travestida de sanção cível. Pontes defende que a dissolução compulsória da pessoa jurídica é "uma pena de morte a pessoa jurídica que fez da corrupção um *modus operandi*, uma habitualidade ou, em outros casos, a sua razão de ser".[519]

Assim sendo, como uma das sanções mais graves da Lei Anticorrupção, incumbe ao Magistrado verificar as reais consequências na decretação da dissolução compulsória da pessoa jurídica. Isso porque a imposição de sanção de natureza tão gravosa deve possuir direta repercussão com a utilização de organização empresarial como mecanismo sistêmico para a prorrogação da corrupção.

Não é por outro motivo que o art. 21, da LINDB, tal como defendido anteriormente, indica que o aplicador das normas de direito público deve indicar de maneira expressa em sua decisão as consequências práticas de sua decisão e, se for o caso, conforme o parágrafo único, do mesmo artigo, conceder oportunidade para que se regularize a situação ou a irregula-

---

a Lei 12.846/2013 e o Sistema Financeiro Nacional. *Revista de Direito Empresarial*, v. 14, mar./abr., 2016, pp. 23-26, *versão digital*.
[518] PONTES, Evandro Fernandes de. Dissolução compulsória da pessoa jurídica: desafios sobre a Lei 12.846/2013 e o Sistema Financeiro Nacional. *Revista de Direito Empresarial*, v. 14, mar./abr., 2016, p. 11, *versão digital*.
[519] PONTES, Evandro Fernandes de. Dissolução compulsória da pessoa jurídica: desafios sobre a Lei 12.846/2013 e o Sistema Financeiro Nacional. *Revista de Direito Empresarial*, v. 14, mar./abr., 2016, p. 11, *versão digital*.

ridade apontada pela autoridade judicial.[520] Na imposição da sanção de dissolução compulsória da pessoa jurídica, a autoridade judicial deverá indicar as consequências práticas da decisão, tal como o impacto sobre os empregos, impostos e demais obrigações sociais da pessoa jurídica.

Ainda, a dissolução compulsória, por conta da responsabilidade objetiva da pessoa jurídica, poderá ser aventada de maneira mais facilitada no processo judicial. Por esse motivo, a dissolução compulsória por ser uma medida extrema, deve ser aplicada somente em *ultima ratio* pelo Poder Judiciário.[521] Ou seja, diferentemente do que defendido por Evandro Fernandes de Pontes, a dissolução não deverá se operar de maneira automática, especialmente pelas consequências gravosas que a medida poderá impor, por exemplo, às famílias dos trabalhadores de pessoas jurídicas que atuaram de maneira incorreta.

O art. 21, parágrafo único, da LINDB, ao permitir condições para que se proceda à regularização da situação irregular ou ilegal, traz solução que pode ser aplicada à Lei Anticorrupção. A possibilidade de prolação de uma decisão estruturante, em outras palavras, aquela que considera as contingências e as necessidade das partes para o caso concreto, com imposição que sejam reais e factíveis às partes do processo parece ser adequada ao caso da dissolução compulsória da pessoa jurídica. Como observa Sérgio Cruz Arenhart: "Provimentos que imponham fardo muito grande a réu particular, em geral, deverão atentar para as consequências do cumprimento, que podem levar à falência de uma empresa, à sua exclusão do mercado ou mesmo à inviabilidade concreta do atendimento à determinação judicial".[522]

---

[520] "Art. 21. A decisão que, nas esferas administrativa, controladora ou judicial, decretar a invalidação de ato, contrato, ajuste, processo ou norma administrativa deverá indicar de modo expresso suas consequências jurídicas e administrativas. Parágrafo único. A decisão a que se refere o caput deste artigo deverá, quando for o caso, indicar as condições para que a regularização ocorra de modo proporcional e equânime e sem prejuízo aos interesses gerais, não se podendo impor aos sujeitos atingidos ônus ou perdas que, em função das peculiaridades do caso, sejam anormais ou excessivos".

[521] Modesto Carvalhosa chegou a defender que as empresas envolvidas na Operação Lava-Jato deveriam ter a sua dissolução compulsória decretada, cf. BATISTA, Everton Lopes. Odebrecht deveria ser dissolvida, diz o jurista Modesto Carvalhosa. *Folha de S. Paulo*, São Paulo, 11 de abr. de 2017. Disponível em: <https://goo.gl/uX85Xu>. Acesso em 20 de ago. de 2018.

[522] ARENHART, Sérgio Cruz. Decisões estruturais no direito processual civil brasileiro.

Ademais, o cumprimento da determinação judicial se dê a partir da fiscalização de terceiros encarregados pelo seu cumprimento da decisão judicial estruturante. No específico caos da dissolução da pessoa jurídica, solução mais gravosa ao caso concreto, é possível trazer uma solução mais adequada ao caso concreto, com o comprometimento da empresa em cessar com as práticas de corrupção, trocar a Direção e o seu Conselho de Administração por profissionais credenciados por instituições como o Instituto Brasileiro de Governança Corporativa (IBGC), a verificação por Auditores Independentes de grande renome no mercado, ou a necessidade implementação de Programas de *Compliance*, com a utilização de critérios sérios para a análise de sua efetividade.[523]

Em nenhum momento a decisão estruturante, tal como prevista no art. 21, parágrafo único, da LINDB, significa privilegiar empresa corruptas ou estruturas empresariais contaminadas. No entanto, é inegável que o fechamento compulsório de uma empresa grande geradora de empregos, como as empresas da construção civil, pode gerar consequências práticas deletérias à toda sociedade, o que não impede a sua dissolução, mas somente impõe ao Magistrado o ônus argumentativo sobre as reais consequências de sua decisão, tal como prescreve o art. 93, IX, da Constituição Federal e o art. 489, § 1º, do Código de Processo Civil.

Nas situações em que se demonstre que a dissolução da pessoa jurídica trará mais benefícios à coletividade, por ser a prática comum e predatória da empresa, o que prejudica o livre-mercado ou a concorrência, a dissolução deverá, inevitavelmente, ser a medida mais adequada ao caso concreto. Porém, em boa parte dos casos, a dissolução compulsória pode se tornar extremamente gravosa à sociedade, como na possibilidade de demissão de trabalhadores que não têm culpa pelas práticas corruptas, normalmente cometidas pela alta direção da empresa, o que ressalta a possibilidade de adoção da decisão judicial estruturante, tal como exposto no art. 21, parágrafo único, da LINDB.

Revista de Processo Civil, São Paulo, v. 38, n. 225, nov., 2013, p. 399.
[523] Toma-se como exemplo a ISO 37.001, que disciplina os requisitos para a verificação de sistema de gestão antissuborno, cf. ASSOCIAÇÃO BRASILEIRA DE NORMAS TÉCNICAS. *ISO 37.001 – Sistemas de gestão antissuborno – Requisitos com orientações para uso*. Rio de Janeiro: ABNT, 2017, *passim*.

3.9.5 Proibição de Receber Incentivos do Poder Público

A proibição de receber incentivos do Poder Público é sanção que já consta na Lei de Improbidade Administrativa (art. 12, da Lei nº 8.429/1992), que é compreendida como a proibição de recebimento de qualquer incentivo fiscais ou não de qualquer uma das esferas da Administração Pública, seja a União, Estados, Municípios ou o Distrito Federal.[524]

A partir da experiência jurisprudencial e doutrinária, os limites já existentes na aplicação da sanção de proibição de recebimento de incentivos do Poder Público à luz da Lei nº 8.429/1992 podem ser utilizados para fins de compreensão do instituto. Evidentemente, a proibição de receber incentivos deve ter direta relação com os fatos descritos na petição inicial pelo Ministério Público ou pela entidade pública lesada. Como observa Marcelo Harger: "É pena a ser aplicada quando a ilicitude estiver relacionada à recepção de benefícios fiscais ou creditícios pelo Poder Público. Caso assim não fosse, a aplicação da penalidade poderia até mesmo resultar inócua".[525]

Não se deve compreender que a proibição de receber incentivos implica na proibição de contratar com o poder público, ou mesmo na rescisão automática dos contratos administrativos que a pessoa jurídica venha a possuir com o Poder Público, sob pena de violação à garantia constitucional do ato jurídico perfeito (art. 5º, XXXIV, da Constituição Federal): "a retroação da medida proibitiva, além de expressivos prejuízos diretos às empresas sancionadas (e, muito provavelmente, as suas cadeias de fornecedores, credores e empregados), provocaria também consequências negativas, socialmente difusas, ao comprometer a previsibilidade da economia e a segurança das relações jurídicas – condições essenciais ao progresso econômico".[526]

---

[524] GARCIA, Emerson; ALVES, Rogério Pacheco. *Improbidade Administrativa*. 7. ed. São Paulo: Saraiva, 2013, p. 675. A interpretação extensiva foi adotada pela AGU e a CGU, adotando entendimento extensivo à Administração Pública e independentemente do transito em julgado da sentença judicial. Ou seja, assim que aplicada pelo Juízo de 1ª instância, a proibição de contratar ou receber incentivos estaria abrangida. Cf. BRASIL. *Advocacia-Geral da União*. Parecer nº 113/2010/DECOR/CGU/AGU. Brasília: AGU, 2010, pp. 190-196. Disponível em: <https://goo.gl/fDynpd>. Acesso em 21 de ago. de 2018. Ampliar também em TEIXEIRA, João Pedro Accioly. Os contornos objetivos da proibição de contratar com o Poder Público por improbidade administrativa. *Revista da AGU*, Brasília, v. 16, n. 01, jan./mar., 2017, pp. 190-200.
[525] HARGER, Marcelo. *Improbidade Administrativa*. São Paulo: Atlas, 2016, p. 158.
[526] TEIXEIRA, João Pedro Accioly. Os contornos objetivos da proibição de contratar com o Poder Público por improbidade administrativa. *Revista da AGU*, Brasília, v. 16, n. 01, jan./mar., 2017, p. 209.

A Lei Anticorrupção não impõe a proibição de contratar com a Administração Pública, já que o incentivo não se confunde com a proibição de contratar com o Poder Público. Todavia, é de se destacar que é possível que editais de licitação possam vetar a participação de pessoas jurídicas condenadas por atos da Lei Anticorrupção, ou mesmo que constem no Cadastro Nacional de Empresas Punidas (CNEP).

Muito embora o STJ tenha definido que a mera existência de cadastro positivo da empresa no CNEP, no Cadastro Nacional de Empresas Inidôneas e Suspensas (CEIS), ou no Sistema de Cadastramento Unificado de Fornecedores (SICAF) não pressupõe a proibição de contratar automática com a Administração Pública.[527] Incumbe ao instrumento convocatório a definição se a existência de registro em qualquer desses cadastros é capaz de ensejar a proibição de contratar com o Poder Público, ou, até mesmo, a comprovação pelo licitante da extensão da sanção administrativa que lhe foi imposta.

Por fim, menciona-se que o art. 19, IV, da Lei Anticorrupção impõe proibição de receber "incentivos, subsídios, subvenções, doações ou empréstimos de órgãos ou entidades públicas e de instituições financeiras públicas ou controladas pelo poder público, pelo prazo mínimo de 1 (um) e máximo de 5 (cinco) anos". Ou seja, as empresas sancionadas pelo art. 19, IV, também estarão impedidas de contratar empréstimos ou qualquer tipo de instituições financeiras controladas direta ou indireta pelo Poder Público. Cita-se, assim, a impossibilidade de contratar empréstimos de instituições como o Banco do Brasil (BB), Caixa Econômica Federal (CEF) e o Banco Nacional de Desenvolvimento Econômico e Social (BNDES).

---

[527] "1. Nos termos dos arts. 1o., § 1o. e 2o., parág. único do Decreto 5.482/2005 e 6o. e 7o da Portaria CGU 516/2010, a divulgação do Cadastro Nacional de Empresas Inidôneas e Suspensas-CEIS, pela CGU, tem mero caráter informativo, não determinando que os Entes Federativos impeçam a participação das empresas ali constantes de licitações. 2. A simples existência de questionamento judicial da penalidade aplicada, sem a demonstração da vigência de decisão judicial que a suspenda, ainda que temporariamente, não autoriza, a sua retirada do CEIS, porquanto, mesmo estando sub judice, ainda está vigente a penalidade". (BRASIL. *Superior Tribunal de Justiça*. MS 21.750/DF, Rel. Ministro NAPOLEÃO NUNES MAIA FILHO, PRIMEIRA SEÇÃO, julgado em 25/10/2017, DJe 07/11/2017)

3.10 Conclusões Parciais

A Lei Anticorrupção foi editada no mês de agosto de 2013, como uma rápida e direta resposta do Governo Federal aos protestos ocorridos em junho daquele ano em todo o país. A sua tramitação na Câmara dos Deputados encontrava-se em sua fase final quando da eclosão dos protestos, motivo pelo qual o seu trâmite legislativo acelerou-se, com rápida tramitação no âmbito do Senado Federal e, consequentemente, até a sua sanção pela Presidente da República Dilma Rousseff.

A Lei Anticorrupção insere-se, também, nas obrigações internacionais assumidas pela República Federativa do Brasil perante diversos organismos internacionais, tais como a ONU e a OCDE, no sentido de responsabilizar civil e administrativamente as pessoas jurídicas por atos de corrupção.

Tal como decorre com a maioria das infrações da Lei Anticorrupção, demonstrou-se que a maior parte das infrações da Lei nº 12.846/2013 provém das disposições penais da Lei nº 8.666/1993, que demonstra uma transposição de infrações penais a qual demanda alguns cuidados por parte do aplicador da Lei nº 12.846/2013. Como o regime de responsabilidade da Lei Anticorrupção é objetivo, a saber, que independente de investigação de dolo ou culpa da pessoa jurídica que comete a infração administrativa, isso traz algumas dificuldades e empecilhos para sua efetiva aplicação (art. 2º, da Lei nº 12.846/2013).

Inseriu-se que as pessoas jurídicas são responsabilizadas objetivamente, ou seja, independentemente de investigação sobre a real intenção da empresa em cometer aquele ato ilícito. Basta a comprovação mínimo entre o nexo de causalidade entre a infração administrativa e a atuação da pessoa jurídica para que se concretize a punição administrativa da empresa. Todavia, a responsabilidade objetiva da pessoa jurídica distancia-se sobremaneira do regime jurídico aplicável ao direito administrativo sancionatório brasileiro, sobretudo no que tange à responsabilização administrativa de pessoas por atos de corrupção, normalmente regidos pelo regime subjetivo de responsabilização (tal como demonstrado no capítulo 2).

Isso porque as infrações do art. 5º, da Lei Anticorrupção, valem-se de várias expressões como "frustrar", "fraudar", "manipular" e "dificultar", que demonstram a necessidade de se investigar minimamente a real intenção da pessoa jurídica em cometer o ilícito. É impossível não se averiguar a intenção da pessoa jurídica ao se valer de expressões como "fraudar" ou "manipular" ou mesmo a construção de estratagemas fraudatórios sem se perquirir a real intenção da pessoa jurídica, ao estabelecer um esquema fraudulento destinado a enganar ou a ludibriar a Administração Pública.

Além da má-técnica legislativa, em mera adaptação da maioria dos crimes previstos na Lei nº 8.666/1993, para a sua transformação em ilícitos administrativos, que podem ser aferidos por meio de processo administrativo, sem os rigores de um processo judicial, os ilícitos da Lei Anticorrupção concentram-se demasiadamente nos trâmites burocráticos do procedimento licitatório. Há excessiva preocupação com os trâmites burocráticos da licitação, ao invés de se privilegiar a punição aos atos de pessoas jurídicas que causem comprovado prejuízo à efetiva competitividade do certame licitatório.

A maioria dos ilícitos previstos na Lei Anticorrupção possui como indicativo as infrações penais da Lei nº 8.666/1993, na sua mera adaptação como infrações administrativas, como previsto no art. 5º, da Lei nº 12.846/2013 e, por esse motivo, diversas infrações fazem remissões a esquemas eminentemente subjetivos, como "fraude", "manipulação", entre outros, o que dificulta a aplicabilidade da responsabilidade objetiva da pessoa jurídica.

Quanto às sanções judicias previstas na Lei Anticorrupção, o art. 19, da Lei nº 12.846/2013, prevê sanções que são demasiadamente graves às empresas, que podem ensejar até a suspensão ou interdição de suas atividades e a sua dissolução compulsória. Por esse motivo, defende-se que na aplicação das sanções judiciais da Lei Anticorrupção haja a utilização dos critérios hermenêuticos do art. 20 e 21, da LINDB, que permitam ao juiz aferir as reais consequências da decisão, bem como permita condições para a regularização das irregularidades.

Para isso, utilizou-se da possibilidade de prolação de "decisões estruturais" por parte dos magistrados, que condicionem a aplicação da sanção à efetiva mudança nas práticas empresariais da pessoa jurídica, desde que a sua suspensão, interdição ou dissolução compulsória venha a trazer mais prejuízos que benefícios, como a perda de empregos, impostos, entre outros.

Como visto, o regime jurídico sancionatório da Lei Anticorrupção destoa demasiadamente dos mecanismos administrativos de combate à corrupção expostos no capítulo anterior, motivo pelo qual diversas lacunas ainda persistem na sua aplicação. Tendo isso em vista o próximo capítulo presta-se a apresentar os principais desafios e limites da Lei Anticorrupção com relação ao regime jurídico do direito administrativo sancionador brasileiro e, por conseguinte, dos mecanismos administrativos que pretendem combater a corrupção.

Capítulo 4

Compatibilidade e Limites do Regime Jurídico Sancionatório da Lei Anticorrupção com os Demais Mecanismos Jurídico-Administrativos de Combate à Corrupção

Como se verificou no capítulo anterior, pelo simples fato de que a Lei Anticorrupção estabelece sanções severas às pessoas jurídicas, bem como pela falta sentida de critérios definidos na legislação a respeito dos limites e extensão da responsabilidade objetiva da pessoa jurídica, no presente capítulo são apresentadas as principais garantias necessárias, limites e desafios na aplicação da Lei Anticorrupção, em consonância com os demais mecanismos administrativos e judiciais de combate à corrupção à disposição da Administração Pública brasileira.

A primeira destas garantias estabelecida pela própria Lei nº 12.846/2013 é a existência de um PAR, que visa colocar limites ao estabelecimento das pesadas sanções administrativas, que visam punir os atos que causem prejuízo ou dano à Administração Pública. O PAR deve garantir efetivas condições para que os investigados e interessados possam ter um processo justo e com efetivas condições de defesa, em que pese a existência de uma responsabilidade objetiva da pessoa jurídica, que torna um pouco mais difícil a comprovação de fatos contrários. Ademais, descrevem-se os principais mecanismos de contenção do poder punitivo do Estado, como a aplicação do princípio do *ne bis in idem*, tendo em vista que muitos mecanismos de controle objeto do capítulo 2 possuem incompatibilidade ou mesmo sanções muito próximas, como aquelas previstas na Lei de Improbidade Administrativa, no caso de punição de pessoas jurídica em conexão com servidores públicos (art. 3º, da Lei nº 8.429/1992), ou no caso da imposição de sanções penais por crime contra a Administração Pública.

Além da necessidade de instalação de um PAR, a própria Lei Anticorrupção estabelece mecanismos específicos de atenuação do regime de responsabilidade objetiva, como a celebração de acordo de leniência ou mesmo a existência de programas de *compliance* e integridade empresarial, que permitem a atenuação das sanções em até 2/3, caso a pessoa jurídica efetivamente comprove o funcionamento destes programas. A Medida Provisória nº 705/2015, editada pela Presidente Dilma Rousseff (mas que perdeu o seu efeito durante a sua tramitação no Congresso Nacional), estabelecia uma série de mudanças no âmbito dos acordos de leniência, de modo a flexibilizar as exigências anteriormente postas pela Lei nº 12.846/2013.

Ou seja, parece que a própria Lei Anticorrupção estabelece mecanismos próprios de atenuação ao seu regime de responsabilidade civil/administrativa, ainda que de ordem objetiva, a saber, independentemente da comprovação de dolo ou culpa por parte daquele que supostamente é beneficiado pelos atos de corrupção.

O capítulo será dividido em 3 (três) análises. Primeiro, verifica-se a incidência do preceito do contraditório e da ampla defesa e, consequentemente, o princípio do *non bis in idem*. Segundo, os limites da responsabilidade objetiva da pessoa jurídica, com a possibilidade de reinterpretação de seu regime, a celebração de acordos de leniência e a existência de programas de *compliance*. Terceiro, a importância da prescrição e da vigência não retroativa da Lei Anticorrupção, como forma de se compreender os limites de imposição de sanções administrativas, como os estabelecidos pela própria Lei Anticorrupção, são objeto da investigação no presente capítulo, como se passa a verificar a seguir.

4.1 A Observância da Ampla Defesa e do Contraditório
Primeiramente, a principal garantia fundamental a ser observada no âmbito da regular aplicação da Lei Anticorrupção e do PAR ou do PAERD é a observância da ampla defesa e do contraditório. A inexistência de um processo justo, em que se observe a possibilidade de produção probatória ou que a pessoa jurídica tenha a oportunidade de esclarecer melhor os

fatos é uma decorrência direta do preceito constitucional da ampla defesa e do contraditório, previsto no art. 5º, LV, da Constituição Federal.[528]

Um PAR ou PAERD conduzido sem observar as garantias processuais fundamentais do processo administrativo equivale ao exercício da autotutela por parte da Administração Pública, o que é absolutamente vedado pelo ordenamento jurídico. Como elemento integrante do próprio Estado Democrático de Direito, Egon Bockmann Moreira defende que o princípio do contraditório, em um processo administrativo, não significa a mera existência de ritos burocráticos, ou mera exigência *formal*, mas "traz consigo o dever administrativo de serem apreciadas a contento todas as manifestações produzidas pelos interessados no processo".[529]

No específico caso de aplicação da Lei Anticorrupção, o amplo exercício da ampla defesa e do contraditório tem importância ressaltada, já que o procedimento para apuração das infrações expostas no art. 5º, da Lei nº 12.846/2013, insere-se em um contexto de responsabilização objetiva, com pouco para discussão sobre a real intenção da empresa ao se envolver com suposto ato ilícito ou de corrupção (compreendido em sentido amplo).

Além da ampla incidência do preceito da ampla defesa e do contraditório, passa-se a analisar os aspectos práticos da incidência do referido preceito no âmbito do PAR ou do PAERD, a partir da possibilidade de abertura de processos administrativos com base em denúncias anônimas e nos procedimentos específicos para o afastamento de sigilo telemático, telefônico, bancário ou fiscal ou de realização de buscas e apreensões.

4.1.1 Denúncia Anônima

Como decorrência da aplicação do preceito da ampla defesa e do contraditório, a discussão sobre a possibilidade de admissão de denúncia anônima para fins de apuração de ilícitos administrativos era tema de intensos debates no âmbito da doutrina e da própria jurisprudência. Isso

---

[528] "Art. 5º Todos são iguais perante a lei, sem distinção de qualquer natureza, garantindo-se aos brasileiros e aos estrangeiros residentes no País a inviolabilidade do direito à vida, à liberdade, à igualdade, à segurança e à propriedade, nos termos seguintes: [...] LV - aos litigantes, em processo judicial ou administrativo, e aos acusados em geral são assegurados o contraditório e ampla defesa, com os meios e recursos a ela inerentes".
[529] MOREIRA, Egon Bockmann. *Processo administrativo*: princípios constitucionais e a Lei 9.784/1999. 4. ed. São Paulo: Malheiros, 2010, p. 312.

porque o art. 5º, IV, da Constituição Federal, prescreve que a manifestação do pensamento é livre, sendo vedado o anonimato.

Deste modo, a partir da interpretação da disposição constitucional, sedimentou-se na jurisprudência do STF a impossibilidade de oferecimento de procedimentos penais com base em denúncia anônima.[530] Todavia, o entendimento não se aplica aos procedimentos sancionatórios cíveis e administrativos, tal como já se manifestou o STJ sobre a possibilidade de utilização de denúncia anônima para a abertura de PAD em face de servidor público.[531]

No específico caso da aplicação da Lei Anticorrupção, as denúncias envolvendo casos de corrupção podem vir de meios anônimos de denúncia à disposição dos cidadãos pela Administração Pública. Com o incremento da utilização dos meios eletrônicos de comunicação, tem sido comum que o Poder Público venha a oferecer cada vez mais seus serviços aos cidadãos no âmbito *online*, motivo pelo qual a possibilidade de oferecimento de denúncias anônimas para apuração da Lei Anticorrupção é possível e, de certa forma, estimulável.

No entanto, acredita-se que o emprego da denúncia anônima para fins de regular aplicação deve ser devidamente motivado pela Administração Pública, ou mesmo utilizada de forma lícita e de boa-fé pelo próprio Poder Público. O anonimato não deve servir para a proteção de interesses escusos ou mascaramento dos reais interesses da Administração Pública na abertura de um PAR para apuração de quaisquer dos ilícitos expostos pela Lei Anticorrupção.

Assim sendo, a denúncia anônima deve ser somente um dos elementos *indiciários* da ocorrência de quaisquer das infrações do art. 5º, da Lei nº 12.846/2013, e não o elemento principal ou único fundamento para qualquer condenação a título de punição das infrações da Lei Anticorrupção. Para mais, na utilização de denúncias anônimas, deve a Administração Pública proceder a devida motivação ou mesmo justificação na sua utilização, com vistas a demonstrar meros indícios de irregularidade, e não

---

[530] "Não serve à persecução criminal notícia de prática criminosa sem identificação da autoria, consideradas a vedação constitucional do anonimato e a necessidade de haver parâmetros próprios à responsabilidade, nos campos cível e penal, de quem a implemente" (BRASIL. *Supremo Tribunal Federal*. HC 84.827, Relator. Min. Marco Aurélio, j. 7-8-2007, 1ª T, DJE de 23-11-2007).

[531] "Súmula 611/STJ - Desde que devidamente motivada e com amparo em investigação ou sindicância, é permitida a instauração de processo administrativo disciplinar com base em denúncia anônima, em face do poder-dever de autotutela imposto à Administração".

como a comprovação ou a única evidência necessária para cumprimento da legislação anticorrupção.

4.1.2 Quebra de Sigilo Telemático, Telefônico, Bancário ou Fiscal ou Buscas e Apreensões

Em segundo lugar, como decorrência do preceito constitucional da ampla defesa e do contraditório (art. 5º, LV, da Constituição Federal), é preciso observar que a Lei Anticorrupção estabelece reserva da jurisdição para determinados atos que venham a ser investigados no âmbito do PAR, conforme a redação do art. 10, § 1º, da Lei nº 12.846/2013, inclusive para a realização de buscas e apreensões.

Compreende-se que todas aquelas provas que dependem do escrutínio judicial para a sua realização só serão lícitas com o aval do Poder Judiciário, "pois se a Comissão autorizar a realização desse tipo de prova, sem requisição ao Judiciário por meio do seu órgão de representação judicial, a prova será reputada ilícita, hipótese em que deve ser excluída e desentranhada dos autos do processo administrativo".[532]

Além da necessidade de autorização judicial para a realização da busca e apreensão, já que expressamente mencionada pelo art. 10, § 1º, da Lei nº 12.846/2013, compreende-se que eventuais quebras de sigilo bancário ou fiscal também dependem de autorização judicial. Isso porque o art. 3º, § 1º, da Lei Complementar nº 105/2001, que disciplina o sigilo bancário exige expressamente que qualquer solicitação às instituições financeiras ou ao BCB sejam autorizadas pelo Poder Judiciário.[533]

Quanto à realização de intercepção telefônica no âmbito do PAR ou em processo judicial destinado a apurar quaisquer das infrações do art. 5º, da Lei Anticorrupção, acredita-se que esta é absolutamente vedada no ordenamento

---

[532] NOHARA, Irene Patrícia. Comentários ao art. 10. In: DI PIETRO Maria Sylvia; MARRARA, Thiago. (Coords.). *Lei Anticorrupção comentada*. Belo Horizonte: Fórum, 2017, p. 153.

[533] "Art. 3º Serão prestadas pelo Banco Central do Brasil, pela Comissão de Valores Mobiliários e pelas instituições financeiras as informações ordenadas pelo Poder Judiciário, preservado o seu caráter sigiloso mediante acesso restrito às partes, que delas não poderão servir-se para fins estranhos à lide. § 1º Dependem de prévia autorização do Poder Judiciário a prestação de informações e o fornecimento de documentos sigilosos solicitados por comissão de inquérito administrativo destinada a apurar responsabilidade de servidor público por infração praticada no exercício de suas atribuições, ou que tenha relação com as atribuições do cargo em que se encontre investido".

jurídico. Uma vez que o art. 2º, I, da Lei nº 9.296/1996, restringe a realização de intercepção telefônica exclusivamente para apuração de infrações penais, não seria possível de realização por parte das autoridades administrativas.

Todas aquelas provas, cuja perfectibilização depende de autorização judicial, somente serão válidas e hígidas de utilização no PAR mediante autorização judicial específica. De outro lado, compreende-se que a quebra do sigilo fiscal ou bancário também depende de autorização judicial, sendo absolutamente vedada a realização de intercepção telefônica por parte da autoridade administrativa, conforme o art. 2º, I, da Lei nº 9.296/1996. Entretanto, isso não impede a utilização da prova emprestada de processo penal ou inquérito, com expressa autorização do Juízo Penal, que contenha gravações com interceptações telefônicas, nos estritos termos do contido na Lei nº 9.296/1996.[534]

Desta forma, a realização de quebras de sigilo telefônico, bancário ou fiscal é possível, desde que com expressa autorização judicial a pedido do órgão representativo da Administração Pública processante, por meio da advocacia pública. Quanto às intercepções telefônicas, a sua realização no âmbito administrativo é absolutamente vedada, salvo no caso da utilização de prova emprestada, devidamente autorizada pelo Juízo Penal à comissão processante.

4.2 O Princípio do *non bis in idem*

Terceiro, o princípio do *non bis idem* é definido como um dos pilares do Estado Democrático de Direito. Este preceito é revelado como a impossibilidade de uma pessoa sofrer um duplo castigo por um mesmo fato, quando

---

[534] Nesse sentido, o Tribunal Regional Federal da 3ª Região já definiu que a realização de quaisquer procedimentos penais com base na Lei Anticorrupção é absolutamente vedada para a realização de medidas penais: "3. A autoridade impetrada não poderia invocar o poder geral de cautela do juiz para impor medida restritiva à pessoa jurídica da qual um dos imputados na ação penal é sócio. Em primeiro lugar, porque tal poder não existe, e, em segundo lugar, porque a medida restritiva, no âmbito do processo penal, não pode ultrapassar a pessoa do agente (investigado ou acusado). 4. A invocação da Lei Anticorrupção (Lei nº 12.846, de 2013) não dá sustentáculo legal à medida imposta. As medidas tomadas com base nessa lei somente deverão ser objeto de ação judicial específica, e não no âmbito de investigação ou ação penal" (BRASIL. *Tribunal Regional Federal da 3ª Região*, QUARTA SEÇÃO, MS - MANDADO DE SEGURANÇA CÍVEL - 357985 - 0017545-39.2015.4.03.0000, Rel. DESEMBARGADOR FEDERAL NINO TOLDO, julgado em 16/02/2017, e-DJF3 Judicial 1 DATA:13/03/2017).

há identidade de sujeito, fato e fundamento jurídico. Conforme observa Rafael Munhoz de Mello: "Encerrado um procedimento, com a imposição de uma sanção administrativa, não pode a Administração Pública retomá-lo, ou dar início a outro procedimento, para apurar a prática da mesma conduta já punida e renovar o exercício de sua competência sancionadora".[535]

María Jesús Gallardo Castillo disserta acerca da incidência do princípio do non bis in idem, definindo duas dimensões a este princípio no âmbito da Administração Pública: (*i*) material; e, (*ii*) processual. A vertente material do princípio coloca ênfase sobre o resultado das sanções, prescrevendo que a duplicidade de sanções no exercício da persecução penal pelos Tribunais, e, por sua vez, o exercício da atividade sancionadora da Administração Pública, impede que sejam analisadas duas vezes a mesma questão, sobretudo nos casos em que se aprecie identidade de sujeito, fato e fundamento.[536] Assim sendo, o princípio configura-se como um direito do cidadão frente às decisões do poder público castigar por um dos fatos que já foi objeto de sanção.

A vertente processual do *non bis in idem* tem como característica a proibição de se processar na mesma esfera duas ou mais vezes um mesmo fato. Todavia, Gallardo Castillo denota que essa característica é mais latente no processo penal, para impedir, deste modo, o efeito negativo da coisa julgada, como a impossibilidade de se sofrer uma dupla reprovação de ordem penal.

A vertente processual do princípio do *non bis in idem* não significa afirmar que não é possível a coexistência dos procedimentos sancionadores penais e administrativos.[537] Gallardo Castillo faz as seguintes sugestões para o bom enfrentamento da vertente processual do princípio do *non bis in idem* e os eventuais conflitos entre a jurisdição penal e a sanção administrativa: (*i*) proibição de que se levem a cabo dois procedimentos sancionadores por um mesmo fato existindo um único fundamento; (*ii*) obrigação de que a Administração Pública informe os órgãos da jurisdição responsáveis pela persecução penal, e, consequentemente, a paralisação do pro-

---

[535] MELLO, Rafael Munhoz de. *Princípios constitucionais de direito administrativo sancionador*. São Paulo: Malheiros, 2007, p. 211.
[536] CASTILLO, María Jesús Gallardo. *Los principios de la postestad sancionadora*: Teoría y práctica. Madrid: Iustel, 2008, p. 295.
[537] CASTILLO, María Jesús Gallardo. *Los principios de la postestad sancionadora*: Teoría y práctica. Madrid: Iustel, 2008, p. 298.

cedimento administrativo sancionador; *(iii)* preferência pela jurisdição penal se os fatos *são suscetíveis de subsunção* por algum tipo penal e o sancionamento administrativo; *(iv)* o absoluto respeito da sentença absolutória penal pela Administração Pública; *(v)* proibição de absoluta imposição da sanção administrativa se o juízo penal declarou expressamente os fatos como não provados.[538]

4.2.1 Cumulação de Aplicação de Sanções Judiciais ou Administrativas

Daniel Ferreira defende que um ilícito poderá corresponder a mais de uma sanção em uma determinada norma, "una é a conduta; não o ilícito".[539] Na visão do autor, não haveria qualquer impeditivo para que se atrele a uma mesma conduta um ou dois ilícitos, respectivamente, de igual ou diferentes ordens. Para isso o autor corretamente cita o exemplo de que na execução de um contrato público, um determinado contratado sofra, concomitantemente, a sanção administrativa de multa e a aplicação de idoneidade.[540]

Deste modo, não haveria impeditivos para que haja a cumulação de sanções administrativas, desde que haja expressa previsão legal para tanto. No entanto, o princípio do *non bis in idem* prescreve que uma autoridade competente não poderá aplicar duas sanções administrativas em decorrência do mesmo fato. Para isso, será analisada a incidência do mencionado preceito na aplicação de sanções administrativas da Lei nº 8.666/1993, da Lei de Improbidade Administrativa e da Lei Orgânica do TCU.

---

[538] CASTILLO, María Jesús Gallardo. *Los principios de la postestad sancionadora*: Teoría y práctica. Madrid: Iustel, 2008, p. 300-301.

[539] FERREIRA, Daniel. *Sanções administrativas*. São Paulo: Malheiros, 2001, p. 78.

[540] FERREIRA, Daniel. *Sanções administrativas*. São Paulo: Malheiros, 2001, p. 133. O autor também menciona como exemplo na execução de um contrato público sobre a possibilidade de cumulação de sanções se um determinado contratado sofra, concomitantemente, a sanção administrativa de multa e a rescisão contratual. No entanto, deve-se observar que a rescisão contratual tal como prevista na Lei nº 8.666/1993 não parece ser uma sanção administrativa, porém, uma mera decorrência do descumprimento contratual, como uma das formas de extinção do contrato administrativo, e não como uma sanção administrativa (cf. FERREIRA, Daniel. *Sanções administrativas...*, p. 78). Sobre a rescisão contratual administrativa, ampliar em NIEBUHR, Joel de Menezes. *Licitação pública e contrato administrativo*. 4. ed. Belo Horizonte: Fórum, 2015, p. 1.075-1.076.

4.2.1.1 Sanções da Lei nº 8.666/1993

Como demonstrado no capítulo 2, a Lei nº 8.666/1993 estabelece uma série de sanções administrativas pelo descumprimento dos contratos administrativos, ou mesmo pela má-execução do contrato público em prejuízo da Administração Pública. No entanto, como a Lei Anticorrupção prescreve em seu art. 5º, IV, uma série de infrações administrativas atinentes à execução de licitações e contratos públicos, impende verificar a possibilidade de aplicação concomitante das sanções administrativas da Lei nº 8.666/1993 e da Lei nº 12.846/2013.

Segundo o art. 87, da Lei nº 8.666/1993, as sanções administrativas previstas na Lei nº 8.666/1993 decorrem da inexecução total ou parcial do contrato com a Administração Pública, podendo ser aplicada a: (*i*) advertência; (*ii*) multa; (*iii*) suspensão temporária de participação em licitação e impedimento de contratar com o Poder Público; e, (*iv*) declaração de inidoneidade para licitar ou contratar com a Administração Pública. Em outras palavras, as sanções da Lei nº 8.666/1993 centram-se no regular exercício do contrato administrativo, possuindo como bens jurídicos protegidos a regularidade do contrato público.

Conforme observa Lucía Alarcón Sotomayor, a identificação do fundamento jurídico de uma determinada sanção é o elemento determinante para a definição da aplicação cumulativa de uma sanção administrativa: "Em geral, se entende que não há identidade de fundamento, quando as mais diversas normas aparentemente aplicáveis protegem distinto bem jurídico".[541]

Quanto às infrações do art. 5º, IV, da Lei Anticorrupção, têm como principal função a punição pela ocorrência de irregularidades no âmbito de licitações e contratos administrativos, o que parece demonstrar a existência de objetivos distintos em relação aos objetivos da Lei nº 8.666/1993. Mesmo que a Lei de Licitações e Contratos Administrativos prescreva que a principal sanção seja a multa, ao mesmo passo da Lei Anticorrupção (art. 6º, I, da Lei nº 12.846/2013), compreende-se que não há incompatibilidade na aplicação concomitante das sanções da Lei nº 8.666/1993 e da Lei nº 12.846/2013.

Como enaltecido sobre a incidência do princípio do *non bis in idem*, não parece haver impeditivos para a aplicação das sanções administra-

---

[541] SOTOMAYOR, Lucía Alarcón. *La garantía non bis in idem y el procedimiento administrativo sancionador*. Madrid: Iustel, 2008, p. 47.

tivas da Lei de Licitações e Contratos Administrativos e da Lei Anticorrupção. Assim sendo, passa-se a verificar a compatibilidade das sanções judiciais da Lei Anticorrupção com aquelas expostas pela Lei de Improbidade Administrativa.

4.2.2 Sanções Judiciais e Conflitos com a Lei de Improbidade Administrativa

A Lei de Improbidade Administrativa busca punir, primordialmente, os servidores públicos que atuam em desacordo com aquilo que se espera, a partir do princípio constitucional da moralidade. A Lei de Improbidade Administrativa exige que o sujeito ativo tenha algum tipo de vínculo efetivo ou não com a Administração Pública.

Este é o exato entendimento de Marçal Justen Filho, que confirma que o ato de improbidade administrativa "é conduta reprovável praticada por agente estatal, o que indica um sujeito que forma ou manifesta a vontade estatal. O art. 2º, da Lei 8.429/1992 adota ampla qualificação para agente estatal". Assim, o terceiro, sem qualquer vínculo com a administração pública e sem a atuação de um agente público não comete ato de improbidade administrativa.

Exige-se que o sujeito ativo do ato de improbidade administrativa possua o mínimo vínculo com a Administração Pública, seja pela sua eleição, nomeação, designação, contratação ou qualquer outra forma de investidura ou vínculo, mandato, cargo, emprego ou função, segundo a dicção do art. 2º da Lei de Improbidade Administrativa. Igualmente, é preciso que aquele que comete ato de improbidade administrativa esteja sujeito ao controle da Administração Pública, caso contrário, não existirá ato de improbidade administrativa.

É muito comum que o Ministério Público e as entidades públicas lesadas pelos atos de improbidade ingressem com a ação de improbidade administrativa em face daquelas empresas que supostamente teriam se beneficiado dos atos de improbidade administrativa, sempre em conjunto com os servidores públicos. Tal como já sedimentado pelo STJ: "É inviável a propositura de ação civil de improbidade administrativa exclusivamente contra o particular, sem a concomitante presença de agente público no polo passivo da demanda".[542]

---

[542] BRASIL. *Superior Tribunal de Justiça*. AgRg no AREsp 574500/PA, Rel. Ministro HUMBER-

No entanto, diversos autores chegam a defender que a existência da Lei Anticorrupção como o diploma legal destinado à punição exclusiva de pessoas jurídicas ensejaria no reconhecimento da autonomia e a impossibilidade de cumulação, por exemplo, dos pedidos condenatórios entre a Lei de Improbidade Administrativa (Lei nº 8.429/1992) e da Lei Anticorrupção (Lei nº 12.846/2013). Como observa "De todo modo, a necessidade de demonstração do elemento subjetivo dos réus da ação proposta com base na Lei nº 8.429/1992 acarreta maior dilação e ônus probatório que a aplicação da Lei nº 12.846/2013. Novamente, percebe-se a incompatibilidade de cumulação dos pedidos".[543]

No mesmo sentido, inclinam-se Sebastião de Botto de Barros Tojal e Maria Sylvia Zanella Di Pietro, que compreendem que, com a vigência da Lei Anticorrupção como a lei específica e destinada a punir pessoas jurídicas por ilícitos contra a Administração Pública, haveria derrogação da Lei de Improbidade Administrativa em relação a pessoas jurídicas.

Sebastião Botto de Barros Tojal avalia que a existência concomitante de um processo judicial de improbidade administrativa com um procedimento judicial da lei anticorrupção, por exemplo, seria um nítido exemplo de violação ao preceito do *non bis in idem*, pois se estaria punindo duplamente a pessoa jurídica pelas mesmas circunstâncias fáticas. Pelo fato de que a Lei Anticorrupção tutela o mesmo bem jurídico da Lei de Improbidade Administrativa, por conta dos critérios da especialidade e da posterioridade, seria possível se aventar na derrogação da Lei de Improbidade Administrativa às pessoas jurídicas.[544]

Por sua vez, Maria Sylvia Zanella Di Pietro compreende que a Lei de Improbidade Administrativa foi concebida para a punição de pessoas física, nomeadamente os servidores públicos que viessem a causar prejuízos à Administração Pública. Para mais, se a pessoa jurídica já é punida pela Lei Anticorrupção, não há sentido em um castigo duplo, com fundamento na Lei de Improbidade, "até porque muitas das san-

TO MARTINS, SEGUNDA TURMA, julgado em 02/06/2015, DJE 10/06/2015
[543] OLIVEIRA, Luciano Moreira de. Autonomia da ação de responsabilidade de pessoas jurídicas no Brasil com fundamento na Lei nº 12.846/2013. *RDA*, Rio de Janeiro, v. 276, set./dez., 2017, p. 160.
[544] TOJAL, Sebastião Botto de Barros. Interpretação do artigo 30 da Lei 12.846/2013. *Revista dos Tribunais*, São Paulo, v. 947, set., 2014, p. 6, *versão digital*.

ções previstas na Lei de Improbidade Administrativa são inaplicáveis a pessoas jurídicas, como a perda da função pública e a suspensão dos direitos políticos".[545]

De outro lado, a aplicação concomitante das sanções da Lei Anticorrupção e da Lei de Improbidade Administrativa viola o exato sentido do preceito do *non bis in idem*, com a possibilidade de se punir duplamente a pessoa jurídica por um mesmo fato. A possível derrogação da Lei de Improbidade Administrativa "coaduna-se com a necessidade de se ter uma maior segurança jurídica no enquadramento das consideradas ilícitas, ante a severidade das penalidades e a possibilidade de responsabilização objetiva, o que não é possível por meio de um rol exemplificativo e previsões completamente genéricas como as existentes na Lei 8.429/1992".[546]

No mesmo sentido, Cristina Fortini e Ariane Sherman compreendem que na existência de um ilícito de corrupção entre uma autoridade pública e uma empresa, de forma compartilhada, aos moldes do art. 3º, da Lei nº 8.429/1992, o regime da Lei de Improbidade Administrativa deveria ser aplicado ao invés do regime da Lei nº 12.846/2013. No entanto, a situação é bastante distinta se existente conduta somente da pessoa jurídica, o que atrairia a aplicação da Lei Anticorrupção: "Se presente apenas o agente público, será aplicado o regime da Lei de Improbidade, existentes os demais requisitos para sua incidência. Se o sujeito ativo for pessoa jurídica, o regime aplicável será o da Lei Anticorrupção".[547]

4.2.2.1 Sanções da Lei Orgânica do TCU

Como demonstrado no capítulo 2, ao se dissertar sobre o regime jurídico-sancionatório do TCU, observou-se que ele possui muita relevância para o combate à corrupção no âmbito da Administração Pública. Para a definição da cumulação da aplicação de sanções, é preciso definir o fundamento jurídico da aplicação de um castigo, para que, com isso, possa-se limitar, com precisão, a possibilidade de cumulação de mais de uma sanção.

---

[545] DI PIETRO, Maria Sylvia. Comentários ao art. 19. In: DI PIETRO Maria Sylvia; MARRARA, Thiago. (Coords.). *Lei Anticorrupção comentada*. Belo Horizonte: Fórum, 2017, p. 253.

[546] TOJAL, Sebastião Botto de Barros. Interpretação do artigo 30 da Lei 12.846/2013. *Revista dos Tribunais*, São Paulo, v. 947, set., 2014, p. 7, *versão digital*.

[547] FORTINI, Cristina; SHERMAM, Ariane. Corrupção: causas, perspectivas e a discussão sobre o princípio do *bis in idem*. Revista de Investigações Constitucionais, Curitiba, vol. 5, n. 2, mai/ago. 2018., p. 108.

O TCU, como órgão de controle externo, destina-se a realizar o controle contábil, financeiro e orçamentário da aplicação de recursos e dinheiros federais de qualquer natureza. Por esse motivo, eventual sancionamento no âmbito da Corte de Contas destina-se a punir quaisquer pessoas físicas ou jurídicas responsáveis pela aplicação de recursos públicos da União.

No caso específico, compreende-se que as sanções administrativas previstas no art. 6º, da Lei nº 12.846/2013 (multa e publicação extraordinária da decisão condenatória) não parecem possuir incompatibilidade com as sanções aplicadas pelo TCU (multa, declaração de inidoneidade para licitar, inabilitação para o exercício de cargo de provimento em comissão ou devolução dos valores indevidos.

O TCU já discutiu a possibilidade de haver sobreposição de mais de uma sanção de inidoneidade, por conta de a mesma previsão estar na Lei Orgânica do TCU e na Lei Geral de Licitações. A Corte de Contas já considerou que parece haver uma precedência da sanção decretada pelo TCU, sobretudo por esta ser mais gravosa do que aquela prevista na Lei Geral de Licitações.[548] No entanto, o TCU ainda não possui precedentes sobre a aplicabilidade concomitante das sanções da Lei Anticorrupção e da Lei Orgânica do TCU. As discussões centram-se, em sua maioria, sobre a possibilidade de suspensão da aplicação das sanções de inidoneidade em decorrência dos instrumentos colaborativos à disposição na Lei Anticorrupção, como os acordos de leniência (o que se aprofundará posteriormente).

Desta maneira, resta assentado que, em princípio, não se vislumbra impeditivo à aplicação concomitante das sanções da Lei Anticorrupção e da Lei Orgânica do TCU (Lei nº 8.443/1992).

4.3 Atenuadores e Limites da Responsabilidade Objetiva da Pessoa Jurídica

Como enaltecido no capítulo anterior, o regime de *sancionamento* da Lei Anticorrupção centra-se no regime de responsabilização objetiva da pessoa

---

[548] O TCU, em precedente deliberativo, já definiu que a sanção de inidoneidade prevista no art. 46, da Lei nº 8.443/1992, parece prevalecer sobre aquela prevista na Lei nº 8.666/1993, por conta da existência de maior prazo punitivo, que na visão da Corte Contas, seria mais adequado aos anseios previstos em sua Lei Orgânica, cf. BRASIL. *Tribunal de Contas da União*. Acórdão nº 348/2016 – Plenário. Relator: Ministro Walton Alencar Rodrigues. Data da sessão: 24/02/2016. Ata nº 5/2016.

jurídica. Todavia, a Lei nº 12.846/2013 não estabelece os limites nem mesmo parâmetros de sua aplicação. Por esse motivo, passa-se a verificar a possibilidade de reinterpretação do regime de responsabilidade objetiva, previsto no art. 2º, da Lei nº 12.846/2013, como forma de melhor compreender e aplicar o regime jurídico sancionatório exposto pela Lei Anticorrupção.

4.3.1 Reinterpretação da Responsabilidade Objetiva na Lei Anticorrupção

Em primeiro lugar, conforme se buscou esclarecer no capítulo anterior, o regime de responsabilidade administrativa e civil da pessoa jurídica estabelecido na Lei Anticorrupção estabelece um pesado conjunto de sanções para as pessoas jurídicas, especialmente a partir do regime de responsabilização objetiva, exposto pelo art. 2º, da Lei nº 12.846/2013.

De outro lado, como evidenciado anteriormente, o regime de responsabilização objetiva de pessoas jurídica impõe algumas ponderações quanto à sua aplicação plena. Ana Frazão propõe que a intepretação da responsabilidade objetiva da pessoa jurídica seja feita conforme a Constituição, isso porque ela é uma técnica de socialização de danos, e não uma forma de punição da pessoa jurídica.[549]

Frazão entende que a responsabilidade objetiva não se prestaria a impor uma sanção, motivo pelo qual a autora propõe que os atos das pessoas jurídicas devem ser devidamente avaliados/ponderados quanto à sua efetiva reprovabilidade, o que prejudica, até mesmo, na fixação e dosimetria da sanção administrativa.[550] Assim, a autora compreende que "é um impe-

---

[549] FRAZÃO, Ana. Responsabilidade de pessoas jurídicas por atos de corrupção: reflexão sobre os critérios de imputação. In: FORTINI, Cristiana. (Coord.). *Corrupção e seus múltiplos enfoques jurídicos*. Belo Horizonte: Fórum, 2018, p. 45.

[550] FRAZÃO, Ana. Responsabilidade de pessoas jurídicas por atos de corrupção: reflexão sobre os critérios de imputação. In: FORTINI, Cristiana. (Coord.). *Corrupção e seus múltiplos enfoques jurídicos*. Belo Horizonte: Fórum, 2018, p. 46. No mesmo sentido, inclina-se Marcelo Harger: "A fórmula inventada da responsabilidade objetiva somente é permitida em casos extremos e como garantia do particular frente ao Estado; nunca poderia ser admitida em sentido contrário, por mais nobres que fossem os interesses a serem protegidos. É que com a responsabilidade objetiva cria-se uma espécie de presunção de culpa, que ofende o princípio da presunção de inocência previsto no inciso LVII da Constituição Federal" (HARGER, Marcelo. A inconstitucionalidade da responsabilidade objetiva na Lei 12.846/2013. *Revista de Direito Administrativo e Infraestrutura*, São Paulo, v. 2, jul./set., 2017, p. 104).

rativo constitucional que a punição de uma infração administrativa esteja condicionada à reprovabilidade da conduta".[551]

Porém, é evidente que determinadas elementares dos tipos infracionais pressupõem a existência de um ânimo subjetivo da pessoa jurídica ou de seus agentes. A compreensão de "oferecer" e "fraudar" é diferente, pois a própria conduta envolvida é caracterizada de maneira absolutamente distinta.[552]

Além disso, Frazão propõe que deve ser utilizado como parâmetro a culpa, que não deve ser compreendido como um estado psicológico (o que é ainda mais difícil no caso de pessoas jurídicas), mas com uma noção de culpa ligada à reprovabilidade da conduta, a partir de um critério abstrato de diligência da empresa.[553] Ou seja, é preciso que a interpretação da responsabilidade objetiva da pessoa jurídica seja compreendida a título de reprovabilidade de conduta, sob pena de se impor um juízo automático de responsabilização.

Frazão menciona que mesmo no âmbito do direito civil, nos casos de responsabilização do empregador por ato de preposto da empresa, no qual se impõe responsabilidade objetiva, a responsabilidade objetiva do empregador pelo ato de seu empregado dependerá da existência de um ato ilícito por parte deste. Em outras palavras, "é o ato ilícito do preposto/empregado que pode ser imputado objetiva à pessoa jurídica. Entretanto, se não houver ato ilícito por parte do empregado, não há que se cogitar, por óbvio, da responsabilidade objetiva do empregador".[554]

---

[551] FRAZÃO, Ana. Responsabilidade de pessoas jurídicas por atos de corrupção: reflexão sobre os critérios de imputação. In: FORTINI, Cristiana. (Coord.). *Corrupção e seus múltiplos enfoques jurídicos*. Belo Horizonte: Fórum, 2018, p. 48.

[552] O fenômeno é comum também no âmbito tributário, no qual o Código Tributário Nacional prescreve que as sanções tributárias são objetivas, nada impede que o legislador poderá criar figuras eminentemente subjetivas: "Ainda que o princípio geral, no campo das infrações tributárias, seja o da responsabilidade objetiva, o legislador não está tolhido de criar figuras típicas de infrações subjetivas. São elas a sonegação, a fraude e o conluio, além daquelas em que se eleger a culpa (nos aspectos da negligência, imprudência ou imperícia), como ingrediente necessário do tipo legal" (CARVALHO, Paulo de Barros. *Curso de Direito Tributário*. 26. ed. São Paulo: Saraiva, 2015, p. 472).

[553] FRAZÃO, Ana. Responsabilidade de pessoas jurídicas por atos de corrupção: reflexão sobre os critérios de imputação. In: FORTINI, Cristiana. (Coord.). *Corrupção e seus múltiplos enfoques jurídicos*. Belo Horizonte: Fórum, 2018, p. 48.

[554] FRAZÃO, Ana. Responsabilidade de pessoas jurídicas por atos de corrupção: reflexão sobre os critérios de imputação. In: FORTINI, Cristiana. (Coord.). *Corrupção e seus múltiplos enfoques*

Compreende-se que o regime de responsabilidade objetiva da pessoa jurídica merece algumas cautelas, especialmente no que tange à possibilidade de imputação automática da sanção administrativa. Como demonstrado no capítulo anterior, a maioria das infrações administrativas previstas na Lei nº 12.846/2013 impõe amplo grau de subjetividade em sua aferição, tais como a utilização dos vocábulos "frustrar", "fraudar", "manipular" e "dificultar", o que obstaculiza a aplicabilidade da responsabilidade objetiva da pessoa jurídica.

Por fim, concorda-se com a proposta de Ana Frazão, no sentido de realizar uma reinterpretação do regime de responsabilidade objetiva tal como previsto no art. 2º, da Lei nº 12.846/2013, devendo-se aferir as condições de reprovabilidade da conduta do preposto, empregado ou diretor. Sugere-se a utilização do dever de diligência da pessoa jurídica para evitar que o ato ilícito ocorrido venha a se concretizar. O tema será aprofundado quando se analisar os mecanismos de *compliance* para fins de compreensão da Lei nº 12.846 (item 4.3.3).

4.3.2 Possibilidades de Acordos de Leniência

Em segundo lugar, como forma de atenuação do forte regime de responsabilidade objetiva da pessoa jurídica, a Lei Anticorrupção estabelece que as empresas interessadas poderão celebrar um acordo de leniência (art. 16, *caput*, da Lei nº 12.846/2013), desde que a colaboração da pessoa jurídica interessada resulte em: (*i*) identificação dos demais envolvidos na infração; e, (*ii*) obtenção célere de informações e documentos que comprovem a ocorrência do ilícito em questão.

Mas, não é toda e qualquer empresa que poderá celebrar acordo de leniência. Para isso, conforme o art. 16, § 1º, da Lei nº 12.846/2013: (*i*) a pessoa jurídica deve ser a primeira a manifestar seu interesse em cooperar para a apuração do ato ilícito; (*ii*) a pessoa jurídica deve cessar seu

---

jurídicos. Belo Horizonte: Fórum, 2018, p. 49-50. Para demonstrar seus argumentos, a autora traz à baila diversos precedentes do STJ sobre o tema, dentre os quais destaca-se: "O novo Código Civil (art. 933), seguindo evolução doutrinária, considera a responsabilidade civil por ato de terceiro como sendo objetiva, aumentando sobejamente a garantia da vítima. Malgrado a responsabilização objetiva do empregador, esta só exsurgirá se, antes, for demonstrada a culpa do empregado ou preposto, à exceção, por evidência, da relação de consumo" (BRASIL. *Superior Tribunal de Justiça*. REsp 1135988/SP, Rel. Ministro LUIS FELIPE SALOMÃO, QUARTA TURMA, julgado em 08/10/2013, DJe 17/10/2013).

envolvendo na infração investigada a partir da propositura da proposta de acordo; e, (*iii*) a pessoa jurídica deve admitir a sua participação no ilícito e a cooperação com as investigações.

A possibilidade de celebração de acordos substitutivos de sanções é uma das vertentes da assim denominada consensualidade administrativa. Como destaca Thiago Marrara, a existência do instrumento dos acordos de leniência não é garantia de consenso, pois é possível que o instituto estimule, em certa medida, até mesmo o dissenso. Por esse motivo, o autor promove uma diferenciação entre a consensualização, consenso e a consensualidade.[555] O consenso equivaleria o consentimento recíproco, a consensualidade indicaria o consenso na construção ou na execução de política pública e a cosensualização seria o movimento de construção de consensos.[556]

Na visão de Juliana Bonacorsi de Palma, a consensualidade na Administração Pública corresponde a qualquer forma de acordo de vontades do Poder Público, a partir do seguinte preceito: "técnica de gestão administrativa por meio da qual acordos entre Administração Pública e administrado são firmados com vistas à terminação consensual do processo administrativo pela negociação do exercício do poder de autoridade estatal (prerrogativas públicas)".[557]

Por esse motivo, Marrara compreende que os acordos de leniência poderiam ser compreendidos como uma espécie de *acordo administrativo integrativo*, que se encaixa no processo administrativo como forma de facilitação de sua instrução administrativa.[558] Ademais, o acordo de leniência, tal como previsto na Lei nº 12.846/2013, poderia ser classificado como uma espécie de *acordo integrativo*, que se caracteriza "por preceder o provimento administrativo final, sem o substituir, razão pela qual também são denominados de acordos endroprocedimentais ou acordos preliminares".[559]

---

[555] MARRARA, Thiago. Acordos de leniência no processo administrativo brasileiro: modalidades, regime jurídico e problemas emergentes. *RDDA*, Ribeirão Preto, v. 2, n.2, 2015, p. 510.
[556] MARRARA, Thiago. Acordos de leniência no processo administrativo brasileiro: modalidades, regime jurídico e problemas emergentes. *RDDA*, Ribeirão Preto, v. 2, n.2, 2015, p. 510.
[557] PALMA, Juliana Bonacorsi de. *Sanção e acordo na Administração Pública*. São Paulo: Malheiros, 2015, p. 111-112.
[558] MARRARA, Thiago. Acordos de leniência no processo administrativo brasileiro: modalidades, regime jurídico e problemas emergentes. *RDDA*, Ribeirão Preto, v. 2, n.2, 2015, p. 513.
[559] PALMA, Juliana Bonacorsi de. *Sanção e acordo na Administração Pública*. São Paulo: Malhei-

Juliana Bonacorsi de Palma complementa que a classificação dos acordos de leniência como *acordos integrativos* ocorre pela não terminação consensual do processo administrativo, como um ato imperativo e unilateral integrado ao curso do processo de forma a cooperação. Salienta-se que a cooperação e a celeridade processual resultam na confecção e celebração do *acordo integrativo*, como condicionante para a emissão do ato administrativo final.[560]

O acordo de leniência não exclui a atuação unilateral do Estado, já que este serve como principal forma para que a autoridade administrativa obtenha provas, o que não significa afirmar que a atuação da Administração Pública se aproxime da autoridade e se afaste da liberdade: "Técnicas de administração consensual e unilateral podem conviver e a leniência comprova essa afirmação, na medida em que o acordo subsidia a formação de um ato administrativo final no processo punitivo".[561]

Ressalta-se que a principal obrigação existente na celebração do acordo de leniência, por parte da pessoa jurídica interessada, constitui em seu dever e a sua obrigação de cooperar com a investigação e a instrução do processo acusatório, ao mesmo passo que a Administração Pública compromete-se em reduzir as sanções que seriam aplicadas ao infrator confesso.[562]

Como mencionado anteriormente, no âmbito da Lei Anticorrupção brasileira, há a exigência expressa de que a empresa interessada em celebrar o acordo seja a primeira a manifestar esse interesse específico, naquilo que se denomina no direito norte-americano de *"first come, first serve"*.[563]

A disciplina normativa da Lei Anticorrupção brasileira inspira-se amplamente na experiência existente tanto na antiga lei do SBDC, como na atual

---

ros, 2015, p. 248. Para maiores esclarecimentos sobre o tema no direito italiano, espanhol e brasileiro, também cf. ALMEIDA, Fernando Dias Menezes de. *Contrato administrativo*. São Paulo: Quartier Latin, 2012, p. 300-306.

[560] PALMA, Juliana Bonacorsi de. *Sanção e acordo na Administração Pública*. São Paulo: Malheiros, 2015, p. 248. Recorda-se da lição de Carlos Ari Sundfeld, para quem a essência do direito público era a dicotomia e o equilíbrio entre a autoridade e a liberdade (SUNDFELD, Carlos Ari. *Fundamentos de Direito Público*. 5. ed. São Paulo: Malheiros, 2012, p. 109-118).

[561] MARRARA, Thiago. Acordos de leniência no processo administrativo brasileiro: modalidades, regime jurídico e problemas emergentes. *RDDA*, Ribeirão Preto, v. 2, n.2, 2015, p. 513.

[562] MARRARA, Thiago. Acordos de leniência no processo administrativo brasileiro: modalidades, regime jurídico e problemas emergentes. *RDDA*, Ribeirão Preto, v. 2, n.2, 2015, p. 514.

[563] MARRARA, Thiago. Acordos de leniência no processo administrativo brasileiro: modalidades, regime jurídico e problemas emergentes. *RDDA*, Ribeirão Preto, v. 2, n.2, 2015, p. 521.

Lei nº 12.529/2011, que demonstra que o CADE tem bastante sucesso no manejo de acordos de leniência destinados à substituição de sanções destinadas à punição de infrações à ordem econômica. Somente no ano de 2017, foram fechados 31 (trinta e um) acordos de leniência, o que demonstra a ampla experiência e eficiência do CADE na condução desses expedientes.[564]

No entanto, as diferenças entre a legislação antitruste e a Lei Anticorrupção são enormes, já que, diferentemente da legislação concorrencial, a Lei nº 12.846/2013 não estabelece um patamar, nem um benefício mínimo para os benefícios pelo acordo de leniência. Ademais, o acordo de leniência não parece trazer qualquer benefício aos interessados no âmbito penal, nem mesmo no âmbito dos processos do próprio CADE.[565]

Por fim, a Lei Anticorrupção garante que a autoridade máxima de cada órgão ou entidade pública poderá celebrar acordo de leniência com as pessoas jurídicas responsáveis. A CGU é o órgão responsável pela celebração de acordos de leniência na Administração Pública federal e os casos que envolvam a Administração Pública estrangeira, como reconhece o art. 16, § 10, da Lei nº 12.846/2013, e o art. 29, do Decreto Presidencial nº 8.420/2015.[566]

A metodologia de cálculo da multa é definida na Instrução Normativa (IN) nº 02/2018, do Ministério da Transparência e Controladoria-Geral da União, que leva em consideração fatores benéficos à empresa, tais como a (*i*) não-consumação da infração; (*ii*) ressarcimento dos danos causados; (*iii*) grau de colaboração da empresa; (*iv*) comunicação espontânea da pessoa jurídica; e, (*v*) existência de programa de integridade (*compliance*), conquanto que os fatores valorados de maneira negativa em desfavor da pessoa jurídica são os seguintes: (*a*) a continuidade no tempo da infração; (*b*) a tolerância da direção da empresa; (*c*) a infração causou a interrupção da obra ou do serviço público; (*d*) situação econômica positiva da empresa; (*e*) reincidência; e, (*f*) valor total dos contratos mantidos.[567]

---

[564] MOREIRA, Talita. Cade fecha recorde de 31 acordos de leniência em 2017. *Valor Econômico*, São Paulo, 08 de dez. de 2017. Disponível em: <https://goo.gl/155XpE >. Acesso em 20 de ago. de 2018.

[565] MARRARA, Thiago. Acordos de leniência no processo administrativo brasileiro: modalidades, regime jurídico e problemas emergentes. *RDDA*, Ribeirão Preto, v. 2, n.2, 2015, p. 522.

[566] "Art. 29. Compete à Controladoria-Geral da União celebrar acordos de leniência no âmbito do Poder Executivo federal e nos casos de atos lesivos contra a administração pública estrangeira".

[567] BRASIL. *Controladoria-Geral da União*. Instrução Normativa CGU/AGU nº 2, de 16 de maio

Uma das principais motivações para a celebração de acordos de leniência está no fato de que as pessoas jurídicas enquanto responsáveis pela geração de empregos e pagamento de tributos ou contribuições sociais poderiam causar demasiados prejuízos à economia no caso de dificuldades financeiras decorrentes de investigações por conta do cometimento de corrupção.[568] Mesmo que os acordos de leniência possibilitem a atenuação do grave regime de responsabilização das pessoas jurídicas, a participação dos órgãos de controle na celebração desses acordos é um ponto de fundamental importância para a sua perfectibilização e concretização, como se analisará a seguir.

4.3.2.1 Participação dos Órgãos de Controle
Uma das principais dificuldades na celebração de acordos de leniência está na ausência de definição da participação dos órgãos de controle da Administração Pública, nesse caso, o Ministério Público ou os Tribunais de Contas para a celebração dos acordos de leniência. Ao mesmo tempo que a Lei Anticorrupção trouxe um importante mecanismo de negociação administrativa entre pessoas jurídicas e a Administração Pública, a Lei nº 12.846/2013 não estabeleceu os limites institucionais de atuação de demais órgãos de controle na participação nesses acordos de leniência, especialmente o Ministério Público e os Tribunais de Contas, nomeadamente o TCU.[569]

Como observam Benjamin Zymler, Ministro do TCU, e Francisco Sérgio Maia Alves, em artigo de doutrina: "a lei acabou por criar espaços de

---

de 2018: Aprova metodologia de cálculo da multa administrativa prevista no art. 6º, inciso I, da Lei nº 12.846, de 1º de agosto de 2013, a ser aplicada no âmbito dos acordos de leniência firmados pelo Ministério da Transparência e Controladoria-Geral da União. Brasília, 16 de mai. de 2018. Disponível em: <https://goo.gl/JWjUvS>.

[568] O STF, ao julgar a constitucionalidade da Lei nº 11.101/2005 (Lei de Recuperações Judiciais e Falências), entendeu que a livre-iniciativa é fundamental para o desenvolvimento da economia brasileira, motivo qual preconizou a existência da BRASIL. *Supremo Tribunal Federal*. ADI 3934, Relator: Min. RICARDO LEWANDOWSKI, Tribunal Pleno, julgado em 27/05/2009, publicado em 06/11/2009)

[569] TOJAL, Sebastião Botto de Barros; TAMASAUSKAS, Igor Sant'Anna. A leniência anticorrupção: primeiras aplicações, suas dificuldades e alguns horizontes para o instituto. In: MOURA, Maria Thereza de Assis; BOTTINI, Pierpaolo Cruz. (Coords.) *Colaboração Premiada*. São Paulo: Editora RT, 2017, p. 243-245.

aparente sobreposição de competências entre o Ministério da Transparência, Fiscalização e Controladoria-Geral da União (CGU) com o Ministério Público Federal e o Tribunal de Contas da União (TCU)".[570] Para tanto, o TCU editou, no ano de 2015, a IN/TCU nº 74/2015, que estabelece a fiscalização pela Corte de Contas quanto à organização do processo de celebração de acordo de leniência no âmbito da Administração Pública federal. Para isso, o TCU realizará o acompanhamento do processo de tramitação dos acordos de leniência, a fim de verificar a regularidade, legalidade, legitimidade e economicidade dos atos administrativos praticados.[571]

Os autores argumentam, ainda, que as atribuições do TCU possuem envergadura constitucional, motivo pelo qual a Lei Anticorrupção, como lei ordinária, não poderia limitar o exercício do regime de competências da Corte de Contas. No mesmo sentido, os precedentes do TCU consideram que os acordos de leniência não podem afastar o cumprimento das obrigações por parte de seus signatários e não poderiam afastar a atuação da Corte de Contas. Isso porque, na visão do TCU, sua precípua função é a busca pelo ressarcimento dos danos ao erário cometidos.

Para isso, no âmbito do Acórdão nº 874/2018, Plenário, do TCU, ficou assentado que a Corte de Contas, no caso da iminência de concretização de acordo de leniência por parte da empresa a ser penalizada pela sanção de inidoneidade no âmbito de Tomada de Contas Extraordinária, seria possível a suspensão condicional da sanção de inidoneidade, facultando a possibilidade do estabelecimento de sanções premiais às empresas que viessem a colaborar com as investigações.[572]

---

[570] ZYMLER, Benjamin; ALVES, Francisco Sérgio Maia. Acordos de leniência e o papel do TCU. *Interesse Público*, Belo Horizonte, n. 107, jan./fev., 2018, p. 155.
[571] "Art. 1º A fiscalização dos processos de celebração de acordos de leniência inseridos na competência do Tribunal de Contas da União, inclusive suas alterações, será realizada com a análise de documentos e informações, por meio do acompanhamento das seguintes etapas: [...] § 1º Em cada uma das etapas descritas nos incisos I a V, o Tribunal irá emitir pronunciamento conclusivo quanto à legalidade, legitimidade e economicidade dos atos praticados, respeitando a salvaguarda do sigilo documental originalmente atribuído pelo órgão ou entidade da administração pública federal" (BRASIL. *Tribunal de Contas da União*. Instrução Normativa – TCU nº 74, de 11 de fevereiro de 2015: Dispõe sobre a fiscalização do Tribunal de Contas da União, com base no art. 3º da Lei n.º 8.443/1992, quanto à organização do processo de celebração de acordo de leniência pela administração pública federal, nos termos da Lei 12.846/2013, Brasília: TCU, 2015. Disponível em: < https://goo.gl/2vQLwh>. Acesso em 01 de out. de 2018).
[572] BRASIL. *Tribunal de Contas da União*. Acórdão nº 874/2018, Plenário. Relator: Ministro Bruno

Em outro precedente, o TCU definiu que a posterior celebração de acordo de leniência por parte de empresa poderia ser aferida em grau de recurso, caso aplicada a sanção de inidoneidade. Ademais, pelo simples fato de o TCU ainda não ter delimitado a extensão e os limites da celebração de acordo de leniência com base na Lei nº 12.846/2013 no cálculo e da dosimetria da sanção de inidoneidade.[573]

Sebastião Botto de Barros Tojal e Igor Sant'Anna Tamasauskas destacam que o estabelecimento de um modelo de diversas agências anticorrupção, com a possibilidade de controle dos acordos de leniência não favorece o combate à corrupção: "a prática tem demonstrado não serem suficientes para atingir a necessária concatenação entre as diversas agências anticorrupção no País. Nesse conspecto, os normativos infralegais não oferecem segurança jurídica bastante a sustentar um programa de leniência anticorrupção eficaz, pelo lado da investigação, e confiável, pelo lado do colaborador".[574]

De outro lado, em recente decisão do STF, em sede do Mandado de Segurança nº 35.435, em decisão liminar do Ministro Gilmar Mendes, decidiu-se que a celebração de acordo de leniência com o MPF, por parte de empresas investigadas, impediria o TCU de decretar a sanção de inidoneidade.[575] O argumento utilizado pelo impetrante foi de que a celebração de acordo de leniência entre o MPF, devidamente homologado pelo Poder Judiciário, em que se assegurasse que não seria aplicada a sanção de inidoneidade à empresa, impediria que o TCU pudesse aplicar a mesma sanção com base nos mesmos fatos.[576]

Dantas – Processo: 002.651/2015-7 – Data da sessão: 25/04/2018 – Número da ata: 14/2018;
[573] "BRASIL. *Tribunal de Contas da União*. Acórdão nº 1.744/2018 – Plenário. Relator: Ministro Benjamin Zymler – Processo: 013.382/2017-9 – Data da sessão: 01/08/2018 – Número da ata: 29/2018).
[574] TOJAL, Sebastião Botto de Barros; TAMASAUSKAS, Igor Sant'Anna. A leniência anticorrupção: primeiras aplicações, suas dificuldades e alguns horizontes para o instituto. In: MOURA, Maria Thereza de Assis; BOTTINI, Pierpaolo Cruz. (Coords.) *Colaboração Premiada*. São Paulo: Editora RT, 2017, p. 244.
[575] O autor do livro não obteve acesso à íntegra decisão judicial pelo fato de que o Mandado de Segurança nº 35.435/STF tramita em segredo de justiça, conforme informações constantes no *website* do STF.
[576] MARQUES NETO, Floriano de Azevedo; FERNANDES, Luís Justiniano Haiek. Importante decisão do STF fortalece acordos de leniência. *Portal Jota*, São Paulo, 24 de abr. de 2018. Disponível em: <https://goo.gl/XV5CNT>. Acesso em 20 de ago. de 2018.

Ainda, é possível se aventar a hipótese de celebração de acordo de leniência entre o MPF e a pessoa jurídica a ser punida. De outro lado, observa-se que o TRF4 considerou que a inexistência de participação a CGU em acordo de leniência celebrado entre o MPF e um determinado grupo de empresas deveria ensejar o reconhecimento de sua legitimidade para responder por ação civil pública decorrente de ato de improbidade administrativa, pelo simples fato de que a não participação dos órgãos de controle como a CGU e o TCU não vincularia esses órgãos.[577]

Mesmo que o quadro de instituições legitimadas para a celebração de acordos de leniência ainda não esteja plenamente definido, com a possibilidade de controle desses acordos por parte do Ministério Público, Tribu-

---

[577] "[...] 11. Não há impedimentos para que haja a participação de outros órgãos da administração pública federal no acordo de leniência como a Advocacia Geral da União, o Ministério Público Federal e o Tribunal de Contas da União, havendo, portanto, a necessidade de uma atuação harmônica e cooperativa desses referidos entes públicos. 12. O acordo de leniência firmado pelo Grupo Odebrecht no âmbito administrativo necessita ser re-ratificado pelo ente competente, com participação dos demais entes, levando-se em conta o ressarcimento ao erário e a multa, sob pena de não ensejar efeitos jurídicos válidos. 13. Enquanto não houver a re-ratificação do acordo de leniência, a empresa deverá permanecer na ação de improbidade, persistindo o interesse no bloqueio dos bens, não porque o MP não pode transacionar sobre as penas, mas porque o referido acordo possui vícios que precisam ser sanados para que resulte íntegra sua validade, gerando os efeitos previstos naquele ato negocial. 14. Provido o agravo de instrumento para determinar a indisponibilidade de bens das empresas pertencentes ao Grupo Odebrecht" (BRASIL. *Tribunal Regional Federal da 4ª Região*. AG 5023972-66.2017.4.04.0000, TERCEIRA TURMA, Relatora VÂNIA HACK DE ALMEIDA, juntado aos autos em 24/08/2017). Em visão contrária ao decidido pelo Tribunal Regional Federal da 4ª Região, Sebastião Botto de Barros Tojal considerou que a possibilidade de celebração de acordos de leniência pelo Ministério Público decorreria de suas próprias competências previstas no art. 129, da Constituição Federal: "Em verdade, a competência em questão é outorgada pela própria Constituição Federal, notadamente em seu artigo 129, que, ao dispor sobre as atribuições do Ministério Público, diz caber-lhe a promoção do inquérito civil e da ação civil pública, para a proteção do patrimônio público e social. Ora, a titularidade do interesse de agir e a legitimidade para propor a competente ação reparadora do erário legitimam, indubitavelmente, o Ministério Público a perseguir os mesmos objetivos mediante fórmulas que, privilegiando o consenso, substituam o litígio, como o acordo de leniência se apresenta. É daí que decorre, por exemplo, sua legitimidade para celebrar termos de ajuste de condutas, competência que nenhum tribunal pretende não lhe reconhecer" (TOJAL, Sebastião Botto de Barros. Constituição Federal autoriza Ministério Público a fazer acordos de leniência. *Consultor Jurídico*. São Paulo, 24 de ago. de 2017. Disponível em: <https://goo.gl/t7x1xM>. Acesso em 30 de set. de 2018).

nal de Contas e o próprio Poder Judiciário, é certo que o atual panorama diminui a segurança jurídica para a sua confecção e perfectibilização. A ausência de delimitação clara das funções de cada uma das instituições de controle na sua celebração e, posteriormente, de seu controle não estimula a sua celebração, nem mesmo contribui para o quadro de atenuação do regime de prerrogativas da Administração Pública em prol da célere resolução de casos de corrupção.

Menciona-se, ainda, que desde a inserção dos dispositivos para interpretação do Direito Público na LINDB, realizada pela Lei nº 13.655/2018, o art. 26, da LINDB, permite às autoridades administrativas (compreendidos em sentido amplo) a celebração de compromissos com os interessados, desde que para eliminar irregularidade, incerteza jurídica ou situação contenciosa do direito público.[578] O art. 26, da LINDB, em linhas gerais, integra o fundamento para a celebração de compromissos com os interessados, em substituição ao art. 5º, § 6º, da LACP,[579] que ficaria adstrito ao âmbito da ação civil pública em fase de inquérito civil público ou após o ajuizamento da ACP.[580]

No entanto, no compreender de Sérgio Guerra e Juliana Bonacorsi de Palma, por conta da inexistência de definição da competência da autoridade administrativa mencionada na LINDB, caso haja previsão legal

---

[578] "Art. 26. Para eliminar irregularidade, incerteza jurídica ou situação contenciosa na aplicação do direito público, inclusive no caso de expedição de licença, a autoridade administrativa poderá, após oitiva do órgão jurídico e, quando for o caso, após realização de consulta pública, e presentes razões de relevante interesse geral, celebrar compromisso com os interessados, observada a legislação aplicável, o qual só produzirá efeitos a partir de sua publicação oficial. § 1º O compromisso referido no caput deste artigo: I - buscará solução jurídica proporcional, equânime, eficiente e compatível com os interesses gerais; II – (VETADO); III - não poderá conferir desoneração permanente de dever ou condicionamento de direito reconhecidos por orientação geral; IV - deverá prever com clareza as obrigações das partes, o prazo para seu cumprimento e as sanções aplicáveis em caso de descumprimento. § 2º (VETADO)".
[579] "Art. 5o Têm legitimidade para propor a ação principal e a ação cautelar: [...] § 6° Os órgãos públicos legitimados poderão tomar dos interessados compromisso de ajustamento de sua conduta às exigências legais, mediante cominações, que terá eficácia de título executivo extrajudicial".
[580] GUERRA, Sérgio; PALMA, Juliana Bonacorsi de. Art. 26 da LINDB. Novo regime jurídico de negociação com a Administração Pública. *RDA*, Rio de Janeiro, Edição Especial - Direito Público na Lei de Introdução às Normas de Direito Brasileiro - LINDB (Lei nº 13.655/2018), nov., 2018, p. 147.

ou regulamentar de um órgão especializado na negociação e celebração de acordos, este será a autoridade competente, mesmo que outro agente possa ter competência para emitir o ato administrativo em concreto.[581] Em outras palavras, como a CGU é o órgão eleito pela própria Lei Anticorrupção como o competente para a celebração de acordos de leniência no âmbito da Administração Pública Federal, a sua manifestação é fundamental. Todavia, o permissivo geral do art. 26, *caput*, da LINDB, para eliminar irregularidade, incerteza jurídica ou situação contenciosa na aplicação do direito público, pode ser invocado para a celebração de acordo de leniência por parte do MP, desde que com a posterior chancela da CGU.

Deste modo, a participação dos órgãos de controle no procedimento de celebração e controle dos acordos de leniência ainda possui um cenário incerto no âmbito da aplicação das disposições da Lei Anticorrupção. Além disso, a busca de certo protagonismo na apuração e celebração dos acordos de leniência, com ausência de definição clara das funções de cada uma das instâncias de controle traz um cenário de ampla insegurança jurídica para a celebração dos acordos de leniência. Todavia, o regime de celebração de acordos de leniência passou por alterações no ano de 2015, a partir da edição da Medida Provisória nº 703/2015, como se verificará no tópico a seguir.

4.3.2.2 A Medida Provisória nº 703/2015

No ano de 2015, a Presidente da República Dilma Rousseff editou a Medida Provisória nº 703/2015, buscando a mudança da celebração dos acordos de leniência, no âmbito da Lei nº 12.846/2013. Em síntese, a exposição de motivos da mencionada Medida Provisória esclarece que haveria urgência para se firmar acordos de leniência de maneira mais célere e para salvaguardar a continuidade da atividade econômica.[582]

As inovações permitiriam dar participação ao Ministério Público e à Advocacia Pública, na visão da Presidência da República, conferindo maior segurança jurídicas às empresas celebrantes dos acordos de leniência, já

---

[581] GUERRA, Sérgio; PALMA, Juliana Bonacorsi de. Art. 26 da LINDB. Novo regime jurídico de negociação com a Administração Pública. *RDA*, Rio de Janeiro, Edição Especial - Direito Público na Lei de Introdução às Normas de Direito Brasileiro - LINDB (Lei nº 13.655/2018), nov., 2018, p. 149.

[582] BRASIL. *Exposição de Motivos nº 00207/2015 MP/AGU/CGU/MJ*. Brasília: Presidência da República, 18 de dez. de 2015. Disponível em: <https://goo.gl/B6NL8P>. Acesso em 10 de set. de 2018.

que seria possível a celebração de acordos que abarcassem, também, ações cíveis, como a Lei de Improbidade Administrativa (Lei nº 8.429/1992).[583]

Na visão de alguns autores, a Medida Provisória nº 703/2015 padecia de inconstitucionalidade formal, por violação expressa ao art. 62, § 1º, II, da Constituição Federal,[584] que veda a edição de medida de urgência em matéria de direito processual civil, especialmente sobre a possibilidade de celebração de acordos de leniência que abrangessem, também, atos de improbidade administrativa.[585]

A matéria chegou a ser objeto de ADI, proposta pelo Partido Popular Socialista (PPS) no STF, justamente sob a argumentação que a MP nº 703/2015 veicularia matéria atinente a processo civil, o que seria vedado pela Constituição Federal. Ademais, a agremiação argumentou que a referida norma poderia fragilizar a atuação do MP na defesa do patrimônio público, o que não poderia ocorrer via medida provisória.[586] A medida também foi objeto de forte objeção por parte do Ministério Público Federal, que considerou a norma como inconstitucional, por expressa violação ao contido no art. 62, § 1º, II, da Constituição Federal.[587]

Em virtude do processo de *impeachment* da Presidente Dilma Rousseff, a Medida Provisória perdeu sua vigência no ano de 2016, nomeadamente pela perda das condições de votação por parte da coalizão integrante da

---

[583] Sobre o tema, cf. FORTINI, Cristiana; FARIA, Edimur Ferreira de. Os contornos do acordo de leniência após a medida provisória nº 703/15: promessa de sucesso ou cenário de incertezas. *Revista Duc In Altum - Cadernos de Direito*, Belo Horizonte, v. 8, n. 14, jan-abr., 2016, p. 53-56.

[584] "Art. 62. Em caso de relevância e urgência, o Presidente da República poderá adotar medidas provisórias, com força de lei, devendo submetê-las de imediato ao Congresso Nacional. § 1º É vedada a edição de medidas provisórias sobre matéria: I - relativa a: [...] b) direito penal, processual penal e processual civil".

[585] Por todos, cf. LIVIANU, Roberto; OLIVEIRA, Júlio Marcelo de. Medida Provisória 703 é uma verdadeira aberração jurídica afrontosa à CF. São Paulo, *Consultor Jurídico*, 11 de jan. de 2016. Disponível em: <https://goo.gl/nu5noA>. Acesso em 16 de set. de 2018; MOREIRA, Egon Bockmann. Lei Anticorrupção, acordos de leniência e a MP 703/2015. *Gazeta do Povo*, Curitiba, 28 de dez. de 2015. Disponível em: <https://goo.gl/NZqvEY>. Acesso em 16 de set. de 2018.

[586] BRASIL. *Supremo Tribunal Federal*. PPS questiona MP que altera regras para acordos de leniência com empresas sob investigação. Brasília: STF, 2016. Disponível em: <https://goo.gl/MVbgfw>. Acesso em 15 de set. de 2018.

[587] BRASIL. *Procuradoria-Geral da República*. Medida Provisória que trata de acordos de leniência é inconstitucional, diz PGR. Brasília: MPF, 2016. Disponível em: <https://goo.gl/RyKkUn>. Acesso em 15 de set. de 2018.

base aliada da ex-Presidente da República.⁵⁸⁸ Embora a Medida Provisória nº 703/2015 não tenha sido capaz de alterar o quadro de celebração dos acordos de leniência no país, a norma continha disposições relevantes sobre a ampliação da Advocacia Pública no procedimento de negociação e celebração de acordos de leniência, podendo abarcar, ainda, infrações cometidas pelas empresas em virtude da Lei de Improbidade Administrativa (Lei nº 8.429/1992).

Além da possibilidade de celebração de acordos de leniência por parte das empresas interessadas, a Lei Anticorrupção permite que a existência de programas de *compliance* possa ser valorada de maneira positiva na gradação de suas sanções, o que se examinará no ponto seguinte.

4.3.3 Programas de *Compliance* e Integridade Empresarial

Em terceiro lugar, a Lei Anticorrupção (Lei nº 12.846/2013) buscou disciplinar muitos pontos que eram considerados lacunosos no âmbito da punição das pessoas jurídicas brasileiras. Ao mesmo passo que a Lei Anticorrupção coloca um pesado regime de responsabilização, denota-se que o seu art. 7º, parágrafo único, prescreve que as pessoas jurídicas que possuíssem programas de integridade poderiam ter um abatimento da sanção.⁵⁸⁹ Os mecanismos de avaliação de funcionamento desses programas estão no art. 42, do Decreto Presidencial nº 8.420/2015.⁵⁹⁰

Até por conta da origem do termo, que está no inglês *to comply* (estar em conformidade), os programas de *compliance* ou integridade empresarial visam a existência de mecanismos internos para atenuação de riscos, mediante

---

⁵³⁸ BRASIL. *Senado Federal*. Ato declaratório do Presidente da Mesa do Congresso Nacional nº 27, de 2016. Brasília: Senado Federal, 2016. Disponível em: <https://goo.gl/a6sZwn>. Acesso em 15 de set. de 2018.

⁵⁸⁹ "Art. 7º Serão levados em consideração na aplicação das sanções: [...] VIII - a existência de mecanismos e procedimentos internos de integridade, auditoria e incentivo à denúncia de irregularidades e a aplicação efetiva de códigos de ética e de conduta no âmbito da pessoa jurídica. Parágrafo único. Os parâmetros de avaliação de mecanismos e procedimentos previstos no inciso VIII do caput serão estabelecidos em regulamento do Poder Executivo federal".

⁵⁹⁰ O art. 42, do Decreto Presidencial nº 8.420/2015 coloca diversos requisitos para a avaliação de um programa de integridade, especialmente: a) o comprometimento da alta direção da pessoa jurídica com os objetivos do programa; b) padrões de conduta da pessoa jurídica; c) política de ética a fornecedores; d) treinamentos periódicos; e) análise de riscos; f) registros contábeis fiéis com a realidade da empresa; g) canais de denúncia; h) medidas disciplinares, entre outros.

prevenção, identificação e atuação mais efetiva. Longe de significar o mero cumprimento da legislação por parte de uma empresa, deve-se compreender por *compliance* "as medidas pelas quais as empresas pretendem assegurar-se que as regras vigentes para elas e para seus funcionários sejam cumpridas, que as infrações se descubram e eventualmente sejam punidas".[591]

No mesmo sentido, Geoffrey Parsons Miller compreende que a definição de *compliance* possui três repercussões diretas: (*i*) o agente deve conformar o seu comportamento a partir de normas, padrões ou *standards*; (*ii*) o padrão ou o *standards* é externo, não definido pelo agente; e, (*iii*) o agente deve atuar de acordo com esse padrão externo, a partir de algum incentivo, compulsão ou envolvimento.[592]

Como forma de atenuar o grave regime de responsabilização civil e administrativa da pessoa jurídica no âmbito da Lei Anticorrupção, a existência desses programas que estimulam a integridade no meio empresarial deve ser avaliada de maneira positiva na aplicação de qualquer sanção judicial ou administrativa a título de cumprimento da Lei nº 12.846/2013.

Ana Frazão defende que a existência de programas de integridade ou *compliance* poderia funcionar como uma excelente ferramenta para se atenuar o pesado regime de responsabilização objetivo: "A eventual existência de um bom programa de *compliance*, o fato de a pessoa jurídica ter feito todo o possível para evitar o ilícito e inexistência de um defeito de organização não afastam a responsabilidade desta, podendo, na melhor das hipóteses, atenuá-la".[593]

Logo, compreende-se que a existência de programas de integridade ou *compliance* possui muita importância para o cumprimento e funcionamento da Lei Anticorrupção, na exata medida que boa parte das infrações administrativas previstas na referida norma tem direta relação com a postura empresarial perante procedimento licitatórios e a execução contratual.

É evidente que a existência de programas de *compliance* ou integridade não será suficiente para evitar que ilícitos possam ocorrer na estrutura

---

[591] VERÍSSIMO, Carla. *Compliance*: incentivo à adoção de medidas anticorrupção. São Paulo: Saraiva, 2017, p. 91.

[592] MILLER, Geoffrey Parsons. *The law of governance, risk management and compliance*. Nova York: Wolters Kluwer, 2014, p. 137.

[593] FRAZÃO, Ana. Responsabilidade de pessoas jurídicas por atos de corrupção: reflexão sobre os critérios de imputação. In: FORTINI, Cristiana (Coord.). *Corrupção e seus múltiplos enfoques jurídicos*. Belo Horizonte: Fórum, 2018, p. 40.

empresarial. De todo modo, a existência desses programas transmite a ideia de que a pessoa jurídica está efetivamente engajada no cumprimento das normas, especialmente para evitar que atos de corrupção a agentes públicos ocorram no seio de sua atividade empresarial. Portanto, é fundamental para a compreensão dos programas de *compliance* de que a pessoa jurídica utilizou os seus mecanismos de controle interno de boa-fé.[594]

Para isto, a imposição da responsabilidade objetiva deve verificar, em cada caso concreto, o dever de diligência a ser esperado de uma pessoa jurídica que tenha relacionamentos diretos com o Poder Público, bem como se sua conduta é compatível com o ordenamento jurídico como um todo. Do mesmo modo, compreende-se que o estabelecimento de sérios critérios de *compliance* e os programas de integridade, cuja adoção é facultada pela Lei Anticorrupção às empresas, poderá ser um destes critérios de exigência de limite e razoabilidade na imposição das sanções elencadas pela Lei Anticorrupção.

4.3.3.1 Os Critérios do Decreto Presidencial nº 8.420/2015

No âmbito federal, a mero título de exemplo, o art. 42 do Decreto Presidencial nº 8.420/2015 (que regulamenta a Lei Anticorrupção) estabelece dezesseis critérios de avaliação qualitativa dos mecanismos de *compliance*. São exigidos, por exemplo: (*i*) regras sobre padrões de conduta e procedimentos aplicáveis a todos os empregados, independentemente do cargo ou função exercido; (*ii*) regras sobre padrões de conduta e procedimentos aplicáveis a terceiros fornecedores, prestadores de serviços e demais agentes intermediários ou associados; (*iii*) treinamentos e adaptações periódicas do programa de integridade; (*iv*) independência do órgão responsável pelo cumprimento do programa; (*v*) instalação de canais de denúncia, com proteção de denunciantes de boa-fé; e, (*vi*) previsão de medidas disciplinares em eventuais violações ao programa, entre outros.

Ocorre que a legislação não especifica como estas exigências devem

---

[594] O DOJ dos Estados Unidos define em três perguntas a efetividade de um programa de *compliance*: 1) o programa de *compliance* é bem planejado? 2) ele é aplicado de boa-fé?; e, 3) ele funciona? (ESTADOS UNIDOS DA AMÉRICA. *A Resource Guide to the U.S. Foreign Corrupt Practices Act*. Washington; Departament of Justice and the U.S. Securities and Exchange Commision, 2015, p. 56. Disponível em: <https://www.justice.gov/sites/default/files/criminal-fraud/legacy/2015/01/16/guide.pdf>. Acesso em 20 de set. de 2018).

ser efetivadas, mas apenas estabelece diretrizes gerais a serem consideradas nos programas de integridade. Devido a essa lacuna, organizações internacionais desenvolveram normas que detalham estas diretrizes, com o propósito de outorgar maior comprometimento da empresa interessada com a efetividade do *compliance*.

Um destes documentos consiste na ISO 37.001, traduzido ao português pela Associação Brasileira de Notas Técnicas (ABNT), no ano de 2017, que avalia os mecanismos das empresas em situações de oferecimento de suborno pela organização nos setores público, privado e sem fins lucrativos. Trata-se de norma de considerável padrão técnico, que vem sendo crescentemente utilizada na implementação de programas de integridade no mercado internacional.

O escopo da ISO 37.001 se concentra em fornecer orientações para o estabelecimento, manutenção e contínuo aprimoramento de um sistema de gestão antissuborno, podendo ser empregado em organizações de qualquer tipo, tamanho, segmento ou atividade. São estabelecidas regras aplicáveis a todos os órgãos da pessoa jurídica, incluindo dirigentes e controladores.[595]

Os principais requisitos avaliados exaustivamente pela ISO 37001 são: (i) a contextualização da organização, com identificação de fatores, partes

---

[595] Destaca-se que nos acordos de leniência celebrados no âmbito da Operação Lava-Jato constou a necessidade de que a empresa compromissária realizasse a implementação de Programa de *Compliance* e a posterior certificação da ISO 37.001, tal como no acordo entre o MPF e uma das empresas signatárias: "Cláusula 6ª. A COLABORADORA compromete-se a: VIII – a implementar ou aprimorar programa de integridade nos termos do Artigo 41 e 42 do Decreto 8.420/2015, em atenção às melhores práticas, a ser inciado no prazo de 90 (noventa) dias da homologação do presente Acordo de Leniência pela 13ª Vara de Justiça Federal de Curitiba, cabendo à COLABORADORA apresentar ao Ministério Público Federal o cronograma de implementação do programa no prazo de 120 (cento e vinte) dias" (BRASIL. *Ministério Público Federal*. Termo de acordo de leniência. Disponível em: <https://goo.gl/f9HvAh>. Acesso em 10 de set. de 2018). No mesmo sentido, inclinam-se os acordos de leniência celebrados pela CGU e as empresas interessadas: "As ações de monitoramento incluem, mas não se limitam a: (i) análise de relatórios semestrais sobre o aperfeiçoamento do Programa, com a respectiva documentação comprobatória, encaminhados pela pessoa jurídica durante os 3 (três) primeiros anos de vigência do acordo; (ii) ações de supervisão e verificações in loco; (iii) solicitação de relatórios e informações adicionais; e, (iv) obtenção da ISO 37.001 por empresa certificadora acreditada pelo Instituto Nacional de Metrologia, Qualidade e Tecnologia – Inmetro" (BRASIL. *Ministério da Transparência e Controladoria-Geral da União*. Sanção aplicada – Acordo de leniência. Disponível em: <https://goo.gl/54ftiF>. Acesso em 10 de set. de 2018).

e requisitos pertinentes ao sistema de gestão antissuborno da empresa; (*ii*) os meios de demonstração de liderança, responsabilidade e comprometimento dos órgãos dirigentes com a política antissuborno; (*iii*) o planejamento do funcionamento e dos objetivos do sistema de gestão antissuborno; (*iv*) a organização e o fornecimento de recursos humanos, físicos e financeiros para o adequado e contínuo desenvolvimento do sistema; (*v*) balizas do controle e da operação; e, (*vi*) análise de desempenho do programa e eventuais medidas corretivas e de melhoria.

Realizadas considerações sobre a importância dos mecanismos de *compliance* para o regime de responsabilização da Lei nº 12.846/2013, passa-se a verificar a importância das sentenças penais para o regime cível e administrativos de responsabilização da pessoa jurídica (Lei Anticorrupção).

4.4 Sentença Penal e Repercussões para o PAR

Em quarto lugar, um dos principais conflitos existentes no combate à corrupção refere-se à possibilidade de cumulação de um processo penal e um processo administrativo, em decorrência de um mesmo fato. É conhecido tanto na doutrina e como na jurisprudência a independência das esferas penal, administrativa e cível.

Como destacado no capítulo anterior (itens 3.6 e seguintes), boa parte das infrações previstas na Lei nº 12.846/2013 advêm da transposição do regime de infrações penais, aplicáveis essencialmente às pessoas físicas, para um processo administrativo (ou cível) de responsabilização de pessoas jurídicas. Por esse motivo, a sentença penal poderá ter repercussão para o PAR ou o processo cível de responsabilização, motivo pelo qual a análise das hipóteses de sua influência deve ser verificada com maior propriedade.

A existência de um processo penal, de maneira concomitante com um PAR, poderá ter repercussões diretas para a aplicação e concretização da sanção administrativa. Todavia, é de se observar que, no âmbito penal brasileiro, as pessoas jurídicas não respondem por ilícitos penais. Mesmo assim, a eventual existência de um processo penal em face de diretor ou de um administrador de uma pessoa jurídica que responda um PAR pode ter direta repercussão para a aplicação da sanção administrativa.

A mero título de exemplo, na Espanha, tanto a doutrina como a jurisprudência do Tribunal Constitucional da Espanha definem a existência da precedência do julgamento penal sobre o administrativo.[596] Como esclarecem Eduardo García de Enterría e Tomás-Ramón Fernández, determinadas questões que necessitam de esclarecimento concomitante tanto na esfera administrativa como a administrativa, haveria uma prejudicialidade do juízo penal sob os demais, de modo que o esclarecimento acerca da existência do ilícito administrativo ou cível poderia ser resolvido pelo próprio juízo criminal.

Para isso, Enterría e Fernández observam que "a competência prejudicial incidental em matérias de Direito Administrativo cabe ao juízo penal,

---

[596] Assim decidiu a Sentença 77/83, do Tribunal Constitucional espanhol. "O princípio *ne bis in idem* determina uma interdição da duplicidade de sanções administrativas e penais em relação aos mesmos fatos. Porém, leva também à impossibilidade de, quando a ordem permite uma dualidade de procedimentos, e em cada um deles, existir uma ação penal e uma avaliação dos mesmos fatos, a acusação e a avaliação/interpretação que pode legalmente acontecer, sejam feitas independentemente, se resultarem da aplicação de regulamentos diferentes. Mas, o mesmo não pode acontecer com relação à apreciação dos fatos, pois fica claro que os mesmos fatos não podem existir ou não para os órgãos do Estado. Consequência do que foi dito, colocado em conexão com a regra da subordinação da ação sancionadora da Administração à ação dos Tribunais de Justiça, é que a Administração, como dito anteriormente, não pode atuar até que o Juiz penal o faça, e deve, em qualquer caso, respeitar, quando *a posteriori*, a abordagem fática que fizeram, porque em outro caso há um exercício de poder punitivo que ultrapassa os limites do art. 25, da Constituição, e viola o direito do cidadão de ser sancionado somente sob as condições estabelecidas pelo dito preceito". Tradução livre de: "El principio non bis in idem determina una interdicción de la duplicidad de sanciones administrativas y penales respecto de unos mismos hechos, pero conduce también a la imposibilidad de que, cuando el ordenamiento permite una dualidad de procedimientos, y en cada uno de ellos ha de producirse un enjuiciamiento y una calificación de unos mismos hechos, el enjuiciamiento y la calificación que en el plano jurídico puedan producirse, se hagan con independencia, si resultan de la aplicación de normativas diferentes, pero que no pueda ocurrir lo mismo en lo que se refiere a la apreciación de los hechos, pues es claro que unos mismos hechos no pueden existir y dejar de existir para los órganos del Estado. Consecuencia de lo dicho, puesto en conexión con la regla de la subordinación de la actuación sancionadora de la Administración a la actuación de los Tribunales de justicia es que la primera, como con anterioridad se dijo, no puede actuar mientras no lo hayan hecho los segundos y deba en todo caso respetar, cuando actúe a posteriori, el planteamiento fáctico que aquéllos hayan realizado, pues en otro caso se produce un ejercicio del poder punitivo que traspasa los límites del art. 25 de la Constitución y viola el derecho del ciudadano a ser sancionado sólo en las condiciones estatuidas por dicho precepto" (ESPANHA. *Tribunal Constitucional de España*. Sentencia nº 77/1983. Relator: Luis Díez-Picazo, Recurso de Amparo nº 368/1982, Tribunal Constitucional - Sala Segunda, julgado em 03 de outubro de 1983. Disponível em: <https://goo.gl/udw6YZ>. Acesso em 20 de set. de 2018).

desde que não sejam determinantes da culpabilidade ou da inocência, mas com a ressalva de que a sentença penal carece de força da coisa julgada na esfera jurídico-administrativa, sem que vincule, portanto, o posterior julgamento dos Tribunais contencioso-administrativos".[597]

De outro bordo, no âmbito brasileiro, é patente a existência de uma independência das esferas penal, administrativa e cível, todavia, o art. 126, da Lei nº 8.112/1990 atenua a independência absoluta entre as diferentes instâncias de responsabilização: "Art. 126. A responsabilidade administrativa do servidor será afastada no caso de absolvição criminal que negue a existência do fato ou sua autoria".

Compreende-se que a absolvição penal que negue a existência do fato, ou, a sua autoria é capaz de vincular a esfera cível e administrativa.

Destarte, para a esfera de definição do PAR previsto na Lei nº 12.846/2013, o proferimento da sentença penal nesses casos será absolutamente capaz de vincular as sanções administrativas e cíveis. Contudo, pela inexistência de responsabilização penal de pessoas jurídicas no ordenamento jurídico, é preciso avaliar qual o grau de importância da existência de sentença penal absolutória envolvendo pessoa física que eventualmente venha integrar o quadro societário ou de funcionários da empresa acusada.

Feitas algumas considerações sobre o regime de incidência e influência das sanções penais para o PAR ou o processo cível de responsabilização da Lei Anticorrupção, passa-se a verificar a importância da prescrição para o regime de responsabilidade da Lei nº 12.846/2013, bem como a análise da eventual imprescritibilidade dos pedidos de ressarcimento ao erário.

4.5 Prescrição

A prescrição da aplicação da sanção administrativa ou judicial é uma das principais garantias pelo decurso do tempo. A análise da prescrição, além das demais garantias processuais administrativas como o *non bis in idem*, para se evitar que empresas possam responder por procedimentos administrativos de maneira indevida. Como esclarece Francisco Zardo: "Não sendo exercido o poder punitivo em tal prazo, cria-se impedimento à imposição da sanção. É dizer, a Administração Pública perde o poder de punir se não

---

[597] ENTERRÍA, Eduardo García de; FERNÁNDEZ, Tomás-Ramón. *Curso de Direito Administrativo*. Tradução de José Alberto Froes Cal e revisão técnica de Carlos Ari Sundfeld. v. II. São Paulo: Editora RT, 2014, p. 210.

o exercer no prazo estabelecido no ordenamento jurídico".[598] A prescrição das sanções administrativas legitima-se por razões de segurança jurídica e estabilidade social, já que eventual demora no exercício do direito, seja por negligência ou demora, poderá prejudicar os interessados.[599]

No específico caso da Lei Anticorrupção, o próprio art. 25, estabelece que prescrevem em 5 (cinco) anos as infrações previstas na Lei nº 12.846/2013, contados a partir da ciência da infração ou, no caso de infração permanente ou continuada, do dia em que tiver cessado. No mesmo sentido, acredita-se que a previsão está em consonância com o contido no art. 1º, *caput*, da Lei nº 9.873/1999, que estabelece o prazo de prescrição para o exercício de ação punitiva pela Administração Pública federal.[600]

No entanto, a definição do montante necessário para a reparação por prejuízo ao erário é objeto de processo administrativo específico no âmbito da disciplina da Lei nº 12.846/2013 (cf. item 3.8.2., do capítulo 2, sobre o PAERD).

4.5.1 (Im)prescritibilidade do Pedido Ressarcitório Fundamentado em Dano ao Erário

Uma das grandes discussões no âmbito do Direito Público brasileiro é a prescrição do pedido de dano ao erário, no caso da ocorrência de atos de improbidade administrativa, isso porque a redação do art. 37, § 5º, da Constituição Federal, não é clara quanto à extensão da prescrição dos atos que venham a causar prejuízo ao erário.[601]

Muito embora o STF tenha definido que para os ilícitos civis cometi-

---

[598] MELLO, Rafael Munhoz de. *Princípios constitucionais de direito administrativo sancionador.* São Paulo: Malheiros, 2007, p. 251.

[599] ZARDO, Francisco. *Infrações e sanções em licitações e contratos administrativos.* São Paulo: Editora RT, 2014, p. 187.

[600] "Art. 1º Prescreve em cinco anos a ação punitiva da Administração Pública Federal, direta e indireta, no exercício do poder de polícia, objetivando apurar infração à legislação em vigor, contados da data da prática do ato ou, no caso de infração permanente ou continuada, do dia em que tiver cessado".

[601] "Art. 37. A administração pública direta e indireta de qualquer dos Poderes da União, dos Estados, do Distrito Federal e dos Municípios obedecerá aos princípios de legalidade, impessoalidade, moralidade, publicidade e eficiência e, também, ao seguinte: [...] § 5º A lei estabelecerá os prazos de prescrição para ilícitos praticados por qualquer agente, servidor ou não, que causem prejuízos ao erário, ressalvadas as respectivas ações de ressarcimento".

dos em desfavor da Administração Pública, como no caso de responsabilidade civil, o prazo prescricional é quinquenal, o mesmo não ocorreria com os atos de improbidade, ante a relevância dos bens jurídicos versados no âmbito da ação judicial da Lei nº 8.429/1992.

Ao apreciar o Recurso Extraordinário (RE) 852.475, com Repercussão Geral, a Suprema Corte reconheceu a imprescritibilidade nas ações civis públicas de ressarcimento ao erário no caso de improbidade administrativa na ocorrência de ato doloso. Ficou reconhecida a seguinte tese: "São imprescritíveis as ações de ressarcimento ao erário fundadas na prática de ato doloso tipificado na Lei de Improbidade Administrativa". O caso era decorrente de um recurso extraordinário, interposto pelo Ministério Público de São Paulo (MP-SP), em ação de improbidade administrativa que questionava a participação de um ex-prefeito e outros servidores públicos em supostos danos ao erário na alienação de veículos do Poder Público

Os fatos apurados ocorreram entre os meses abril e novembro de 1995. No entanto, a ação civil pública foi ajuizada em julho de 2001. No caso, o MP-SP defendeu a aplicação aos réus de sanções previstas na Lei de Improbidade Administrativa (Lei nº 8.442/1992), bem como ressarcimento de danos pela suposta alienação de bens abaixo do preço de mercado.

O MP-SP compreendia que os pedidos de ressarcimento seriam imprescritíveis, por conta da redação do art. 37, § 5º, da Constituição Federal: "A lei estabelecerá os prazos de prescrição para ilícitos praticados por qualquer agente, servidor ou não, que causem prejuízos ao erário, ressalvadas as respectivas ações de ressarcimento". Porém, o Tribunal de Justiça de São Paulo reconheceu a prescrição da sanção de improbidade e, consequentemente, o pedido de ressarcimento ao erário.

Na primeira sessão de julgamento, havia prevalecido o entendimento do Relator, o Ministro Alexandre de Moraes, pelo desprovimento do recurso, no sentido de se admitir que a ação de improbidade administrativa também prescreveria em hipótese de pedido de ressarcimento ao erário. O Relator tinha sido acompanhado, inicialmente, pelos Ministros Luís Roberto Barroso, Luiz Fux, Dias Toffoli, Ricardo Lewandowski e Gilmar Mendes. Por seu turno, os Ministros Luiz Edson Fachin e Rosa Weber davam provimento ao recurso, reconhecendo a imprescritibilidade do pedido de ressarcimento ao erário.

Na retomada do julgamento, na sessão de 08 de agosto de 2018, houve a continuidade, com o voto do Ministro Marco Aurélio, que acompanhou o Relator, reconhecendo a prescrição do caso. Já para o Ministro Celso de

Mello, deveria prevalecer a compreensão de que a coisa pública é um compromisso fundamental a ser protegido por todos, havendo, assim, a imprescritibilidade. A então presidente do STF, a Ministra Carmen Lúcia, acompanhou o entendimento pela imprescritibilidade. Por sua vez, ao final do julgamento, o Ministro Luís Roberto Barroso, que havia acompanhado o relator na semana passada, reajustou seu voto e se manifestou pelo provimento parcial do recurso, restringindo, no entanto, a imprescritibilidade às hipóteses de improbidade dolosa. O ministro Luiz Fux, que também já havia seguido o relator, reajustou seu voto à proposta do Ministro Luís Roberto Barroso.

Assim sendo, integraram a corrente vencida os ministros Alexandre de Moraes (Relator), Dias Toffoli, Ricardo Lewandowski, Gilmar Mendes e o Marco Aurélio. Analisando mais detidamente o impacto da decisão, como o prazo geral de prescrição estabelecido pela Lei nº 8.429/1992 é de 5 (cinco) anos, é muito comum (e continuará sendo) que as entidades legitimadas ingressem com a ação de improbidade somente para a cobrança dos valores prejuízos ao erário dos atos considerados como ímprobos. Após a prescrição das demais sanções expostas no art. 12, da Lei de Improbidade, somente restaria a possibilidade de cobrança dos valores que supostamente tenham causado prejuízo ao erário.

A prescrição nada mais é do que uma decorrência direta da inação do titular de uma pretensão jurídica pelo decurso do tempo. Ou seja, o texto da Constituição preconiza que a prescrição é a regra, ao passo que a imprescritibilidade é a exceção. O reconhecimento de imprescritibilidade da ação de improbidade somente para atos de improbidade doloso pode prestigiar uma certa inatividade dos mecanismos de controle, o que é absolutamente incompatível com os desígnios do combate à corrupção.

Tanto a Lei de Improbidade quanto a Lei Anticorrupção não parece promover diferenciação no que tange ao prazo prescricional seja em decorrência de atos dolosos ou não. Mas, na obra doutrinária de Teori Albino Zavaski, encontra-se o seguinte entendimento: "O certo é que uma interpretação que não seja a estrita levaria a resultados incompatíveis com o sistema, como seria o de considerar imprescritíveis ações de ressarcimento fundadas em danos causados por agentes por simples atos culposos".[602]
Em outras palavras, o entendimento adotado pelo STF parece se coadunar com a doutrina do falecido Ministro do STF Teori Zavaski, já que seriam

---

[602] ZAVASKI, Teori Albino. *Processo coletivo*. 6. ed. São Paulo: Editora RT, 2014, p. 78.

imprescritíveis os pedidos de ressarcimento por danos ao erário decorrentes somente de atos de improbidade dolosos.

De toda forma, no específico caso da Lei Anticorrupção, é de se compreender que como a averiguação do dolo ou culpa da pessoa jurídica aparenta ser de pouca importância para fins de responsabilização, por conta do art. 2º, da Lei nº 12.846/2013, o recentemente entendimento do STF não trouxe uma definição para o seu regime jurídico-sancionatório. Dito de outra forma, com a responsabilidade objetiva da pessoa jurídica, a definição de atos dolosos para fins do pedido de ressarcimento ao erário para a Lei Anticorrupção ainda possui aplicação indefinida, o que torna absolutamente irrelevante a averiguação de eventual dolo da pessoa jurídica

Assim, acredita-se que a prescritibilidade ou não do ressarcimento aos prejuízos causados ao erário no âmbito da Lei Anticorrupção ainda pende de definição jurisprudencial, tendo em vista a inaplicabilidade do regime previsto no Recurso Extraordinário (RE) 852.475, restrito às ações de improbidade administrativa. A ausência de definição sobre a prescritibilidade do pedido ressarcimento de danos ao erário, no âmbito da Lei Anticorrupção, é ponto que dificulta a segurança jurídica. Isso porque a irrelevância do dolo da pessoa jurídica no cometimento dos atos da Lei nº 12.846/2013 é algo que merece ressalvas na mera de transposição do entendimento fixado pelo STF no Recurso Extraordinário nº 852.475, aplicável exclusivamente para a improbidade administrativa.

4.6 Vigência e não Aplicação Retroativa

Por fim, uma questão que merece atenção na aplicação administrativa e judicial da Lei nº 12.846/2013 refere-se à sua vigência e a impossibilidade de sua aplicação se dar de maneira retroativa. Isso porque a Lei Anticorrupção é vigente desde a data de 29/01/2014, tendo em vista a *vacatio legis* de 180 (cento e oitenta) dias prevista no art. 31, da Lei nº 12.846/2013, contado a partir da publicação da norma no DOU (ocorrida em 02/08/2013).

A própria Constituição Federal veda a aplicação retroativa de normas penais, salvo quando em benefício do acusado, como uma das garantias penais fundamentais do acusado.[603] A sua aplicabilidade ao direito admi-

---

[603] "Art. 5º Todos são iguais perante a lei, sem distinção de qualquer natureza, garantindo-se aos brasileiros e aos estrangeiros residentes no País a inviolabilidade do direito à vida, à liberdade, à igualdade, à segurança e à propriedade, nos termos seguintes: [...] XL - a lei penal

nistrativo sancionador é defendida por Rafael Munhoz de Mello, que compreende a lei "que cria infração e sanção administrativa não retroage, assim como não tem efeito retroativo a lei formal que agrava a sanção imposta ao infrator".[604]

Mesmo que a Constituição Federal se refira exclusivamente à aplicação da lei penal, é de se notar que o próprio art. 5º, XXXVI, prevê que a lei não prejudicará o direito adquirido, o ato jurídico perfeito e a coisa julgada.[605] Assim sendo, acredita-se que a Lei Anticorrupção aplica-se somente a fatos posteriores à data de 29/01/2014.

Como o foco principal da Lei Anticorrupção é a sua aplicação a procedimentos licitatórios e na execução de contratos administrativo, é natural que seus aplicadores venham a compreender que o seu emprego possa se dar a contratos complexos, como no caso de irregularidades cometidas no curso de contratos de concessões ou de PPP. Porém, a aplicação da Lei Anticorrupção a fatos anteriores, mesmo que se alegue que possuam duração continuada dos atos cometidos, *v.g.*, no caso de contratos de longa duração, acredita-se que a garantia da segurança jurídica é um valor caro à sociedade e a todo o ordenamento jurídico.

Cite-se como exemplo decisão proferida pelo Tribunal Regional Federal da 5ª Região (TRF5), que compreendeu que a Lei Anticorrupção é aplicável somente a partir de 2014, o que não permite sua incidência de forma retroativa a fatos consumados anteriormente à sua vigência, salvo se for em benefício dos acusados.

não retroagirá, salvo para beneficiar o réu".
[604] MELLO, Rafael Munhoz de. *Princípios constitucionais de direito administrativo sancionador*. São Paulo: Malheiros, 2007, p. 151.
[605] Art. 5º Todos são iguais perante a lei, sem distinção de qualquer natureza, garantindo-se aos brasileiros e aos estrangeiros residentes no País a inviolabilidade do direito à vida, à liberdade, à igualdade, à segurança e à propriedade, nos termos seguintes: [...] XXXVI - a lei não prejudicará o direito adquirido, o ato jurídico perfeito e a coisa julgada". No mesmo sentido inclina-se tanto o art. 6º, da LINDB, prescreve que a vigência da lei também não prejudicará os preceitos do ato jurídico perfeito, bem como a redação inserida pela Lei nº 13.655/2018 à LINDB, que prevê a impossibilidade de retroação de intepretação sobre norma administrativa ou de gestão pública. Sobre o tema, cf. CÂMARA, Jacintho Arruda. Art. 24 da LINDB – Irretroatividade de nova orientação para anular deliberações administrativas. *RDA*, Rio de Janeiro, Edição Especial - Direito Público na Lei de Introdução às Normas de Direito Brasileiro - LINDB (Lei nº 13.655/2018), nov., 2018, p.127-133.

Além disso, o TRF5 compreendeu que o fato das infrações imputadas serem supostamente permanentes ou continuadas (o que afastando a incidência da prescrição, não é nem possível de discussão, já que sanções integralmente: "as condutas em análise não são infrações permanentes ou continuadas que vêm perdurando até o momento, o que poderia atrair a aplicação da Lei 12.846/13, cf. seu art. 25. Uma infração permanente ou continuada não se confunde com uma infração integralmente consumada, mas cujos efeitos ainda se protraem no tempo".[606]

Por fim, no caso de desconstituição legislativa de quaisquer dos ilícitos administrativos previstos na Lei Anticorrupção, a sanção ou o PAR devem ser imediatamente extintos, como imediata decorrência da aplicação do art. 5º, XL, da Constituição Federal.[607]

4.7 Conclusões Parciais

Para a regular aplicação da Lei Anticorrupção, compreende-se que uma série de garantias devem ser observadas. Primeiramente, é fundamental a observância do preceito constitucional da ampla defesa e do contraditório (art. 5º, LV, da Constituição Federal. Para isso, restou consignado que é possível que, para instauração de um PAR, seja possibilitada a denúncia anônima. Todavia, a sua utilização requer limitações como a necessidade de fundamentação expressa da autoridade administrativa sobre a pertinência de sua utilização. Além disso, a comissão processante deve observar que a realização de algumas provas previstas no PAR depende de autorização judicial expressa, tais como a quebra do sigilo telemático, telefônico, bancários ou fiscal, e a realização de buscas e apreensões, como preconiza o art. 10, § 1º, da Lei nº 12.846/2013, sob pena de nulidade de processo administrativo.

Quanto à incidência do princípio do *non bis in idem*, acredita-se que a aplicação deste preceito possui três repercussões no âmbito do PAR previsto na Lei nº 12.846/2013, em consonância com os demais mecanismos de responsabilização e combate à corrupção existentes no ordenamento jurídico brasileiro.

---

[606] BRASIL. *Tribunal Regional Federal da 5ª Região*. Apelação Cível nº 08002277020154058401, Desembargador Federal RUBENS DE MENDONÇA CANUTO, 4ª Turma, julgamento em 19/10/2018.
[607] FERREIRA, Daniel. *Sanções administrativas*. São Paulo: Malheiros, 2001, p. 182.

Primeiro, não parece haver incompatibilidade entre o regime jurídico-sancionatório exposto na Lei nº 8.666/1993 com relação ao regime da Lei Anticorrupção, o que permitiria a aplicação concomitante de sanções administrativas, já que os bens jurídicos protegidos parecem se distinguir. Segundo, em relação ao regime de sancionamento exposto na Lei Orgânica do TCU (Lei nº 8.443/1992), também não parecem haver inconsistências graves que impeçam a aplicação concomitante de sanções. Terceiro, quanto ao regime da Lei de Improbidade Administrativa (Lei nº 8.429/1992), a aplicação concomitante das sanções judiciais da Lei Anticorrupção requer algumas cautelas. Isso porque restou consignado que a Lei de Improbidade se destina a sancionar servidores públicos e pessoas jurídicas que atuam em conexão com estes, motivo pelo qual defende-se que a Lei Anticorrupção aparenta ser o novo regime jurídico-sancionatório quando as pessoas jurídicas venham a causar prejuízos de maneira autônoma, independentemente da atuação de servidores públicos.

Quanto ao regime de responsabilização objetiva previsto no art. 2º, da Lei nº 12.846/2013, o capítulo apresentou três formas de sua reformulação e atenuação. Inicialmente, defendeu-se uma reinterpretação do regime de responsabilização objetiva, a partir da possibilidade de se verificar o dever de diligência da pessoa jurídica para o prejuízo/dano causado à Administração Pública.

O segundo dos mecanismos expostos é a possibilidade de celebração de acordos de leniência, que contribuem para a atenuação do grave regime de sancionamento previsto da Lei nº 12.846/2013. Ademais, a celebração de acordos de leniência integra um regime de esforços de "consensualização" da Administração Pública, por meio da celebração de acordos substitutivos de sanções administrativas. De outro lado, a participação dos órgãos de controle no processo de celebração e confecção dos acordos de leniência ainda requer algumas ponderações, especialmente quanto à possibilidade de celebração de acordos de leniência por parte do Ministério Público e a participação do TCU nesses acordos, o que tem gerado um quadro de insegurança jurídica.

O terceiro desses mecanismos é a utilização de mecanismos de *compliance* e integridade empresarial, que são considerados como elementos de avaliação e atenuação da sanção administrativa, como reconhece o art. 7º, parágrafo único, da Lei nº 12.846/2013. Como enaltecido, acredita-se que os programas de *compliance* e integridade empresarial fornecem excelentes elementos de avaliação do dever de diligência da pessoa jurídica para evitar a ocorrência de prejuízos à Administração Pública.

Sobre a existência de sentença penal sobre determinado tema objeto de investigação no PAR, acredita-se que esta possa possuir diretas repercussões para o PAR previsto na Lei Anticorrupção no caso de negativa a existência do fato ou de sua autoria, que são capazes de vincular a esfera cível e administrativa, o que poderia ter direta repercussão para o processo administrativo ou judicial da Lei nº 12.846/2013.

Quanto à prescrição, a maior controvérsia cinge-se ao pedido de ressarcimento de dano ao erário, que, segundo interpretação do Supremo Tribunal Federal, seria imprescritível nos casos de ocorrência de ato doloso prejudicial à Administração Pública. No entanto, como todas as infrações da Lei Anticorrupção são objetivas, independentemente da avaliação do dolo ou culpa da pessoa jurídica, ainda há indefinição sobre a imprescritibilidade do dano ao erário no âmbito da Lei nº 12.846/2013.

Por fim, a vigência da Lei Anticorrupção é somente a partir do ano de 2014, o que impossibilitaria a sua aplicação de forma retroativa a atos pretéritos, mesmo cujos efeitos se protraiam no tempo, ante a absoluta impossibilidade de aplicação retroativa das normas no ordenamento jurídico brasileiro, conforme os arts. 6º e 24, da LINDB e o art. 5º, XL, da Constituição Federal.

CONCLUSÕES

Ante todo o exposto, algumas conclusões finais podem ser apresentadas, de modo a sintetizar os objetivos gerais e específicos do livro. Quanto à primeira parte do trabalho (Parte I - Corrupção e Administração Pública no Brasil), no primeiro capítulo, a relação entre a corrupção e Administração Pública tem direta importância para a definição dos mecanismos de combate à corrupção à disposição do Poder Público, organizados a partir de quatro diferentes visões de controle.

Por sua vez, no segundo capítulo, a hipótese do trabalho confirmou-se *parcialmente*, já que é possível se aventar a existência de um regime administrativo jurídico-sancionatório comum de combate à corrupção. Isso porque percebeu-se que os mecanismos de combate à corrupção possuem *unidade* e *coerência* no que tange à sua estrutura normativa, especialmente em relação ao regime de responsabilização, regido pelo liame subjetivo.

Além disso, os mecanismos administrativos de combate à corrupção à disposição da Administração Pública brasileira possuem uma coerência lógica no que tange aos cinco aspectos fundamentais analisados (1) autoridade responsável para instauração e responsabilização; (2) infrações e sanções aplicáveis; (3) processo administrativo; (4) regime de responsabilização; e, (5) visão de combate à corrupção.

De outro lado, acredita-se que os mecanismos de combate à corrupção não se organizam de maneira sistêmica a partir da perspectiva de atuação coesa ou unitária, já que não há uma integração entre os mais diversos mecanismos de combate à corrupção, nem mesmo uma atuação de forma conjunta, com uma profusão descoordenada de mecanismos administrativos de combate à corrupção.

Na segunda parte da obra (Parte II - A Lei Anticorrupção brasileira e o seu papel no combate à corrupção) e no terceiro capítulo, nesse contexto, insere-se a Lei Anticorrupção (Lei nº 12.846/2013), cujo regime de responsabilização vale-se da modalidade de responsabilidade objetiva, que destoa demasiadamente dos demais mecanismos administrativos que buscam direta ou indiretamente combater a corrupção. A partir disso, a Lei Anticorrupção implanta um regime que desconsidera o regime de responsabilização subjetiva dos mecanismos administrativos de combate à corrupção. Além disso, a responsabilização objetiva prevista na Lei nº 12.846/2013 vale-se de elementos típicos que, firmemente, dependerão de uma avaliação subjetiva da pessoa jurídica, tais como a existência dos vocábulos "fraudar", "frustrar", "impedir", "perturbar", entre outros, que dependem inegavelmente de certa avaliação subjetiva.

Compreende-se que o regime jurídico-sancionatório da Lei Anticorrupção requer algumas ponderações e limitação em sua aplicação, especialmente no que tange à sua compatibilização com os demais mecanismos administrativos de combate à corrupção que possam ser utilizados por parte do Poder Público brasileiro.

No quarto capítulo, demonstra-se que a principal dificuldade de aplicação do regime jurídico-sancionatório da Lei Anticorrupção está na compatibilização das infrações que se valem de expressões que dependem de averiguação da real intenção de seus administradores, dirigentes ou das pessoas físicas que atuam em seu nome. A imposição de um regime de responsabilização objetiva que desconsidera absolutamente eventual juízo de dolo ou culpa da pessoa jurídica dificulta o exercício do direito de defesa de empresas que venham a ser enquadradas em qualquer das infrações do art. 5º, da Lei nº 12.846/2013.

Quanto às principais garantias necessárias à regular aplicação da Lei Anticorrupção (Lei nº 12.846/2013), o trabalho propôs uma reinterpretação da responsabilidade objetiva da pessoa jurídica e a utilização dos acordos de leniência e programas de *compliance* como as principais ferramentas de contenção do estatuto de responsabilidade administrativa anticorrupção das empresas. Além disso, a possibilidade de prescrição ao pedido de ressarcimento de dano ao erário é hipótese que ainda requer cautelas, ante o posicionamento do STF sobre o tema ser restrito às ações dolosas de improbidade administrativa. Por fim, demonstra-se a impossibilidade de aplicação de maneira retroativa da Lei Anticorrupção, garantindo estabilidade e segurança jurídica à sua incidência no âmbito dos processos administrativos e judiciais.

REFERÊNCIAS

ABRANCHES, Sérgio. *Presidencialismo de coalizão*: raízes e evolução do modelo político brasileiro. São Paulo: Companhias das Letras, 2018.

ALMEIDA, Fernando Dias Menezes de. *Contrato administrativo*. São Paulo: Quartier Latin, 2012.

_____. *Formação da Teoria do Direito Administrativo no Brasil*. São Paulo: Quartier Latin, 2015.

ANECHIARICO, Frank; JACOBS, James B. Visions of Corruption Control and the Evolution of American Públic Administration. *Public Administration Review*, Washington, v. 54, n. 5, set./oct;. 1994.

_____. *The pursuit of absolute corruption*: how corruption control makes government ineffective. Chicago: Chicago University Press, 1996.

ARAGÃO, Alexandre Santos de. Agências Reguladoras e Agências Executivas. *RDA*, Rio de Janeiro, n. 228, abr./jun., 2002.

ARAÚJO, Edmir Netto de. *O ilícito administrativo e seu processo*. São Paulo: Editora RT, 1994.

ARENHART, Sérgio Cruz. Decisões estruturais no direito processual civil brasileiro. *Revista de Processo Civil*, São Paulo, v. 38, n. 225, nov., 2013.

ASSMANN, Eberhard Schmidt. *La teoría general del derecho administrativo como sistema*. Tradução de Mariano Bacigalupo et al. Madrid: Marcial Pons, 2003.

ASSOCIAÇÃO BRASILEIRA DE NORMAS TÉCNICAS. *ISO 37.001 – Sistemas de gestão antissuborno – Requisitos com orientações para uso*. Rio de Janeiro: ABNT, 2017.

AVITZER, Leonardo; FIGUEIRAS, Fernando. *Corrupção e controles democráticos no Brasil*. Brasília: CEPAL/IPEA, 2011.

BACELLAR FILHO, Romeu Felipe. *Processo administrativo disciplinar*. 4. ed. São Paulo: Saraiva, 2013.

BANDEIRA DE MELLO, Celso Antônio. *Curso de Direito Administrativo*. 30. ed. São Paulo: Malheiros, 2013.

BANFIELD, Edward. Corruption as a feature of governmental organization. *The Journal of Law and Economics*, Chicago, vol. 18, n. 3, dec., 1975.

_____. *The Moral Basis of a Backward Society*. Chicago: The Free Press Glecoe, 1958.

BATISTA, Everton Lopes. Odebrecht deveria ser dissolvida, diz o jurista Modesto Carvalhosa. *Folha de S. Paulo*, São Paulo, 11 de abr. de 2017. Disponível em: <https://goo.gl/uX85Xu>.

BENTHAM, Jeremy. *O panóptico*. Tradução de Guacira Lopes Louro et al. 2. ed. Belo Horizonte: Autêntica, 2008.

BITENCOURT, Cezar Roberto. *Direito penal – Parte Geral 1*. 18. ed. São Paulo: Saraiva,

2012.

_____. *Direito penal das licitações*. São Paulo: Saraiva, 2012.

_____; BUSATO, Paulo César. *Comentários à Lei de Organização Criminosa*. São Paulo: Saraiva, 2014.

_____. *Código penal comentado*. 9. ed. São Paulo: Saraiva, 2015.

_____. *Tratado de Direito Penal*: Parte geral 1. 18. ed. São Paulo, Saraiva, 2012.

BONELL, Michael Joachim; MEYER, Olaf. The Impact of Corruption on International Commercial Contracts – General Report. In: BONELL, Michael Joachim; MEYER, Olaf (coords). *The Impact of Corruption on International Commercial Contracts*. New York: Springer, 2015.

BOURDON, Alain-Albert. *Histoire du Portugal*. 2. ed. Paris: PUF, 1977.

BREUS, Thiago Lima. *O governo por contrato(s)*: e a concretização de políticas públicas horizontais como mecanismo de justiça distributiva. Tese apresentada como requisito parcial à obtenção do grau de Doutor em Direito do Estado, Programa de Pós-graduação em Direito, Faculdade de Direito, Setor de Ciências Jurídicas, Universidade Federal do Paraná. Orientador: Prof. Dr. Egon Bockmann Moreira, Curitiba, 2015.

BRITTO, Carlos Ayres. O regime constitucional dos Tribunais de Contas. *Fórum Administrativo*, Belo Horizonte, n. 47, jan., 2005, *versão digital*. Disponível em: <https://goo.gl/4V2vXm>.

BROSSARD, Paulo. *O impeachment*. 2. ed. São Paulo: Saraiva, 1992.

BUCCI, Maria Paula Dallari. *Direito Administrativo e Políticas Públicas*. 2. tiragem. São Paulo: Saraiva, 2006.

BUSATO, Paulo César. A responsabilidade criminal de pessoas jurídicas na história do Direito positivo brasileiro. RIL, Brasília, n. 218, abr./jun., 2018.

_____. Direito Penal. São Paulo: Atlas, 2013.

CALAMANDREI, Pedro. Eles, os juízes, vistos por um advogado. Tradução de Eduardo Brandão. 2. ed. São Paulo: Martins Fontes, 2015.

CÂMARA, Jacintho Arruda. Art. 24 da LINDB – Irretroatividade de nova orientação para anular deliberações administrativas. RDA, Rio de Janeiro, Edição Especial - Direito Público na Lei de Introdução às Normas de Direito Brasileiro - LINDB (Lei nº 13.655/2018), nov., 2018.

CAMPOS, Patrícia Toledo. Comentários à Lei nº 12.846/2013 – Lei anticorrupção. RDDA, Ribeirão Preto, v. 2, n. 1, 2015.

CANARIS, Claus Wilhelm. Pensamento sistemático e conceito de sistema na ciência do direito. Tradução de António Menezes Cordeiro. 3. ed. Lisboa: Calouste Gulbenkian, 2002.

CARAZZA, Bruno. Dinheiro, eleições e poder: as engrenagens do sistema político brasileiro. São Paulo: Companhia das Letras, 2018.

CARDOSO, Fernando Henrique. Autoritarismo e democratização. Rio de Janeiro: Paz e Terra, 1975.

_____. Crise e reinvenção da política no Brasil. São Paulo: Companhias das Letras, 2018.

_____. Pensadores que inventaram o Brasil. São Paulo: Companhia das Letras, 2013.

CAREY, John; SHUGART, Matthew. Incentives to Cultivate a Personal Vote: a rank ordering of electoral formulas. Electoral studies, v. 14, n. 4, 1995.

CARVALHO FILHO, José dos Santos. Processo Administrativo Federal. 5. ed. São Paulo: Atlas, 2013.

CARVALHO, José Murilo de. A formação das almas: o imaginário da República no Brasil. 2. ed. São Paulo: Companhias das Letras, 2017.

_____. Os bestializados: o Rio de Janeiro e a República que não foi. São Paulo: Companhias das Letras, 1987.

CARVALHO, Paulo de Barros. *Curso de Direito Tributário*. 26. ed. São Paulo: Saraiva, 2015.

CARVALHOSA, Modesto. *Considerações a Lei Anticorrupção das pessoas jurídicas*. São Paulo: Editora RT, 2015.

CASTILHO, Ricardo. Apontamentos à Improbidade Administrativa. In: SUNDFELD, Carlos Ari; DI PIETRO, Maria Sylvia Zanella. *Doutrinas Essenciais Direito Administrativo*. v. VII. São Paulo: Editora RT, 2012.

CASTILLO, María Jesús Gallardo. *Los principios de la postestad sancionadora*: Teoría y práctica. Madrid: Iustel, 2008.

CHANG, Ha-Joon. *Chutando a escada*: a estratégia do desenvolvimento em perspectiva histórica. Tradução de Luiz Antônio Oliveira de Araújo. São Paulo: UNESP, 2004.

CHEVALLIER, Jacques. *Science administrative*. 5. ed. Paris: PUF, 2013.

CLEVELAND, Margot; FAVO, Christopher; FRECKA, Thomas; OWENS, Charles. Trends in the International Fight Against Bribery and Corruption. *Journal of Business Ethics*, v. 90, n. 2, 2009.

COMPARATO, Fábio Konder. *Ética*: direito, moral e religião no mundo moderno. 3. ed. São Paulo: Companhia das Letras, 2016.

CONDE, Francisco Muñoz; BITENCOURT, Cezar Roberto. *Teoria Geral do Delito*. 2. ed. São Paulo: Saraiva, 2004.

CÔRREA, Izabela Moreira. Sistema de integridade: avanços e agenda de ação para a Administração Pública Federal. In: AVRITZER, Leonardo; FILGUEIRAS, Fernando (orgs.) *Corrupção e sistema politico no Brasil*. Rio de Janeiro: Civilização Brasileira/Fundação Konrad Adenauer, 2011.

CORREIA, Sérvulo. *Legalidade e autonomia contratual nos contratos administrativos*. Reimpressão. Coimbra: Almedina, 2013.

CRETELLA JÚNIOR, José. Teoria do "fato do príncipe". *RDA*, Rio de Janeiro, v. 75, 1964.

CRUZ, Carlos Eduardo. *Sistema de Controle Interno Integrado da União*: necessidade ou simples obrigatoriedade? Brasília: Senado Federal, 2010. Disponível em: <https://goo.gl/JLwDo5>.

CUÉLLAR, Leila; PINHO, Clóvis Alberto Bertolini de. Reflexões sobre a Lei Federal nº 12.846/2013 (Lei Anticorrupção). *RDPE*, Belo Horizonte, n. 46, abr./jun., 2014.

CUNHA, Leonardo Carneiro da. *Jurisdição e competência*. 2. ed. São Paulo: Editora RT, 2013.

DALLARI, Adilson Abreu. *Aspectos jurídicos da licitação*. 7. ed. São Paulo: Saraiva, 2007.

_____. Licitação não é instrumento de combate à corrupção. *Consultor Jurídico*, São Paulo, 2017. Disponível em: < https://goo.gl/7aUs9x >.

DI PIETRO, Maria Sylvia. Comentários ao art. 19. In: DI PIETRO Maria Sylvia; MARRARA, Thiago. (Coords.). *Lei Anticorrupção comentada*. Belo Horizonte: Fórum, 2017.

DOTTI, René Ariel. A incapacidade criminal da pessoa jurídica. In: PRADO, Luiz Regis; DOTTI, René Ariel. (Coords.). *Responsabilidade penal da pessoa jurídica*: em defesa do princípio da imputação penal subjetiva. 4. ed. São Paulo: Editora RT, 2013.

DOWNS, Anthony. *Uma teoria econômica da democracia*. Tradução de Sandra Vasconcelos. Reimpressão. São Paulo: Editora da Universidade de São Paulo, 2013.

DWORKIN, Ronald. *Taking Rights Seriously*. 7. reimpressão. Cambridge: Harvard University Press, 1999.

ELSTER, Jon. *Ulisses liberto*. Tradução de Cláudia Sant'Ana Martins. São Paulo: Editora UNESP, 2009.

ENTERRÍA, Eduardo García de; FERNÁNDEZ, Tomás-Ramón. *Curso de Direito Administrativo*. Tradução de José Alberto Froes Cal. v. II. São Paulo: Editora RT, 2014.

ESTEVES, Paulo Luiz Moreaux Lavigne. Cordialidade e familismo amoral: os dilemas da modernização. *Revista Brasileira de Ciências Sociais*, São Paulo, v. 13, n. 36, fev, 1998, *versão eletrônica*. Disponível em: <https://goo.gl/GFmvbe>.

FAORO, Raymundo. *Os donos de poder*: formação do patronato político brasileiro. 5. ed. São Paulo: Globo, 2012.

FERRAZ JUNIOR, Tércio Sampaio. *Introdução ao estudo do direito*. 6. ed. São Paulo: Atlas, 2011.

FERRAZ, Sérgio; DALLARI, Adilson Abreu. *Processo Administrativo*. São Paulo: Malheiros, 2001.

_____; _____. *Processo administrativo*. 2. ed. São Paulo: Malheiros, 2007.

FERREIRA, Daniel. *Sanções administrativas*. São Paulo: Malheiros, 2001.

_____. *Teoria geral da infração administrativa a partir da Constituição Federal de 1988*. Belo Horizonte: Fórum, 2009.

FIGUEIREDO, Argelina Cheibub; LIMONGI, Fernando. Incentivos eleitorais, partidos e política orçamentária. *Dados*, Rio de Janeiro, v. 45, n. 2, 2002.

FIGUEIREDOO, Lúcia Valle. *Controle da Administração Pública*. São Paulo: Editora RT, 1991.

FIGUEIREDO, Marcelo. *O controle da moralidade na Constituição*. São Paulo: Malheiros, 1999.

FIGUEIREDO, Marcelo. Os mais relevantes problemas político-eleitorais no Brasil (o sistema proporcional) e a luta contra a corrupção: do "Mensalão" à "Operação Lava-Jato". *RDA*, Rio de Janeiro, v. 277, n. 1, jan./abr., 2018.

FILGUEIRAS, Fernando; ARANHA, Ana Luiza Melo. Controle da corrupção e burocracia da linha de frente: regras, discricionariedade e reformas no Brasil. *Dados – Revista de Ciências Sociais*, Rio de Janeiro, v. 54, n. 2, 2011.

FORTINI, Cristina; SHERMAM, Ariane. Corrupção: causas, perspectivas e a discussão sobre o princípio do *bis in idem*. *Revista de Investigações Constitucionais*, Curitiba, vol. 5, n. 2, mai/ago. 2018.

FRAZÃO, Ana. Responsabilidade de pessoas jurídicas por atos de corrupção: reflexão sobre os critérios de imputação. In: FORTINI, Cristiana. (Coord.). *Corrupção e seus múltiplos enfoques jurídicos*. Belo Horizonte: Fórum, 2018.

FURTADO, Lucas Rocha. *As raízes da corrupção no Brasil*. Belo Horizonte: Fórum, 2015.

GARCIA, Emerson; ALVES, Rogério Pacheco. *Improbidade Administrativa*. 7. ed. São Paulo: Saraiva, 2013.

GARCIA, Flávio Amaral. *Licitações e contratos administrativos*: casos e polêmicas. 4. ed. São Paulo: Malheiros, 2016.

GATTO, Ruy Alberto. A atuação do Ministério Público em face da Lei nº 8.429/1992 (Lei Anticorrupção). *Justitia*, São Paulo, v. 55, jan;/mar., 1993.

GEERTZ, Clifford. *A interpretação das culturas*. Tradução de Gilberto Velho. Rio de Janeiro: LTC, 1989.

GIANNINI, Massimo Severo. *Diritto Amministrativo*, v. I. Milão: Giuffrè Editore, 1970.

GINGERICH, Daniel W. *Political institutions and party-directed corruption in South America*. Cambridge: Cambridge University Press, 2015.

GODOY, Marcelo; DRAMATTI, Daniel. Desde 2013, prisões por corrupção crescem 288%. *Estado de S. Paulo*, São Paulo, 25 de jun. de 2017.

GONÇALVES, Pedro Costa. *Direito dos Contratos Públicos*. Reimpressão. Coimbra: Almedina, 2016.

_____. *Entidades privadas com poderes públicos*. Reimpressão. Coimbra: Almedina, 2008.

GOULART, Josette. Após injetar R$ 45 mi em campanha, Meirelles é maior doador eleitoral desde 2002. *Folha de S. Paulo*, São Paulo, 23 de set., de 2018. Disponível em: <https://goo.gl/K9vmzQ>.

GRECO FILHO, Vicente; RASSI, João Daniel. *O combate à corrupção e comentários à Lei de Responsabilidade de Pessoas Jurídicas*. São Paulo: Saraiva, 2015.

GROSSI, Paolo. *Primeira lição sobre direito*. Tradução de Ricardo Marcelo Fonseca. Rio de Janeiro: Forense, 2005.

GUALAZZI, Eduado Lobo Botelho. *Regime jurídico dos Tribunais de Contas*. São Paulo: Editora RT, 1992.

GUERRA, Sérgio; PALMA, Juliana Bonacorsi de. Art. 26 da LINDB. Novo regime jurídico de negociação com a Administração Pública. *RDA*, Rio de Janeiro, Edição Especial - Direito Público na Lei de Introdução às Normas de Direito Brasileiro - LINDB (Lei nº 13.655/2018), nov., 2018.

GUIMARÃES, Fernando Vernalha. *Concessão de serviço público*. 2. ed. São Paulo: Saraiva, 2014.

_____. Direito administrativo como controle. In: WALD, Arnoldo; JUSTEN FILHO, Marçal; PEREIRA, César Augusto Guimarães (orgs.). *O direito administrativo na atualidade*: estudos em homenagem ao centenário de Hely Lopes Meirelles (1917-2017). São Paulo: Malheiros, 2017.

GUYOMAR, Mattias. *Les sanctions administratives*. Paris: LGDJ, 2014.

HARGER, Marcelo. A inconstitucionalidade da responsabilidade objetiva na Lei 12.846/2013. *Revista de Direito Administrativo e Infraestrutura*, São Paulo, v. 2, jul./set., 2017.

_____. *Improbidade Administrativa*. São Paulo: Atlas, 2016.

HART, Herbert. *O conceito de direito*. Trad. de Anotônio de Oliveira Sette-Câmara. São Paulo: Martins Fontes, 2009.

HESPANHA, António Manuel. *O caleidoscópio do direito*: o direito e a justiça nos dias e no mundo de hoje. Reimpressão. 2. ed. Coimbra: Almedina, 2014.

HOLMES, Leslie. *Corruption*: a very short introduction. Oxford: Oxford University Press, 2015, p. 2). Ampliar. também em FISMAN, Ray; GOLDEN, Miriam. *Corruption*: what everyone needs to know. Oxford: Oxford University Press, 2017.

HOLMES, Leslie. *Corruption*: a very short introduction. Oxford: Oxford University Press, 2015.

HOLMES, Stephen; SUNSTEIN, Cass. *The Cost of Rights*: Why Liberty Depends on Taxes. Nova York: W.W. Norton & Company, 1999.

HUNGRIA, Nelson. Ilícito administrativo e ilícito penal. *RDA*, Rio de Janeiro, v. 1, n., 1, 1945.

HUSTED, Bryan. W. Culture and International Anti-Corruption Agreements in Latin America. *Journal of Business Ethics*, v. 37, 2002.

INSTITUTO DATAFOLHA. *Corrupção lidera pela primeira vez pauta de problemas do país*, 30 de nov. de 2015. Disponível em: <http://datafolha.folha.uol.com.br/opiniaopublica/2015/11/1712972-corrupcao-lidera-pela-primeira-vez-pauta-de-problemas-do-pais.shtml>.

JAPIASSÚ, Carlos Eduardo Adriano. A

corrupção em uma perspectiva internacional. *Revista Brasileira de Ciências Criminais*, São Paulo: Editora RT, vol. 64. jan./fev., 2007.

JELLINEK, Georg. *Teoría general del Estado*. Tradução de Fernando de los Ríos. 3. reimpressão. Cidade do México: Fondo de Cultura Económica, 2012.

JUSTEN FILHO, Marçal. *Comentários à Lei de Licitações e Contratos Administrativos*: 17. ed. São Paulo: Editora RT, 2016.

JUSTEN FILHO, Marçal. *Curso de Direito Administrativo*. 9. ed. São Paulo: Editora RT, 2013.

KANAYAMA, Rodrigo Luís. *Comissões parlamentares de inquérito*. Belo Horizonte: Fórum, 2011.

KELSEN, Hans. *Teoria pura do direito*. Trad. de João Baptista Machado. 7. ed. São Paulo: Martins Fontes, 2012.

KLITGAARD, Robert. *A corrupção sob controle*. Tradução de Octavio Alves Velho. Rio de Janeiro: Jorge Zahar Ed., 1994.

KOLLEWE, Julia. VW profits down 20% after diesel emissions scandal. *The Guardian*, Londres, 31 de mai. de 2016. Disponível em: <https://goo.gl/jQMgr8>.

LADEIRA, Pedro. Sindicato de servidores da CGU pede a demissão de ministro gravado. *Folha de S. Paulo*, São Paulo, 30 de mai. 2016. Disponível em: <https://goo.gl/U6WJwR>.

LAPOINTE, Benoît. *Corruption et fiscalité*: l'enterprise face à ses pratiques internationals. Paris: Berger-Levrault, 2015.

LARENZ, Karl. *Metodologia da ciência do direito*. Tradução de José Lamego. 7. ed. Lisboa: Fundação Calouste Gulbenkian, 2014.

LATOUR, Daphné; ROBERT, Pierre-Edouard Gondran de. *La lutte contre la corruption en France*. Paris: Emerit Publishing, 2014.

LEAL, Victor Nunes. *Coronelismo, enxada e voto*. 7. ed. São Paulo: Companhia das Letras, 2012.

LIVIANU, Roberto; OLIVEIRA, Júlio Marcelo de. Medida Provisória 703 é uma verdadeira aberração jurídica afrontosa à CF. São Paulo, *Consultor Jurídico*, 11 de jan. de 2016. Disponível em: <https://goo.gl/nu5noA>.

LUHMANN, Niklas. *Introduction to Systems Theory*. Tradução de Peter Gilgen. Cambridge: Polity Press, 2012.

MACKAAY, Ejan; ROUSSEAU, Stéphane. *Análise econômica do direito*. Tradução de Rachel Sztajn. 2. ed. São Paulo: Atlas, 2015.

MARANHÃO, Jarbas. Origem dos Tribunais de Contas – Evolução do Tribunal de Contas no Brasil. *RIL*, Brasília, n.113, jan./mar., 1992.

MARINONI, Luiz Guilherme; ARENHART, Sérgio Cruz. *Processo de conhecimento*. 11. ed. São Paulo: Editora RT, 2013.

MARQUES NETO, Floriano de Azevedo; FERNANDES, Luís Justiniano Haiek. Importante decisão do STF fortalece acordos de leniência. *Portal Jota*, São Paulo, 24 de abr. de 2018. Disponível em: <https://goo.gl/XV5CNT>.

_____; PALMA, Juliana Bonacorsi. Os sete impasses do controle da Administração Pública no Brasil. In: PEREZ, Marcos Augusto; SOUZA, Rodrigo Pagani de (Coords). *Controle da Administração Pública*. Belo Horizonte: Fórum, 2017.

MARRARA, Thiago. Acordos de leniência no processo administrativo brasileiro: modalidades, regime jurídico e problemas emergentes. *RDDA*, Ribeirão Preto, v. 2, n.2, 2015.

_____. *Sistema Brasileiro de Defesa da Concorrência*. São Paulo: Atlas, 2015.

MARTINS-COSTA, Judith. *A boa-fé no direto privado*. 2. ed. São Paulo: Saraiva, 2018.

MATTOS, Mauro Roberto Gomes de. Do reflexo da decisão penal no âmbito do direito administrativo. *RDA*. Rio de Janeiro, v. 217, jul./set., 1999.

MEDAUAR, Odete. *Controle da Administração Pública*. 3. ed. São Paulo: Editora RT, 2014.

_____. *O direito administrativo em evolução*. 3. ed. São Paulo: Gazeta Jurídica, 2017.

MEIRELLES, Hely Lopes. *Direito administrativo brasileiro*. 15. ed. São Paulo: Editora RT, 1990.

MELLO, Celso Antônio Bandeira de. *Curso de Direito Administrativo*. 30. ed. São Paulo: Malheiros, 2013.

MELLO, Rafael Munhoz de. *Princípios constitucionais de direito administrativo sancionador*. São Paulo: Malheiros, 2007.

MEYES, Olaf. Korruption aus privatrechlicher Perspektive. In: GRAEFF, Peter; GRIEGER, Jürgen (orgs). *Was ist Korruption?*. Baden-Baden: Nomos, 2012.

MILLARD, Éric. Hauriou et la théorie de l'institution. *Droit et société*, Paris, n. 30-31, 1995.

MILLER, Geoffrey Parsons. *The law of governance, risk management and compliance*. Nova York: Wolters Kluwer, 2014.

MODERNE, Franck. *Sanctions administratives et justice constitutionnelle*. Paris: Economica, 1993.

MOREIRA NETO, Diogo de Figueiredo; FREITAS, Rafael Véras de. A juridicidade da Lei Anticorrupção: reflexões e interpretações prospectivas. *Revista Fórum Administrativo* [eletrônica]. v. 14. Belo Horizonte: Fórum, fev., 2014.

MOREIRA, Egon Bockmann. O novo Código de Processo Civil e a sua aplicação no processo administrativo. *RDA*, Rio de Janeiro, v. 273, set./dez. 2016.

_____; BAGATIN, Andreia Cristina; ARENHART, Sérgio Cruz; FERRARO, Marcella Pereira. *Comentários à Lei de Ação Civil Pública*. São Paulo: Editora RT, 2016.

_____. *Processo administrativo*: princípios constitucionais e a Lei 9.784/1999. 4. ed. São Paulo: Malheiros, 2010.

_____; BAGATIN, Andreia Cristina. Lei Anticorrupção e quatro de seus principais temas: responsabilidade objetiva, desconsideração societária, acordos de leniência e regulamentos administrativos. *Revista de Direito Público da Economia – RDPE*. Belo Horizonte: Fórum, ano 12, n. 47, jul./set., 2014.

_____; GUIMARÃES, Fernando Vernalha. *Licitação Pública*. 2. ed. São Paulo: Malheiros, 2015.

_____. Lei Anticorrupção, acordos de leniência e a MP 703/2015. *Gazeta do Povo*, Curitiba, 28 de dez. de 2015. Disponível em: <https://goo.gl/NZqvEY>.

MOSCHETTI, Francesco. *El principio de capacidad contributiva*. Tradução espanhola de Calero Gallego e Navas Vazquez. Madrid: Instituto de Estudios Fiscales, 1980.

MOTTA, Fabrício; ANYFANTIS, Spiridon Nicofotis. Comentários ao art. 5º. In: DI PIETRO Maria Sylvia; MARRARA, Thiago. (Coords.). *Lei Anticorrupção comentada*. Belo Horizonte: Fórum, 2017.

MUÑOZ, Jaime Rodríguez-Arana. *Direito fundamental à boa administração pública*. Tradução de Daniel Wunder Hachem. Belo Horizonte: Fórum, 2012.

NAGEL, Volker; BECK, Lotte. Korruption aus ökonomischer Perspektive. In: GRAEFF, Peter; GRIEGER, Jürgen. (coords). *Was ist Korruption?* Baden-Baden: Nomos, 2012.

NERY JÚNIOR, Nelson. *Teoria geral dos recursos*. 7. ed. São Paulo: Editora RT, 2014.

NETO, Jair Lins. Tribunal de Contas: um desconhecido na República. *RDA*, Rio de Janeiro, v. 219, jan./mar., 2000.

NEUMANN, Denise. JBS pagou US$ 200 milhões em propinas ligadas a operações com o BNDES. *Valor Econômico*,

São Paulo/Rio de Janeiro, 21 de mai. de 2017. Disponível em: <https://goo.gl/cE14TW>.

NIEBHUR, Joel Menezes. *Licitação Pública e Contrato Administrativo*. 4. ed. Belo Horizonte: Fórum, 2015.

NIETO, Alejandro. *Derecho Administrativo Sancionador*. 2. reimpressão. 4. ed. Madrid: Tecnos, 2008.

NINO, Carlos Santiago. *Introdução à análise do direito*. São Paulo: Martins Fontes, 2010.

NOHARA, Irene Patrícia. Comentários ao art. 11. In: DI PIETRO Maria Sylvia; MARRARA, Thiago. (Coords.). *Lei Anticorrupção comentada*. Belo Horizonte: Fórum, 2017.

_____. *Reforma Administrativa e Burocracia*. São Paulo: Atlas, 2012.

NORTH, Douglass. *Institutions, institutional change and economic performance*. 28. reimpressão. Cambridge: Cambridge University Press, 2016.

OLIVEIRA Gustavo Justino de; SOUSA, Otavio Augusto Venturini de. Controladoria-Geral da União: uma agência anticorrupção? In: PEREZ, Marcos Augusto; SOUZA, Rodrigo Pagani de (Coords). *Controle da Administração Pública*. Belo Horizonte: Fórum, 2017.

OLIVEIRA, Luciano Moreira de. Autonomia da ação de responsabilidade de pessoas jurídicas no Brasil com fundamento na Lei nº 12.846/2013. *RDA*, Rio de Janeiro, v. 276, set./dez., 2017.

OLIVEIRA, Rafael Carvalho Rezende; NEVES, Daniel Amorim Assumpção. O sistema brasileiro de combate à corrupção e a Lei nº 12.846/2013 (Lei anticorrupção). *Revista Brasileira de Direito Público – RBDP*, Belo Horizonte, n. 44, jan./mar., 2014.

OLIVEIRA, Régis Fernandes. *Infrações e sanções administrativas*. 3. ed. São Paulo: Editora RT, 2012.

OSÓRIO, Fábio Medina, *Direito Administrativo Sancionador*. 5. ed. São Paulo: Editora RT, 2015.

_____. *Teoria da improbidade administrativa*. 2. ed. São Paulo: Editora RT, 2010.

OXFORD LIVING DICTIONARIES. *Definition of principal in English*. Disponível em: <https://en.oxforddictionaries.com/definition/principal>.

PALMA, Juliana Bonacorsi de. *Sanção e acordo na Administração Pública*. São Paulo: Malheiros, 2015.

PETIAN, Angélica. Novidade nas contratações públicas: a implantação de programas de integridade como requisito para contratar com a Administração. *Migalhas*, São Paulo, 20 de jun. de 2018. Disponível em: <https://goo.gl/EtyZxe>.

PINHO, Clóvis Alberto Bertolini de. Desconsideração administrativa da personalidade societária – Compatibilidades e possibilidades da Lei Anticorrupção. *RDDA*, Ribeirão Preto, v. 2, n. 1, 2015, pp. 381-410.

_____. Retrospecto da responsabilidade da pessoa jurídica no ordenamento jurídico brasileiro: do Código Civil de 1916 até a compreensão da responsabilidade objetiva da Lei Anticorrupção (Lei nº 12.846/2013). *RDDA*, Ribeirão Preto, Universidade de São Paulo, v. 5, n. 1, 2018.

_____. Os conselhos profissionais e a Lei de Improbidade Administrativa – Limites da liberdade profissional e da autorregulação. *Direito do Estado em Debate*, Curitiba, n. 6, 2015.

_____; RIBEIRO, Marcia Carla Pereira. Corrupção e *compliance* nas empresas públicas e sociedades de economia mista: racionalidade das disposições da Lei de Empresas Estatais (Lei nº 13.303/2016). *RDA*, Rio de Janeiro, v.

277, n., 1, jan./abr., 2018.

PONTES, Evandro Fernandes de. Dissolução compulsória da pessoa jurídica: desafios sobre a Lei 12.846/2013 e o Sistema Financeiro Nacional. *Revista de Direito Empresarial*, v. 14, mar./abr., 2016.

PORTA, Donatella Della; VANNUCCI, Alberto. The resources of corruption: some reflections from the Italian Case. *Crime Law & Social Change*, v. 27, 1997.

PRATES, Marcelo Madureira. *Sanção administrativa geral*: anatomia e autonomia. Coimbra: Almedina, 2005.

QUANDT, Gustavo de Oliveira. Algumas considerações sobre os crimes de corrupção ativa e passiva. A propósito do julgamento do 'Mensalão' (APN 470/MG do STF). *Revista Brasileira de Ciências Criminais*, São Paulo, v. 106, jan./mar., 2014.

RAYNAUD, Jean. *La Cour des Comptes*. Paris: PUF, 1980.

REALE, Miguel. Associação Civil. *Revista dos Tribunais*, São Paulo, n. 445, v. 11, nov., 1972.

RIBEIRO, Márcio de Aguiar. *Responsabilização administrativa de pessoas jurídica à luz da Lei Anticorrupção Empresarial*. Belo Horizonte: Fórum, 2017.

ROBL FILHO, Ilton Norberto. *Conselho Nacional de Justiça*. São Paulo: Saraiva, 2013.

ROCHA, Cármen Lúcia Antunes. *Princípios Constitucionais dos Servidores Públicos*. São Paulo: Saraiva, 1999.

RODOTÀ, Stefano. *Elogio del moralismo*. 2. ed.. Bari: Laterza, 2011.

RODRIGUES JÚNIOR, Otávio Luiz. *Revisão judicial dos contratos*. 2. ed. São Paulo: Atlas, 2006.

RODRIGUES, Nuno Cunha. *A contratação pública como instrumento de política econômica*. Coimbra: Almedina, 2012.

ROMANO, Santi. *L'ordre juridique*. Tradução francesa de Lucien François e Pierre Gothot. Paris: Dalloz, 1975.

ROMEIRO, Adriana. *Corrupção e poder no Brasil*: uma história, séculos XVI a XVIII. Belo Horizonte: Autêntica, 2017.

ROSE-ACKERMAN, Susan. Political corruption and democracy, *Connecticut Journal of International Law*, Hartford, v. 14, n. 2, 1999.

_____. The Economics of Corruption. *Journal of Public Economics*, Londres, v.4, 1975.

_____. The Law and Economics of Bribery and Extortion. *Annual Review of Law and Social Science*, vol. 6, ago., 2010.

_____; PALIFKA, Bonnie. *Corruption and government*: causes, consequences, and reform. 2. ed. Cambridge: Cambridge University Press, 2016.

ROSILHO, André. *Qual é o modelo legal das licitações no Brasil?* As reformas legislativas federais no sistema de contratações públicas. Dissertação de Mestrado apresentada ao Programa de Pós-Graduação em Direito da Escola de Direito São Paulo da Fundação Getúlio Vargas. Orientador: Prof. Dr. Carlos Ari Sundfeld, 2011. Disponível em: <https://goo.gl/LtZTiM>.

SANTOS, Luis Cláudio Almeida. Reflexões sobre a Lei nº 8.429/1992: 'lei anti-corrupção'. Revista do Ministério Público do Estado de Sergipe, Aracaju, v. 3, n. 5, 1993.

SCHAPIRO, Mario Gomes; MARINHO, Sarah Morgana Matos. *Compliance* concorrencial: cooperação regulatória na defesa da concorrência? *Revista de Informação Legislativa*, Brasília: Senado Federal, 2016, n. 211, jul./set., 2016.

SCHIRATO, Vitor Rhein. *As empresas estatais no Direito Administrativo Econômico atual*. São Paulo: Saraiva, 2016.

_____. O controle interno da Administração Pública e seus mecanismos. *Revista dos Tribunais*, São Paulo, v. 104, n. 956, jun., 2015.

SCWARCZ, Lilia; STARLING, Heloisa. *Brasil*: uma biografia. 5. reimpressão. São Paulo: Companhia das Letras, 2015.

SILVA, Almiro do Couto e. Poder discricionário no direito administrativo brasileiro. *RDA*, Rio de Janeiro, n. 179, jan./jun., 1990.

SILVA, José Afonso da. *Comentário contextual à Constituição*. 8. ed. São Paulo: Malheiros, 2012.

SKIDMORE, Thomas Elliot. *Brasil*: de Getúlio a Castello. São Paulo: Companhia das Letras, 2010.

SOTOMAYOR, Lucía Alarcón. *La garantía non bis in idem y el procedimiento administrativo sancionador*. Madrid: Iustel, 2008.

SOUZA, Celina. Estado da arte da pesquisa em políticas públicas. In: HOCHMAN, Gilberto; ARRETCHE, Marta; MARQUES, Eduardo (orgs.) *Políticas Públicas no Brasil*. Rio de Janeiro: Editora Fiocruz, 2007.

SOUZA, Rodrigo Pagani de. Em busca de uma Administração Pública de resultados. In: PEREZ, Marcos Augusto; SOUZA, Rodrigo Pagani de (Coords). *Controle da Administração Pública*. Belo Horizonte: Fórum, 2017.

SUNFELD, Carlos Ari. *Direito Administrativo para Céticos*. São Paulo: Malheiros, 2012

_____. *Fundamentos de Direito Público*. 5. ed. São Paulo: Malheiros, 2012.

_____; CÂMARA, Jacintho Arruda; MONTEIRO, Vera; ROSILHO, André. O valor das decisões do Tribunal de Contas da União sobre irregularidades em contratos. *Revista Direito GV*, São Paulo, v. 13, n. 3, set./dez., 2017.

SYKES, Alan O. The Economics of Vicarious Liability. *The Yale Law Journal*, New Haven, v. 93, 1984.

TÁCITO, Caio. Presença norte-americana no direito administrativo brasileiro. *RDA*, Rio de Janeiro, v. 129, jul;/set., 1977.

TANZI, Vito. Corruption and the economy. *Filozofija I dustvo*, Belgrado, v. 24, 2013, p. 36. Disponível em: <https://goo.gl/gn24nA>.

TEIXEIRA, João Pedro Accioly. Os contornos objetivos da proibição de contratar com o Poder Público por improbidade administrativa. *Revista da AGU*, Brasília, v. 16, n. 01, jan./mar., 2017.

TIEDEMANN, Klaus. Responsabilidad penal de personas jurídicas y empresas en derecho comparado. *Revista Brasileira de Ciências Criminais*, São Paulo: Editora RT, n. 11, jul./set., 1995.

TOJAL, Sebastião Botto de Barros TAMASAUSKAS, Igor Sant'Anna. A leniência anticorrupção: primeiras aplicações, suas dificuldades e alguns horizontes para o instituto. In: MOURA, Maria Thereza de Assis; BOTTINI, Pierpaolo Cruz. (Coords.) *Colaboração Premiada*. São Paulo: Editora RT, 2017.

_____. Constituição Federal autoriza Ministério Público a fazer acordos de leniência. *Consultor Jurídico*. São Paulo, 24 de ago. de 2017. Disponível em: <https://goo.gl/t7x1xM>.

_____. Da inconstitucionalidade da pena prevista no inciso II do artigo 19 da Lei Anticorrupção. *Revista do Advogado*, São Paulo, ano XXXIV, n. 125, dez., 2014.

_____. Interpretação do artigo 30 da Lei 12.846/2013. *Revista dos Tribunais*, v. 947, São Paulo, set., 2014, *versão digital*.

_____. Se existe cartel, é a Petrobras a responsável por sua coordenação. *Consultor Jurídico*, São Paulo, 19 de jan. de 2015. Disponível em: <http://www.conjur.com.br/2015-jan-19/sebastiao-tojal--existe-clube-petrobras-coordena>.

_____. *Teoria geral do estado*. Rio de Janeiro: Forense, 1997.

TRUMAN, David. *The governmental process*: political interests and public opinion, Westport: Greenwood Press, 1981

VERRÍSSIMO, Carla. *Compliance*: incentivo à adoção de medidas anticorrupção. São Paulo: Saraiva, 2017.

VERZOLA, Maysa Abrahão Tavares. *Sanção no Direito Administrativo*. São Paulo: Saraiva, 2011

VITTA, Heraldo Garcia. *A sanção no direito administrativo*. São Paulo: Malheiros, 2003.

WAHRLICH, Beatriz M. de Souza. Reforma administrativa federal brasileira: passado e presente. *Revista de Administração Pública*, Rio de Janeiro, n. 8, abr./jun., 1974.

_____. *Uma análise das teorias de organização* – Cadernos de Administração Pública - 42. 2. ed. Rio de Janeiro: Fundação Getúlio Vargas, 1969.

WILSON, Woodrow. O estudo da Administração. Reprodução da tradução brasileira de 1946. Revista do Serviço Público, Brasília, n. 56, jul./set., 2005.

WOLF, Sebastian. Politikwissenschftliche Korruptionsforschung. In: GRAEFF, Peter; GRIEGER, Jürgen (orgs). *Was ist Korruption?*. Baden-Baden: Nomos, 2012.

ZARDO, Francisco. *Infrações e sanções em licitações e contratos administrativos*. São Paulo: Editora RT, 2014.

ZAVASKI, Teori Albino. *Processo coletivo*. 6. ed. São Paulo: Editora RT, 2014.

ZESKI, Brittany; AKERS, Michael. The foreign Corrupt Practices Act: an examination of cases and enforcement actions. *The FCPA Journal*, Nova York, fev., 2012.

ZINGALES, Luigi. *Um capitalismo para o povo*. Tradução de Augusto Pacheco Calil. São Paulo: BEĨ, 2015.

ZYMLER, Benjamin; ALVES, Francisco Sérgio Maia. Acordos de leniência e o papel do TCU. *Interesse Público*, Belo Horizonte, n. 107, jan./fev., 2018.

Documentos Oficiais Nacionais, Estrangeiros ou de Organizações Internacionais

BRASIL. *Advocacia-Geral da União*. Parecer nº 113/2010/DECOR/CGU/AGU. Brasília: AGU, 2010. Disponível em: <https://goo.gl/fDynpd>.

_____. *Câmara dos Deputados*. Mensagem nº 52/2010, do Poder Executivo. Brasília: Câmara dos Deputados, 2010. Disponível em: <https://goo.gl/8HGa6F>.

_____. Mensagem nº 52/2010, do Poder Executivo. Brasília: Câmara dos Deputados, 2010. Disponível em: <https://goo.gl/8HGa6F>.

_____. *Conselho Nacional de Justiça*. Em 11 anos, CNJ aplica 87 punições a magistrados e servidores. Brasília, 28 de jun. de 2018. Disponível em: <https://goo.gl/AyUdDZ>.

_____. *Controladoria-Geral da União*. Relatório de acompanhamento das punições expulsivas aplicadas a estatutários no âmbito da administração pública federal. Brasília: CGU, 2017. Disponível em: <https://goo.gl/mDHgdv>.

_____. Resultados. Disponível em: <https://goo.gl/QCS25w>.

_____. Instrução Normativa CGU/AGU nº 2, de 16 de maio de 2018: Aprova metodologia de cálculo da multa administrativa prevista no art. 6º, inciso I, da Lei nº 12.846, de 1º de agosto de 2013, a ser aplicada no âmbito dos acordos de leniência firmados pelo Ministério da Transparência e Controladoria-Geral da União. Brasília, 16 de mai. de 2018. Disponível em: <https://goo.gl/JWjUvS>.

_____. *Instituto Brasileiro de Geografia e Estatística*. Contas Nacionais – Renda Nacional Disponível Bruta - 2011/2016.

Disponível em: <https://goo.gl/ECpknr>.

_____. *Ministério da Transparência e Controladoria-Geral da União*. Sanção aplicada – Acordo de leniência. Disponível em: <https://goo.gl/54ftiF>. Acesso em 10 de set. de 2018).

_____. *Ministério Público Federal*. Termo de acordo de leniência. Disponível em: <https://goo.gl/f9HvAh>. Acesso em 10 de set. de 2018.

_____. *Orçamento da União*. Informação disponível em: <https://goo.gl/CyqQ6B>.

_____. *Procuradoria-Geral da República*. Medida Provisória que trata de acordos de leniência é inconstitucional, diz PGR. Brasília: MPF, 2016. Disponível em: <https://goo.gl/RyKkUn>.

_____. *Senado Federal*. Ato declaratório do Presidente da Mesa do Congresso Nacional nº 27, de 2016. Brasília: Senado Federal, 2016. Disponível em: <https://goo.gl/a6sZwn>.

_____. Projeto de Lei do Senado nº 150, de 2006. Brasília: Senado Federal, 2006. Disponível em: <https://goo.gl/SLFomz>. Acesso em 20 de ago. de 2018.

_____. *Tribunal de Contas da União*. Instrução Normativa – TCU nº 74, de 11 de fevereiro de 2015: Dispõe sobre a fiscalização do Tribunal de Contas da União, com base no art. 3º da Lei n.º 8.443/1992, quanto à organização do processo de celebração de acordo de leniência pela administração pública federal, nos termos da Lei 12.846/2013, Brasília: TCU, 2015. Disponível em: < https://goo.gl/2vQLwh>.

_____. *Tribunal Superior Eleitoral*. Partidos políticos registrados no TSE. Brasília: TSE, 2018. Disponível em: <https://goo.gl/2DnLQV>.

ESPANHA. *Tribunal Constitucional de España*. Sentencia nº 77/1983. Relator: Luis Díez-Picazo, Recurso de Amparo nº 368/1982, Tribunal Constitucional - Sala Segunda, 03 de outubro de 1983. Disponível em: <https://goo.gl/udw6YZ>.

ESTADOS UNIDOS DA AMAÉRICA. A Resource Guide to the U.S. Foreign Corrupt Practices Act. Washington; Department of Justice and the U.S. Securities and Exchange Commision, 2015. Disponível em: <https://www.justice.gov/sites/default/files/criminal-fraud/legacy/2015/01/16/guide.pdf>.

_____. *Odebrecht and Braskem Plead Guilty and Agree to Pay at Least $3.5 Billion in Global Penalties to Resolve Largest Foreign Bribery Case in History*. Washington: Department of Justice, 2016. Disponível em: <https://www.justice.gov/opa/pr/odebrecht-and-braskem-plead-guilty-and-agree-pay-least-35-billion-global-penalties-resolve>.

ORGANIZAÇÃO PARA A COOPERAÇÃO E DESENVOLVIMENTO ECONÔMICO. *Recommendation of the Council on the Tax Deductibility of Bribes to Foreign Public Officials*, Paris: OCDE, 1996. Disponível em: < https://goo.gl/K57qng >.

_____. *Update on tax legislation on the tax treatment of bribes to Foregin Public Officials in Coutries Parties to the OECD Antibribery Convention*. Paris: OCDE, 2011. Disponível em: < https://goo.gl/4BZFAP >.

_____. *Diretrizes para combater o conluio entre concorrentes em contratações públicas*. Paris: OCDE, 2009. Disponível em: <https://goo.gl/5s7u63>.

TRANSPARÊNCIA NACIONAL. *Corruption Perceptions Index 2016*. Berlim: Transparência Internacional, 2016. Disponível em: <https://goo.gl/3n8eDu >.

_____. *Corruption Perceptions Index 2017*. Berlim: Transparência Internacional,

2017. Disponível em: <https://goo.gl/3dZhac>.

_____. *National Integrity Systems Country Study Report Brazil 2001*. Berlim: Transparência Interacional, 2001.

_____. *Who are we?* Berlim: Transparência Internacional, 2017. Disponível em: <https://goo.gl/ffQEkl>.

Precedentes Judiciais e do Tribunal de Contas da União

BRASIL. *Conselho Nacional de Justiça*. Recurso Administrativo em REP - Representação por Excesso de Prazo - 0009073-30.2017.2.00.0000 - Rel. JOÃO OTÁVIO DE NORONHA - 272ª Sessão Ordinária - j. 22/05/2018.

_____. SIND - Sindicância - 0005448-95.2011.2.00.0000 - Rel. FRANCISCO FALCÃO - 189ª Sessão - j. 20/05/2014.

_____. *Superior Tribunal de Justiça*, MS nº 8030/DF, 2001/0158479-7. Relatora: Ministra Laurita Vaz, julgado em 13/6/2007, publicado em 6/8/2007.

_____. AgRg no AgRg no MS 20.689/DF, Rel. Ministro NAPOLEÃO NUNES MAIA FILHO, PRIMEIRA SEÇÃO, julgado em 10/12/2014, DJe 05/03/2015.

_____. REsp 1135988/SP, Rel. Ministro LUIS FELIPE SALOMÃO, QUARTA TURMA, julgado em 08/10/2013, DJe 17/10/2013.

_____. AgRg no AREsp 574500/PA, Rel. Ministro HUMBERTO MARTINS, SEGUNDA TURMA, julgado em 02/06/2015, DJE 10/06/2015.

_____. Jurisprudência em teses. 38. ed. Brasília: STJ, 2015, p. 5. Disponível em: <https://goo.gl/YjbtE3 >.

_____. MS 19.994/DF, Rel. Ministro BENEDITO GONÇALVES, PRIMEIRA SEÇÃO, julgado em 23/05/2018, DJe 29/06/2018.

_____. MS 21.750/DF, Rel. Ministro NAPOLEÃO NUNES MAIA FILHO, PRIMEIRA SEÇÃO, julgado em 25/10/2017, DJe 07/11/2017.

_____. REsp 1566221/DF, Rel. Ministro NAPOLEÃO NUNES MAIA FILHO, PRIMEIRA TURMA, julgado em 21/11/2017, DJe 06/12/2017.

_____. REsp 686.419/RJ, Rel. Ministro CASTRO MEIRA, SEGUNDA TURMA, julgado em 03/05/2005, DJ 01/08/2005.

_____. RMS 15.166/BA, Rel. Ministro CASTRO MEIRA, SEGUNDA TURMA, julgado em 07/08/2003, DJ 08/09/2003, p. 262.

_____. Súmula 599, CORTE ESPECIAL, julgado em 20/11/2017, DJe 27/11/2017.

_____. *Supremo Tribunal Federal.* ADI 3.670, Rel. Min. Sepúlveda Pertence, j. 2-4-2007, P, DJ de 18-5-2007.

_____. 33092, Relator: Min. GILMAR MENDES, Segunda Turma, julgado em 24/03/2015, publicado em 17/08/2015.

_____. ADI 3367, Relator: Min. CEZAR PELUSO, Tribunal Pleno, julgado em 13/04/2005, DJ 17-03-2006.

_____. ADI 3934, Relator: Min. RICARDO LEWANDOWSKI, Tribunal Pleno, julgado em 27/05/2009, publicado em 06/11/2009.

_____. ADI 4650, Relator: Min. LUIZ FUX, Tribunal Pleno, julgado em 17/09/2015, publicado em 24/02/2016.

_____. AgR, Relator: Min. EDSON FACHIN, Segunda Turma, julgado em 17/03/2017, ACÓRDÃO ELETRÔNICO DJe-090.

_____. AP 565, Relatora: Min. CÁRMEN LÚCIA, Tribunal Pleno, julgado em 08/08/2013, ACÓRDÃO ELETRÔNICO DJe-098.

_____. ARE 691306 RG, Relator: Min. CEZAR PELUSO, julgado em 23/08/2012, ACÓRDÃO ELETRÔ-

NICO REPERCUSSÃO GERAL - MÉRITO DJe-178
_____. Ext 1103, Relator: Min. EROS GRAU, Tribunal Pleno, julgado em 13/03/2008.
_____. HC 84.827, Relator. Min. Marco Aurélio, j. 7-8-2007, 1ª T, DJE de 23-11-2007
_____. Inq 4105, Relator: Min. LUIZ FUX, Primeira Turma, julgado em 30/05/2017, ACÓRDÃO ELETRÔNICO DJe-133.
_____. MS 24020, Relator Ministro JOAQUIM BARBOSA, Segunda Turma, julgado em 06/03/2012, publicado em 13/06/2012.
_____. MS 32494 MC, Relator: Min. CELSO DE MELLO, julgado em 11/11/2013, publicado em PROCESSO ELETRÔNICO DJe-224 DIVULG 12/11/2013 PUBLIC 13/11/2013.
_____. MS 35158 MC, Relator: Min. EDSON FACHIN, julgado em 10/05/2018, publicado em 15/05/2018.
_____. MS 35506 MC, Relator: Min. MARCO AURÉLIO, julgado em 08/02/2018, publicado em PROCESSO ELETRÔNICO DJe-025.
_____. RE 130764, Relator: Min. MOREIRA ALVES, Primeira Turma, julgado em 12/05/1992, DJ 07-08-1992.
_____. RE 589998, Relator: Min. RICARDO LEWANDOWSKI, Tribunal Pleno, julgado em 20/03/2013, ACÓRDÃO ELETRÔNICO REPERCUSSÃO GERAL - MÉRITO DJe-179.
_____. RMS 25943, Relator: Min. RICARDO LEWANDOWSKI, Tribunal Pleno, julgado em 24/11/2010, DJe-041.
_____. RMS 33937, Relatora: Min. CÁRMEN LÚCIA, Segunda Turma, julgado em 06/09/2016, PROCESSO ELETRÔNICO DJe-246 e. RHC 116204, Relatora: Min. CÁRMEN LÚCIA, Segunda Turma, julgado em 16/04/2013, PROCESSO ELETRÔNICO DJe-081.
_____. *Tribunal de Contas da União.* Acórdão n.º 1085/2011- Plenário, TC-007.924/2007-0, Rel. Min. José Múcio, j. em 27.04.2011.
_____. Acórdão nº 1.098/2018 – Plenário. Relator: Ministro Augusto Nardes – Processo nº 021.195/2017-0 – Data da sessão: 16/02/2018 – Número da ata: 17/2018.
_____. Acórdão nº 1.247/2006 – Primeira Câmara – Relator: Min. Guilherme Palmeira – Processo nº 001.796/2000-4 – Data da sessão: 16/05/2006.
_____. Acórdão nº 1.446/2018 – Plenário. Relator: Ministro Bruno Dantas – Processo: 030.098/2017-3 – Data da sessão: 26/06/2018 – Número da ata: 24/2018.
_____. Acórdão nº 1.704/2018 – Plenário – Relatora: Ministra Ana Arraes – Processo: nº 014.624/2014-1 – Data da sessão: 25/07/2018 – Número da ata: 28/2018.
_____. Acórdão nº 1.721/2016 – Plenário – Relator: Benjamin Zymler – Processo nº 011.101/2003 – Data da sessão: 06/07/2016 – Número da ata: 26/2016.
_____. Acórdão nº 1.744/2018 – Plenário. Relator: Ministro Benjamin Zymler – Processo: 013.382/2017-9 – Data da sessão: 01/08/2018 – Número da ata: 29/2018.
_____. Acórdão nº 348/2016 – Plenário. Relator: Ministro Walton Alencar Rodrigues. Data da sessão: 24/02/2016. Ata nº 5/2016.
_____. Acórdão nº 874/2018, Plenário. Relator: Ministro Bruno Dantas – Processo: 002.651/2015-7 – Data da sessão: 25/04/2018 – Número da ata: 14/2018.
_____. *Tribunal Regional Federal da 3ª Região*, QUARTA SEÇÃO, MS - MANDADO DE SEGURANÇA CÍVEL -

357985 - 0017545-39.2015.4.03.0000, Rel. DESEMBARGADOR FEDERAL NINO TOLDO, julgado em 16/02/2017, e-DJF3 Judicial 1 DATA:13/03/2017.

_____. *Tribunal Regional Federal da 4ª Região*, ACR 5046512-94.2016.4.04.7000, OITAVA TURMA, Relator JOÃO PEDRO GEBRAN NETO, juntado aos autos em 06/02/2018).

_____. AG 5023972-66.2017.4.04.0000, TERCEIRA TURMA, Relatora VÂNIA HACK DE ALMEIDA, juntado aos autos em 24/08/2017.

_____. *Tribunal Regional Federal da 5ª Região*. Apelação Cível nº 08002277020154058401, Desembargador Federal RUBENS DE MENDONÇA CANUTO, 4ª Turma, julgamento em 19/10/2018.